交易经济学原理

（第二版）

交易经济学原理

（第二版）

（上卷）

王振营　著

中国金融出版社

责任编辑：刘　钊

责任校对：刘　明

责任印制：陈晓川

图书在版编目（CIP）数据

交易经济学原理．上卷/王振营著．—2 版．—北京：中国金融出版社，2019.8

ISBN 978 - 7 - 5049 - 9715 - 9

I.①交… II.①王… III.①交易—经济学—理论研究 IV.①F014.3

中国版本图书馆 CIP 数据核字（2018）第 198482 号

交易经济学原理

Jiaoyi Jingjixue Yuanli

出版
发行　中国金融出版社

社址　北京市丰台区益泽路 2 号
市场开发部　（010)63266347，63805472，63439533（传真）
网 上 书 店　http://www.chinafph.com
　　　　　　　（010)63286832，63365686（传真）
读者服务部　（010)66070833，62568380
邮编　100071
经销　新华书店
印刷　北京市松源印刷有限公司
尺寸　169 毫米×239 毫米
印张　26.5
字数　350 千
版次　2019 年 8 月第 1 版
印次　2019 年 8 月第 1 次印刷
定价　99.00 元
ISBN 978 - 7 - 5049 - 9715 - 9
如出现印装错误本社负责调换　联系电话（010)63263947

序 一

亚里士多德有句名言："吾爱吾师，吾更爱真理。"在经济学的发展过程中，人们对经济理论的质疑从来就没有停止过。当今的主流经济理论，在处理不确定性、有限理性、制度上的复杂性或经济系统的动态调整等问题方面仍面临不少困难。新古典经济学在宏观与微观经济理论上的割裂，使宏观理论缺乏微观结构支撑，经济理论缺乏逻辑连续性。2008 年国际金融危机之后，主流经济学所持有的自由市场理论再次受到严峻挑战。经济学的主要任务之一就是解释经济现象。面对日益复杂的经济运行系统，现有经济理论缺乏解释力，需要突破缺陷、改进方法，提升对经济现象的解释力，这样才能适应人类社会不断发展的需要。《交易经济学原理》一书便是为改进和创新经济学理论所做的一次尝试。

《交易经济学原理》是王振营研究员历时十五年研究写作完成的。作为一名行政官员，作者能在繁杂的工作之余，潜心专研，完成这部近 100 万字的《交易经济学原理》，令我由衷钦佩。更加难能可贵的是，作者带着对主流经济学理论的反思，广泛涉猎，做出了创造性工作，构建了"交易经济学原理"的分析框架。可以说，这是一个全新的经济理论体系，而这个浩大工程的字字句句都渗透着作者的持续努力和对学术持之以恒的不懈追求。

本书呈现了一幅完全不同于主流经济学的经济学画卷。作者另辟蹊径，在理论上构建了交易经济学体系，以人类有限理性为基础，考察交易主体之间相互作用如何推动经济系统的运行以及由此产生的各种经济现象。在阅读本书的过程中，笔者对作者的构思和研究有了一个大致的了解，但还远未有深入的认识。即便如此，笔者也非常乐于把自己的一些感觉和不成熟的看法写出来与大家分享。

第一，交易经济学从更切合经济现实出发，从所选择的经济主体、所描绘的经济运行机制等方面对现有主流经济学进行了突破。

交易经济学没有将经济行为主体划分为自然人和企业，而是将交易主体认定为具有内部结构的一群人。交易主体进行交易存在相同的目的——预期收益最大化。不同交易主体拥有不同的预期收益函数，以体现交易主体内部结构差异所导致的行为目标差异。与经典理论的绝对理性不同，交易经济学赋予交易主体有限理性。交易主体根据各自不同的信息集进行决策，并通过学习和适应克服有限理性，体现为对预期收益函数中的参数不断进行调整。这就形成了交易主体在形式上的统一与行为各具特色的局面，这恰恰与主流理论形式上的差别化与行为上的同质化顺序相倒置。毋庸置疑，交易经济学的主体选择和主体描述更符合经济现实，赋予经济研究更多的弹性和多样性。

新古典经济学的理论构架十分简单：经济系统通过价格杠杆实现均衡。通过市场实现的资源配置最为高效，实现的财富分配具有社会福利最大化。主流经济学对经济系统内部动态机制的设定过于简单，没有揭示交易主体之间的相互联系，从而无法对经济系统的复杂运行机制给出细致的描述。交易经济学选择了系统论的理论架构，其基本逻辑内核是每个交易主体都按照自己设定的收益目标追求以及所掌握的信息选择实现最大收益的交易，主体之间通过交易形成相互联结的交易网络，而不是市场作为中间作用媒介。与主流理论的市场机制相比，主体之间的相互作用十分复杂，要对交易本身、与交易有关的信息、即期价格、价格预期等各种可能影响交易的因素做出反应。系统的非线性特征以及自强化现象皆源于主体之间复杂的相互作用。交易网络上的自强化过程类似于连锁反应过程，这种基于相互作用的自强化机制是经济波浪式运行的本质规定。依照这样的路径，交易经济学为经济系统描绘了一幅完全不同于经典经济理论的图景，使经济系统更富于动态性和多样性特征，当然，也更符合经济现实。

第二，交易经济学改善了经济分析模式。

在分析具体经济问题时，主流经济学所提供的方法是在公式中输入自变量，通过计算得出因变量结果，或者使用方程计算出方程的解。这种处理方法只能得到最终结果，却无法知道经济系统实现结果的详细过程，既没有时间信息，也没有过程的作用机制。分析方法带有太多静态特点，无法与复杂多变的经济现实吻合。交易经济学提供了一个完全不同的经济分析模式。在分析经济问题时，经济系统通过交易网络获得一种具象结构，一旦确定了每个节点对来自网络四面八方信号的反应规则，经济系统的运行便可以使用计算机技术给予精确模拟，通过模拟运算可以准确地预测经济运行的各种可能，包括经济的波动周期、爆发危机的概率以及对政策效应的评估等，一切可能影响经济运行的外生变量扰动结果均可以通过模拟计算进行精确评估，而且这种评估具有详细的时间演进信息，包括即期影响、中期影响、长期影响等。如果说目前的经济分析带有较多经验推导性质的话，那么基于交易经济学分析架构进行的分析则是精确计算，是借助网络关系对经济运行进行的细致描述，网络上的相互作用是在多维空间上实现的，所使用的数学工具比较复杂。与主流经济学分析框架相比，交易经济学提供的经济系统内部信息大大丰富了。分析方法的改善将提高经济分析的准确性，同时也将开启人类社会宏观经济管理的新纪元。

交易经济学同时也建立了与行为经济学更加紧密的对接。在考察某个外生变量对经济运行的扰动时，可以结合行为经济学的实验结果具体设定每类经济主体的反应特点，由此模拟出的经济运行具有更强的针对性，也使得这样的经济分析具有更加坚实的现实基础，实现了经济研究与自然科学在研究方法论上的统一，是一次经济理论研究方法上的重大突破。

第三，交易经济学扩宽了对经济系统的研究视野。

交易经济学原理

　　交易经济学不仅将研究对象划分为微观经济学和宏观经济学，而且引入了时间尺度，划分了更大层次的研究范畴，将小尺度时间上的研究称为短观经济学，将大尺度时间上的研究称为远观经济学。这样，交易经济学的建构分为了三个层次。第一个是微观层次，建立交易主体的决策模型。第二个是宏观层次，主要研究交易主体之间的相互作用，并以此为基础构建经济系统的系统方程和状态耦合方程。第三个层次是远观层次，研究经济系统的演化，考察影响交易的众多因素，包括制度、知识技术和文化、习俗等方面的变化。

　　如此构建的交易经济学，将研究视野覆盖了全部的经济系统，形成了多维度的研究视野，使我们能更好地理解经济系统复杂多变的特征。在三个层次中，每个层次都有自己独立的运行机制，层次之间又有密切的逻辑联系，每一个层次都以一定的方式向相邻层次渗透，实现层次间的关联。交易经济学构建的经济系统就像设计缜密、结构复杂、环环相扣的庞大机器，实现了微观与宏观在结构上的完美和谐，不仅使经济理论成为具有内在逻辑连续性的严谨体系，而且更加准确地反映了经济系统的动态特征。

　　重建经济理论的任务是艰巨的，也是冒险的。任何经济理论都必须经得起实证检验。交易经济学对现有经济理论的突破和创新，需要在进一步的经济研究中接受检验。我们也需要时间对这些全新的方法和分析思路进行消化吸收。虽然对旧有成功理论的留恋情结会使人们用批判的态度来审视新的理论创新，改进已被人们所广泛接受的主流经济理论会遇到重重困难和阻力，但对经济理论的深入思考和认识是没有止境的。这就是王振营研究员的巨著《交易经济学原理》的重大意义，也是我愿意把该书推荐给读者的主要原因。

中国人民银行调查统计司原司长、人民银行参事
盛松成
2019 年 3 月 30 日

序　二

分工、交易与财富，是亚当·斯密在《国富论》中的关键词。市场交易的存在及其范围的扩大，使得分工越来越细、效率越来越高，从而可以带来更多的财富。有交易，就有交易成本，这是新制度经济学的概念。不同制度之所以有差异，是因为它们具有不同的制度交易成本（信息效率）、激励相容性，从而具有不同的制度落地能力，导致不同结果，如不同的资源配置效果，这又与机制设计理论的基本原理相通了。读者眼前此部由王振营研究员所著的三卷本《交易经济学原理》则试图基于交易网络作用机制的理论架构，来为经济系统描述一个不同于传统经济学说的新的理论图景和思维范式，是一个大胆的探索尝试。作为一名体制内的财经管理者，王振营研究员在过去20多年里先后在中国人民银行上海总部和上海黄金交易所任职，繁忙工作之余能有这样一部近百万字的理论著作问世，并且已经出了第二版，实在难能可贵。

这是一部具有较强思想性、可读性和跨学科属性的著作，体系庞大、视野宏阔、内容丰富。在这部著作中，作者多次提出传统经济学或主流经济学的不足。我也认同传统主流经济学特别是新古典经济学所存在的种种不足。不过同时，我也认为我们不能将作为基准点和参照系的基准经济理论所不应具备的属性强行赋予它们，就像完全无摩擦的物理环境是不存在的，虽然脱离实际，但是它为我们分析有摩擦的现实世界提供了必要的标尺、改进的方向及其改进的程度。新古典经济学在明道特别是中国市场化改革道路方面的作用，依然不可忽视，并为新的更接近现实的相对实用经济理论提供了平台。诺贝尔经济学奖的历史上，在微观理论方面恐怕只有希克斯、德布鲁等非常少数几人是属因新古典经济学而获此殊荣的，而过去半个世纪以来，基于新古典经济学理论发展而来，更接近于现实的机制设计理论及与之紧密相关的信息经济学、激励理论、委托—代理理论和市场设计理论（拍卖理论和匹配理论）大大超越了新古典经济学的范畴，已成为现代经济学中极为重要和活跃的研究领域，其核心内容就是试图解决市场失灵和具体现实问题，由此诞生了20多位诺贝尔经济学奖得主，并且近些年来其密度越来越高，10年中居然有5年。

现代经济学在过去几十年的发展已经远远超出了新古典经济学，对人们更好地认识和理解现实经济起到了重要指导作用。客观来讲，王振营研究员在本书中关于交易经济学原理的许多观点在现代经济学发展史上在许多主流经济理论和最新前沿经济理论中也已多有论述，并且很多已经形成具体的命题、严谨的模型和规范的框架，有严格的理论边界。主流经济学的这些理论不像奥地利学派和新制度经济学中许多研究类似问题的理论，它们尽管有很强的思想性、时代性和现实性，但比较笼统和模糊，没有明确、具体的理论、模型或命题作为支撑，在科学性和严谨性方面有较大欠缺。如作者所言，本书的一个主要贡献就是对隐伏于经济理论发展史上的交易经济学思想脉络进行了系统化、显性化。这在中国国内经济学术界应属首部专著，并且作者尝试从微观、宏观和远观三个层次来实现突破。

微观层次主要是对理性经济人假设的突破，强调交易主体的非同质性和有限理性。确实，现实生活中的人并非处于完全理性状态，有限理性或非理性会使人的行为出现与理论假设和预期不尽一致的变异。当然，交易主体也会通过不断的学习、调整和适应来克服有限理性。在这种情形下，交易主体的预期收益函数的参数就会不断发生变化调整，但是，追求预期收益最大化作为一个主观行为目标准则在很大程度上依然是成立的。行为与实验经济学对这方面的问题也有研究，由于有限理性、信息不对称等因素，在其理论框架下所获得的行为实验数据常常也会呈现出一定的概率分布状态。所以，实验经济学评估所得出的结论不可能按照形式逻辑的确定性模式，做到非黑即白、非此即彼，更多可能是要用结论与其概率密度的乘积（数学期望）来表示，以捕捉不同政策的风险或收益分布情况，这样就可以弥补传统经济学的不足，帮助人们更好地理解经济现实。

宏观层次主要是希望以交易网络来代替市场机制，从作者的论证来看，其作用机理类似于演化经济学与奥地利学派自发社会秩序的观点。与米塞斯、哈耶克类似，作者对于新古典经济学的均衡分析框架秉持一种批判态度。从我个人的观点来看，均衡分析框架依然不可抛弃，虽然现实经济常常是处于非均衡状态、动态调整的，不断从一个均衡切换、收敛到另一个均衡，包括作者在书中所提到的一元均衡、错位均衡、相持均衡等动态均衡，但是，如果缺乏对于均衡状态的认知和理解，那么就无法准确地把握和预测非均衡的走向。对于最优均衡的准确认知，也可起到确定目标、方向及改进程度的作用。交易网络本身是市场机制所内在蕴含的，无论是亚当·斯密语境下的市场、新古典经济学语境下的市场，还是奥地利学派语境下的市场，都离不开交易网络的媒介作用。同时，需要指出的是，网络经济学作为经济学和网络科学的交叉学科，目前已成为国际经济学界的一个前沿领域。它旨在通过网络概念和网络科学工具来理解经济现象和解释市场行为，已形成严谨的交换理论、双边交易模型、非正式交换等理论模型，建议作者在后续研究中予以关注和介绍。

远观层次主要是指经济学研究要注重远期。主流微观和宏观经济学主要关注短中期，制度、技术和文化等都是作为外生参数给定的，而经济系统的长期演化则体现为制度、技术和文化的变迁，这是作者所指的远观经济学，是需要予以关注的。这种区分是有必要的。以制度为例，制度有制度环境和制度安排之分，在研究经济问题时前者主要是指政治、社会、法律基础规则，常常是作为外生参数给定的，后者则是指特定领域内约束人们行为的一组规则，体现制度的目标和实施过程。当然，宏观经济学已经将技术进步内生化了，形成了诸如内生经济增长理论。在历史比较制度分析学派那里，文化作为一种共有信念，也成为经济制度分析的一个内生变量。所以，随着数理分析工具的不断发展，特别是演化博弈论和学习博弈论（Learning Game Theory）的发展，制度、技术和文化等问题都已成为现代经济学可以进行内生化处理的研究议题。

整体而言，王振营研究员的交易经济学理论体系探索可汇入现代经济学在中国的发展与创新，其中蕴藏着大量真知灼见，对推动中国经济理论的建构与发展具有一定的价值和意义。我始终认为，经济学在中国的发展和创新，应像技术和应用创新一样，基本不是靠推倒重来和全盘否定，而应该是基于经济学的理论基石之上的边际创新或组合创新，技术和应用创新往往就是在基础研究的基石上对现有技术的重新组合和推广，就像不同的中药组合形成新的药方一样。有生命力的经济学理论一定是基于前人的理论成果基础上经过比较、拓展以及基于经济现实的检验和修正而发展起来的。正如作者本人所言，"不能把交易经济学看作是新古典经济学的替代或否定，它们之间并非对立关系。交易经济学可以看作是新古典经济学的发展和升级"。

中国经济转型发展是一个应用和检验经济理论的重要试验场，交易经济学也需要从原理阶段走向应用阶段，要放置到中国的实践中去运用和建言。现代经济学的许多理论都已在中国的实践中得到了运用和发展。建议作者在以后的研究中适当增加运用交易经济学原理来刻画中国经济环境、解释中国经济现象、预测中国经济未来方面的论述，形成一定的政策主张。我注意到，作者已经开始这方面的探索，他在再版前言中提到了诸如阶段性发展原则、最小干预原则、财政政策最小化原则、货币供应适中原则、汇率稳定原则、有效激励原则等，虽未明言与中国相关，但字里行间透露着对中国经济的现实关怀和政策建议。尤其是他提出，在后工业化阶段，财政政策需要向后退，财政政策应当主要聚焦在再分配、社会保障等方面，在产业政策领域出现身影的机会越少越好。对此，我深表赞同，发展型政府向服务型政府的转型要义正在于此。当然，这些原则也不是交易经济学所独创的，许多主流经济理论已推断出上述基本原则。

与此同时，一个经济理论要得到丰富和完备，也离不开学术同行的切磋、学术后辈的承继，期待学术界和思想界有更多关于交易经济学的讨论和争鸣，这样才能使这个理论体系更加完备。真理越辩越明。当前中国经济学界有太多似是而非的东西，包括 2008 年这一轮国际经济金融危机在内的许多事件，也触发了国内外学术界对主流经济学和传统经济理论的众多争论和所谓的反思，提出了诸如新结构经济学、新供给经济学、新养老经济学等许多新的经济学理论学说，但是真正能进入国际经济学学术殿堂的寥寥无几，大多尚游走于边缘地带，并且即使在中国国内也还是争议较多。许多所谓新的经济学说并非对既有发展经济学及其他成熟经济理论的一种根本意义上的范式转换，其提出的理论见解和政策主张一方面还缺乏实证研究的检验和支持，另一方面往往流于过渡性而缺乏终极和普遍意义，更缺乏像基准理论那样强调改革方向和让市场发挥决定性作用的方向感。

是为序！

上海财经大学经济学院院长
田国强

序 三

在《人的行为》一书的导论中，奥地利学派伟大经济学家路德维希·米塞斯（Ludwig von Mises，1881～1973）开篇第一句话就是："经济学是所有科学当中最年轻的。在过去的 200 多年中，有许多新的学科从古希腊人所熟悉的学问中成长出来。然而，那不过是些在旧学问体系中已有了地位的部分知识现在成为了独立的学科而已。……但是，经济学却给人文科学开辟了一个新的领域，这个领域是以前所未能进入的，而且也是人们所从未想到的。从市场现象的相互依赖和因果关系中，发现它们的规律性，却超出了传统学问体系的范围"（见 Ludwig von Mises，1949，*Human Action：A Treatise on Economics*，New Haven：Yale University Press，1963，p. 1）。

米塞斯对经济学的这个判断比较精准到位。在人类社会延续发展起来的所有社会学问中，经济学相对来说确实比较年轻。自有人类文明社会以来，几乎在所有社会和国家中都会自发地产生商品交换、劳务和财产交易，或用今天的话语来说，都会出现一定程度和范围的劳动分工和市场交换，也都出现过各种形式的货币。并且，人类社会现代化程度越高，经济市场化的范围和程度就愈广和愈深。相比漫长的人类诸社会和国家中市场交易和贸易的发展，经济学作为一门系统地解释和研究人类社会中市场交易和贸易的一门学问的产生，却是在 18 世纪之后的事情。当然，从经济思想史上来看，早在古希腊时期，在赫西奥德（Hesiod，约公元前 800 年）、色诺芬（Xenophon，约公元前 431～公元前 354）、亚里士多德（Aristotle，约公元前 384～公元前 322），以及后来的圣托马斯·阿奎那（St. Thomas Aquinas，公元 1225～

1274)、托马斯·孟（Thomas Mun，1571~1641）、威廉·配第（William Petty，1623~1687）、大卫·休谟（David Hume，1711~1776）、理查德·坎蒂隆（Richard Cantillon，1680~1734）和法国的重农学派的弗朗索瓦·魁奈（Francois Quesnay，1694~1774）等西方思想家的著作中，均有许多关于市场交易、商业、贸易、货币以及国家和个人如何进行经济活动和管理财富的论述。在古代中国，战国时期管仲（公元前725~公元前645）的《管子》，西汉时期陆贾（公元前240~公元前170）的《新语》、司马迁的《史记》，以及明代丘浚（1418~1495）的《大学衍义补》等著作中也有许多关于货币、市场以及个人如何进行经济活动乃至皇帝朝廷如何管理国家经济的论述。在伊斯兰国家和地区，历史上许多思想家也有过各种关于市场交易和商品交换的论述。但是，经济学（早期被称为"Political Economy"，后来被称作为"Economics"）作为一门社会学问，是在亚当·斯密的《国富论》于1776年出版之后才出现的。从这个意义上来说，经济学是人类诸社会现代化后才逐渐形成的一门社会学问①。

从世界范围的经济思想史来看，最早是古希腊思想家色诺芬在公元前4

---

① 这主要是因为，尽管在早期的苏美尔、古希腊和中国的商朝、周朝到战国时期均出现过一定范围和程度的市场交易乃至商品贸易，在古罗马和中世纪早期的意大利城市国家中，市场经济和"国际贸易"也非常发达，在各文明和社会中也出现过各种各样的货币作为市场交易和商品交换的媒介，但直到17~18世纪之后，市场经济才在英国、欧洲其他国家大范围地扩展起来。有了市场交易，有了劳动分工，一个国家和社会才有真正的经济增长。从这个意义上讲，经济，实际上就是指市场交换和交易。经济学实际上也就是研究市场交易和一个国家中的人们如何繁荣发展乃至个人如何致富的一门学问，故只有在市场交易和贸易在人类诸社会和国家中发展起来后，经济学才成为了一门专门的学问。反过来看，如果消灭了商品和劳务交换以及市场交易，消灭私有产权和货币——如苏联初期的战时共产主义时期以及中国大跃进时期想要试图要做的那样，那么也就无所谓"经济"和"经济学"了，或者说没有必要再存在经济学这门专门的社会学科了。按照马克思主义政治经济学的划分，人类社会的经济活动包括生产、交换、分配和消费四个部分。但是，如果没有市场交换和贸易，完全实行理想的自给自足的自然经济（实际上，按照古代经济史和人类社会史前史的研究，几乎在任何有文字记载的文明社会中，均不存在纯粹的"自给自足"的自然经济，均有一定程度的商品和劳务交换和交易——否则，就不能解释为什么所有文明和古代诸社会中均自发地产生用做商品、劳务和财产交易媒介的各种形式的货币了），就构不成所谓的"经济"。只是到了现代社会，一个国家的经济越发达，人们市场交易、交换和贸易的范围就会越深和越广。从这个意义上来说，经济学在很大程度上就是研究市场交易的一门学问。

世纪首先创造了"economy"和"economics"的概念。在古希腊文中，其形式是"*oikouoµiα*"，原意为"家政管理"。色诺芬用这个词来概括奴隶主对生产经营和财产的管理。他认为，奴隶主的经济任务，就在于管理好自己庄园的财产并使之不断增加（色诺芬：《经济论·雅典的收入》，北京：商务印书馆出版，2009）。后来这个词逐渐演变为对一个国家整体的经济管理，并逐渐用"Political Economy"来称之[①]。只是到马歇尔（Alfred Marshall，1842～1924）之后，西方社会才开始了从政治经济学向经济学（Economics）概念的过渡，慢慢形成了现代社会的"经济学"这个通用概念[②]。但是，奥地利学派的经济学家米塞斯和哈耶克（Friedrich August von Hayek，1899～1992）却认为，西方语言中的"economy"（在中文中被译为"经济"）这个

[①]　从经济思想史上来看，第一本系统地阐述"政治经济学"的著作是英国重商主义经济学家詹姆士·斯图亚特（James Denham Steuart，1712～1780）在1767年出版的《政治经济学原理研究》（*An Inquiry into the Principles of Political Economy*）。尽管斯图亚特在"谨慎和节俭地满足家庭的需要"和同样满足国家的所有需要方面之间进行类比，但他认为二者之间还是有区别的。其区别在于，国家的统治者不能像一个家庭的户主那样去指挥人民。由此，他提出："因此，政治经济学的伟大艺术在于：首先使它（国家）的不同运作方式和人们的精神、礼仪、习惯和风俗相适应；然后将这些加以模型化，以求能引入一套更为有用的全新制度。"（见上书英文原版第16页）今天看来，原初斯图亚特提出的"政治经济学"这个概念，实际上相当于今天的"制度经济学"。接着，亚当·斯密沿用了斯图亚特这个概念，主张政治经济学"作为一门政治家或立法者的学科的分支"，具有两方面的研究任务：为人们提供"充足的收入和生计"；为国家提供足够的收入以提供公共服务（Adam Smith，1776，*An Inquiry into the Nature and Causes of Wealth of Nations*，2 vols，Indianapolis：Liberty Press，1976，p. 428）。

[②]　在《经济学原理》一书中，马歇尔指出："政治经济学或经济学研究的是日常经济生活中的人类；经济学研究的是与幸福生活必备物质的获取和利用最为密切相关的个人行为和社会行为。"（见 Alfred Marshall，*Principles fo Economics*，London：Macmillan，p. 1）马歇尔对经济学研究对象的这一定义，有两点值得我们今天特别注意：（1）这里马歇尔还是把"政治经济学"和"经济学"两个概念并用。（2）经济学研究人的个人行为和社会行为。后一点实际上也影响了奥地利学派的最重要经济学家米塞斯。在晚年，米塞斯就写作了《人的行为：经济学专论》这部巨著，并一再讲经济学是研究人的行为的一门科学，他甚至用了19世纪一位法国社会哲学家 Alfred Espinas 在1890年的一篇文章中所创造的一个词"praxeology"（现在一些同行把这个词翻译为"人的行动学"）来作为他这本最主要经济学著作的名字。譬如，在《人的行为》第一章导论中，米塞斯就用了"Economics and Praxeology"的标题。"维基百科"对这个词的解释是："Praxeology or praxeology（from Ancient Greek πραξις（praxis），meaning 'deed，action'，and – λογία（– logia），meaning 'study of'）is the study of human action，based on the notion that humans engage in purposeful behavior，as opposed to reflexive behavior like sneezing and unintentional behavior."

词，本身就词义含混不清。哈耶克发现，人们通常所使用的"economy"，实际上是指"市场秩序"。他说："economy 这个术语的含义一直含混不清，而且还导致了人们在理解方面的严重混淆。因此，为了使我们的讨论得以顺利展开，我们似乎有必要采取下述两项策略：第一，我们将严格按照该术语的原初意义使用该术语；这就是说，economy，在其原初意义上讲，指的是一系列为某个单一目的序列服务的受着刻意协调的行动。第二，我们必须采取另一个术语来指称那个由无数交织在一起的 economies① 而形成的体系，因为正是这些交织在一起的 economies 构成了市场秩序。"（哈耶克：《法、立法与自由》，第 2 卷，英文版，108 页，1976）哈耶克还接着指出："由于很久以前就有论者建议使用'catallactics'这一术语来指称那种论述市场秩序的学问②，又由于这个术语在晚近得到了一些论者的重新采用③，所以，采用一个与之相应的术语来指称市场秩序本身，可以说是相当适宜的。"哈耶克还具体解释道，catallactics 这个术语是从希腊语 *katallattein*（或 *katallassein*）衍生而来的，而 *katallattein* 这个希腊词不仅意味着"交换"（to ex-

① 仔细思考一下，我们就会认识到哈耶克的这一见解是很有道理的。且不说在英文和西方文字中，economy 常常有一国国民经济总体、部门经济、企业的含义，还有节约和资源使用更有效率的含义。即使在中文中，"经济"一词也有多种含义。试想一下，我们有国有经济、私有经济、民营经济、个体经济、集体经济、农业经济、工业经济、海洋经济、卫生经济、旅游经济、广东经济、山东经济、地下经济，等等。这些词的含义均具体有所指，但一旦整合起来成为一个整体，就涵指一国经济，如中国经济、美国经济、日本经济、欧洲经济、亚太经济等。因此"经济"又是指由很多"经济成分"组合起来的一个国家和社会的经济体系总称。

② 哈耶克这里是指 19 世纪一位英国经济学家 Richard Whately，这位作者在 1855 年出版的 *Introductory Lectures on Political Economy* 一书中最早提出"catallactics"这一概念。

③ 哈耶克这里是指在 1949 年出版的《人类行为》一书第四篇中，米塞斯用了"catallactics or economics of the market society"这个概念。米塞斯在《人类行为》这本巨著中重新使用 catallactics 这个词，显然影响了后来的哈耶克。但是，值得注意的是，在《人类行为》一书中，米塞斯还是倾向于把 catallactics 和 economics 并列使用，并没有用前者取代后者的意思。因为，尽管米塞斯在这部著作第四篇中，还是大量地讲和使用"经济学"这一概念，并明确指出，"我们所主张的不过是：经济学的主要任务是分析'市场上交换的财货和劳务的'货币价格之决定。为完成这个工作，那就必须从人的行为概括理论开始"。米塞斯还明确指出，"catallactics，或者是狭义的经济学的范围，就是对市场现象的分析"；"catallactics 就是对那种有货币价格和经济计算的体系的解释"（见 Mises，1963，*Human Action：A Treatise on Economics*，New Heaven：Yale University Press，p. 234）。

change），而且还意指"被社会和共同体所接纳"（to admit into the community）和"化敌为友"（to change from enemy into friend）。接着，哈耶克又指出："实际上，人们从这个动词中所衍生出来的形容词 catallactic 的目的就是要取代 economic 这个术语，以指 catallactics 这种知识所要论述的那种现象。"最后，哈耶克还认为，"据此，我们可以构造出一个英文词'catallaxy'，用它来指称那种在一个市场中由无数单个经济间的彼此调试所促成的秩序。因此，一种 catallaxy，便是一种类型的自发秩序，它是市场通过人们在财产法、侵权法和合同的规则范围内行事而形成的那种自发秩序。"（参见 Hayek，1976，*Law Legislation and Liberty*，vol 2，pp. 108 – 109）

对于 Richard Whately、米塞斯和哈耶克所创造并使用的"catallactics"和"catallaxy"这些概念，大部分经济学、法学和其他社会科学的学者今天可能都感觉比较生疏。甚至直到今天，这两个词在中文中还没有确定和确当的译法，比如，"catallactics"一词到底应该被翻译为"交易学"还是"交换学"，或者是其他？catallaxy 到底应该被翻译为什么，是应该像邓正来那样将它翻译为"偶合秩序"，还是把它翻译成"市场交易的扩展秩序"？这些问题到目前为止都确无定论。然而，至少从米塞斯和哈耶克上述论述中我们知道，经济学，即米塞斯所理解的狭义的 catallactics，应该是研究人们市场交易、市场商品和劳务价格如何决定的一门学问。

在波澜壮阔的 20 世纪中著述了数十年并对当代世界历史进程产生过巨大和深远影响的米塞斯和哈耶克所提出的这些观点和创造的这些新词，基本上在世界范围内被人们所忽视乃至遗忘了。这一方面是因为，在人类所有社会中，一种语言一旦演化生成，乃至语言中的概念和一个术语一旦被创造和使用，都是一个惰性很大而且有着很强"路径依赖"的现象；另一方面也是因为，尽管 Richard Whately、米塞斯和哈耶克均认为"catallactics"和"catallaxy"是比西方语言中的"economics"和"economy"更合宜指称人类社会的"市场秩序"现象及其研究，但他们实际上都没有真正展开论述

交易经济学原理

"catallactics"和"catallaxy"。但这里至少有一点我们今天可以确知，人们今天所说的"economy"和现代中文中的"经济"，本质上是指由通过市场交易和贸易所形成的一个体系。因此，经济学实际上是研究人类社会通过市场交易和贸易而进行生活、生存和资源配置的一门学问。

米塞斯和哈耶克的上述观点和认识，20多年后被一个在中国央行工作数十年的专家和理论研究者所重新提出来。并且，《交易经济学原理》一书的作者王振营研究员竟然在没有了解Richard Whately、米塞斯和哈耶克所提出和倡导的catallactics概念和主张的情况下，经过十几年自己的艰苦思考和深入研究，得出了与这些世界上的大思想家们差不多同样的认识，即经济学实际上是研究人类社会市场交易的一门学问。故在2016年，当时在中国人民银行上海总部任调查统计研究部主任的王振营研究员带着他的洋洋近800页、上百万字的《交易经济学原理》来我在复旦大学经济学院办公室"求教"时，我非常吃惊：一个在央行工作多年的金融业界人士，竟然能在十几年中坐得下冷板凳和沉下心来写出这上百万字的《交易经济学原理》，且达致几乎与米塞斯和哈耶克几乎同样的认识，这是怎么做到的呢？

在这本学术专著中，王振营研究员并不是在那里十几年闭门造车，而是在大量阅读了经济学中各门各派乃至其他社会科学的各种理论文献后，运用现代社会科学的方法（包括数理模型建构）而进行整体的理论创新。之前作者并没有读过米塞斯和哈耶克的著作，奇巧的是，他在这部著作中也是从市场交易的主体即家庭和企业来展开其逻辑分析的。

在上卷中，王振营研究员从分析市场主体的交易行为开始了他的经济学理论的建构，先从分析作为交易主体的家庭和企业开始，接着从现实的会计报表思路来描述交易主体的决策，并进一步分析了市场的交易过程和交易环境，还把新制度经济学的交易成本理论融入了他的交易分析中。市场的交易主体的决策、定价和交易成本的计算，离不开市场信息的运用。接着，这本专著分析了交易主体的信息的运用、交易决策的选择和市场定价，并最后用

6

交易的随机方程分析了市场主体的交易过程，从而完成了其理论分析的"微观分析"部分。

这部著作的中卷从技术层面分析了市场交易的网络，包括网络紧致性（各经济体内部和相互间的关联性）、交易环、交易势（交易主体行为的趋同效应的表现），并运用一些工程技术和数理分析如交易网络方程、系统方程来分析市场主体的交易行为，从而过渡到相当于现代经济学中的"宏观"或言"总量"分析。最后，这本原理自然而然地过渡到了对一国的经济增长和物价水平（通货膨胀、通货紧缩和滞胀）的理论解释。

这部专著的下卷则讨论了市场交易的演化，其中从交易演化的度量、技术的演化、知识的演化、制度的演化、相位的演化（产业升级），以及网络的演化等方面分析了经济交易演化的总体过程并得出了作者所认为的演化的一般规律。

这样一来，王振营研究员以市场交易为主线，以分析和描述交易主体的行为过程和结果为基本理论内容，以运用现代工程技术和数理分析方法为辅助，建立起了他自己的"交易经济学原理"的分析框架，并尝试把现代经济学中的微观分析和宏观分析乃至对经济增长的机制的分析均融合在他的交易经济学理论框架之中。

这里特别需要指出的是，作者不但以分析（市场）交易主体的行为为逻辑起点，以分析交易过程为主脉，构建了他的非同于古典政治经济学和新古典主流经济学的交易经济学分析框架，而且在理论解释中也提出了许多新的观点和理论洞见。譬如，在上卷中，作者就指出："一部人类经济的发展史，也就是一部交易的历史。交易是经济的内涵，经济是交易的总汇。""交易是经济行为的最原始形态，也是一切经济行为的归宿。一切复杂的经济现象，都是由简单的交易构筑的。"在上卷第七章中，作者也指出："价格的本质是一种关系，是一种反映交易的网络关系。每个价格的形成都必须放置在交易网络的环境中，每个价格都不是孤立的现象，不存在由绝对价值所决定的价格。通过大量交易在交易网络上形成一个相互参照、相互制约的体系，这便是支撑经济体运行的价格体系。"在中卷中，作者则提出了一个国家的经济增长实质上也是市场交易量增加的理论洞见。作者指出："在一个经济体的发展过程中会多次出现加速增长时期。任何导致交易网络受激，能够引起两个或多个交易网络变量相互激发的正反馈条件，便可以引发经济加速增长。一般来讲，经济加速增长通常会出现在重大制度变革和重大技术创新之后。……制度变革最直接的影响是交易环境的改善，交易开始活跃起来，交易网络的循环状态得到改善；激励机制变得更加合理，在众多力量的推动下交易网络产生持续的扩张动力。"实际上，在这部皇皇巨著的上中下三卷中，有许多诸如此类的理论创新和理论洞见。因此，我相信，这本书的再版，以及这部著作将来英文版的翻译出版，都将会对理论经济学的发展做出作者自己的贡献。

自 1978 年以来，随着中国高考的恢复和改革开放进程的推进，现代经济学逐渐被引入到了中国的高等教育之中。中国的经济学人也在世界范围内迅速成长起来，并且越来越多的中国内地和华人经济学家在学习、研究古典政治经济学和现代经济学的基础上，展开了自己的经济学理论创新。这其中包括张五常教授经过几十年的研究写出的皇皇五卷巨著、百余万字的《经济解释》（增订本，北京：中信出版社 2014 年出版）；杨小凯教授在 2005 年前提出的独特的新兴古典经济学的《经济学》原理框架（见 Xiaokai Yang，2001，*Economics：New Classical versus Neoclassical Frameworks*，Oxford：Blackwell）；林毅夫教授在近几年所提出的新结构经济学的理论框架；以及中国社会科学院世界经济与政治研究所的沈华嵩研究员 2018 年出版的《经济学分析原理》①（中国社会科学出版社 2018 年出版）等。近些年来，笔者在复旦大学也陆续收到来自全国各地乃至海外华人的诸多经济学专业人士和

---

① 在这本新近出版的《经济学分析原理》中，沈华嵩研究员尝试用耗散结构理论和协同学原理进行经济学理论创新，特别是把货币理论引入经济学分析的整体框架，确实有许多理论创新。

非专业人士寄来的经济学原理之类的出版物，或直接传来的电子文本形式的经济学原理的书稿。这些华人经济学理论的探索，无疑都会在各方面尝试增加人们对人类社会经济现象的理解。然而，在 20 世纪，理论经济学在世界范围经过积累性发展而经形成了现在以新古典主流经济学为主脉的微观经济学和宏观经济学理论框架和体系后，任何想挑战和取代现代主流经济学的努力可能暂都不会被世界各国经济学界和大学的经济学教育机构所普遍接受。并且，现在联合国和一些国际组织以及世界各国通行的以 GDP 总量和人均GDP 为基本国民经济核算体系的制度安排，实际上是与当代主流经济学的理论框架联系在一起的。在这种情况下，任何经济学的理论创新，如博弈论经济学的分析和新制度经济学的交易费用理论和社会成本理论，均会被主流经济学所吸收和包容进去。到目前为止，可能没有经济学家能够提出一套全新的经济学理论来完全替代和取代现有的新古典主流经济学的理论体系了。但是，这并不能否定世界各国的尤其是一些中国和华人经济学人的理论贡献和理论创新，其中包括王振营研究员的这部三卷集《交易经济学原理》。

　　是为序。

复旦大学经济学院教授
韦森
2019 年 3 月 1 日谨识于复旦

再版前言（第二版）

  交易经济学作为一种新的经济分析和思维范式，为人们分析经济现象、制定经济政策提供了新的视角。视角的改变，必然会为我们带来对经济现象新的理解、对经济现象分析新的方法、对经济政策新的选择。但是，交易经济学的思想不是凭空产生的，在经济理论近三百年的发展历史中，交易经济学的思想脉络早就隐伏其中，今天我们所做的工作不过是将其系统化、显性化而已。借此《交易经济学原理》再版之际，我对交易经济学的思想渊源、表达方法以及政策宣誓等进行梳理，以便读者对交易经济学有更为全面和便捷的理解。

一、交易经济学的思想渊源

  交易经济学聚焦于交易主体的适应性分析，即交易主体如何对适合变化的交易环境做出反应，以取得预期收益最大化。交易经济学将交易概念置于理论的核心位置，对交易概念进行拓展和重构，对交易活动进行细致分类描述和分析，使交易概念下所能覆盖的经济活动范围大大拓展，交易经济学的内涵也得到深化。

  交易经济学的学术源头，可以追溯到古典经济学。亚当·斯密在其《国富论》中要回答的核心问题是一个国家是如何变得富有的，财富是如何不断积累的。为了回答这些问题，亚当·斯密在《国富论》中构建了这样的逻辑体系：交易促进分工，分工提高劳动力技能，技能提高提升劳动生产效率，劳动生产效率提升增加生产力，生产力创造财富。在

交易经济学原理

《国富论》中，亚当·斯密将分工和交易置于理论的核心位置，开篇第一章讨论分工，紧接着讨论分工与交易的关系："任何一个提议与旁人做任何买卖的人，都要提议这样做。请给我以我所要的东西，同时，你就可以获得你所要的东西：这是每一个提议的意义。我们日常必要的那些好东西，几乎全是依照这个方法，从别人手里取得的。我们所需的食物不是出自屠宰业者、酿酒业者、面包业者的恩惠，而仅仅是出自他们自己的利益的顾虑，我们不要求助于他们的爱他心，只要求助于他们的自爱心。"①

在接下来讨论货币起源及其使用的部分，斯密进一步论述了交易的重要性："分工的局面，一经完全确立，一己劳动的生产物只能满足自身欲望的极小一部分，他有大部分的欲望，须用自己消费不了的剩余劳动产物，交换自己所需要别人劳动所生产的剩余物品来满足。于是，一切人都要依赖交换而生活，或者说，在相当限度内，一切人都成了商人，同时，社会本身亦成了所谓的商业社会。"②

在亚当·斯密的理论框架中，分工和交易是一枚硬币的两面，密不可分，互为因果。他论述道："我们需要的各种好东西，大部分是由契约、由交换、由购买得到的，同样，原来被分工引起的，亦正是这种互相交换的倾向。"③ 他列举了猎人、武器制造商、建筑商、铁匠、皮革制造商等不同职业分工是如何从交易中逐步演化出来的。

基于这样的逻辑关系，亚当·斯密在经济制度和经济政策方面的基本主张是：凡是有利于交易的开展和持续繁荣的制度、政策，都有利于国家富强，有利于财富积累；凡是不利于交易繁荣的制度安排都有害于本国经济，不利于国家富强。他认为，重商主义所主张的限制

---

① ［英］亚当·斯密著，郭大力、王亚南译：《国富论（上）》，10 页，译林出版社，2011。
② ［英］亚当·斯密著，郭大力、王亚南译：《国富论（上）》，17 页，译林出版社，2011。
③ ［英］亚当·斯密著，郭大力、王亚南译：《国富论（上）》，11 页，译林出版社，2011。

进口、扩大出口的政策是错误的；重商主义所看重的金银积累不过是一种虚假的幻觉。他在《国富论》中花了大量篇幅分析并论证重商主义对国家经济发展和提高民众生活的危害。"消费是一切生产的唯一目的与宗旨；生产者的利益，若为促进消费者利益所必须，那自应当注意；但亦只限于如此。……但在重商主义下，消费者的利益就几乎常常为生产者的利益而受牺牲；似乎，这种学说，视一切商业的究竟目的与宗旨，不是消费，只是生产。"①

亚当·斯密认为，人们怀着自利动机进行交易，在客观效果上却实现了全体民众的福祉。这也就是世人所概括的"无形之手"的理念。古典经济学关于自由市场的思想，在新古典经济学中得到进一步升华，上升为完美市场的思想精髓。新古典经济理论构建了一套十分精致的逻辑结构，所得到的结论是：经济系统的运行存在涨落，但会通过自发调节最终实现均衡。保持资源配置有效性的最佳途径是，不要干预自由市场的运行。从这个意义上讲，新古典经济学是亚当·斯密古典经济学的延续和进步，但新古典经济学为了实现对交易活动的细致分析，将交易活动分割为若干相互孤立的片段，导致了理论的静态化，同时又增加了一些附加条件，致使主流经济理论与现实经济活动的动态性和复杂性形成严重的偏离。

新古典经济学关注的核心是稀缺性约束下的最优资源配置，即消费者如何在有限的预算约束下实现效用最大化，企业如何在有限生产资源和投资资金的约束下获取利润最大化。新古典经济学问题设定具有封闭性，问题聚焦于在已知约束的前提下，决策主体如何安排消费、生产以及投资。一个学科的基本问题设置决定了理论的特色和逻辑展开的走向。新古典经济学以资源配置为核心的问题设定，必然导致理论的静态化特

① ［英］亚当·斯密著，郭大力、王亚南译：《国富论（下）》，216页，译林出版社，2011。

征,理论的注意力锁定在交易主体如何在稀缺性约束下做出最佳安排。要解决这类问题,就需要引入边际效用、边际收益、价格弹性、替代弹性等概念,从而构造起十分精致的理论体系。在这样的架构之下,一个完整的交易活动被拆分为多个孤立的片段,包括需求、供给、消费者、厂商等不同的交易场景,由此实现对各种场景下的交易进行深入细致的分析。

第二次世界大战以后,法国布尔巴基学派的影响力在西方经济学领域变得越来越重要。布尔巴基学派的哲学是逻辑高于应用,严密高于直觉,宣称理论独立于所描述的现实世界,甚至宣称,经济理论的构成要素不需要现实世界的对应。① 从此,计量方法和纯数学论证在经济学中的应用提高到空前的地位,判定一项经济研究的价值不是能否解决现实问题,而是数学方法是否优美,自身的推理是否严谨。这种价值导向,使得主流经济学理论与现实经济问题相去越来越远。应当说,主流经济学今天的发展趋势,不仅背离了古典经济学开辟的尊重现实的学术理念,同样也背离了新古典经济学大师阿尔弗雷德·马歇尔的学术理念。马歇尔在他的经典著作《经济学原理》中,鼓励和引导英国经济学家研究实际问题,要求经济学必须遵循日常生活的实践。②

新古典经济学的理论架构可以概括为以价格为中心、以资源配置为主线。以价格为中心,来源于古典经济学对价值产生及价格形成的关注,由此形成了供求分离的分析模式;以资源配置为主线,就需要寻求家庭和厂商资源配置的原则。价格分析的供求分割方法自然导致家庭和厂商资源配置原则分置的结果:家庭作为消费的代表,资源配置以效用最大

---

① 参见保罗·戴维森著,张军译:《约翰·梅纳德·凯恩斯》,第 12 章"凯恩斯革命:谁杀死了科克. 罗宾",289 –211 页,华夏出版社,2009。

② 参见[英]阿尔弗雷德·马歇尔著,宇奇译:《经济学原理》,第一篇、第二篇,湖南大学出版社,2012。

化为原则；厂商作为供给方的代表，以利润最大化为资源配置的原则。中心与主线之间通过效用递减原理产生逻辑关联：效用递减规律决定了消费者在资源稀缺的约束下，消费者对价格变动的自然反应是价格上涨、需求减少；而厂商在利润最大化目标的驱使下，对价格变动的自然反应是价格上涨、供给增加。由此，供求双方在价格信号的引导下实现供求平衡、市场出清的结局，整个经济系统中的所有市场均按照同样的作用机制，最终实现均衡状态。

新古典经济学的逻辑漏洞出现在家庭与厂商的角色定位上。家庭并非总是处于消费位置，即使是消费角色，也并非总是以效用为目标；厂商并非总是处于供给的位置上，当它处于需求方时，所遵循的原则并非与家庭一致。对于厂商，利润最大化也并非总是当前的利润最大化，市场是动态的、复杂的，面对复杂多变的市场环境，厂商对利润最大化的追求可以有多种多样的选择。一旦反应模式发生变化，新古典经济学的关键结论——市场总能出清，经济总是趋向均衡——就难以继续成立。如果失去了市场自发趋向平衡的结论，新古典经济学的理论架构与自由经济完美的信念就会脱离，从而也就失去了与政治利益群体相关联的基础。

如果从亚当·斯密1776年出版《国富论》算起，经济学的发展经历了二百多年的历史。在二百多年的岁月长河中，交易的概念曾经一度是经济理论研究的重点，但在进入新古典经济学时代后，尤其是第二次世界大战之后，交易的概念逐渐肢解，最终消失在场景分析的碎片化丛林里。交易经济学重新将经济学的逻辑架构放置在交易概念之上，可以说是某种意义上的古典经济学价值的回归。

具体到交易经济学的概念，最早可以追溯到奥地利学派。奥地利学派的学术思想核心是捍卫亚当·斯密的市场原则。从这一点出发，重视交易行为以及交易行为衍生出的各种论题成为奥地利学派自然选择。为了区别于传统经济学，米塞斯给了交易经济学一个专门的名字：Catallactics，词根源于希腊语，意思是交换；哈耶克建议将交易经济学命名为Catallaxy。两者采用了相同的词根，所不同的仅仅是词尾的使用。奥地利学派的重要代表人物路德维希·米塞斯在他的经典之作《人的行为》中，以交易主体为核心，将所有经济活动放置在人的行为框架中进行研究，以交易活动为主线，对涉及交易的各种因素进行全面的考察。在对交易活动的分析中，将交易划分为独自交换和人际交换①，这几乎与交易经济学的处理如出一辙，交易经济学将交易分为内联交易和外联交易，分别用于描述生产活动和交换活动——两类不同特性的交易。从逻辑架构上看，《交易经济学原理》与米赛斯的《人的行为》有许多同构的地方，主要的不同点集中于表述方法和分析工具上面。

美国经济学家、诺贝尔经济学奖获得者布坎南在20世纪80年代也重申了交易经济学的概念，他将交易经济学的方法运用到公共选择理论上，从而开辟了新政治经济学的全新领域。布坎南在他的《公共选择观点》的论文中谈到交易经济学时写到："这种经济学方法作为研究主题，直接将我们的注意力引到交易、贸易、协定和契约的过程上来，并且他一开始就必然引入自然秩序或自然协调原理，而我时常认为这才是经济理论中名副其实的唯一真正的'原理'。我长期以来坚决主张的这种经济学方法，19世纪某些持同样观点的人把它称为'交易经济学'。"②

在整个20世纪的经济学发展过程中，重视交易经济学研究方向的倡议并没有得到太多响应，时至今日，交易经济学在经济理论研究领域仍然处于少人问津的边缘地带。但尽管如此，交易经济学的思想方法却早

---

① 参见［奥］路德维希·冯·米塞斯著，夏道平译：《人的行为》，第二篇"在社会架构里面的行为"，上海社会科学出版社，2015。

② ［美］詹姆斯·M. 布坎南著，平新乔、莫扶民译：《自由、市场与国家——80年代的政治经济学》，30-31页，上海三联出版社，1989。

已隐伏于众多经济理论的创新领域之中。交易成本理论、新兴古典经济学等，也都或多或少地包含了交易经济学的思想和方法。

在过去半个世纪中，对主流经济学的改造和对新理论的设想已经成为众多经济学家努力的目标。20 世纪 80 年代，布莱恩·阿瑟（W. Brian Arthur）在圣塔菲研究所开展了复杂经济学的研究，提出了复杂经济学的基本原理和主要思想——收益递增原理。他在《复杂经济学——经济思想的新框架》一书中，为新的经济理论勾画了一幅宏大的蓝图，从有限理性到内生预期的资产定价，从技术竞争、正反馈到复杂性视角的经济系统，从组合进化到制度涌现等多个方面展开了复杂经济系统的讨论。

20 世纪 90 年代，中国学者杨小凯提出了新兴古典经济理论，从分工选择最大效用的角度构建了一套完整的经济分析理论框架。21 世纪初，中国学者沈华嵩提出经济系统的自组织理论，对经济系统的不可逆性、经济系统的不确定性以及经济系统的非线性和自组织过程进行了深入的探讨。应当说，这些都是人们在切身感受主流经济理论存在重大缺陷的背景下，为寻找新的理论解决方案所做出的不懈努力。交易经济学同样也是这股经济理论创新洪流中的一次探索和尝试。

二、交易经济学方法论

方法论构成了经济理论的重要组成部分，也是一种理论表达方式的基本内容。新古典经济学关注资源配置，实现资源最优配置的方法是对边际净收益、边际效用的计算，微分自然成为新古典经济学的基本工具，也构成了它的基本表达方式，各种弹性概念和各种曲线成为新古典经济理论的表达特点。

杨小凯在《新兴古典经济学》中重点关注分工选择，采用的方法论是超边际分析法，分析社会分工水平以及经济结构的形成过程。而布莱恩·阿瑟在《复杂经济学》中试图寻找一种能够胜任复杂系统运行特点的表达方式，但遗憾的是，他并没有找到这种表达。正如汪丁丁所评述的那样，"阿瑟必须寻求一种新的表达。我读《复杂经济学》这本书，还没有看到这一令人期待的表达"。

交易经济学采用了网络理论作为理论表达的工具，这是交易经济学方法论的基本特点。网络分析是 20 世纪 80 年代出现、21 世纪快速发展的一门技术。网络分析的特点是突出关联性和整体性，见长于相互作用分析，能够便利地表达反馈机制和自组织过程。网络分析技术的这些特点，与 20 世纪中后期以来人们就经济系统运行特征的共识高度吻合。人们逐步认识到，经济系统并非完美的稳定系统，自身具有天然的不稳定性，是一个非线性系统，经济系统具有强大的自组织功能，始终处于不断的演进和发展过程中。在这一方面，已经有大量的学术著作，包括沈华嵩的《经济系统的自组织理论》、布莱恩·阿瑟的《复杂经济学》、张翼成和吕琳媛合著的《重塑》等著作，均对经济系统的非线性特征做了比较深入的论述和分析，包含了许多对经济运行及其规律的深刻洞见。但是，如果将这些经济运行特点或规律放置在一个完备的逻辑框架中，呈现一种具有可行性的分析方法对规律进行表达，却要面临很大的困难。正如汪丁丁在为布莱恩·阿瑟的《复杂经济学》所写的序言附言中所说的："涌现秩序怎样表达，我相信，这一问题始终困扰着哈耶克，也同样困扰当代研究复杂现象（包括演化社会理论）的学者……。"

交易经济学采用网络分析技术作为表达手段，很好地表达了经济系统的本质特点。交易经济学为了实现对经济规律的逻辑表达，构筑了一个完整的理论体系，从交易主体的个体行为特点，到交易网络的整体特性描述，再到经济系统演化的逻辑，给出了可供分析使用的方法体系。

交易经济学从交易主体的行为分析开始，利用交易关系，在交易主体之间构建了动态的交易网络，最终实现对整个经济系统运行规律的揭示。交易经济学选择了不同于新古典的研究路径，将所有参与经济活动的自然人，都放置在特定的组织结构中，成为嵌入在文化、道德、产权以及制度架构下的行动主体。交易经济学中没有"鲁宾逊"式的"经济人"，只有特定内部结构的组织——家庭和企业。这是经济理论回归现实的第一块基石。

交易经济学放弃了交易主体的同质化假设。每个交易主体除了各自的约束集和信息集作为自身特征的规定外，经济身份特征使用会计矩阵进行描述。会计矩阵是由资产列和负债列构成的矩阵。无论家庭还是企业都有对应的会计矩阵。会计矩阵具有高度的动态性，每一项交易都在会计矩阵中得到反映。会计矩阵不仅能够反映交易主体的总资产、总负债，还能反映资产结构、流动性结构等。会计矩阵不仅反映了交易主体的经济特征，通过会计矩阵还实现了交易主体之间的联系，在众多的交易主体之间形成一张巨大的交易网络。会计矩阵不仅为交易主体提供了经济身份的描述，也为交易主体提供了交易的决策依据。在会计矩阵的支持下，交易主体突破了"效用"和"利润"的限制，可以从不同维度考虑会计矩阵的优化，拓宽了交易主体的决策视野，实现了交易决策过程的现实回归。在体现交易主体特征方面，除了以上各个方面之外，交易预期收益函数也构成了交易主体特征的内容。交易主体根据所拥有的信息集以及内部利益结构特点，形成独具特色的预期收益函数，成为区分交易主体身份的特征函数。大型跨国企业与本地企业的预期收益函数不同，制造类企业与服务类企业的预期收益函数也不同，国有企业与民营企业的预期收益函数也不一样，上市企业与非上市企业的预期收益函数也不相同。

在交易经济学的理论建构中，主体之间的相互作用始终处于核心的地位，系统的非线性特征以及自强化现象皆源于此。交易网络上的自强化过程类似于核链式反应，这种基于相互作用的自强化机制是经济波浪式运行的本质规定。在某些条件下，既可以涌现爆发式增长，也可以突发雪崩般危机。照此路径，我们为经济系统描述一幅完全不同于经典经济理论的图景，使经济系统更富于动态性，更具有多样性。

在主流理论中，交易主体被市场分隔开来，当市场被抽象化处理以后，交易主体之间的相互作用就被大大简化，仅仅表现为对价格的被动反应，反应模式也被固化到时点交易上。事实上，交易主体之间的相互作用极为复杂，不仅要对即期价格做出反应，而且还要对价格预期做出反应；不仅对交易对手方做出反应，还要对交易网络环境可预期的变化做出反应；不仅对交易本身做出反应，还要对与交易有关的信息做出反应。在这种情况下，主体之间的相互作用在网络上传播、集聚、扩散，一旦形成具有自强化机制的反馈，便会在相应的市场上产生动能强大的交易势。

经济增长是交易网络规模参数的扩张，价格是在特定定价机制下交易者之间博弈的结果。交易推动交易网络结构特征不断演化，交易网络的演化是一个自组织过程，通过制度、技术和知识的发展变化表现出来。反过来，制度、技术和知识又构成了经济系统进一步发展的推动力。这便是交易经济学所呈现的经济系统运行图景。

在交易经济学中，市场不是事前就有的外部存在，而是在每一个交易者参与的过程中形成的，是一种每时每刻都处于动态演化的交易关系。交易网络的演化在 4 维空间上展开，分别是技术、知识、制度和网络构型。人类社会波澜壮阔的发展进程，可以放置到 4 维空间上考察，成为经济学理论的有机组成部分。自此，交易经济学从微观交易主体的行为研究开始，到人类社会演化规律结束，持续不断和无以计数的主体交易行为构成了推动社会演进的原动力，而社会在 4 维空间上的任何进化，为交易主体的活动释放出更多的交易空间。在交易经济学中，微观主体与社会宏观之间形成了相互反馈的闭环，由此推动人类社会螺旋式发展。

　　交易经济学消除了经济学长期存在的两个分裂局面，实现了宏观与微观的统一和经济与政治的统一。长期以来，经济学存在微观与宏观的逻辑分裂、经济与政治的关系分割。一方面，经济活动必须在一定的制度框架下展开；另一方面，经济学又拒绝涉及经济制度的生成问题，采用制度外生化的技术处理手段。虽然制度经济学部分地弥补了这个缺陷，但并没有构建制度与经济之间的伴生关系。交易经济学实现了全景式的统一。

　　客观地讲，尽管交易经济学无论在概念体系，逻辑架构、分析方法甚至基本理念上与作为主流经济理论的新古典经济学存在众多分野，但不能把交易经济学看作是新古典经济学的替代或否定，他们之间并非对立关系。交易经济学可以看作是新古典经济学的发展和升级，在面对复杂经济现象时，交易经济学与新古典经济学可以相互配合，更有利于我们的分析，有利于找到正确的答案。在两者的逻辑关系上，交易经济学具有更为宽阔的分析视野，在微观分析上可以借助新古典经济学的方法和概念。

　　人类知识的每一次进步，无论起初看起来有多么的革命性，无论对原有的理论带来多大的冲击，新的理论必须找到与原有理论的接口，形成更大的、更具包容性的理论新体系。人类的每一次探索都不会白费，每一阶段的实践所产生的知识都是人类知识的重要组成部分，都应融入人类知识的宝库里，而不是抛弃掉、割裂开。牛顿力学与相对论的关系正是如此，即使曾经相互敌对的天文理论——哥白尼的日心说与托勒密地心说——关系也是如此，它们是在不同运动参照系下对太阳系的不同描述，两种曾经冲突的理论却在更为广阔的力学理论框架下找到了统一。交易经济学与新古典经济学同样具有统一性。

　　与主流经济学相比，交易经济学具有更鲜明的动态性特点，更加贴近当今经济社会的现实特征，对威胁经济金融安全的危机现象的分析更为准确、生动，更具内恰的逻辑连续性；与非主流经济学相比，交易经济学的优势是具有完整的逻辑体系，具有完整的分析表达体系，具有更为广阔的理论视野。

尽管如此，交易经济学还处在早期的发展和完善阶段，有大量的基础性工作要做，这包括交易经济学如何与主流经济理论的各分支进行衔接，交易主体如何在动态化的交易环境中演化生存，以及如何将交易经济学运用到实际问题的分析和市场预测中等。在交易经济学走向成熟和完善的道路上，需要众多的同路人，需要更多的经济学同人参与进来，共同开拓这一经济理论研究的新生领域。

三、交易经济学的政策主张

基础经济理论是对经济系统运行描述和分析的逻辑体系，就其理论本身，并不直接陈述政策主张，但从理论的逻辑体系可以演化和派生出相应的政策主张。新古典经济学从消费者效用最大化原则和厂商利润最大化原则，推演出经济系统自动实现均衡、市场最终自行出清的结论，从这样一个逻辑体系中，会很自然地得到相应的政策主张，包括放任的自由市场主张，这正是人们所常说的"无形的手"的理念。在货币政策方面，从古典经济学发展而来的新古典经济学，继承了古典经济学的价值理念，将价格与价值区分开来，认为货币是一层附着在交易活动表面的面纱，对价值本身没有任何影响，货币对经济活动而言是中性的，这就从根本上否定了货币政策在经济调控中可能发挥的功效。凡此种种，表明了一个经济理论体系，其逻辑架构和分析模式必然导向现实的政策主张，自然，交易经济学也同样会有根植于逻辑结构和分析模式的政策主张。

交易经济学构建了经济系统自发演进的逻辑体系，将一切交易活动放置在特定的交易环境中，将交易主体与环境激励的响应以及交易主体之间相互作用和博弈的关系置于理论的核心位置。在这样的理论体系之下，交易经济学很自然地形成具有自我特色的政策主张。

（一）阶段性发展原则

交易经济学是一个经济演化理论，将经济增长看做经济演化的一种方式和途径，基于这样的认识，交易经济学认为，在经济的不同发展阶段，从制度安排，到政策实施，再到经济组织模式等各个方面，都应体现经济发展的阶段性特点。交易经济学认为，不存在适用于所有经济发展阶段和所有经济体的制度安排和政策实施原则；不存在放置四海而皆准的经济发展模式。这是交易经济学阶段性发展原则的核心要义，也是交易经济学最有代表性的政策主张。

划分经济发展阶段可以有众多不同的方法，可以根据所研究的问题具体确定。不过，最具一般性的划分方法是以刘易斯拐点为标记，将一个经济体的发展历程划分为前后两个发展阶段。刘易斯拐点出现以前，是工业化、城市化主导的发展阶段。在这个阶段，包括人力资源、原材料、环境承载等资源价格优势是驱动经济发展的主要动力，而经济发展的主要障碍是交易成本，尤其是制度交易成本；刘易斯拐点出现以后，经济进入到第二个发展阶段，也就是稳定发展阶段，效率和创新成为经济发展的主要驱动力，经济发展面临的主要矛盾是交易环境激励导向的明确性和稳定性。

（二）最小干预原则

交易经济学认为，交易网络具有巨大的自组织功能，同时具有自我修复、自我选择的能力。从这个角度来讲，交易经济学承认无形之手的存在。同时，交易经济学认为，交易网络具有不稳定性，具有天然的两极分化倾向，容易受到势强递增原理的支配，出现强者越强、弱者越弱的极化现象；存在正反馈机制，容易生成交易环；对于推动经济增长的交易环，应当给予呵护；对于潜藏风险隐患的交易环，需要及时遏制。

13

交易经济学原理

此外，利用交易网络的适应性特点，通过政策引导，能够加速经济结构调整，有利于充分发挥潜在经济增长动力。基于这些认识，交易经济学主张尊重无形之手，灵活运用有形之手；发挥无形之手是常态，使用有形之手是特殊情况；有形之手需要确定使用条件和使用时点以及使用长度，确认使用力度。这些原则，概括为无形之手与有形之手双手共用，但有形之手要轻推，即最小干预原则。

在经济制度安排上和经济政策实施上，需要遵守阶段发展原则，基于此，对于最小干预原则的具体运用，也应考虑经济系统自身的特点以及经济发展阶段的特点。一般来讲，发展中国家需要政府有形之手更多、更强的干预，当然必须在尊重经济规律的前提下推进政策。经济上处于落后地位的国家，通常会有众多制约经济增长的因素存在，包括基础设施落后、法律法规制度不完善、外部交易成本过高等不利因素的制约，这些因素相互纠结，相互制约，形成了盘根错节的交织关系，经济处于被锁定状态。在这种情况下，政府推进的改革是走出经济停滞最为快捷、有效的途径。如果一味地等待经济自发组织的过程，就需要消耗太久的时间，浪费太多的资源。

对于处于赶超阶段的经济体，有效的产业政策同样是必要的，而且能够发挥事半功倍的效果。产业政策能够为所要发展的产业提供充足的资源，交易主体的预期收益函数得到优化，交易环境的激励导向更加明确，激励强度也更为突出，这些无疑能够加速激励产业的增长和壮大。

但是，无处不在的政府在经济发展的任何时期都将是巨大的资源浪费，政府所主导的经济常常是粗放型的，是不可持续的。在配置资源效率方面，政府永远不可能占据优势。

在交易经济学看来，经济周期是经济系统自发调节的机制，是保证经济系统运行在大尺度上的效率。交易经济学并不主张政府为了熨平经济周期实施政策干预。但是，需要区分一种特殊情况，即经济波动超过一定幅度后，可能诱发经济内部的连锁反应，导致大批企业倒闭，引发经济或金融危机。为了准确甄别两类不同性质的经济波动，政府需要收集充分的信息，要求政策既要有足够的定力，又要有迅速的反应，这是对政策制定者的挑战。

（三）财政政策最小化原则

财政政策的本质是利用国家强制权力，实现对经济资源在时间和产业、阶层之间的重新配置，以形成明确的交易激励导向，属于经济系统之外的外部扰动。当然，基于交易网络运行不稳定和极化倾向的特点，财政政策代表全局利益，采用外部干预的措施是完全有必要的，这对于维持经济系统的稳定性和持续性是十分必要的，但是，过度使用外部干预，必然以牺牲交易网络效率为代价，不利于经济长期增长。基于这样的基本信条，交易经济学主张，财政政策需要遵守最小干预原则，坚持财政政策最小化。

同样，在不同的经济发展阶段，财政政策在使用上也应当有所差别。在工业化、城市化完成前，财政政策的干预力度可以大一些。当然，即使在这个阶段，财政政策的运用范围和力度照样不能没有边界，所谓政策强化也只能是相对性的，仍然要坚持最小原则。而在后工业化阶段，财政政策需要向后退，财政政策应当主要聚焦在再分配、社会保障等方面，在产业政策领域出现身影的机会越少越好。

（四）货币化率稳定原则

交易经济学认为，要保持交易网络的运行效率，降低资源配置的扭曲度，价格体系的结构基本稳定和总体水平的基本稳定是一个重要的先决条件。在经济体制没有发生重大变革的情况下，为了实现这一目标，就需要维持货币与价值创造以及交易规模之间的合理关系，一种具有可行性的办法是，中央银行通过各种货币政策工具和手段，将货币供应与

交易经济学原理

交易活动规模的比例关系（一个可以考虑的替代性指标是 $\dfrac{M_2}{GDP}$，该指标被称为货币化率）维持在一个相对稳定的区间内。

交易经济学认为，导致价值扭曲、交易效率下降的最主要原因是经济的泡沫化，一旦出现某些市场交易势过度上涨的情况，就会吸引大量交易资源，不仅破坏了原有的交易结构，还会滋生交易主体的投机意识，交易网络上的交易时域短期化，给金融危机的爆发埋下伏笔。经济泡沫化的元凶正是货币供应过剩，泡沫方程告诉我们，经济泡沫化的概率与货币化率之间呈现指数关系，这就意味着，任何提高货币化率的行为，都将大幅度提升泡沫化的风险。

当然，维持货币化率的稳定性，需要众多货币政策工具的配合，包括再贴现、再贷款、公开市场操作等，但归根到底，是控制中央银行资产负债表的规模。

（五）汇率稳定原则

交易经济学认为，维持汇率的相对稳定，是维持稳定、安全的交易网络运行的重要方面。人类社会总是向着交易网络融合的方向发展和演化，国际贸易已经成为影响所有国家经济的重要因素。当然，汇率的稳定性不仅影响国际贸易，同样影响国内交易的稳定性和安全性，跨境交易与国内交易已经相互交织、相互影响。汇率大幅波动，会滋生交易主体的投机心理，容易吸引交易主体从价值创造活动转向价值投机活动，会引发交易主体的广泛焦虑，人们会担心自己的财富受到损失，这种广泛存在的心理，是经济泡沫化的温床。交易经济学主张有管控的汇率政策，而不是完全放任的汇率政策，这一点在工业化和城市化发展阶段尤其重要。

交易经济学的政策主张聚焦于交易网络的稳健和效率方面，这就要求经济制度、不同的政策之间的高度协调，不能出现政策信号混乱的现象。在执行汇率稳定原则的时候，需要统筹考虑货币政策、资产价格态势、财政政策统一协调。实现汇率稳定，不能仅仅依靠中央银行的入市干预。维持汇率的稳定需要一个内外稳定的交易环境，其中就包括财政政策环境、货币环境、贸易环境等。

（六）有效激励原则

交易经济学认为，产权制度是交易活动的重要基础和前提，但不是交易活动赖以有效运作的全部。交易经济学更加看重建立在产权制度之上的激励体系，激励机制与产权制度的相容性是支撑交易活动更为根本的要素。交易经济学并不排除在一个经济体内国有企业存在的必要性，更不排除国有企业高效率的可能性。交易经济学的基本理念是，推动交易网络运行的基本动力是交易主体追求估值时域上的预期收益最大化，激励是激发经济活力、推动交易网络运转的关键要素。

在现实社会中，产权是建立有效激励体系的基础，缺少明确的产权界定，就无从判定财产的归属，也就不可能建立起有效的激励机制。但是，随着社会发展演化以及交易网络的复杂化，产权的明晰度呈现下降趋势。以企业产权为例，工业革命初期的企业规模小，投资人数量有限，产权关系十分清晰，无论是在管理还是在利润分配上或债务分担方面，产权划分与企业运作之间始终存在清晰的对应关系，但在今天，对于大型的上市公司来讲，要清晰地划分并执行产权权利，就会变得十分困难。大型上市公司持有股份的投资者众多，他们既不可能直接经营，也不可能直接监督，从实施经营权，到监督管理权，均需要通过委托代理关系来完成。企业的管理、决策权，甚至财产使用权与股东之间基本上没有关系了。但是，这种制度安排并没有影响公司建立有效的激励机制，更没有影响公司的运行效率。

从交易生态的角度看，国有企业不仅有存在的必要，而且是经济中不可或缺的组成部分。一个高效的经济生态，不能要求每一个组成单元

交易经济学原理

简单地执行相同的效率标准，为了维护复杂系统的高效运行，众多的系统组分需要相互协同，扮演不同的角色，发挥不同的功能。对于经济系统，主体是追求效率的企业，但为了这些企业创造一个良好的环境，就会产生内容广泛的公共服务需求，比如公共基础设施、市政供给、基础科学研究以及公共教育等，这些功能就需要由国有企业来承担，提供公共产品供给的企业，尽管也需要高效率，也需要成本核算，但不能以营利为目的，对效率和利润的追求只能放在相对次要的位置。此外，在国家经济、金融安全及国家战略实施领域，国有企业同样具有不可替代的作用和功能。

在经济不同发展阶段，对国有企业的需求是不同的。在经济起步阶段，由于基础设施落后，产业衔接度低，如果国有企业在经济中有较高的参与度，对于加快经济发展有很大的益处。当经济进入到后工业化发展阶段，两个方面的问题凸显出来：一是国际竞争；二是社会和经济安全。国有企业参与到国际重要资源的竞争中，对于保证经济发展的战略性资源的供给是有好处的；在国内，国有控股重要的金融机构，无论对于国家经济安全，还是对于保持经济稳定发展都意义重大。

国有企业经常被人们认为是低效的组织，这是人们对国有企业诟病最多的地方，关键的理由是产权边界不清晰。按照交易经济学的逻辑，只要能够建立起有效激励机制，就会产生高效率。在国有企业的内部，可否建立起有效的激励机制并能够协调激励与公共职能的关系？交易经济学给出的答案是肯定的。

《交易经济学原理》第二版仍然保持了第一版的基本架构，对于一些显得冗余的论述进行了删减，对一些概念名称做了调整，以避免与现有理论的概念相混淆。第二版采用了上、中、下三卷分册的方法，上卷为《交易行为》、中卷为《交易网络》、下卷为《交易演化》，每册控制在 300 页上下，这样不至于用大部头事先把读者吓到，也便于读者携带。

再版前言（第二版）

借第二版出版之际，我分别邀请了中国人民银行调查统计司原司长、人民银行参事盛松成教授，上海财经大学经济学院院长田国强教授，复旦大学经济学院韦森教授做序。做序是一件很辛苦的工作，是一项为了节省读者时间而投入自己时间的工作，他们需要花费很多时间坐下来阅读书稿，利用自己坚实渊博的专业知识甄别出作者的理论创新之处，然后对作者的理论创新给予评述，需要做的事情非常多。三位学人在中国经济学界皆是大名鼎鼎的人物，约稿的地方很多，出席各种论坛的任务很重，还有自己的博士生要带，每年有大量讲课的任务，在这种情况下能够挤出时间为我的书做序，实在是难能可贵。我想，他们愿意在自己繁忙的工作日程表上添加一项缠手的工作，不仅仅是对我的友情支持，更是体现了他们对中国经济理论创新鼎力支持的情怀，他们愿意为中国经济理论创新的任何努力加油助力，对此我深表敬意，并由衷地向他们表示感谢。尤其是盛松成教授，在《交易经济学原理》第一版刚刚出版的时候，就对我的工作大加肯定，当时他还在调查统计司司长的任上，工作十分繁忙，但仍然挤出时间为我撰写书评，引来人们对一个新生理论的广泛关注，对此我的感激之情无以言表。

《交易经济学原理》能够在首次出版后的两年多的时间内得以再版，得益于中国金融出版社金融文化研究院院长刘钊博士的支持，他亲自担任《交易经济学原理》的责任编辑，积极支持我不断完善已有的成果，热心敦促我在工作之余挤出时间为再版做准备，在此我对刘钊博士的真诚相助表示深深的谢意。

日月轮转，又是一个繁花似锦的春天，在第二版刊印之际，祝愿中国的经济理论研究取得更大的成就，祝愿中国的经济学人能够为人类经济理论研究做出与我国所取得的巨大经济成就相匹配的贡献。

2019 年 3 月 17 日于上海

前　言

　　2014 年 5 月，来自美国、英国、俄罗斯、巴西等 19 个国家的经济系学生联合发信给英国《卫报》，呼吁对经济学的教育内容进行改革。他们认为主导大学经济学教育的主流经济学所持有的狭隘自由市场理论损害了世界应对金融危机、气候变化等挑战的能力，认为现在的大学经济学课程让社会失望，这些课程忽略了来自其他学科领域的成果和发展，正在成为一门过时的、封闭的、与现实社会相脱节的学问，他们对经济学教学的现状发出强烈抗议。①

　　时间回溯到 2008 年，源自美国次贷危机的国际金融危机重创了世界经济，欧洲经济更是首当其冲地遭受冲击，其程度甚至超过了危机发源地的美国。在欧洲各国中，损失最严重的国家当属英国，英国女王也难以幸免，资产损失十分惨重。同年 11 月，女王到久负盛名的伦敦经济学院访问，在会见中问在座的经济学家们："为什么当初就没有一个人注意到它（金融危机）？"随后，一批著名的经济学家集体给女王回信，对没能及时预测到国际金融危机的来临表示歉意。人们不禁要问，曾经被美国经济学家萨缪尔逊骄傲地称为"社会科学皇后"的经济学到底出了什么问题？毋庸置疑，在席卷全球的金融危机中，严重缩水的不仅有资产价格和富翁们的财富，还有经济学家的信誉。

　　事实上，人们对经济学家和经济理论的质疑从来没有停止过。2013

---

① 《19 国经济系学生呼吁教学改革》，载《参考消息》，2014 – 05 – 06。

交易经济学原理

年6月4日《大西洋月刊》发表了诺厄·史密斯题为《我们应当相信经济学家吗?》的文章,其中写道:"假设你是14世纪某个时候的英格兰御医。王子病了,你被招来给王子看病。你请来两个专家发表意见。第一个专家说:'用水蛭吸出有害体液。'第二个专家说:'不行,必须给他放血,让有害体液流出。'他们开始争论不休,用恶意的语言辱骂对方。放血男声称:'水蛭男是背地里效力于法国人的!'水蛭男则回击说:'放血男就是想让王子丧命,因为王子曾想给贵族加税!'"

......

"我们发现自己如今面临的经济形势和上面的例子有点像。所有人都知道,工厂闲置,门可罗雀、潜在的工人坐在沙发上无所事事是件糟糕的事情。但是,我们拥有的最好的'专家'——学院派经济学家——总体来说名声不佳。调查显示,公众对他们的预测非常没有信心。他们在报纸的专栏版上激烈交锋,似乎在最基本的问题上都不能达成一致。"[1]

法国经济学家托马斯·皮凯蒂在他的《21世纪资本论》的前言中是这样评价经济学和经济学家的:"坦率地说,目前的经济学科不惜牺牲历史研究,牺牲与其他社会科学相结合的研究方法,盲目地追求数学模型,追求纯理论的、高度理想化的推测。这种幼稚的做法应当被抛弃了。经济学家们往往沉浸于琐碎的、只有自己感兴趣的数学问题中。这种对数学的痴迷是获取科学性表象的一个捷径,因为这样不需要回答我们所生活的世界中那些更复杂的问题。"[2]

尽管如此,当人们面对纷繁复杂的经济现象时,仍然无奈地从现有的经济理论中寻找答案。对于这种情况,早在1889年,凡勃伦在他的著

---

[1] 诺厄·史密斯:《我们应当相信经济学家吗?》,载《参考消息》,2013-06-19(B12)。
[2] [法]托马斯·皮凯蒂:《21世纪资本论》,33页,中信出版社,2014。

作《经济学为什么不是进化的科学》(*Why Is Economics Not an Evolutionary Science*) 中就已经提出经济学应当放弃新古典理论框架，而应当使用生物学的进化论重建经济理论。他认为，从复杂性、不确定性和动态性角度来看，经济社会更像是生物社会，人类社会的"制度自然选择"类似于自然界"物种的自然选择"(盛昭瀚、蒋德鹏，2002)。对新古典经济学的批评和质疑自 1970 年以来变得更为普遍，质疑的声音越来越高。美国经济学会每年的会议上，一些重要的经济学家都会对这种经济理论不合理的现状提出批评。里昂惕夫在 1971 年的美国经济学年会上说，他担心微观经济理论不能面对经验的现实。托宾在 1972 年的美国经济学年会上、索洛在 1980 年的美国经济学年会上都表示了对主流经济理论的不满意，怀疑正统的微观经济学为宏观经济学所提供的基础是否适当。哈恩 (1970)、费尔普斯·布朗 (1972)、沃斯韦克 (1972) 都在不同年度的美国经济学年会上发表演讲，对主流经济理论的合理性表示怀疑。在《美国文献杂志》上，也有众多对主流经济理论的批评文章。舒比克 (1970)、西尔特和赫德里克 (1972)、莫根施特恩 (1972)、普雷斯顿 (1975)、莱本斯顿 (1979)、马里斯和缪勒 (1980)、威特森 (1982) 等全都公开抱怨说，流行的理论不能认真对待不确定性、有限理性、大公司的存在、制度上的复杂性或实际调整的动态等问题。理查德·R. 纳尔逊、悉尼·G. 温特在他们合著的《经济变迁的演化理论》中也认为，目前的主流经济理论还没有找到这样一条出路——通向一种前后一致的和得到支持的进展[①]。

今天，新古典经济学依然占据着经济理论的主流位置。除了技术的原因外，经济学的经典理论已经成为人们分析经济现象时的习惯思维方

[①] ［美］理查德·R. 纳尔逊、悉尼·G. 温特：《经济变迁的演化理论》，8 页，商务印书馆，1997。

式，这可能是问题的关键所在。不过，这种困难并不是经济理论革新过程所独有的，要改进或者推翻任何一个已经被人们广泛接受的思想和理论都会遇到重重的困难，都要面对无数阻力。只要想一想地心说和牛顿的绝对时空理论是如何艰难地被更好的理论所替代，我们就不难理解经典理论顽固盘踞经济学阵地这样的局面了。事实上，这种对旧有成功理论的留恋情结深深地根植于人类的认知模式。从认知理论的角度看，这是一种明智和经济的选择。只有在原有知识已经被充分证明完全不能适用而新的理论又被证明确实具有更大的优越性时，人们才会愿意接受新的理论。这也是保持人类知识稳步进化的关键。

无论多么困难的一件事情，也不管起初显得多么不可能完成的任务，只要开始行动了，目标就一定能够实现，剩下的不过是时间的长短和道路曲直的问题。重建经济理论的任务是艰巨的，但已经开始，我们有理由相信，人类既然有能力建构一座经济理论的经典大厦，也就一定有能力重建一个更加恢宏的经济理论体系。

演化经济学的创建者理查德·R. 纳尔逊、悉尼·G. 温特在20世纪90年代末总结自20世纪70年代以来的理论探索时这样说："过去20年里许多令人感兴趣的理论工作，都可以被解释成一种探索，它由各式各样不同的猜测所引导，那些猜测是关于可能的理论适应中哪些最为重要。"①

在岁月遥远的尽头，我的小学门口正对一片茂密的竹林，繁茂的枝叶笼罩着一片神秘。每次走过，我都会想同样的一个问题：是否能够找到一条最佳路径可以毫无阻拦地穿过密林？这样的疑问每当我面对困难的时候都会在心中浮起，总是希望通过不同的视角找出问题全新的解决

① ［美］理查德·R. 纳尔逊、悉尼·G. 温特：《经济变迁的演化理论》，9页，商务印书馆，1997。

方案。后来才知道，这其实是关于复杂网络的导航问题，即在复杂的网络上任何两点之间是否总能找到一条最短的路径。事实上，人类在知识的探索道路上总是在不断地尝试老问题的新视角。天文学的发展历史为我们提供了有力的例证。地球是人类的摇篮，我们仰望浩瀚的星空，将地球当作宇宙的中心是非常自然的事情。随着岁月的积累，观察到的天文现象越来越多，积累的数据也不断增加，这时候人们才发现，将地球当作宇宙的中心，使我们对众多行星运行的解释变得十分困难。哥白尼发现了问题的所在，只要换一个角度，将观测原点从地球平移到太阳上，所有困惑将烟消云散，原来的困难便迎刃而解。仅从知识演进的层面来讲，从托勒密的"地心说"到哥白尼的"日心说"的转变，不过是调整了一下看问题的角度。然而，正是角度的变化，引发了一场改变人类历史进程的深远革命。

知识创新是人类在认知领域的冒险，冒险活动带来的风险只能由探索者承担。很多科学家都清醒地认识到这一点，协同理论的创始人赫尔曼·哈肯坦率地承认："当我开创这个新的领域时，显然是在冒很大的风险，因为我可能就此失去科学家的声望。"① 今天，当我将经过漫长探索和思考的成果呈现给世人的时候，同样面临着巨大的风险。人们是否会接受它？人们会如何看待这样的理论创新？然而，这一切都无法阻止我对奇妙世界的探索和尝试。

进入 20 世纪以后，随着知识创新节奏的加快，人们认为著书立说的时代已经过去了。学术界广为流行的说法是"不发论文，自取灭亡"。发表论文已经成为今天学者展示学术成果的主流方式。但是，大部头的著作依然是表现思想成果的最佳方式，尤其当成果涉及众多概念的关系，

---

① ［德］赫尔曼·哈肯：《协同学——大自然构成的奥秘》，186 页，上海世纪出版集团，2005。

论述的不是一种方法、一个思想，而是一个思想体系的时候，必须通过大篇幅的论述才能清楚地呈现，这时候著作的优势便远远超过短小的论文。就像美国著名学者智能设计专家迈克尔·J. 贝希（Michael J. Behe）所说："图书的优点是能为作者阐明其观点提供大量空间。在上下文中提出新观点、举出恰当的例子、说明许多具体的步骤、回应预期的异议——所有这些都会占据相当大的篇幅。"除此之外，论文成为学者表现研究成果的主要方式还有一个更深层的原因，那就是现代社会的专业化。就像千千万万工业岗位需要细致的专业分工一样，学术研究也已经成为一种职业，成为整个社会庞大分工体系中的一部分，研究一旦成为一项职业，巨大的职业压力就不再允许研究者为建立一个思想体系花费10 年甚至 20 年时间来著书立说，因为那样的话，一旦失败将一事无成。但是，在经历过一段时间单兵突进之后，寻找一个理论框架将碎片化的知识收纳在一起，搭建成逻辑严密的理论体系就变成十分必要的事情了，这是人类知识探索和知识积累所必需的步骤。

当这项工程浩大的工作最终得以完成时，我顿感如释重负后的解脱，这是一次经历漫长孕育的"分娩"。在这里，我要特别感谢中国金融出版社刘钊主任以及参加审定的其他编审人员，感谢他们在此书出版过程中所付出的努力。最后，我要感谢我的妻子，是她日复一日、毫无怨言地承担了繁杂的家务，用默默的奉献为我筑起了一道将嘈杂事务拒之门外的屏障，使我能够沉下心来，去完成这项耗时费力的工作。

书稿付梓，正值春天，楼前的玉兰花迎风绽放，大地冰消，山花烂漫。此时，经济学的世界里同样春雷激荡、春潮涌动，一场经济学的革命正在酝酿，让我们期待这个伟大时刻的到来吧！

目　　录

上卷　交易行为

绪　　论

一、经济学的发展

经济学的任务是揭示人类经济活动的"真实性"。然而，"真实性"并非绝对的存在，也并不具有唯一性，而是观察者基于自己的信念对现象的整合。就像透视清晰、比例恰当是古典画家理解的"真实"，而光影模糊、比例扭曲是印象派画家眼中的"真实"一样，经济现象的"真实"同样是经济学家眼中的"真实"，这一切都取决于观察者知识结构所决定的认知习惯和认知能力。事实上，"真实"是一种理解，就像牛顿力学中的绝对时空曾经是物理学家的"真实"，而爱因斯坦的相对时空则是今天物理学家的"真实"一样。这种"真实性"变化推动着人类知识的进步。经济学的任务包含两个层面：一个是对经济现象的解释，另一个则是对于经济现象的预测。第一个任务关系到人类的认知需求，人类的认知本能总是要求对观察到的现象有一个自圆其说的内恰解释，以此表明完成了对一种现象的认知。第二个任务则关系到经济行为的决策，即人们如何利用经济学知识指导自己的经济行为。事实上，不仅是经济学，人类的一切知识都同时肩负着上述两项任务。至于解释，可以在不同逻辑严密程度上实现，即使在人类社会演化的早期，面对众多涉及自然、社会等领域的复杂现象，尽管知识贫乏，仍然不能阻止人们给出解释的尝试。世界各地丰富多彩的神话传说便是早期文明对神秘自然现象解释的一种尝试。在今天看来，那些解释十分粗陋，甚至非常可笑，但我们的祖先却能够接受，并因此获得认知的满足

1

感，实现内心的宁静。

任何一种现象，都可以有多种解释。在电磁场理论已经得到充分的实验证明，并被人们广泛接受的情况下，著名物理学家费曼重新引入超距离作用的概念，并构建了没有电磁场的电磁理论，解决了电子自身作用的难题。随后，费曼用不同的方法推导出薛定谔方程，发现了建立量子力学的第三种途径。这就像一座大山，绝不可能只有一条进山的道路，也绝对不可能只有一条道路引导人们走出大山。每一条到达目的地的路都会有自己的优点和不足，只有当我们发现不同的道路，才可能在不同的方案之间进行对比，最终找到一条满意的路。事实上，对于一个复杂的现象，找出多种可能解释的理论，不仅仅能够得到最佳方案，同时对问题的实质也会有更深入的理解。以人们熟知的圆周为例，通常的定义是"到一个固定点等距离的全部点的集合"，如果采用变分学的方法来理解圆周，就会给出完全不同的定义：圆周是具有给定长度包围面积最大的一条曲线。显然，这个定义将人们对圆周的认识推进了一步。圆周是非常简单的对象，对于复杂的现象，一个新理论的提出，其功效自然是不言而喻的。

任何解释都有特定的时代烙印，与所处时代包括信仰在内的知识体系相适应。逻辑严密性是一个适应性指标，不断提升逻辑的严密性，是人类知识进步的关键性标志。从经济学追求现实世界中的"真实性"来看，经济学与其他任何一门自然科学没有本质的差别，都是在追求一种不随时间而改变、不因人的表述而不同的"规律"。追求不以个体意志为转移的客观规律，是一切"科学"的本质。判别科学的标准并不是使用了多少数学工具，也不在于命题是否具有证伪性。判断一种理论的科学性，根本在于它所追求的目标是否是不以个体意志为转移的客观规律。科学代表着一种精神和态度，经济学家严谨、客观的态度恰恰符合科学判定的要求。至于逻辑的严密性以及表述的数学化，不过是理论成熟度的一种表征而已。

在人类的知识存量中，经济学是一个快速更新的领域。随意翻开一卷经济学历史教科书，就会发现众多为今天的经济学做出贡献的学者，他们自成体系的理论在今天看来已经显得幼稚。20世纪40年代后期，当凯恩斯革命成为势不可当的洪流，马歇尔的优秀学生、新古典经济学的代表人物庇古无奈地说："毫无疑问，我们这些不完全同意凯恩斯的人，都不可避免地受到了他的影响，要记起我们以往的立场已经变得很困难了……"① 经济学的这种发展状况表明，它仍然处于未定型的发展阶段，无论是基本概念体系，还是基本分析架构，抑或思想内核，都处于不断的变动之中，经济学还在成长。"有些人同意罗宾斯的看法，认为它（经济学）是一个柏拉图式的体系，是对人类行为的符合直觉的、理想化的但又正确的描述。另一些人追随路德维希·冯·米塞斯的思路，认为它是康德式的关于理性的先天综合真理体系。还有一些人，就像几何学的约定主义者一样，追随哈奇森的思路，认为经济学是同义语反复的体系，它并没有把握现实世界，而是一个纯粹内在的定义体系。另一些人仍然追随穆勒的思路，认为它是粗略的经验规律性的归纳体系。最后，某些人赞同弗里德曼的看法，把经济学看成是一种未加阐释的运算方法，就如同实证主义看待几何学一样。"②

如果人们就经济学到底是什么东西的问题仍然争执不下，经济学家们就很难自信地宣布说，经济学理论已经达到成熟的境界。事实上，从经济学的修辞特征，同样可以得出相同的结论。一门学问的修辞风格是它成长阶段的重要标志，就像一个人在不同成长阶段有着鲜明的语言风格一样。经济学并没有创造出自己的概念体系，而是大量借用其他学科的语言，甚至是日常生活中的用语，经济学家在对经济现象进行描述时，要尽量做到鲜明生动，就像小说家描述一个宏大而激动人心的场面一样。"经济学中比较明显的隐喻是那些用来传递新思想的隐喻，它通过把经济事件比喻成非

---

① ［美］本·塞利格曼：《现代经济学主要流派》，华夏出版社，2010。
② ［美］丹尼尔·豪斯曼：《经济学的哲学》，384页，上海人民出版社，2007。

经济事件，给人一种新鲜感——'弹性'一度成为引人注目的时髦词汇；'萧条'则给人以压抑之感；'均衡'则把经济比作一个碗中的苹果，给人以稳定的印象；'竞争'使人联想到赛马；'货币周转率'则让人联想到一张张纸片在旋转飞动。经济学中的大多词汇都取自非经济领域的一些陈旧的隐喻。"① 当然，这并不是说经济学不能使用日常生活中的词汇进行隐喻性修辞，经济理论本来就是研究人们日常活动的重要方面。其中的问题是，作为一门学科，经济学没有自己稳定的词汇库和一致的修辞范式，表明这门学科还没有定型，还处于成长变化时期。

经济学的发展经历了几个历史阶段。第一阶段，经济学主要是基于观察者和研究者的信念形成的观点表述，在这个阶段还没有形成内在统一的逻辑体系。古典经济学是这个阶段的代表。第二阶段实现了逻辑严谨化，通过公理性的假设，实现了对整个理论的逻辑推演。新古典经济学是这个阶段的代表。当前正处在经济学发展的第三阶段，在这个阶段，经济理论不仅要具有内在逻辑一致性，还需要更加准确地反映经济系统的动态特性，经济理论的逻辑论证必须建立在行为实证的基础上。

二、经济理论的边界

对于经济学的边界问题，学术界有不同的看法。将经济学研究推广到政治、法律、婚姻、爱情、犯罪等领域，并获得 1992 年诺贝尔经济学奖的经济学家 Gary S. Becker 认为，经济学的边界随时代发展而不断扩张，已经从早期仅限于研究物质资料生产和消费行为，扩展到包含一切交换关系的商品现象。发展到今天，经济学的研究已经扩展到人类的全部行为及与此有关的全部决定。②

---

① ［美］丹尼尔·豪斯曼：《经济学的哲学》，384 页，上海人民出版社，2007。
② 薛求知、黄佩燕、鲁直、张晓蓉：《行为经济学——理论与应用》，1 页，复旦大学出版社，2003。

诚然，在人类形形色色的社会行为中，经济成分以直接或间接方式占据着绝对主要的地位，很多看似与经济毫无关联的行为背后，实际是经济潜意识的表现。但是，经济并不是人们社会行为的全部。情感行为、道德行为、人类的自我牺牲精神、殉道行为等，都超越了经济学所能解释的范畴。追求收益最大化的企业家最终决定捐出全部资产的行为，无法在经济学的理论框架下给出解释，经济学也不应当谋求这种解释。经济学绝不可持有"包打天下"的野心，那样势必将经济学引入歧途。世间的一切都遵循得失平衡的原则。如果经济学追求无所不能的解释力，一定是以无所精深为代价，经济理论也就只能停留在粗粒知识的原始层次上。那样不是理论的进步，而是理论的倒退。

社会科学研究的许多困难来自对研究对象的界定不清，研究者穷尽问题的雄心常常将研究对象的外延无限扩大，从而使原本可以分开的问题纠结在一起，引起无谓的争论，模糊了研究群体的视线。当然，产生这种格局的原因是多方面的，其中一个是不同社会科学研究的对象是同一个主体不同侧面的属性，从直观上明确划分研究对象十分困难，这可能是社会科学对象界定困难的根源。经济学的研究对象是人。政治经济学、社会学、心理学、市场营销等学科无一不是以人为研究对象的。事实上，几乎所有社会科学的门类，都以人为研究对象。问题是研究者的"手术刀"该如何切割这个复杂的"人"。

经济学的研究对象应当是人类形形色色的经济活动以及由此衍生出的经济现象，经济学的最高使命是揭示出隐藏于纷繁复杂的经济现象背后的规律。但是，作为人类社会活动的基本内容，经济活动发挥着轴心作用，其他方面的活动，包括政治活动、宗教活动、文化活动等，追根溯源，无不来自经济活动或经济目的的需要，它们或是服务于经济目的，或是作为经济活动的一种后果。在这种情况下，要将经济活动从其他人类活动中泾渭分明地剥离出来，无论在技术上还是逻辑上都存在困难。面对复杂的经济活动，经济学在发展初期，采用了先易后难的策略，将经济学的研究边界限定在十分狭窄的范围内——仅仅考虑家庭消费行为和企业生产行为，而将对这些行为产生重大影响的制度、技术和知识等视为外生因素，将其排除在经济学研究范畴之外，这样一来，经济学的解释能力便受到很大限制，这是主流经济学面对复杂经济现象显得苍白无力的重要原因。

随着理论研究的深入，经济学在不断地拓宽自己的研究视野，将越来越多的因素纳入了经济学的研究视野，使其成为经济系统的组成要素，经济学的解释能力得到大幅提升。在200多年的发展中，经济学边界的拓展成为一个自发的过程。从古典经济学到新古典经济学，再到今天百舸争流的局面，经济学的视野已经如此广阔，以至于今天的经济学家很少敢宣称自己精通经济学的所有领域。事实上，经济学自身的演化过程，也正是所有科学发展所走过的道路，从这一点上讲，经济学的发展与其他科学的发展逻辑上是一致的。经济学边界的拓展也是自身发展的需要。

但是，经济学的研究边界应当止步于经济行为与非经济行为的分界线，经济学的研究应当以人的经济行为为对象。然而，在人们形形色色的活动中，又如何区分哪些是经济行为，哪些需要排除在经济行为范畴之外？这个问题看似可有可无，实际上是经济学的根本问题，看似十分简单，事实上却十分复杂。经济行为需要具备两个要素：一是行为的结果具有货币可度量性。譬如，购买一件商品，这个行为的结果是一件商品，其价值具有货币可度量的属性；但是，谈恋爱、散步等活动，却很难用货币度量其价值，因此，这类活动不属于经济行为。二是行为是以收益或者有利于收益为目的。基本的经济活动，包括投资、消费、生产都符合上述定义的要求；而许多公益活动，虽然也可能产生确定的货币度量性结果，但其行为的目的却不是为了获取收益。当然，也不排除一些公益活动的参与者是出于某种商业目的，在这种情况下，公益活动实际上已经成为参与者变相的经济活动了。

　　正如马克思所说，人是一切社会关系的总和。人们在进行经济决策过程中，所考虑的因素是多方面的，其中一些非经济因素也常常参与到决策中。区分经济因素和非经济因素的关键是收益的相关性。与经济收益有直接或间接联系的因素属于经济因素；反之，属于非经济因素。行为经济学家 Thaler 在他的朋友中曾经观察到一个现象，有人为了节省 10 美元愿意亲自整理自家的草坪，但是如果邻居支付 10 美元请他帮助整理草坪，却会遭到拒绝，甚至邻居增加支付，结果仍是一样。[①] 按照经济学原理，人们节约 10 美元与增加 10 美元具有相同的动机，而 Thaler 观察到的现象却对经济学原理的有效性提出质疑。在这个故事中，当事人的决策受到了非经济因素的干扰，当事人不仅考虑了节约 10 美元的事情，同时还有虚荣心或自尊心的因素。给自家庭院整理草坪在虚荣心上不会受到影响，但如果给邻居整理草坪，就会让人产生给邻居打工的印象。这个故事表明，当非经济因素介入决策过程时，从经济学的角度看，其行为就会发生扭曲。因此，现实中的人并非总是在一切经济活动中追求最大化收益目标。但这种扭曲的程度又是有限的。如果整理草坪的费用不是 10 美元，而是 100 美元或更高，决策者的犹豫可能就会消除。由此可见，经济行为与非经济行为依照某种规律相互转化，这就大大增加了经济行为界定的复杂性。

　　在人类的心理活动空间中，存在若干个平行的策略分区。不同的策略区域，追求的外化目标完全不同，但每一个策略区域内部，都能够建起"行动—外部响应—激励—行动"的运行机制。不同区域间的差别表现在策略选择的目标和激励内涵两个方面。心理分区包括利益分区、情感分区和信仰分区等。在利益区域中，一切策略的目标是获取最大利益，获得的激励是财富的增加；情感区域的目标则是得到别人的认可、接纳、情感的回报，获取的激励是来自策略施加对象的情感回应；信仰则是通过外部回

---

　　① 薛求知、黄佩燕、鲁直、张晓蓉：《行为经济学——理论与应用》，85 页，复旦大学出版社，2003。

交易经济学原理

应对自己信仰的印证，有各种不同的信仰内涵，可以是道德信仰，也可以是宗教信仰或政治信仰等。信仰者的激励来自对信仰坚定或信仰忠诚的自我确认，具有自我实现的特征。尽管不同的分区中策略的选择都遵守激励最大化原则，但外化出来的行为特点则有天壤之别。利益区域中的行为表现出来的是追求自己的收益，信仰区域的行为表现出来的则是奉献精神，而情感区域的行为特点则是以占有等方式实现的自我肯定。人们的行为可以持续地停留在一个区域内，也可以在不同的区域之间跳跃。人们行为滞留在一个区域的时间越长，对该区域的激励模式所产生的依赖性就越强，该区域塑造的人格特点就表现得越充分。这表明，心理分区具有很强的自守性。心理分区的工作原理支持划定经济学研究边界的做法。经济学的任务就是探讨基于利益区域的行为特征所产生的一系列个体行为和群体行为的规律。

确定经济学的逻辑边界是决定如何构建经济理论的重大问题。如果将经济学的范围无限制地扩大，经济学的基础就必须建立在具有相应涵盖力的概念基础上。概念的涵盖力越强，必然就越抽象，可度量性就会越差。事实上，"效用"就是这样的概念，具有解释人类一切行为的涵盖力，是一种愉悦心情和满足感的心理"度量"。人类的一切行为最终都要回到心理，这就决定了"效用"无所不能的解释力。但同时，"效用"又是无法确切度量的，甚至是无法比较的。一方面，不同的经历和心理特质决定了人们见仁见智的差别；另一方面，即使在同一个人身上，对比两个商品带来的"效用"差别也是困难的。"效用"还会产生应用上的困难，由于"效用"是基于个人心理感受的"指标"，无法应用于经济活动的一类重要的主体——企业身上。我们无法确定企业的心理感受是什么？这也是为什么主流经济学将生产行为与消费行为分别处理的关键原因。

如果将经济学的边界明确界定在经济行为的范围内，经济学的第一块基石就完全没必要选择像"效用"这样似是而非的模糊概念，完全可以建立在具体的、可度量的概念基础上。既然经济行为是一切能够引起财产变化并以财产增加为目的的行为，经济现象是由经济行为产生或引起人们经济行为反应的现象，那么，整个经济理论的大厦就应以能够精确度量经济行为后果的资产负债表为基础，以度量资产负债表变化结果的"收益"概念为经济学的逻辑起点。"收益"既是具体的，是人们在经济决策中作为依据的指标，又是可度量的，一切收益都可以用货币单位进行度量，通过会计手段进行核算。另外，由于人类行为受到心理的支配，作为经济行为后果的"收益"需要与心理活动联系起来，才能真实地反映经济行为和经济决策的过程。为此，将"预期收益"作为连接心理活动与行为结果的桥梁，也就为经济行为的决策提供了逻辑基础。

经济现象是社会现象的一种形式，而人类社会的复杂性表现为众多相互关联、相互制约的关系方面。要揭示经济现象背后的规律，就必须借用一切可以利用的理论，包括心理学、政治经济学、网络科学、自然科学以及历史学等的研究成果，不能一味地追求所谓经济学的纯粹性。只有这样，经济学才会摆脱目前的困境。心理学与经济学有着十分特殊的关系，道理很简单，经济学研究的对象是人的行为，而心理活动是外化活动的基础。但是，在经济理论发展的整个历史中，始终存在着经济学是否应当建立在心理学基础上的争论。"时至今日，某些人仍然认为，相对估值概念依赖于特定心理学说的有效性。经济学和其他社会科学的交界处，是不愿做精确思维的人最喜欢的游猎场，近年来，在这个模糊不清的领域内，很多人花费了大量的时间攻击经济科学的心理学假设……不幸的是，由于过去一些经济学家自己出言不慎，给了这些责难以口实。众所周知，某些现代主观价值论的创始人确实曾经宣称，他们的命题体系的最终基础是心理学快乐主义的有效性。但奥地利学派并非如此。从一开始，门格尔表格（Mengerian Tables）的构建就没有求助于任何心理学。庞巴维克（Bohm－Bawerk）明确否认与心理学的快乐主义有任何联系。"① 经济学还与物理学有着某种天然联系。物理学的研究对象是没有意志的自然世界，不像化学那样研究自然物质的内在结构，而是将研究的注意力放在物质间的相互作用领域。这就为经济学提供了很好的可供借鉴的逻辑架构。经济学关心的重点同样在相互作用领域，只不过作用主体不是无意识的物质，而是具有主观意志的人与人之间的作用，表现形式是需求和供给的作用。这些借鉴也常常受到批评家的攻击，成为经济学粗陋的重要证据。这一切争议不是关于经济学应当做什么的问题，而是源于经济学应当怎么做的问题。

三、经济理论的构建

理论是对凌乱现象的整理和压缩，在貌似无关的现象之间建立起逻辑关联，形成具有内在逻辑结构的体系。但是，当现象压缩过度时，理论就会丧失其内在结构，从而使理论表现得空洞。好像一切都解释了，但实际上什么也没有说，不能提供任何有价值的指导信息，充其量提供了对现象的另一种表述方式。这就产生了理论适度压缩的概念。中国文化具有概括性偏好，由于压缩过度的原因，与西方理论相比，缺少了内部结构，限制了进一步细化发展的可能性，也限制了在实际应用过程中被检验和证伪的能力，从而失去了理论进一步发展的空间。

一个好的知识系统必须在架构上具有开放性，保持与日益丰富、不断细致的人类知识相对接，具备融入人类知识整体的可能性。否则就会成为知识孤岛和处于死亡状态的理论。换句话讲，好的理论需要预留与整个不断增长的人类知识相联系的接口。只有这样，人类的知识才能在宏观尺度上保持内在统一性。内在一致性和逻辑的关联性是人类知识演进遵循的两个基本法则。如果用这个标准衡量，许多传统的知识系统缺乏开放性。例如，传统的中医理论虽然自成体系，却无法与不断丰富和发展的现代生物

---

① ［美］丹尼尔·豪斯曼：《经济学的哲学》，89 页，上海人民出版社，2007。

学、现代医学相对接。事实上，经济理论的发展同样面临这样的问题。

一个好的理论，还应坚持"概念经济化"的马赫原则，引用尽可能少的概念解释尽可能多的经济现象。面对纷繁的世界，人类的注意力资源和记忆力资源是有限的，使用概念的效率就成了人类认知世界效率的关键。另外，尽可能少地使用概念也是宇宙万物构建的信念——大道至简的一种体现。事实上，马赫原则的本质就是世界的简洁性。

衡量一种经济理论的好坏标准应当包括六个方面：一是系统性，二是内恰性，三是解释性，四是扩展性，五是便利性，六是简单性。在现有的经济理论图景中，缺少能够解释各种经济现象的统一理论框架。现在的经济理论选择了另一条路径：针对研究的具体对象，进行独立研究。关于商品市场的研究，经济学家们提出了市场营销理论；关于金融市场，尤其是股票市场，经济学家们提出了资产定价理论和投资理论。面对复杂的经济现象和具有不同专业特点的领域，虽然不能说一定要纳入一个完备的理论中，但是，为各种经济活动提供一个统一的理论框架和分析平台，不仅是必要的，而且已经到了十分紧迫的时候。

在回顾经济学发展的历史时，丹尼尔·豪斯曼曾经这样指出，"经济学始于18世纪的法国重农主义者、英国的坎蒂隆（Cantillon）和休谟，尤其是亚当·斯密。这些思想家之所以异于前人，并开创了经济学这样一门新学科的关键在于他们逐步认识到经济体能够构成一个自我调控的系统。当人们把经济系统作为研究对象的时候，经济学诞生了。"[1] 经济学不是对经济活动的零碎研究，而是将经济系统作为整体进行研究，在这方面，古典经济学家和新古典经济学家走在了整个社会科学的前面，率先将一个错综复杂的现象群作为系统进行研究。但是，直到今天，主流经济学对经济系统的复杂运行机制仍然没有能够给出细致的描述，其缺陷表现在没有揭示出经济系统内部的动态机制，没有揭示交易主体之间的相互联系机制的两

---

[1] ［美］丹尼尔·豪斯曼：《经济学的哲学》，27页，上海人民出版社，2007。

个方面。如果说新古典理论对经济的研究采用了整体系统的方法，那么这些方法带有太多静态特点，无法与复杂多变、常常是突变的经济现实相吻合。对系统内部的作用机制设定——供求决定价格、价格反作用于供求——也过于简单。利用如此简单的逻辑脉络竟能够解释众多经济现象，并表现出惊人的理论简洁性，应当说这是新古典经济理论的神奇之处。但是，随着经济的发展，各种交易活动从一个地区扩展到整个国家，再从国家内部发展到国际之间，经济活动将整个人类紧密地联系起来的时候，经济系统的内部关联性和相互作用已经变得不容忽视，新古典经济学逻辑架构的缺陷就越来越清晰地暴露出来。主要表现在三个方面：（1）采用供求分离的分析架构，强行将现实中供求一体的两个方面拆分开来，造成理论与现实的脱节。事实上，市场上并没有纯粹的供给者，也没有纯粹的需求者。在新古典经济学中厂商被设定为供给者，但实际情况是，企业不仅销售商品，而且购买商品，并在品种上远比销售的商品多得多，不仅要购买多种原材料，还要购买劳动力，购买广告公司的服务，还要在金融市场上发行债券购买货币，还要从专利市场上购买专利使用权等。以飞机制造商为例，为了销售飞机，通常要购买二百多万种的零配件。随着市场分工的细化，这种情况更为突出。与企业相对应，家庭在新古典经济学中被设定为商品和服务的需求方，但事实上，家庭不仅仅是商品的消费者，更是重要商品——劳动力和资本的供给者，在经济运行中发挥着十分关键的作用。供求分析法割裂了购买与销售在一个交易主体上的密切联系，新古典理论中的每一个交易主体都不完整，也就不可能客观地考察交易主体之间的相互作用关系。然而，交易主体之间的相互作用恰恰是经济系统运行、发展、演化的根本动力。在新古典理论的分析中，主体之间的相互作用仅限于通过价值联系起来的供求作用，而同样处于供给方的主体之间以及需求方的内部作用只是通过价格的间接作用以交易行为的时序效应显示出来。由于这一缺陷，新古典经济理论面对日益紧致的经济系统，尤其是进入混沌状态的经济，分析的结果与现实情况就会南辕北辙。（2）由于缺乏对经济系统动态的全局把握，在分析经济动态时，缺少基本架构约束，最终陷入碎片化的局面，增加了分析的随意性。任意两位经济学家对同一个经济现象的分析，由于关注的地方不同，赋予不同因素不同的权重，常常得出不同的结论，甚至是完全相反的结论。（3）由于假定了需求与价格的反比关系为唯一的反馈模式，经济系统运行只能沿着趋向均衡的方向演化。事实上，需求与价格的关系要复杂得多，现实中经济系统的涨落起伏常常非常强烈，一旦启动自我强化机制，系统就会朝着严重偏离均衡的方向发展，如果不能及时纠正甚至会导致系统崩溃，这就是危机爆发的原因。然而，在新古典经济理论架构中，危机永远不可能出现。上述三个方面的缺陷，使新古典经济理论与现实中的经济现象陷入难以调和的冲突，也无法通过局部的调整和修补解决这些矛盾。

均衡概念在主流理论中占据着十分重要的位置，是基于对自然规律的理解提出的。这种哲学思想的核心观点是：现实世界处于两种力量的不断冲突中，冲突的结果是实现某种意义的均衡。冲突是永恒的，新的冲突打破现有的均衡，推动事物向新的均衡演进。从一个均衡到另一个新的均衡，完成了事物发展的一个周期。均衡既是事物发展的出发点，又是动态演进的归宿和目标。研究均衡的形成和均衡的打破，能够比较完整地了解事物发展演化的全貌。经典经济理论正是基于这样的认识，将均衡的概念引入经济理论中，利用供求决定价格机理和动态趋向均衡的原理构建起经济分析的基本框架。

在新古典经济学中，均衡概念不仅是一种分析方法，而且也是对整个经济系统运行的理解，是一种信念。均衡概念包含了对经济系统的先验设定：经济系统总是向着一个相对静止的状态演变。事实上，经济系统是一个竞争系统，由大量的相互竞争与合作的交易主体、经济单元构成，这种系统的演变是效率驱动的，而不是将系统引向稳定的均衡状态。

引入均衡态的概念实际上是将趋于稳定的过程植入经济系统中，并作为推动系统运行和演化的内在动力。

均衡是一个宏观概念，从外部观察，它直接描述大量微观活动的宏观效果，具有外部概念的特征。尽管通过大量交易主体的活动，在宏观上能够达到均衡的效果，但作为个体的交易主体，在客观上无法直接感知均衡的演进和存在，在主观上也并不以实现均衡为目标。再者，均衡存在难以度量和观察的问题。由于经济变量之间的复杂动态关系以及大量外部扰动的存在，在现实中很难出现真正的均衡状态，并且如何证明一种状态处于均衡存在很多技术性困难，这就使得采用均衡概念建立起的分析框架缺乏实用性。

均衡概念来自自然科学的平衡，尤其是物理学中的平衡。在自然科学中，平衡概念的使用十分广泛，在构建物理架构方面发挥着十分重要的作用。可是，当科学研究从静态越来越转向动态，从时点研究转向过程研究的时候，平衡概念就出现问题了。平衡概念代表着一种研究方法和观察事物的角度。研究系统平衡，总是假定外部环境不变。这样就将环境与系统之间的相互作用巧妙地回避了，只是专心研究孤立系统在特定环境下的内部精细结构。当然，这样也可以获得许多有价值的知识。但是，获得系统运行变化的全景图像，系统与环境的作用才是经济理论问题的根本所在。

在研究由大量分子组成的热力学系统时，平衡态概念发挥着十分关键的作用。在孤立系统的演化发展进程中，平衡态是系统演化方向的坐标，决定着系统的演化方向——从非平衡态自发地向平衡态演化。经济系统同样是由大量主体组成，交易总是不断在主体之间发生，就像气体分子之间的相互作用一样，那么是否存在平衡态呢？对于孤立的气体系统，分子之间通过相互作用交换能量，最终达到各个分子的动能和势能相等的状态，这就是平衡状态。在没有外部干扰的情况下，处于孤立状态的气体分子不会自发地打破这种能量平衡分配的格局。然而，对于经济系统，由于人的能动性，即使处于完全孤立的状态，也不会长时间滞留在平衡状态。人类的早期发展历史便是在孤立状态下进行的，但并没有出现所谓的平衡状态从而停滞发展。之所以会这样，关键是人类具有自发自动的能力，即使没有外部扰动，照样会不断打破旧有格局，不断演化。经济系统是一个不断演化的自组织系统，具有自我演化的能力。这个判断也就从理论上否定了平衡态作为系统演化的必然归宿的可能性。

从人类认知规律来看，平衡态方法提供了十分简洁有效的认知起点。对于事物的认知，首先从某个时点的状态开始，这既是有效的，也是必需的。而在系统演化的所有时点上，平衡态是最容易，也是最有意义的时点。但是，认知的深入要求我们必须超越平衡方法，采用互动方法，将系统与环境的相互作用纳入我们的知识框架中，从而了解系统演化的整个进程。如果将平衡态方法称为时点法的话，系统与环境的互动方法可以称为过程法。

任何经济体的动态过程都是在时间坐标轴上的单方向演化过程，时间的不可逆性在经济现象中表现得十分典型。我们知道，交易主体的经历决定了对信息的处理方法和最终决策结果，我们永远无法消除经历对主体的作用，经历的本质是时间上的不可逆性。交易主体每一次对信息的使用都会留下使用痕迹，并反作用于信息集，成为新的信息来源。这是经济系统不可逆性的关键成因。此外，随机性是产生时间不可逆的根源。在经济领域中，存在着大量的随机事件。宏观现象正是大量以随机行为为基础产生的结果。因此，经济过程必然是一个不可逆过程。然而，现有理论没有引入时间的不可逆概念，从而无法解释经济演化的进程，更无法解释处于不同经济演化阶段的两个经济体为何常常表现出两种截然不同的现象。

在一个理论中，时间反演是否保持对称性是衡量一个理论是否具有描述进化能力的重要标准。对于一种过程，在进化的作用可以忽略不计的情况下，采用时间反演对称的理论可以比较精确地描述其过程；但是当进化成为不容忽视的因素时，反演对称理论就不能胜任了。主流经济学所面临的种种困境有很大一部分来自对进化的忽略。主流经济学中，作为基本作用方式的供求关系是时间反演对称的，因此，在新古典经济学的理论框架下不可能推导出经济的演化结果，也就不能够适应处于不断演进的经济系统。

作为主流经济学关于交易主体的基础性假设，完全理性包含两方面的基本内容：一是无限的信息收集和处理能力。交易主体不仅拥有决策所需要的完备信息，也具有正确使用和评价信息的能力，在决策中赋予不同信息以重要性权重。二是具有在效用和利润最大化目标下的正确决策能力。在外部条件确定的情况下，完全理性假设直接导致交易决策的唯一性。但是，行为经济学用不容置疑的事实证明，人们在处理经济问题的过程中，常常表现出许许多多的非理性特点。事实上，经济运行中频繁爆发的危机现象，正是人们非理性行为通过经济系统的放大机制释放出的破坏力。但是，尽管如此，我们仍然有理由将理性假设作为交易主体的基本模式，而将非理性行为作为对这种模式的偏离。有限理性假设的基本要点是，首先承认交易者理性的主导地位，其次接受非理性行为存在的事实。西蒙（1957）首先使用有限理性概念，其意义是"决策制定者并非无所不知的，而是在信息的加工方面存在着实际的困难，因此，尽管人们可以被看作是意欲理性的，但是他们并非是'超级理性'的"。①

在现代经济活动中，所有的经济活动都被纳入会计核算体系中。无论是企业，还是政府部门，在交易活动中，无论是生产制造活动，还是一般商业活动，都要进行精确的会计描述。会计已经成为一切经济活动的记录与核算手段。作为研究经济活动及其规律的经济学，却没有将会计纳入逻辑体系中，成为经济理论的基础和逻辑起点。这不能不说是现代经济理论

---

① ［美］埃里克·弗鲁博顿、［德］鲁道夫·芮切特：《新制度经济学——一个交易费用分析范式》，5 页，上海人民出版社，2006。

在理论架构方面的重大缺陷。

对新古典经济理论的反思并不是全盘否定这个理论，毕竟是人类在对复杂的经济现象进行理论探索道路上迈出的重要的一步，是人类智慧的结晶。虽然在对经济系统理解的基本理念上以及对经济现象的分析架构上必须对新古典经济理论进行改造，但是，新古典经济学所建立起来的许多概念，包括微观经济理论中的边际概念、成本分析体系、与家庭相关联的储蓄概念、价格分析中的弹性概念等，都已经沉淀为人类理解经济现象的基本工具，不应随着理论分析架构的调整而废弛。

爱因斯坦说过："创造一种新理论不像推到一个旧棚子，在原址建立起一幢摩天大厦，而是如同爬山，获得新的更广阔的视野，发现我们的起点与它周围环境之间预想不到的关联。不过我们的出发之地依然存在，虽然它在向上攀登的过程中显得小了，在我们克服重重阻碍所获得的广阔视野中只是很小的一部分，但还是遥遥可见。"① 这个论断同样适用于经济学，在任何经济学的新理论中，都不能完全排除新古典经济学的位置，新古典经济学的许多研究成果仍然有用，包括消费理论、市场结构理论等。

要完成研究经济行为的任务，经济学家还要有很长的路要走。首先，要弄清楚经济行为规律，就必须将研究拓展到影响经济行为的众多领域，包括制度、技术和知识、文化等都是经济学应当给予关注的方面。这些就像经济学家构建经济学大厦的施工平台或者场地一样，只有足够的场地才能矗立起大厦来。其次，为了揭示经济行为的规律，经济学家还必须有自己的一整套工具，需要借助数学、心理学、行为学以及博弈论等工具，对人的经济行为进行分析。随着理论研究的深入以及相关科学的发展，经济学家的常备工具箱里可能需要更多内容。就像经济学家构建理论大厦的脚手架一样，这些工具让经济学家能够顺利地进入到问题的核心，并找出问题的答案。

---

① ［英］安德鲁·罗宾逊：《爱因斯坦相对论一百年》，39 页，湖南科技出版社，2005。

研究对象、搭建场地和脚手架三者构成了一个圆锥体，这个圆锥体直观地描绘出了经济学研究的边界（见图1）。

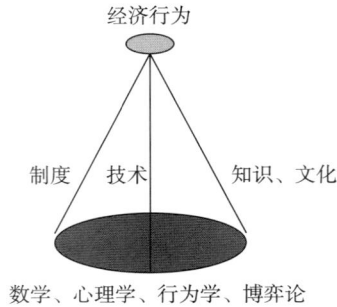

图1　经济学研究的边界

四、交易经济学

交易经济学要建立这样一个理论架构：以人类有限理性为基础，考察交易主体之间相互作用如何推动经济系统的运行以及由此可能产生的各种经济现象。

交易主体有限理性体现在以下三个方面：

（1）预期和对未来考虑安排的有限时间。换句话讲，交易主体所考虑和涉及的是有限未来。

（2）决策过程受到环境的干扰。换言之，交易主体在决策中抵御干扰的能力是有限度的。来自外部的干扰通过交易主体决策的随机性表现出来。

（3）有限的信息处理能力。当信息超过上限或信息秩序混乱超出可判断的范围，交易主体将失去求解最优解的能力。

交易主体克服有限理性的方法是学习和适应，体现在构建预期收益函数的每一个环节上。交易主体通过事后评估不断地对自己的决策方法进行调整，具体表现在构建预期收益函数时，对每一项参数不断调整。在交易经济学中，交易主体与新古典经济学中的"经济人"一样，在交易活动中追求的目标是收益最大化，但是在交易经济学中，交易主体没有新古典经济学中的"经济人"聪明，而是在不断地学习、调整、适应。此外，交易者对收益最大化的追求，不仅有度的限制，而且有时间上的弹性。所谓度的限制是指处于不同层次的交易者存在各自的近似度，近似度以内的差别被忽略；时间上的限制表现为根据当时的情况，做出一定估值时域内的打算。

交易经济学选择了系统论的理论架构，在交易主体行为规则的基础上，确定主体之间的相互作用机制，最终建立起经济系统的运行规律。在整个理论建构中，主体之间的相互作用始终处于核心的位置，系统的非线性特征以及自强化现象皆源于此。交易网络上的自强化过程，类似于连锁反应的过程。这种基于相互作用的自强化机制是经济波浪式运行的本质规定。在某些条件下，可以出现爆发式增长或者雪崩式危机。依照这样的路径，我们为经济系统描述一幅完全不同于经典经济理论的图景，使经济系统更富于动感和活力，当然在技术处理的细节上也更为复杂，这可以看作是新方法获得更多结论所支付的必要成本，也符合经济学最直观的规律。

在主流经济学中，经济系统的运行图景是通过价格将企业与家庭两类主体连接起来，而价格是由抽象的市场形成的，每一个主体，无论企业还是家庭，都是价格的被动接受者。市场被设定为一种确定价格的机制，但如何确定价格，并没有进一步的深入，而是作为理论的信念植入分析框架中。事实上，这是主流理论关键的隐性假设。尽管在主流理论框架中，企业与家庭是由不同的行为目标主导——企业追求利润最大化、家庭追求效用最大化，但是，它们遵循着相同的价格反应模式——供给方对价格的正向反应和需求方对价格的负向反应。企业作为商品和服务的供给者，对价格上涨的反应是增加供给；家庭作为劳动力和资本的供应者，对价格上涨的反应同样是增加供给。企业作为资本和劳动力的需求者，对价格上涨——工资上涨或利率上升的反应量减少需求，减少雇工数量或减少投资；

交易经济学原理

家庭作为商品和服务的需求者，对商品价格和服务价格上涨的反应同样是减少需求。通过供求双方对于价格不同方向的反应，一切交易在各自的市场中通过价格调节，最终实现供求平衡——市场出清。每个市场实现供求平衡、价格稳定在市场出清的位置上。当市场受到来自外部的干扰时，原有的均衡被打破，于是经济系统在内在平衡趋势的推动下向着新的均衡运动。从一个均衡到另一个均衡位置的移动过程，便是经济运行的过程。

主流理论的经济运行图景下，交易主体的拓扑关系如图 2 所示。

图 2　主流经济学的经济运行

不同类型主体间的相互作用由于市场的居间关系被大大简化了。主体对价格的反应模式决定了经济系统由负反馈特征主导。主流理论对经济系统简洁、完美的概括，存在一个关键的前提条件，那就是交易主体对价格的反应模式假设。显然，在这个重要的隐性假设中，包含了交易的时点化和估值时域短期化的两个假设。无论企业还是家庭，在面对价格变动时，他们的时间视野是点状的，而不是一个包含时间长度的区间。因此，在这类交易中完全不包含交易主体关于未来预期的角色。一旦交易主体有了关于未来预期的判断，并且将这种判断运用到决策中，无论是企业的利润最大化目标还是家庭的效用最大化目标，都将要求更加灵活的价格反应模式，新古典综合建立在负反馈模式基础上的均衡便无法实现，市场的完美假设也将随即遭到破坏。关于主流理论的逻辑弱点，很多经济学家已经注意到了，美国经济学家海曼·P. 明斯基在他的经典著作《稳定不稳定的经济——一种金融不稳定视角》中指出："独立的供给和需求曲线与系统将会不断变化直到所有的市场同时达到供给和需求平衡为止这个动态假设一起，共同构成了供求和需求理论；这个理论为各种传统教科书和时评的作者所津津乐道。但是，该理论只有在特定的市场上才成立，这个市场只能在给定的预算条件下进行消费和支出。一旦预算方程（决定了需求曲线）受到融资条件和对未来预期的影响，供给和需求曲线就会移动直到达到均衡的假设将不再成立。包含投融资的市场中，价格、数量和支付承诺可能会由于未来需求或利润而不再得以维持。"①

　　交易经济学的基本逻辑内核是每个交易主体都按照自己设定的收益目标以及所掌握的信息选择实现最优效益的交易，主体之间通过交易形成相互联结的网络——交易网络——而不是以笼统的市场作为作用媒介。交易主体之间的相互作用无论在形式上还是在机制上都极为复杂，不仅要对即期价格做出反应，还要对价格预期做出反应；不仅对交易对手方做出反应，还要对交易网络环境的当前和未来变化做出反应；不仅对交易做出反应，还要对信息做出反应。在这种情况下，主体之间的相互作用在网络上传播、集聚、扩散，一旦形成具有自强化机制的反馈，便会在相应的市场产生动能强大的交易势。经济增长是交易网络规模参数的扩张，价格是在特定定价机制下交易者之间博弈的结果。交易推动交易网络结构特征不断发展演化，交易网络的演化是一个自组织过程，通过制度、技术和知识的发展变化表现出来。反过来，制度、技术和知识构成了经济系统演化的强力约束。交易经济学对经济系统的分析在三个层次展开，首先是个体层次，其次是短时域上主体间相互作用的网络层次，最后是长时域上的网络演化层次。这就是交易经济学所呈现的经济系统运行图景。与主流理论图景的主要差别在于交易主体之间的相互作用方式更加复杂、多样化，也更加真实地再现了经济系统的运行情况。交易经济学提供的经济运行图景如图 3 所示。

　　对比图 2 和图 3，交易经济学所呈现的图景没有包含市场。在这里，市场便是相互作用的关系。换句话讲，交易经济学中的市场是一个打开了封盖的机关，里面复杂的关系细节全部呈现出来，是一种透明的关系图

---

　　① ［美］海曼·P. 明斯基：《稳定不稳定的经济——一种金融不稳定视角》，98 页，清华大学出版社，2010。

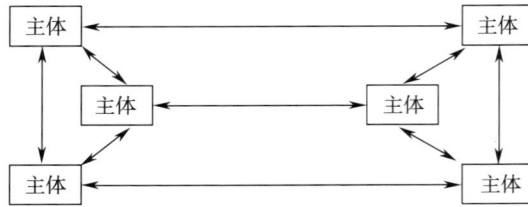

图 3　交易经济学的经济运行

谱。除了处理交易主体相互作用的手段上的差别外，所描述的系统也发生了本质的变化。主流经济理论所描述的系统是负反馈主导的均衡系统；而交易经济学所描述的系统则更为复杂，既可以出现均衡状态，也可以出现非均衡状态，而且非均衡状态是经济系统的常态。概括地讲，交易经济学的经济系统不再是一个平衡系统。

交易经济学在微观层面上接受交易主体的目的性假设，但在宏观层面拒绝了目的性假设，不再使用均衡分析框架，而是采用开放的，由数量庞大的逐利主体在各自的目的引导下通过相互作用推动和创造的过程。在宏观层面上，交易经济学没有设计推动系统自发实现的平衡点，经济系统始终处于不断发展演化进程中，而驱动系统演进的动力只有一个，即交易主体的逐利动机。按照理论流派的划分，交易经济学放弃了主流理论的分析框架，应被归入主观主义流派或者极端主观主义流派（主观主义主要是对经济行为主体主观愿望的强调，这一点并没有准确地反映交易经济学的主要特征）。① 作为标签的主观主义，实际上主要是指经济系统的未来状态具有开放性，而不是被已经存在的事实规定了发展的归宿——均衡。"均衡的观念伴随着这样的世界观，未来蕴含于现在之中，面对复杂的现实，假如我们不考虑知识实际上的有限性，原则上，只要充分知晓了现在就可以预测未来的状态。反之，新范式的核心洞见是，自然是创造性的，全新的，

---

① ［美］丹尼尔·豪斯曼：《经济学的哲学》，280 页，上海人民出版社，2007。

完全无法预测的结果不断产生，演化过程在时间中得以展现。"①

　　在现有的经济理论中，交易是指商品或者劳动服务权利的让渡行为。在交易经济学中，交易被放置在会计矩阵中进行考察，通过分析方法的改变，发现交易与生产两种不同的活动所引起的会计矩阵变化具有某种共同的特点。在动机分析中，发现无论是交易还是生产都具有相同的主体动机。由于这两方面的原因，商品交换和商品生产两种活动，被统一概括在交易概念之下。这样就给交易行为的分析提供了统一框架，便于实施主体之间相互作用的分析，从而实现经济分析的动态化。在交易经济学中，第一次把对人类形形色色的经济活动的描述置于会计学坚实的基础上，避开了具有复杂内部结构的交易主体与建立在个体心理体验之上的效用概念的矛盾，构成了自洽、自足的理论体系。

　　交易经济学将一切经济活动置于网络上。网络提供了一个复杂的关系环境。在网络环境下，我们所熟悉并习惯的因果关系分析法不再有效，网络将交易主体联系起来形成的复杂反馈关系不再允许我们孤立地分析单个的因果关系。因与果之间相互纠结互为因果关系，大量因素从不同的方向交叉作用，让简单的因果分析方法陷入迷茫。比如，20世纪30年代美国经济大萧条、次贷危机、东南亚金融危机、前苏联解体等事件，理论界总有各种各样的成因分析，每家分析似乎都有道理，但彼此之间又很难达成共识，原因就在于导致这些重大事件发生的一定不是单个成因或少数几个成因，也不是每个成因独立作用，而是众多因素相互交织，构成一个或多个反馈环，最终导致自强化过程的启动。在这种情况下，必须引入网络分析方法，即反馈环分析法。在网络环境下，需要采用反馈环分析法，每个反馈环都包含众多因果关系，并通过闭环连接产生交互作用，呈现互为因果的表象。网络上形成反馈环需要一定的条件，需要众多因素的协同以及各种不确定性的契合。

---

① ［美］丹尼尔·豪斯曼：《经济学的哲学》，279页，上海人民出版社，2007。

交易经济学原理

在概念体系上，交易经济学从两个相反的方向对主流经济学框架形成突破：一方面，放弃了对交易主体的细分，将家庭和企业统一归入交易主体的范畴，并为交易主体设置了统一的行为范式——交易预期收益函数。另一方面，由于每一个交易主体拥有的信息集不同，面对的约束条件不同，这就导致了交易决策的差异化。在第一个方向上，主体的统一提供了在经济系统中考察主体之间相互作用的便利性；而在另一个方向上，则客观地反映了现实世界的非同质化特性。在这样的架构下，预期在交易主体的决策中扮演着十分重要的角色，时间也因此成为经济活动中不容忽视的重要变量。

交易经济学继承了古典经济学对主体行为的最大化模式，但是有一个重要变化。在古典经济学中，由于信息充分假设和主体完全理性假设，最大化是不因交易主体而改变的客观指标，约束条件一旦确定，最大化也就随之唯一确定。这也是古典经济学同质化处理的表现。在交易经济学中，每个交易主体都在自己的信息集上进行决策，由于交易环境的差异、信息成本的制约以及交易路径的不同，每个主体都有自己独特的信息集。在行为动机上，每一个交易主体都期望获得最大的收益，实现最大预期。在交易决策时，尽可能地利用各种有效信息，包括周围其他交易主体的交易情况，进行分析判断。每次交易，都是在约束条件下，在主体的认知和决策能力基础上，实施最大预期方案。每一个交易主体的决策都是遵守着最大化模式，但每个主体的"最大"各不相同，即使同类的交易、同样的约束，每个主体的答案也各有特色。因此，如果说新古典经济主体行为的模式是绝对最大化，那么交易经济学的主体行为模式则是相对最大化，这是两种最大化模式的差别所在。

主流经济学最大化行为模式常受到批评和质疑。亚历山大·罗森伯格认为，极值策略是新古典经济学派狡猾的伎俩，是在任何情况下总能够保证理论的正确性的根源。"极值策略是重要的方法论策略，因为它能非常有效地避免被证伪，这使它成为研究纲领的'核'，把那些原应成为反常或反例的现象变为了理论的新预测，或把它们作为领域拓展和精度深化的新机遇。相应地，也许可以认为，经济学家之所以钟爱这种理论，与其说反映了他们的自满，不如说反映了他们在方法论上根深蒂固的保守性：由于这个策略在力学与生物学的广泛领域内取得了很大成功，没有道理不试着用它来解释人类行为。"亚历山大·罗森伯格认为极值策略不仅仅是经济学家保守性的证明，从根本上讲就是懒惰和不求上进的表现。"保守的经济学家对极值策略的痴情，在经济学与物理学和进化论的反差面前显得苍白无力。只要极值策略研究纲领在经济学领域内取得哪怕一丁点儿它在别的领域内取得的巨大成功，经济学家就大有理由坚持这个研究纲领，但是，200 年来在这个方向上的工作，既没有产生物理学家发现新行星那样的发现，也没有产生像牛顿力学指导下的控制机械运动的机器那样的新技术。"由于极值策略在其他领域的成功反差，亚历山大·罗森伯格对经济学理论作为科学理论的资格表现质疑："经济学家在其领域内也并没有取得可以匹敌生物学家对'大进化'及其内在的适应和遗传机制的理解那样的深刻洞见。经济学家没有取得能和其他领域内的极值策略的应用相媲美的成就，这一重要的反差值得做一些解释。如果没有令人满意的解释，那么，这种巨大而明显的差异足以使经济学家质疑他们的极值策略的价值，也使我们质疑经济学理论作为科学理论的资格。"[1]

　　客观地讲，亚历山大·罗森伯格教授将整个经济学少有建树的现状完全归罪于极值策略是有失公允的。极值策略充其量是一个方法论的问题，这一点教授本人也承认。如果一个理论没有能够完成它所承担的责任，首先应当考虑的是逻辑架构或理论内核，而不应当让方法和工具承担主要责任。

　　从数学上讲，任何一个问题，都可以转变为极值问题。这一点可以由

---

① ［美］丹尼尔·豪斯曼：《经济学的哲学》，337～338 页，上海人民出版社，2007。

物理质点的运动作为例证。质点运动具有无限多的可能性，既可以在约束下运动，也可以自由地运动，如果每种运动轨迹在三维空间中都用函数表示，对应的函数同样具有无限多的类型。利用牛顿动力学第二定律表达这些函数所遵守的规律，可以有多种方式建立相应的方程，分别是动力学普遍方程即达朗贝尔—拉格朗日原理、拉格朗日方程、若尔当（Jordan）原理、高斯原理、哈密尔顿正则方程等不同的形式，这些方程以不同的形式描述了同样的规律——质点动力学运动规律，既有极值形式（高斯原理），也有非极值形式。[①] 由此可见，极值方法不是问题的关键，仅仅是一种表述形式而已。

在学术研究的视野上，通常根据对象的空间尺度大小将研究划分为两个层次，在小尺度空间上的研究称为微观层次，在大尺度空间上的研究称为宏观层次。这种学科领域的划分不仅应用于研究自然世界的物理、化学等领域，同样也应用于研究人类社会的社会科学。根据是以个体还是以群体作为研究对象的不同，经济学被区分为微观经济学、宏观经济学。对研究对象的层次划分，是解析复杂系统必须遵循的路径，是复杂系统分层结构特征所规定的必然选择。除了空间尺度的层次划分以外，时间尺度的层次划分同样十分必要，尤其是对具有不可逆演进方向的社会系统，建立时间尺度上的分层研究更是必需的。以经济系统为例，制度、技术以及知识文化的演变对经济系统的运行以及理解当前阶段系统运行的特点如此重要，以致缺少这些不断变化的序参数就不可能描绘出一幅完整的经济运行图景。在现有的经济学理论架构里，无论是微观经济学，还是宏观经济学，都是在近期时间尺度上对经济系统的研究。对于经济系统的完整理解，必须有大时间尺度上的研究，需要有十年、百年甚至千年的时间尺度上的研究，

---

① 分别参见 Л. Д. 马尔契夫：《理论力学》（第三版），第三章《微分变分原理》，65~71 页，高等教育出版社，2006；周衍伯：《理论力学教程》，第五章《分析力学》，259~322 页，高等教育出版社，1979。

将经济系统置于宽广的时间尺度上，考察经济系统作为人类社会系统中核心子系统的演变节奏和演变规律。

就像用空间尺度定义了微观经济学和宏观经济学的范畴一样，用时间尺度同样可以规定不同层次的研究范畴，将小尺度时间上的研究称为短观理论，将大尺度时间上的研究称为远观理论。短观理论对经济系统的研究以经济系统的短期参数为中心，而长期参数——包括制度、技术以及文化知识等因素——约定为不变参量。这些参量的变化通常需要较长时间，在短期内假定其不变完全是合理的。而远观理论则忽略经济系统的短期波动，将注意力集中在制度、技术以及知识等经济系统的深层要素上面，由于所研究的参量变化的节奏比较缓慢，使用一个特殊的词汇——演化——来描述这种改变。借鉴微观经济学、宏观经济学的称谓，按照时间尺度划分出的不同层次研究理论同样可以称为短观经济学和远观经济学。显然，按照时间尺度的划分，微观经济学和宏观经济学均属于短观理论范畴。以经济系统演化为研究对象的经济理论属于远观理论范畴。通过引入时间尺度的分层研究，将经济研究空间在两个标度上切分，形成一个多维度的研究视野。只有这样，才能全面透视人类创造并赖以生存的经济系统，才能更好地理解经济系统复杂多变的习性。

交易经济学的建构分为三个层次。第一个是微观层次，通过在会计矩阵基础上对交易主体的描述，建立起各类主体统一的决策模型，为交易主体之间相互作用打下基础。第二个是宏观层次，主要研究交易主体之间的相互作用，并以此为基础构建经济系统的系统方程和状态耦合方程。在这个层次上，尽管已经从微观个体上升到了宏观整体的研究尺度，但研究仅仅限于短观视野，对影响交易的众多因素，包括制度、技术和知识以及文化、习俗等方面的变化没有给予考虑，同样没有考虑经济系统基础性演变效应。而这些方面都在第三个层次上完成，这个层次属于远观层次——经济系统的演化。这样，交易经济学的研究视野就包括了短观和远观、微观和宏观所有层次，构成一个完备的理论体系。一些被主流理论视为外生因素的变量，在交易经济学中也统一纳入了系统内部，作为内生变量加以讨论。

在三个层次中，每个层次既有自己独立的运行机制，层次之间又有密切的逻辑联系，每个层次都以一定的方式向相邻的层次渗透，实现层次间的关联。交易主体对收益的追逐是推动经济运行和发展的基本动力，而经济的发展又推动了经济系统的演化，不断演化升级的经济系统反过来为交易主体提供了更为广阔的交易空间。在短观到远观的层次跃升过程中，效率结构的变化是关键的机制。技术决定效率结构，而效率结构最终决定制度，而这一切都建立在交易主体追逐预期收益最大化的动机之上，对收益的追逐驱使交易主体追求新的技术，尽可能增加知识储备和信息占有，经济系统的演化便是在这样的利益追逐中的涌现。于是，整个经济系统就像设计缜密、结构复杂、环环相扣的庞大机器，被追逐利益最大化的动机驱使前行。

这是一幅人类社会波澜壮阔、生生不息的画卷。

上卷

交易行为

结构分层是复杂系统的主要构造特征。在不同空间层次上观察到的现象遵守着不同的规律，这些规律既有联系，又有一定的独立性，在逻辑上不能从下向上推演。如何确定结构层次，如何确定系统组分并给予恰当的描述，关系到整个理论的特色与合理性。

　　交易主体是经济系统的基本组元，要揭开经济系统运行的神秘面纱，必须细致解剖交易主体行为背后的动机。一切经济行为都可以看作是在动机支配下对外部诱因的反应，是基于包括制度、交易环境以及交易主体财务状况等约束条件下的反应。交易主体受到获利机会的诱导，相互竞争、相互作用，演化出无限复杂的经济现象，推动着经济系统和人类社会系统的发展与进化。在经济复杂性的背后，是极为简单的行为动机。经济现象向人们展示了简单创造复杂的过程。

第一章　交易主体

从逻辑分析的角度看，理论建构的第一步自然是确定系统的最小组织单元——系统组分。在对组分行为进行分析的基础上，进一步分析组分之间的互动机制，最终完成对整个系统行为规律的描述。

交易主体的选择必须考虑描述的便利性以及不同类型主体的内在统一性，确定交易主体既是理论分析的逻辑起点，也为构造交易网络寻找节点。

第一节　交易主体的选择

人是社会的主体，也是构成经济系统最基本的组分。但是，一个高效的系统需要通过聚集产生组织结构，并通过功能的差异化构筑依存关系，实现系统的高效运行①。经济系统是多层结构的复杂系统。从理论上讲，每一个层级上的组织单元都可以选为研究对象，成为理论体系中的主体，包括自然人、家庭和企业、产业簇群、区域、国家等。如何选择，取决于研究的关注重点和所采用的研究方法，也取决于系统研究中所选择的视角。不同的视角不仅带来不同的研究图景，也会影响到研究的结论。对于互联网的研究就是一个例子，研究对象可以有三种不同的选择：一种是 IP 地址层次。在这个层次上，每一个 IP 地址都作为互联网上的一个节点。一种是

---

① 关于复杂系统的组织结构规律参见［美］约翰·H. 霍兰：《隐秩序——适应性造就复杂性》，上海科技教育出版社，2000。

路由器层次。每一个路由器作为一个网络节点，而连接在路由器上的大量终端用户包含在路由器内部，成为信息黑箱的组成部分。还有一种是自治系统层次。这是更高层次的节点，每个自治系统可以由多个路由器组成。显然，选择不同层次节点建构网络，对于整个研究会产生重大的衍生效应。对于经济系统，依据法律关系组建的企业和依靠婚姻及血缘关系组成的家庭，是两类发挥基本功能的聚集体，它们理应顺理成章地成为经济系统的主体。

　　经济学的困难在于必须在多层次系统中处理众多变量的因果关系。但是，在系统的不同层次上，不仅"主体"对象不同，而且运动的规律也不同，处理问题的方法更无法统一。面对寻找自下而上统一表述经济系统运行规律的勃勃雄心，经济学家常常无奈地止步于将宏观与微观分别构建的局面。要克服这些困难，一种有效的方法是减少理论的构建层次。从组分的功能形态划分，经济系统有五个层次，分别是自然人、家庭、企业、行业、宏观系统。如果将家庭和企业放在主体位置上，宏观系统就可以看作由主体通过交易活动联结而成的网络，这样就在层次上大大简化了，在不同层次之间也容易建立起关联。

　　交易网络之上是以国家或经济体为组分构成的世界经济网络。在不同的经济体之间，通过国际贸易、人员往来、资金流动等途径，形成一张全球经济网络。从全球视野来看，经济系统大致可以分为三个层次，即家庭与企业层次、国家层次和全球层次。全球经济如果被作为一个整体来看，就是一张覆盖全球、具有模块结构的巨型交易网络。但是，按照层次划分的标准来讲，国家并不能构成标准意义上的交易网组分，国家充其量是一个聚集模块，而不是独立的行为单元。

　　将一组利益密切关联的人依照某种产权结构组织在一起作为交易主体

是一个明智之举，这样可以避开"经济人"和"网络人"①的争论，也可以减少许多关于人性本质的纠结。交易主体是对人性的重新编辑，表现出更多的趋利特征。

放弃自然人，采用具有内部结构的"一群人"作为构建交易系统的最小单元，无疑增加了理论的简洁性。人与人之间的关系具有高度复杂性，在交易活动中，组织内部的权益建构必然会对行为人施加不容忽略的影响。组织建构的本质是一种权责关系的界定。不同权责关系之下，产生不同的行为模式。同样是一个自然人，由于权责关系的不同，在国有企业中的行为特点可能不同于非国有企业中的行为特点。直接以自然人为单元构建的交易系统，必须投入大量精力用于分析不同类型的组织关系。以最小组织单元为逻辑起点的理论建构，无疑简化了理论分析的流程。

理论的简洁性还取决于能否在巨大的外表差异背后发现内在的统一性。交易主体的内在统一性是经济行为范式一致性的基础。交易经济学改变了生产者、消费者的角色分配方法，将企业、家庭视作具有不同组织形式但拥有相同动机的交易主体。事实上，在交易面前，并不存在纯粹的供给者和纯粹的需求者，每个主体都在不断进行供给和需求的角色转换，推动着经济循环。尽管主体在交易过程中不断变换角色，但所追逐的目标，面临的约束特质却具有稳定性和一致性。这正是建立经济理论的基础。

采用具有内部结构的"组织"——家庭、企业——作为研究对象，表面上看仅仅是一个人与一群人的差别，在理论构建层面也仅仅是复杂性和烦琐性的差异，但事实上，由此所衍生出的理论效应远远超出这些方面，导致了理论体系的根本变异。从单个的"人"到存在内部结构的"组织"，

---

① "经济人"假设是经典经济学的理论基础。该假设认为：人是自私的，总是试图以尽可能低的代价获得最大的个人好处。"网络人"假设则是将人放置在社会网络环境中，认为人的本性既有利他和惩罚，也有欲望和反感。所以，人不会完全自私，也会考虑他人的幸福。参见〔美〕尼古拉斯·克里斯塔基斯、詹姆斯·富勒：《大连接——社会网络是如何形成以及对人类现实行为的影响》，244页，中国人民大学出版社，2012。

必须放弃新古典经济学的基本概念——效用。新古典经济理论的整个需求理论都是搭建在"效用"概念之上的，无论是行为模式，还是资源配置结构，都是通过"效用"最大化得以实现的。

"效用"是对个人感受的一种度量，而对"组织"的感受却无法进行度量。一群人的"效用"的简单相加毫无意义。事实上，在一群具有利益关联的群体中，人们之间的"效用"有很强的作用关系，或者此消彼长，或者相互加强，这些关系都会随着具体情况发生改变。这种复杂多变的关系阻止了计算具有内部结构的"群体"总效用的尝试。放弃"效用"概念就迫使交易理论建立在新的概念基础上，这就是交易的预期收益函数，一个对"组织"收益可以直接量化计算的概念。

交易主体是具有独立决策能力并承担全部行为后果，并与其他主体之间具有清晰财产边界的组织。无论是家庭还是企业，作为交易主体，都有明确的法律地位，财产的独立性受到法律或习俗的认可和保护。从会计学的角度看，作为家庭成员的自然人，其资产负债表是不完整的。在法律意义上，家庭成员之间彼此分担着一定的民事责任和义务，这包括债务、债权、赔偿以及遗产继承等方面。

在现代社会中，同居正成为一种日益普遍的家庭形式。从表面上看，同居者之间存在几乎与合法婚姻一样的性行为关系以及情感关系，但是在法律上缺少明确的认定，也没有分享财产与分担债务责任的要求，因此不能视为一个共同交易主体，而是将同居的两人视为彼此独立的交易主体。交易主体的认定，不仅与组织关系的结构有关，还与法律规定有密切关系。对于家庭，子女多大才能作为独立的民事责任人，才应当从父母的家庭中分离出去，也应根据各个国家的法律规定和社会的实际情况而定。在这方面，习俗同样不容忽视。如果子女到了法定成人年龄，仍然寄居在父母家中，并分享父母的各种权益，在这种情况下，成年子女仍然被视为父母家庭中的一员，与父母一起参与交易，视为交易主体的一部分，而不是独立的交易主体。

在漫长的人类社会演化历史中，家庭作为社会最基本的组成单元，始终处于不断变化之中，但家庭的核心功能并没有发生根本的改变。家庭的基本功能有三个方面：一是降低成员的生存风险。面对疾病、伤残等不确定性，家庭成员之间通过血缘纽带支撑的互助关系是抵御风险最为有效和自然的手段。在传统社会中，疾病和伤残十分普遍，巨大的不确定性让家庭的保障功能成为不可替代的机制。随着社会的发展，各种社会保障体系不断完善，每个自然人所面对的不确定性风险与传统社会相比大大降低，但风险依然存在，尤其是在发展中国家，家庭在抵御各种风险方面仍然扮演着重要的角色。二是实现生命的代际延续，弥补老年生产力下降以及社会角色重要性下降的空缺。人类很早就意识到死亡的存在和生命的有限性，尽管早期的人类曾经幻想长生不老，并为此做了不懈努力，但早期的人们所面对的仍然是生命的短暂和脆弱的现实。无论是狩猎时期还是农业社会，在繁重的体力劳作面前，人们的有效工作时间远比今天短暂，只能通过生儿育女实现生命的代际延续，这就像今天的企业法人一样，通过代际的传承实现家庭在某种意义上的永恒，包括财产和血缘、姓氏的传承等。与此同时，在传统社会中也解决了养老的问题。在现代社会，解决了老年退出社会活动后的孤寂问题。三是通过家庭内部合作与分工，实现效率最大化。家庭内部的分工与合作在人类的远古时期就已存在。在漫长的人类历史上，大部分时间都是基于生理特征安排家庭的内部分工：女性负责生育和家庭照料；男性负责生产，获得家庭收入。即使在当今社会，家庭内部分工依然存在，只是严格依照性别分工的现象不再普遍和天经地义。妻子不再是理所当然承担家务劳动的人，丈夫对于妻子也不再颐指气使，但在家庭内部仍然会根据比较优势和爱好进行一定程度的分工，比如收入高的一方会将更多的时间投入到工作中，而收入低的一方则将更多的时间用于处理家务。此外，家庭内部成员的财务共享也增加了可动用的财力，每个成员所面对的财务约束都得以降低。在传统社会中，妻子料理家务，能够保证丈夫在外的劳动效率，起到提高生产效率的作用。

家庭的核心是分工协作，要保持这样一种组织的兴旺，利他主义是家庭成员的基本行为策略。在父母与子女之间，为了培养子女，父母不惜放弃自己的工作；为了供养子女上好的学校，受到良好教育，父母省吃俭用；为了给孩子治病，父母倾尽所有。这些故事几乎发生在每个家庭。在夫妻之间，一方生病了，另一方会放下工作到医院去陪护；妻子照顾丈夫、儿女的生活起居；丈夫负责挣钱养家。事实上，利他主义策略不仅是家庭这种组织形式的基础，也是一切具有凝聚力的群体赖以存在的基础。

家庭内部的利他策略与家庭之外的利己策略既是鲜明对比，也是全社会运行效率的必然。利他主义只能在很小范围内使用，否则就会出现"搭便车"现象，就会降低整体效率。在家庭内部突出协作，在家庭之外突出竞争，是风险防范与效率提升的合理组合。在这一点上，企业内部的合作与外部竞争是完全相同的道理。

家庭内部的利他主义策略要求每一个成员的行为决策都必须考虑其他成员的利益，父母的消费行为以及投资行为必须考虑子女的需求，包括教育、医疗等方面的支出安排，而子女的消费通常是在父母的监督下进行的。家庭作为一个通过婚姻和血缘关系实现的组织结构，在整个经济决策过程中，是以利益共同体的面貌出现的，家庭成员并非各行其是，尽管家庭成员可以各有梦想，并且能够得到其他成员的支持。在这方面，家庭与企业的情况没有根本的区别。

在传统社会中，家庭的整体利益远远高于个体成员的利益，传统社会的婚姻体制最能说明问题。包办婚姻几乎是东西方传统社会普遍存在的宗法制度。为了家庭的利益，年轻人的情感必须服从家庭利益的需要。"那种追求爱情的婚姻是不允许的，除非这种婚姻能为本家族带来利益，才会得到家族的认可。在 16 世纪的英格兰，那种罗曼蒂克式的爱情和对意中人的热烈追求，会被强烈谴责为短见的非理性的。"传统的法国社会情况也是如此。"热烈地追求爱情是可能的，但只有在那些由家庭事先安排好的并由家庭对其配偶的选择统筹负责的严格的圈子里，才是允许的。"① 为了家庭利益往往会牺牲年轻一代的爱情，于是传统社会里爱情悲剧也就十分普遍。

在今天的社会里，爱情不再作为家庭利益的范畴，并不是因为家庭的整体利益不复存在了，而是由于现代社会的家庭结构发生了变化，核心家庭成为主导模式，多代家庭变得十分稀少。子女成年后独立生活，尤其已婚子女基本上都独立门户，开始一个新家庭的生活。这样，通过子女的婚姻让家庭获取某种利益的情况已经变得没有太大意义，原有的家庭主体随着子女的独立成家而走向解体。

交易主体的概念并不排除主体成员相对独立地进行交易决策。事实上，这种情况极为普遍，子女尽管花父母的钱，但通常不需要征求父母意见，而是根据自己的爱好独立决策。但是，无论如何，都要受到家庭的限制，受到家庭资产负债表的约束，一个成员的决策，必然影响到其他成员，子女的交易决策可以不征求父母的意见，但绝不是说其决策不会影响到父母。事实上，家庭成员的交易决策，最终通过家庭资产负债表影响到其他成员。这就是为什么在研究交易行为时，不能将个人从家庭成员之间的千丝万缕联系中割裂出来，而是将存在强力约束关系的一簇人作为整体。

组织具有内部结构，而组织结构的变化必然引致成员行为的改变。对此，马克思有过精彩的评论："在社会中进行生产的个人，——因而，这些个人的一定社会性质的生产，自然是出发点。被斯密和李嘉图当作出发点的单个人的孤立的猎人和渔夫，应归入18世纪鲁宾逊故事的毫无想象力的虚构，鲁宾逊故事绝不像文化史学家设想的那样，仅仅是对极度文明的反动和想要回到被误解的自然生活中去。……人是最名副其实的社会动物。……孤立的一个人在社会之外进行生产——这是罕见的事，偶然落到荒野

---

① ［美］加里·S. 贝克尔：《家庭经济分析》，280 页，华夏出版社，1987。

中的已经内在地具有社会力量的文明人或许能够做到——就像许多个人不在一起生活和彼此交谈而竟有语言发展一样，是不可思议的。"马克思把人看作是众多社会关系的总和，并认为是显而易见的事情："在这方面无须多说。18 世纪的人们有这种荒诞的看法本是可以理解的，如果不是巴师夏、凯里和浦鲁东等人又把这些看法郑重其事地引进最新的经济学中来，这一点本来可以完全不提。"①

　　交易网络是经济系统的宏观结构，在这一结构之下，交易主体内部还存在结构，这就是将企业和家庭组织起来并运行的组织架构。在主体内部层次上，结构的对象是单个的自然人，就像细胞通过聚集实现特定的功能，而具有不同功能的器官之间的连接才能构成具有旺盛生命力、强大能力的生命体一样。企业和家庭对于交易网络来说，就是经济系统的细胞，交易网络将这些细胞连接在一起，实现宏观经济的运转。判断复杂系统层次的标准是层次间的组分是否直接作用，不同层次的组分是不能直接发生作用的，只有处于同一层次上的组分才能通过竞争和协作关系实现一种确定的功能。在企业内部，员工之间进行分工协作，员工之间的岗位竞争保证企业整体效率。但是，一个企业的员工的个人行为，只能通过企业的产品、服务、形象等表现出来，却不会直接作用于该企业之外的企业。企业之间是以组织群体形式进行竞争、协作、交易的。现代社会中，个人在家庭中的作用日益凸显，从表面上看，就业、消费等行为都是个人行为，是个人直接与企业发生交易关系，但是事实上，在一个标准家庭里，成年人的就业和消费等行为在很大程度上都要考虑整个家庭的情况，包括居住地点、收入状况、支出预期等。从这个意义上讲，家庭中的个人可以看作是家庭的代表。当然，每个家庭的代表不止一个，每一个成年人都可以作为家庭的代表。

---

　　① 《政治经济学批判导言》，见《马克思恩格斯选集》，第二卷，198～199 页，人民出版社，1996。

第二节　家庭

在现代经济系统中，家庭与企业犹如双星天体系统，相互作用、相互依存，家庭与企业之间的互动成为经济运行的基本动力，也构成了经济系统的基本框架。尽管家庭在现代经济系统中已经不再扮演生产者的角色，与企业之间有各自独立的职能分工，但从根本上讲，家庭在交易决策机制方面，与企业是相同的，都是在各自面对的约束条件下，追求预期收益在估值时域上的最大化。差别仅仅表现在决策程序和交易方式上。

一、家庭的演变

人类演化历史长河中，家庭的形式经过了多种变化，在不同的历史时期、不同的文化群体中，家庭的组织形式都不完全一样。但不论哪种形式，不论是父系制家庭，还是母系制家庭，也不论是双系制家庭，还是可变双系制家庭，家庭都是最小的社会组织单元，是每一个人出生之后结合到社会群体中的基点，始终是社会机体的细胞。

一个人从生到死，都必须依据家庭的组织关系决定其继承权利以及遗产归属。这既是一个人的生存基础，同样也是任何一个群体得以延续必须解决的问题。"任何一个群体要能生存，必须具有一套能使它延续的规定——人们出生以后，必须根据某些原则结合到群体中去；人们死后，他们所有的东西，必须按照规定传给后人。"[①] 这一切都只能由家庭组织来完成。

家庭的功能是多方面的，除了社会组织和经济层面的原因外，家庭还有生物和文化传承方面不可替代的功能。"家庭产生于生物和社会的需要，首先是怀孕的妇女，其次是母亲和孩子，都需要这种组织。单单生物的需要还不

---

① ［英］雷蒙德·弗思：《人文类型》，99 页，商务印书馆，1991。

能完全讲清楚家庭存在的原因。和其他动物相比，人的生长成熟需要长得多的时间，因此，受教育的时期也要长一些。做父母的人最有价值的功能就是把他们所属的群体的大量文化通过示范和教育传授给他们的子女。"①

在经济层面，家庭作为最小的经济单元，在成员之间共享财产、共同承担经济责任。随着人类历史的变迁，家庭的形式和内涵也在不断地演变。正像美国人类学家摩尔根所说的那样："家庭，是一个能动的要素，它从来不是静止不动的，而是随着社会从较低阶段向较高阶段的发展，从较低形式进化到较高的形式。"②

作为人类自身生产场所的家庭组织形式的变化构成了人类社会和文化演变的重要组成部分。在漫长的人类社会演化过程中，家庭曾经呈现出众多的组织形式，每一种形式都是根据生存竞争和经济活动变化的需要而调整。在现代家庭出现以前，家庭共经历了五种形态。最早出现的是内婚制家庭，这是人类社会最原始的一种形态。在那个时期，人类数量极其有限，人类面对的主要生存压力不是族群之间的竞争，而是来自恶劣的自然条件和凶猛的野兽。由于族群数量极少，一个族群遇到另一个族群的概率很低。在这样的条件下，要维持族群的繁衍，就只有采用族群内的婚配。按照摩尔根的推测："那时部落内部盛行毫无限制的性交关系，因此，每个女子属于每个男子，同样，每个男子也属于每个女子。"③ 显然，这样的原始家庭与现在的家庭相比，人数要多得多，而且不存在确定的代际结构，唯一能够确定的是，在家庭内部，所有成员之间都存在一定的血缘关系。在经历漫长的演化岁月之后，已经无法找到这种家庭模式存在的直接证据，只能从历史和宗教的传说中得到间接的印证。

随着家庭人口数量的增加，家庭不断地分裂出更多的家庭。当一个区

<hr>

① ［英］雷蒙德·弗思：《人文类型》，93 页，商务印书馆，1991。
② 《家庭、私有制和国家的起源》，见《马克思恩格斯选集》，第四卷，24 页，人民出版社，1995。
③ 《家庭、私有制和国家的起源》，见《马克思恩格斯选集》，第四卷，25 页，人民出版社，1995。

域内家庭的数量达到一个临界水平以后，每个家庭的生存除了原有的压力之外，还增加了不同族群之间的竞争。优胜劣汰的结果必然是，采用外婚制的家庭具有更强壮的体魄和更高的智商，在竞争中占有更大优势，最终导致外婚制家庭的全面胜利。同时，族群数量的增加也为外婚制家庭提供了必要的条件和基础。

早期的外婚制很不稳定，每一个人与另一个族群的异性之间的性行为完全是随机性的，这面临的一个问题是，在两性之间，子女归属于哪一方？这样一个简单的选择，人类经历了 20 万～30 万年的漫长岁月。子女的归属在两性之间的选择不仅关系到家庭组织结构的问题，而且还关系到两种性别中哪一个在族群生存中扮演更为重要的角色。当人类足迹还没有遍布所生存的星球时，只要族群之间的血腥战争还没有上升为族群存亡的主要挑战，男人在族群中的绝对权威地位就不可能出现。子女归属于母亲一方是最为自然的事情，随机的性行为虽然无法确定孩子的父亲，但母亲不存在疑问。于是，第二种家庭以母系氏族的形式出现就成为必然。这时的家庭是以氏族为单位的，一个氏族就是一个家庭。家庭中的每个成员共享家庭财富，包括食物、庇护所等。母系氏族家庭属于持续时间第二长的家庭模式，贯穿于整个旧石器时代以及新石器时代的早期。部落作为具有一定血缘关系的氏族家庭的联合体，具有更多的军事意义——联系起来防御外敌，对外进行军事攻击以扩大领地等。但是，经济活动的单元仍然是氏族家庭。

氏族家庭同样经历着不断分裂的问题。随着氏族家庭的增多，氏族之间领地竞争导致的战争日益频繁，具有好斗性别优势的男性逐步走向家庭的中心，父系氏族家庭逐渐成为主导，时间已经来到距今大约 5000 年的时候。从母系氏族到父系氏族，尽管只是继承权的性别发生了改变，但引起了家庭结构的变化，更是为后来个体家庭的出现、氏族家庭的解体埋下了伏笔。在父系氏族家庭中，不再像母系氏族家庭那样，家庭中的所有成员全都具有血缘关系；由于外婚制以及孩子必须由母亲所生的特点，父系氏族家庭中的母亲作为家庭成员，除了所生子女之间的血缘关系外，与其他成员之间不再拥有血缘关系，与母系氏族相比，家庭成员之间的血缘关系变得淡薄。从氏族家庭到现代家庭的演变，经历了一个从群婚到对偶、再到一夫一妻的过渡。对偶制家庭一旦形成，氏族家庭就宣告解体了，原始的共有社会也即宣告结束。

家庭模式演化的背后，是生产方式的改变。在原始社会时期，家庭是以氏族的形式存在的，氏族成员之间以血缘关系为纽带，是一个集人类自身生产、经济、军事为一体的组织单位。进入农耕文明以后，国家职能从家庭中分离出来，家庭承担的职能集中在两个方面：一是繁衍功能；二是农业生产功能。在那个时代，家庭作为经济组织单元，对每一个成员的约束是强有力的，每一个成员的劳动、消费、继承，都严格地限制在家庭组织的管理规则之下。传统的道德体系也是与此经济组织形态相适应的。进入工业经济形态以后，家庭对于成员的约束大大弱化了，生产职能进一步从家庭中分离出来，家庭成员从很小的时候就开始进入到社会活动中，从幼儿园、小学、中学、大学，到就业工作，家庭的职能最后纯化到了维持人类自身繁衍、为成员提供休闲、共享消费的场所。与最初的家庭相比，在职能上已经不断地简化，越来越多的职能被社会分工所替代。仅从现代家庭的形式看，性或者婚姻是家庭的基础和核心。但从整个人类社会进化的历史来看，婚姻的形式和性关系都经历了重大的变化，唯一没有变化的是家庭成员之间的财富共享关系，因此可以说，家庭的经济功能具有更加基本的意义。①

---

①　根据摩尔根的研究，人类家庭经历了四种形式的婚姻关系：（1）血缘家庭——家庭的最原始形式。家庭中的婚姻关系按照辈数划分，家庭范围内的所有祖父和祖母互为夫妻；同样，所有父亲和母亲互为夫妻，兄弟和姐妹互为夫妻，这种家庭中唯一排除的是不同代际之间的性关系。（2）普那路亚家庭。这种家庭是由血缘家庭进化而来的，家庭中的婚姻关系排除了具有血缘关系的兄弟姐妹之间的安排，但依然具有群婚制特点。（3）对偶家庭。这种家庭形式可以看作是一夫一妻制的初级形式，虽然一个男子有一个主要的性伙伴，但并不排除他与其他女子的随机性的性关系；女子的情况也是一样。（4）一夫一妻制家庭。也就是现代家庭的婚姻形式。参见《家庭、私有制和国家的起源》，《马克思恩格斯选集》，第四卷，人民出版社，1995。

　　无论家庭的形式如何演变，家庭的本质一直都是共享财产的最小人口单元，是组成社会和进行经济活动的基础。家庭的边缘是由财产共享关系确定的。共享关系越充分的成员，越是靠近家庭的核心。

　　即使在今天，家庭的形式仍处在不断演变之中。在一个时间横断面上，多种家庭形式共存。关于家庭结构的分类缺乏完全一致的标准，按照使用比较多的方法划分，现代社会的主要家庭结构有四种类型：核心家庭、直系家庭（又称主干家庭）、复合家庭、单身家庭。核心家庭是由夫妻组成或者同未婚子女构成的家庭，包含以下四种情况：（1）夫妇核心家庭，家庭由夫妇两人组成；（2）标准核心家庭，由夫妻及其未婚子女构成的家庭；（3）缺损核心家庭，由夫妇一方与子女构成的家庭；（4）扩大核心家庭，由夫妇及子女、未婚兄弟姐妹构成的家庭。直系家庭则是由多代组成的家庭，代际之间有血缘关系关联，除了最低一代，所有家庭成员之间的关系只有两种：婚姻关系和上下级的血缘关系。直系家庭可以进一步分为：（1）二代直系家庭，由夫妇与一个已婚儿子（女儿）和儿媳（女婿）构成；（2）三代直系家庭，由夫妇与已婚子女及孙子女组成。依次类推，直系家庭可以分为四代直系家庭、五代直系家庭等。复合家庭是指父母同两个及以上已婚子女及其孙子女组成的家庭。按照代际，又可以进一步细分为两代复合家庭、三代复合家庭等。单身家庭是由一个人形成的家庭。[①] 除了以上几种主要的家庭类型外，还有其他几种类型的家庭，不过在社会中所占比重都很低。

　　在不同的国家、不同的发展阶段，由不同类型家庭构成的结构有所差异并不断变化。中国第五次人口普查的结果显示，中国家庭结构见表1-1。

---

　　① 王跃生：《当代中国社会家庭结构变动分析》，载《中国社会科学》，2006（1）。

上卷 交易行为

表 1 - 1		2000 年中国家庭结构①		单位:%
核心家庭	68.15	单身家庭	8.57
直系家庭	21.73	缺损核心家庭	0.73
复合家庭	0.56	其他	0.26

在不到三十年的时间里，中国家庭结构的演变已经清晰可见，政府推行独生子女政策对家庭结构的演变产生了作用，父母同已婚的子女生活在一起的情况开始增多。此外，城市生活压力的增加、离婚率提高等诸多方面的因素导致单人家庭的比重上升，见表 1 - 2。

表 1 - 2　　　　　三次人口普查不同类型家庭构成的对比②　　　单位:%

年份 ＼ 类型	核心家庭	直系家庭	复合家庭	单身家庭	缺损核心家庭	其他
1982	71.98	17.81	0.99	7.97		1.02
1990	73.80	17.90	1.15	6.32		0.81
2000	68.15	21.73	0.56	8.57	0.73	0.26

美国 2000 年人口普查显示，核心家庭占比为 68.02%；单身家庭占比为 25.8%；直系家庭占比为 3.7%。中美两国的家庭结构相比，核心家庭比重基本相当，但是，单身家庭和直系家庭占比两个指标的差异较大。与中国相比，美国的单身家庭更多，高出中国 17 个百分点；而直系家庭的情况正好相反，中国高出美国 18 个百分点。

在传统的中国社会中，复合家庭曾经一度占据主要地位，但在今天的中国，复合家庭已经十分少见。即便是从形式上仍然保持了多代人的共同生活，但在家庭决策以及财务管理上都发生了本质的变化。在传统社会，无论是直系家庭还是复合家庭，财务统一安排，家庭主要决策权掌握在长辈手中。但在现代社会中，尤其在城镇，父母和儿子儿媳或女儿女婿多是

---

① 王跃生：《当代中国社会家庭结构变动分析》，载《中国社会科学》，2006（1）。
② 王跃生：《当代中国社会家庭结构变动分析》，载《中国社会科学》，2006（1）。

采用独立的财务管理，这些家庭实际上已经成为一种"共伙"形式。① 但在农村，与城镇相比，家庭保留了较多的传统色彩，由于农业生产方式的原因，在直系家庭或复合家庭中，决策大多仍由父辈掌控。

在家庭中，经济决策权的安排也在随社会的发展而不断地变化。在传统的中国社会，家庭决策权不是由家庭收入的创造者掌握，而通常是由家庭长辈掌握。农业时代，一个家庭的决策十分简单，并且在年复一年中没有很大的变化，只有修房造屋或土地买卖是一个家庭所面临的最重大决策。随着工业时代的到来，家庭所面对的决策形式和内容越来越复杂，包括家庭理财、子女择业、不动产投资等，不仅内容丰富起来了，而且动态化特点越来越强，这些复杂的决策不可能再由一个年事已高且远离社会活动的老人完成。这样的发展结果，自然导致家庭结构的变化，家庭在简单化的同时，决策权也由老人转向财富的创造者——年轻人手中。

从历史角度看，家庭不断地向着小型化方向演变，尽管家庭组织受到文化传统的影响，但归根到底，经济活动的特点以及发展水平是最终决定因素。一般来讲，经济发展水平越高，家庭规模就越小。有关国家和地区不同时期家庭规模对比情况见表1－3。

表1－3　　　　有关国家和地区不同时期家庭规模对比②　　　　单位：人

地区、国别	平均家庭规模	家庭标准离差
印度（1970～1971年）	6.64	3.61
美国（1970年）	3.11	1.82
美国（1689年）	5.85	2.88
叙利亚（1970年）	5.91	3.00
泰国（1970年）	5.82	2.81
法国（1778年）	5.04	2.55
日本（1713年）	4.97	2.49
英格兰（1599年）	4.75	3.35
佛罗伦萨（1427年）	5.92	2.42

① 王跃生：《当代中国社会家庭结构变动分析》，载《中国社会科学》，2006（1）。
② ［美］加里·S.贝克尔著，彭松建译：《家庭经济分析》，35页，华夏出版社，1987。

包含多代的复合家庭规模受到外部分工发达程度的影响。外部分工程度越高，家庭内部协作分工被外部分工协作替代的可能性就越大。这主要有两个方面的原因：一是外部分工是在更大范围内的竞争，比家庭内部的分工效率更高。二是随着家庭规模的增加，内部"搭便车"、逃脱责任的现象就会增多，由监督引起的家庭成员之间的矛盾频度上升。家庭规模是内外两种优势的均衡结果，是家庭的合作优势与外部的分工优势之间的均衡。在这样的原则下，家庭规模随着社会发展而不断减小的趋势是一种必然的结果，是经济系统效率选择的必然。

当然，家庭的规模不可能无限缩小，核心家庭是具有生产功能的家庭的最低模式，即一对夫妻加上未成年的孩子。孩子的数量受到家庭功能以及养育成本两方面的影响，家庭功能的单一化，必然降低对子女数量的需求，经历传统社会到现代社会的过渡，家庭功能也从内部生活资料和商品生产、养老等功能，简化到了合作生活以降低成本、提高生活乐趣的单一功能，对孩子的需求也大大压缩。

二、家庭交易决策

家庭是一个以血缘关系为基础，由法律、道德和习俗所规范，对其成员负有责任和义务关系的组织。在家庭成员之间，包括丈夫对妻子、父母对子女、子女对父母以及兄弟姐妹之间，存在着众多的行为规范。以中国2001年修订的《婚姻法》为例，法律要求"夫妻应当互相忠实，互相尊重；家庭成员间应当尊老爱幼，互相帮助，维护平等、和睦、文明的婚姻家庭关系"。① 在财产共享方面，《婚姻法》要求：夫妻在婚姻关系存续期间所得的下列财产，归夫妻共同所有：（一）工资、奖金；（二）生产、经营的收益；（三）知识产权的收益；（四）继承或赠与所得的财产；（五）其他应

---

① 见《婚姻法》第一章第四条。该法修正案于2001年4月28日由第九届全国人民代表大会常务委员会第21次会议通过。

当归共同所有的财产。夫妻对共同所有的财产，有平等的处置权。[①]

家庭作为一个共享财富、分担责任的结构，要求其成员在重要支出方面，比如购买房子和汽车、投资活动等，都会在主要成员之间协商进行；决策中的利益参照系也是以家庭为对象，而不仅仅是决策者个人。即便是小额消费，通常也要考虑家庭其他成员的需要，做父亲的给子女购买礼物，做母亲的给子女购买生活用品等，都属于这方面的例子。在就业方面，家庭的需要是成员在就业选择时所要考虑的重要因素，包括收入水平、离家的距离、上班的时间等。

无论是交易决策的过程，还是交易决策考虑的因素，家庭都在其中扮演着基本的角色。交易经济学中的交易主体，无论在交易中扮演什么角色，都有一个共同的特点，那就是具有内部组织性，企业存在组织结构，家庭同样具有组织结构。这样处理，不仅在逻辑上具有更坚实的基础，在技术处理上也更为便利，一切交易主体都可以纳入会计空间中进行描述。

在具有不同结构的家庭中，决策机制有所差异。对于核心家庭以及单人家庭，家庭中只有一个决策中心。但是，在直系家庭和复合家庭中，情况就有所不同了。上下两代夫妻具有各自的决策范围，在日常的财务管理方面，相互之间有很大的独立性。这种情况就会影响家庭作为一个交易决策单位的准确性。所幸的是，这类家庭在现代社会中所占的比例很低，并不构成社会的主流，可以作为例外给予忽略。

在传统社会中，直系家庭和复合家庭的情况就大不一样了。这两类家庭是社会的主导模式，然而农业社会中的家庭，无论家庭结构多么复杂，家庭规模有多大，一般情况下，决策中心只有一个，通常是辈分最长的男性。因此，在农业社会中，家庭作为交易决策单元的设定，不存在一致性问题。

---

① 见《婚姻法》第三章第十七条。

三、家庭交易的目的

家庭和企业的交易行为是在相应的愿望和动机驱使下做出的。交易行为现实结果千差万别，而行为的初衷却十分简单。经济理论正是通过对主体动机的研究，揭示纷繁复杂的经济世界背后的规律。一切理论的任务都是通过简单把握复杂。经济学的基本逻辑模式是，在简单、稳定动机驱使下，面对多变、内容不一的外部局势和约束条件，做出有利的决策选择。用简单的公式可以表述如下：

简单动机＋约束条件＋复杂局势＝复杂经济现象

根据这样的思路，在确定了研究对象——经济主体以后，经济学的逻辑起点应当是主体的交易动机或目的，包括家庭的交易目标和企业的交易目标。

从生物学的角度看，家庭是族群延续的场所；从社会学的角度看，家庭是构成社会的基本单元，通常被称为社会细胞；从经济学的角度看，家庭是一个交易主体，是构成整个经济系统交易循环的重要一环。家庭角色的多面性，也就决定了家庭参与交易目的的多重性。家庭的交易可以分为消费、教育、医疗、就业、投资五个大类，其中消费、医疗、教育三个方面的交易，其主要作用是满足生理、心理、社会等方面的需要；而就业、投资则属于经济范畴，与其他的交易不同，这类交易的目标是能够尽可能多地获得收益，追求收益的最大化。

第三节 企业

企业从家庭中分离出来，创造效益是其基本职能。显而易见，对于经济系统而言，企业具有像"心脏"一样的重要性，是经济运行的发动机。而居民是经济体的细胞，政府在经济体中负责维持秩序、实施调节的职能，具有某些人体大脑的作用。居民消费出现问题，则是经济体的机能问题；而企业出现问题，则是器质性问题。

企业在任何一个经济体中都扮演着最为重要的交易者角色。企业的组织管理能力和生产能力以及技术创新能力，直接决定着这个经济的活力和效率。企业的组织管理方式或者企业制度随着技术、法律、金融等方面的完善，处于不断演化之中。

一、企业的出现及其演变

企业一词的英文为 enterprise，是经由日文转译到中国的。在英文中，企业一词包含多种含义，最为基本的含义是做一件带有一定挑战性事情的计划和挑战困难所需要的勇气，进一步延伸为一种管理和经营商业的方法，最后才是经营性组织。[①] 从企业的语义结构可以看出，企业是一个约定俗成的概念，不像公司的概念那样具有严格的法学定义。在经济学中，企业的概念具有三个要素：首先，企业是一种组织；其次，企业的核心功能是生产和经营；最后，企业的行为目标是对于利润的追求。

在现代社会中，企业已经成为一种具有独立功能的组织，但从演化的历史来看，在相当长的时期内，企业的功能是由家庭承担的，企业起源于家庭。在人类发展的历史长河中，家庭作为生产单位的时间，远远超过具有独立功能的企业存在的时间。人类踏入文明的脚步是伴随着食物的获取方式由采摘和狩猎向生产过渡而完成的。进入文明时代以后，第一个主导经济形态是农业，渔业和牧业只是作为一种补充性存在。农业经济形态下，家庭是唯一的生产场所。世界各地大量考古证明，人类由食物采集者向食物生产者的革命性转变始于新石器时代。在石器制作上，新石器时代的人们不再采用过去的砸碰方法，而是采用研磨方法，所用的石材更为坚硬，

---

① 参见《牛津现代高级英汉双解词典》（*Oxford Advanced Learner's Dictionary of Current English with Chinese Translation*），387 页，商务印书馆、牛津大学出版社，1990。

制造出的工具更经久耐用，更为锋利，用途也更为广泛。在获取食物的手段上，由采集、狩猎转变为主要依赖耕种或家畜。在技术上，已经掌握制陶和编制工艺。人类食物获取方式的改变，在文明的演进过程中具有极其深远的意义。农业的出现不仅仅是食物获取途径的改变，更重要的是农业生产以及由此带来的居住地点的固定，使财富积累成为可能，从而开启了人类对财富的追逐之门。人类社会随后的历史演进归根到底都是围绕着财富的生产、分配和占有展开的。

从世界众多种族和文明的发展演化历史来看，由以游猎、采集为主要手段的攫取经济向以农业、畜牧为手段的生产经济的转变，在社会发展与文明进步的过程中发挥着至关重要的作用。那些没有完成转变或者转变过于迟缓的族群，远远地落后于人类主流文明的发展步伐，要么被残酷的历史进化淘汰出局，要么以十分原始的状态生存在远离主流文明的边缘地带。

证据表明，狩猎和农业两种生存方式存在着截然不同的价值观念。价值观念的冲突决定了不可能从一种形态自然地过渡到另一种形态。从现存的原始部落的情况看，它们严重排斥农业生存方式。"当白人传教士在非洲试图让狩猎采集部落瓦西喀利人接受基督教和从事农业时，受到他们这样的责问：'难道猴子会饿死吗？我们了解森林和水道，我们从一个地方迁到另一个地方，是神要我们这样做的。我们绝不用锄头耕地，因为神禁止我们这样做。'"① 类似的情况也发生在很多地方。因此，一些历史学家认为，在两种形态之间，还存在另一种过渡形态，从而缓冲了价值观念上的冲突，这种过渡形态称为"收获经济"。"他们依靠收获一种或几种野生植物，作为全年的食物。他们既不从事寻觅，也不从事农业，把全部经济体系建立在收获而不是采集野生植物的基础上。收获者部落曾经生活在或者今天仍然生活在世界的五大洲。从旧石器时代晚期到新石器时代的开始时期的经

---

① ［德］Juliusn E. 利普斯：《事物的起源——简明人类文化史》，68 页，贵州教育出版社，2010。

济，就以收获野生果实或谷物为基础。"①

　　由狩猎、采摘为主向"收获"为主的过渡中，负责照料幼年小孩和在居住地附近采集果实的妇女做出了重大贡献。她们首先发现了可以食用的野生草籽——后来被逐步培育为主要农作物的植物。收获的增加提供了越来越充足的相对稳定的食物来源，促使这些部落的生存方式发生转变。用于储存收获食物的建筑物，可能是早期房屋的起源，同时也是将人们从游荡引向定居的开始。

　　在经历了二三百万年漫长的旧石器时代进入新石器时代以后，人类实现了定居生活。村落出现了，稳定的生活方式为各种技术的积累以及文明的传承提供了便利，人类文明从此进入快速发展的轨道。考古发现表明，农业文明首先出现在西亚新月地区，即底格里斯河和幼发拉底河两河流域，由此分别向亚洲和欧洲缓慢传播。② 在中国，河南渑池仰韶遗址、山西夏县西阴村遗址、陕西西安半坡遗址等，都先后发现了农业文明的迹象，半坡遗址中还发现盛有粟的陶罐，为新石器时代农业生产方式的存在提供了直接证据。③ 为了等待所种庄稼成熟，人们需要住下来，这就出现了早期的定居点——村落。新石器时代的村庄遗址在世界各地都有所发现。在房屋建造方面，"为了保证建筑物的坚固，使用很多种建筑材料。建造一个房屋，少量的树枝或木柱不再够用，将土、黏土、粪和稻草、青草或其他黏合材料，巧妙地混合起来，用来建筑，使其能够经受气候的变化。房屋不再是偶然供护身的临时性遮蔽所了，开始填入大量的财富。而且房屋的居住者和所有者日益固定，又为社会生活创造了机会。大群的人第一次固定地住在一起，共同的兴趣和普遍的喜爱社交，产生了公共集会场所的需要，由此引导出公房建筑。在公房里，人们举行会议，歌手和说故事者使整个部

---

　　① ［德］Juliusn E. 利普斯：《事物的起源——简明人类文化史》，62～80 页，贵州教育出版社，2010。
　　② 参见《不列颠百科全书》"新石器时代"词条，中国大百科全书出版社，2004。
　　③ 范文澜：《中国通史简编》（修订本），84 页，人民出版社，1964。

落得到欢娱。"①

　　人类实现定居生活以后，村落的组织结构和生活方式一直成为人类社会的主流选择，直到18世纪末期工业化革命带来城市化浪潮开始以前都没有发生过大的变化。② 定居方式为稳定的婚姻和家庭组织提供了条件。不过这个时期的家庭主要以复合家庭为主，是具有血缘关系的多代际、多对夫妻及其子女所维持的大家庭，这主要是为了适应技术落后而不得不主要依靠人力耕作的需要。在农业经济形态的历史发展过程中，社会制度、土地产权结构经历了多次重大变革，各大地域的社会演变路径不尽一致，但都没有改变家庭作为基本生产单位的事实。即使在欧洲中世纪的庄园里，大部分农奴也是以家庭为单位，居住在主人分给的土地上，为主人进行农业生产。③ 而在罗马帝国时期或在各个时期的东方帝国中，农民更是以家庭为单位，或者租种或者拥有土地，家庭的成员就是这个"企业"的员工，年长的家长就是这个"企业"的CEO兼董事长。

　　农业革命开始以后，定居社区所产生的需求远比居无定所的生活要多元化，包括对房屋和家具的需求，对各种农具的需求等，这些都是游猎时代所没有的。多元化的需求很快就催生了社会的分工，手工业和商业便从农业生产中分离出来，手工业者和商人便成为早期城镇的主要居民。人类历史上最早的城镇出现在大约公元前3000年的两河流域，即美索不达米亚的苏美尔，这也是人类最早进入农业文明的地区。这些手工业者和商人也都是以家庭为单位的。这正是现代企业的直接源头。工业革命以后，这些以家庭为单位的企业借助新的技术和金融工具，转身成为现代企业——公司，是拥有法人地位的组织。从此，企业才从家庭中分离出来。如果没有

---

　　① ［德］Juliusn E. 利普斯：《事物的起源——简明人类文化史》，9页，贵州教育出版社，2010。

　　② 斯塔夫里阿诺斯：《全球通史——从史前史到21世纪》，20～38页，北京大学出版社，2006。罗兹·墨菲：《亚洲史》，1～19页，海南出版社、三环出版社，2004。

　　③ ［美］龙多·卡梅伦、拉里·尼尔：《世界经济简史——从旧石器时代到20世纪末》，第四版，43～53页，上海译文出版社，2009。

这个转变，人们甚至会觉得没有必要为企业单独创造一个词汇。这也是为什么在中国，"企业"一词晚至清末变法时期才从日本引进。即便今天，任何一个经济体中大大小小、体制各异的家族企业仍扮演着不容忽视的重要角色。在各国数量众多的微型企业和个体企业中，家庭与企业合二为一的组织方式仍然占据主流。

现代企业首先出现在欧洲。18世纪初期，欧洲一些乡村出现了家庭作坊性质的纺织企业，劳动力以家庭为单位，夫妻和孩子都参与到家庭作坊的劳动中。这些家庭同时还拥有土地，同时兼顾作坊的劳动和土地上的耕作。这些家庭作坊生产使用的原材料以及生产的产品多是由城镇的商人负责提供和销售的，产品销往远方的市场。这些特点将这个时期集中分布的乡村作坊与此前具有悠久历史的家庭手工作坊区分开来。家庭作坊的产品主要在当地销售，市场半径有限；而这个时期成规模的乡村工厂，不仅产品的市场半径大大扩展，而且是在商人的组织协调下进行生产。乡村作坊作为现代企业的前身，它们的经营活动是工业革命①的直接先导。因此，这段时期的产业发展被历史学家称为欧洲的前工业化，以强调这段时期的产业发展与工业革命的传承关系。②

尽管并非所有地区的工业化都存在前工业化的过渡阶段（如爱尔兰），但前工业化现象仍然十分普遍。在中国改革开放初期的20世纪80年代，曾经涌现出大量的乡镇企业，这些企业大都带有家庭作坊性质，具有原始企业的特征，规模很小，使用的设备简陋，支撑企业运行的几乎全部或至少主要是家庭成员或者亲戚。这种生产组织不存在明确的制度规范，相当多的生产组织甚至没有在工商管理部门登记注册，也从不向正规的金融机构

①　对于"工业革命"一词的使用受到一些经济史学家（如 T. S. Ashton）的质疑，通过对18世纪、19世纪经济数据的定量分析发现，这段时期，并没有出现经济活动在规模上的增长和结构上的变化可以称为革命的爆发现象，因此，所谓的工业革命实际上是一个渐进的过程。
②　［美］龙多·卡梅伦、拉里·尼尔：《世界经济简史——从旧石器时代到20世纪末》，第四版，162～163页，上海译文出版社，2009。

上卷　交易行为

融资贷款。在20世纪80年代初期，遍布中国的乡镇企业曾经是推动改革开放发展的重要力量。即使在今天，经过三十多年的发展，这些早期的发展痕迹在一些地区仍然依稀可见，像浙江省诸暨市的织袜业和广东省增城市新塘镇的牛仔服装加工业，仍是当地经济的重要支柱，其背后的主要支撑力量仍是家庭企业。

在企业的发展史上，商业企业最早从家庭中分离出来，成为诱导生产性企业发展的催化剂。商业历史可以追溯到农业文明的源头，甚至早至人类文明的源头。在任何一个经济体的发展过程中，资本积累总是首先从商业开始的。商人通过贸易积累起远远超过小企业主的资本实力，并借助对市场了解的优势将分散的小企业主组织起来，形成工业化以前的市场运作模式。在这个时期的交易网络中，商人处于中心节点的位置上。优越的网络位置让商人的财富积累先人一步成为十分自然的事情。中世纪以后的欧洲，居住在城镇里的商人负责为家庭企业购置原材料，并负责销售这些家庭企业的产品，而家庭企业将注意力集中在产品生产和产品质量上。随着市场的不断扩大以及新技术的出现，家庭企业这种组织无论在生产能力还是应用新技术方面都无法跟上形势，真正意义上的企业在这种背景下开始出现，并最终成为工业经济形态下的主导组织形式。

合伙制的组织形式广泛应用于工业革命以前的经济领域。从体制演变的角度看，合伙制企业很容易演变为股份制企业，当合伙人数量不断增加的时候，合伙制企业与股份制企业的差别就越来越模糊了。一旦合伙人出卖自己的"权益"，合伙企业的性质其实已经向股份制转变了。合伙制企业制度规定的具体情况在各国都不尽相同。在英格兰，企业合伙人一般承担无限责任，但在法国，合伙企业可以有三种不同的制度安排，分别是无限责任、部分有限责任和有限责任三种。无限责任要求所有的合伙人承担无限责任；部分有限责任则要求一部分人承担有限责任，但剩余的部分合伙人则承担无限责任；有限责任则是指合伙人仅仅承担出资部分的责任，这种情况已经与股份有限责任公司没有本质的差别了。不仅如此，作为现代企业的重要特征，产权和经营权相分离的机制在大型的合伙制企业中已经出现。这类企业大都集中在煤矿、冶炼、啤酒制造等行业。事实上，盛行于前工业化时期的合伙制企业已经在产权制度和经营模式两个方面为工业化时代的主流企业组织模式——股份有限责任公司——提供了充分的准备。

合伙制企业制度在资源整合和配置方面的能力已经远远超出家庭企业，通过增加合伙人的方式，将原来分散的同行小企业集中到一起，这种整合甚至可以跨地区进行。整合后的企业在市场竞争方面显示出更强的优势。[①]现代企业制度在世界各国广泛建立以前，合伙制曾是企业的主流组织制度，但在缺乏完善法律制度支撑的情况下，合伙企业实际上仅仅是自然人的一种延伸，企业没有独立的"人格"，不过是企业所有人所拥有的一件财物而已。这时的企业实际上还没有从家庭中真正分离出来，也就谈不上企业责任与家庭责任的区分，企业出资人承担无限责任也就是十分自然的事情了。这种情况在英国一直持续到19世纪中叶。应当看到，在信用制度还没有在法制的基础上牢固地建立起来的情况下，企业的无限责任制是一种有效率的制度选择。但应当看到，面对市场的不确定性，无限责任无疑也吓退了很多潜在的投资者。从这一方面讲，无限责任制阻止了经济的扩张。

尽管类似的股份公司早在15世纪就已经出现（甚至更早，如中世纪为城邦间战争筹资的合伙团体或者为换取特权向城邦贷款的协会等[②]），具有现代意义的第一家永久性股份公司也于17世纪的荷兰成立（1602年荷兰东印度公司成立），但是公司这种企业形式的大量涌现则是伴随着工业革命进行的。刚一开始，股份公司这种形式仅仅是一次具体牟利活动的临时组织，并非可以永久存续的法人。东印度公司的第一个协议只在一次航行期内有

---

① ［英］M. M. 波斯坦、D. C. 科尔曼、彼得·马赛厄斯：《剑桥欧洲经济史》，第五卷，362～415页，经济科学出版社，2002。
② ［美］查尔斯·P. 金德尔伯格：《西欧金融史》，209页，中国金融出版社，2007。

效，返航并瓜分利润后协议便终结。公司实际上只是一个涣散的商人团体。1613 年，该公司募集了 429000 英镑，作为四次航行的费用；1617 年，募集资金 170 万英镑用于七次航行；直到 1657 年，东印度公司才获得在有限期内可以连续经营的许可，1720 年才获得永久性经营许可权。不仅在英国，股份制公司的许可证在那段时期的法国同样有时间限制。放在今天的视野上来看，起初的股份公司更像是当时富人的一次投资理财活动。

现代企业的出现是交易发展到一定程度之后的自然结果。新制度经济学认为，企业是一种对抗交易成本的选择。事实上，从企业的演化历史看，早期的企业是以家庭为单位的，而大规模的企业，或者说具有现代意义的企业则是工业革命以后才大量涌现的，显然这与技术具有密切的关系。从家庭作坊到现代工厂的出现，首先是生产工业流程的革新和新技术的应用导致的结果。历史上大规模的工厂出现在 16 世纪初，英格兰人约翰·温斯考比（John Winchcombe）在纽贝里（Newbury）建立纺织厂，雇佣的工人超过 2000 人。他将毛纺织生产划分为若干个独立的工序，对工人进行了严格分工，其中，200 名妇女梳理羊毛，150 名儿童分拣，200 名女童纺纱，200 名工人织布，200 名男童转动纺织机的转轴，80 名工人梳理产品，50 名工人整理，40 名工人干燥，20 名工人漂洗[1]。工业革命的关键是生产技术，因此，正确的结论应当是：技术原因导致现代企业出现，而企业数量和规模的发展依赖于交易成本的降低。

公司作为独立承担民事责任的组织，需要一系列相关法律的支撑。企业法人制度的引进对于企业的发展以及在经济活动中发挥重要作用起到了基石地位，但法人制度的确立和广泛应用经历了漫长的演化过程。法人的概念起源于罗马帝国时代，尽管法人的概念并没有明确地出现在《罗马法》中，但法人的精神已经蕴含其中了。《罗马法》将国家、自治城市、

---

[1]　［英］M. M. 波斯坦、D. C. 科尔曼、彼得·马赛厄斯：《剑桥欧洲经济史》，第五卷，424 ~ 425 页，经济科学出版社，2002。

宗教团体、行业组织等统一视为社团，作为一个观念单位。时至今日，在古罗马留存的碑铭上依然可以找到当时一些社团活动的记录，如船家协会就是这个时期典型的社团组织，它承担着粮食运输的任务，并由此获得收益。尽管当时的法律禁止元老参与这类活动，但罗马元老往往是这些社团的匿名股东。在罗马时期还没有明确的法人概念，但各种法律规定中已经隐约出现"法人"观念的萌芽。在530～534年编纂的罗马法律汇编《学说汇纂》中有两项条款，显示了现代企业法人的精神：（1）凡公司①所有即非个人所有；（2）欠公司之物非欠个人之物、公司所欠之物亦非个人所欠之物。很明显，这些规定中已经包含了肯定公司独立人格的思想。

进入中世纪，罗马教会又进一步将法人概念明晰化。罗马天主教为了论证教会的地位以及明确教堂的产权，将《罗马法》的法人概念进一步明确化，教会作为一个法人，独立于任何单独的个人，具有永生不灭的特点，在这一点上与上帝的永生相吻合。自此，"法人"概念明确地进入到社会发展进程中。在这一点上，基督教对孕育现代经济社会的积极作用是不容置疑的。

法人的概念在英国得以向更广泛的领域扩展，一些贸易法人出现了，其中最著名的贸易法人当属17世纪初的东印度公司。随着工业革命的到来，英国出现了数量众多的商业法人。但是，1720年的《泡沫法案》阻止了现代企业制度首先在英国出现的可能，并将企业法人特许制度继续维持了一百多年。1825年，英国废除了《泡沫法案》，为新生事物扫清了障碍。1844年，英国开始实施对于企业法人的注册登记制度，解除了对于成立企业法人的特许制度。1844年之后，原来的特许公司不再拥有特权，其数量迅速减少，其中一部分转为注册公司。

法人概念的现代化是在美国首先完成的。尽管法人在英国很早就已经

---

①　这里的"公司"并非现代意义上的公司，在罗马时代，行会、学校、商业团体、宗教组织、慈善机构、基金会等统称为社团，以营利为目的的公司也包含在其中。

上卷 交易行为

涉足贸易、金融等领域，但这些法人都是经过国会或者国王特许授权成立的。可以想象，要想获得特许成立法人对于普通人来说是十分困难的。譬如在英国，从 1553 年到 1680 年的 100 多年间，仅有 49 家企业获得这样的特许证。① 19 世纪初美国颁布了《一般法人组织法》之后，企业法人才进入到一个全新的时代。法人完成了从特许到依法注册的历史性转变，企业法人的注册不仅有章可循了，而且获得一个法人执照变成一件十分容易的事情。进入法定主义时代以后，注册一家企业法人成为任何一个普通人都可以办到的事情。纽约州于 1811 年首先颁布《一般法人组织法》，康涅狄格州于 1817 年颁布《一般法人组织法》，马萨诸塞州于 1830 年颁布此法；随后，其他各州也纷纷颁布了此法。② 从此，企业作为一个具有人格地位的法人，具备了坚实的法律基础，企业也正式进入到现代发展阶段。法人，作为简化法律关系的一项法律技术，对于推动现代企业制度建立乃至人类社会经济发展起到了不可估量的作用。

企业制度的重大变革开始于 19 世纪后期，源自现代运输和通信技术的带动，包括铁路和电报、轮船和海底电报的出现，前所未有的市场空间开始展现在企业家面前。在此以前，企业由所有者自己管理、经营，企业的利润就是企业主的收入所得。新技术的出现，使得企业面对的市场空前扩展，企业规模随之膨胀，企业经营的复杂性和专业性提高了，领取薪水的管理阶层出现，企业产权与经营权开始分离，现代企业制度由此诞生。③ 今天，以产权与经营权分离为基本特征的现代企业制度已经成为企业尤其是大型企业的基本治理模式。这种产权与管理权分离的企业制度所主导的经济，被 Alfred D. Chandler, Jr. 称为管理资本主义。

---

① 袁春兰：《英国公司的历史及其资本制度论略》，载《经济师》，2015（10）。
② ［美］丹尼尔·J. 布尔斯廷：《美国人——南北战争以来的经历》，46 页，上海译文出版社，1988。
③ ［美］小艾尔弗雷德·D. 钱德勒：《企业规模经济与范围经济——工业资本主义的原动力》，中国社会科学出版社，1999。

二、企业结构

企业由三个维度决定：一是资本组织结构。这对于企业来讲是一个根本性问题。不同的资本构成，决定了企业对外行为和对内行为的不同。资本结构包括资本金的来源渠道以及由此形成的结构。是独资还是股份制、不同的股东之间股权比例等均属于资本构成的范畴。二是企业治理结构。这包括企业内部如何组织起来、激励机制如何以及责任和义务的划分等，决定了在既定目标下的企业效率。三是企业商业模式。所谓商业模式是指企业运营的内部组织安排方式或者通过某种约定实现的持续稳定的外部分工模式，包括企业与其他企业以及与客户之间的商业关系的安排，如委托关系、分工协作关系等。企业组织的多维度是企业组织复杂性的表现，企业在三个维度上的选择和安排分别具有不同的着眼点，不可能用交易成本一个指标全部给予说明。

现实中的企业资本组织结构具有多样性，尽管股份有限责任公司的组织结构形式在现代经济中占据越来越重要的地位，超大型的跨国公司几乎无一例外属于这类资本组织结构的企业，并且各类股份有限责任公司对一国经济具有举足轻重的影响力，但在现代经济中，我们仍然能够看到不同的资本组织形式，最原始的家族制企业在现代经济中仍占有一席之地。这表明，不同种类的企业资本组织结构各有特点。股份有限责任公司具有募集资本能力强的优势，适应于规模效应明显的产业，像石油化工、汽车制造等；合伙制企业的特点是出资人少，便于出资人之间的协作，适应于规模效应不明显、道德风险较大的行业，比如会计师事务所、评级机构等类型的企业；家族企业一般适应于具有明显的技术垄断性并主要采用手工技术、规模效应较低的行业，比如食品加工类的德州扒鸡，已经具有很高知名度，加工工艺独特，不宜进行大规模工业化生产。

企业治理结构的关键体现在两个方面：一是如何建立一种有效的激励

模式，即如何建立员工的努力与酬劳间的联系规则；二是如何在不同员工间实现高效协作，而不是相互冲突和掣肘，避免由于内部竞争所产生的负面作用。企业组织和市场交易之间的互补性在于，企业的内部优势在于协作，企业提供了一种相互协作的机制，通过协作，实现单个劳动者无法完成的目标；而市场的优势在于竞争，市场是一个竞争的场所，通过市场竞争，实现优胜劣汰，达到资源配置的优化。企业规模的大小取决于内部协同所产生的积极效应与规模增加导致的管理成本上升之间的平衡。当一种商业模式释放出强大的协同效应优势时，这个领域就必然造就出巨型企业来。以商业连锁企业为例，为数众多的商场组成了一个内部协同的企业集团，产生的优势是集体采购能够将进货成本降至最低，同时企业规模扩大后增加了融资优势，为商场组织货源提供了资金保证。可以看到，对于商业企业，内部协同效应所产生的优势远远大于管理僵化所带来的负面效应，这就是为什么商业企业能够出现沃尔玛（Walmart）、家乐福（Carrefour）等跨国集团的原因。

具有不同组织形式的公司由于对其行为承担的风险以及决策者的收益分配差异，最终会反映在交易决策的特征上。相对来讲，无限责任公司对于风险的评价更加慎重，对收益的评价宁可保守一些。对于有限责任公司，最终承担的风险是有限制的，由此导致对交易的风险成本判断相对乐观；上市公司的业绩评价通常是由股票价格反映的，这类企业在决策上更加重视市场的判断，资本市场的价值判断会渗透到企业管理决策上来。Alfred D. Chandleer, Jr. 在《看得见的手》一书中给了很好的概括："在做出决策时，职业经理人员更偏好于能够使企业长期稳定和成长的政策，而不是能够最大化当期利润的政策。对于支薪经理人员而言，企业的持续存在对其职业生涯至关重要。他们的主要目标是确保其设备能够持续使用和得到原料。为了维持其组织的长远活力，他们比所有者（股东）更愿意减少甚至放弃眼前的股息。他们关心的是保障供应来源和销路，发展新产品和服务，以便更充分地利用现有设备和人员。这种扩张又会增加更多的工人和设备。如果利润很高，他们宁愿把利润再投资于企业而不愿意作为股息支付给股东。这样，经理人员要维持其组织被充分利用的愿望变成了一种使企业进一步发展的持续力量。"①

　　当然，即使同样是上市公司，各个国家资本市场的形态、企业治理结构和薪酬激励机制等方面的差异，最终都会影响企业的经营和决策。以美国、德国、日本三个国家的企业为例，在组织结构上，美国企业的董事会主要是由那些与本企业关系不大的外部董事构成，外部董事占董事会成员总数的74%②，其中的八成是其他企业的CEO。外部董事与公司在业务上的联系不够密切，在实际决策中他们的影响力并不很大。公司重大决策的任务就落在职业经理人身上，这就强化了美国公司CEO的战略决策角色，弱化了技术背景的要求。这种组织安排通过一定的激励机制，就形成了美国公司的行为特点。在激励机制上，美国公司职业经理人的薪酬与公司股价联系密切，而资本市场投资者关注企业的未来发展前景和盈利预期，这是美国企业与其他国家的同行相比更加热衷于技术创新和新产品开发的原因所在。

　　在德国，公司的董事会是由银行和大股东代表组成的。在许多大公司的董事会中，员工代表约占50%。德国和日本企业的董事会拥有对企业重大事项的决策权。企业的职业经理人更侧重于工程和技术背景，对企业生产过程和各部门之间的运作程序十分了解，对于企业运作层面关注更多。高层管理人员的薪酬与公司股票价格的联系不像美国那样密切。

　　上述三国的公司组织结构的差异以及各国资本市场的交易特征，决定了三个国家各自不同的企业行为模式：

　　1. 美国公司与德国、日本公司相比，更加关注短期收益，偏重容易进

---

① ［美］路易斯·普特曼：《企业的经济性质》，上海财经大学出版社，2000。
② ［美］迈克尔·波特：《竞争论》，466页，中信出版社，2003。

行短期效果评估的投资，而对增强企业长期竞争优势但在短期内难以看到效果的投资较少，其中包括企业的无形资产投资；德国和日本公司更加关注长期目标。

2. 美国公司在企业投资方面更偏爱可衡量报酬率的投资形式——企业并购；而德国和日本的公司则更偏爱自己建设。与德国和日本企业相比，美国企业在土地、厂房设备以及员工培训等方面的投入较少。

3. 美国公司偏爱新技术，并愿意对开创性的新技术研发投入资金；而德国和日本更偏爱将原有技术发展到极致。

4. 美国公司的目标在于短期个人报酬最大化；德国和日本公司则倾向于长期报酬的最大化。

上述特点最终影响到三个国家的经济发展特征：由于资本市场在美国对于企业投资决策产生更为直接的影响，因而美国体系与德国和日本体系相比，具有较大弹性，对新技术应用表现出更为敏捷的反应，产业结构调整迅速，在培育新产业、新技术方面具有突出的优势。日本和德国体系则有利于对现有产业进行持续不断的投资，有利于在原有产业格局下对于新技术的开发和应用，从而形成在一些产业上的国际竞争优势，并长期保持。[①]

金融体系对于上述三国经济发展走向的塑造功能仍在继续发挥作用。以发达的银行业为主导的金融体系，通过市场优胜劣汰的缓慢作用，最终会形成一批具有巨大市场影响力而且长寿的大公司，对于国家的竞争力以及整个国际的经济产生举足轻重的影响。而资本市场主导下的经济，企业的兴衰完全取决于市场走势和技术演变，稳定性不及银行主导下的经济体。由金融体制所决定的企业演化特点，最终决定了一个国家在不断变化的技术面前的竞争力。以日本为例，从20世纪70年代到21世纪头十年的40年间，没有新公司跻身到电子生产行业的领先队列中。与此不同，美国的企

---

① 〔美〕迈克尔·波特：《竞争论》，469页，中信出版社，2003。

业不断地被市场洗牌。21 世纪的头十年，排在前 21 位的电子生产企业中，有 14 家是过去 10 多年间成长起来的小企业，其中 8 家在 1970 年以前根本就不存在。[①]

与年轻的公司相比，老牌大公司一般比较保守，对于老产品存在一种情感上的依恋，而对新技术的投入常常又表现得犹豫不决，这就是丹尼尔·卡尔曼所谓的"赌徒心态"。输了钱的赌徒在重新赢回输掉的钱之前，不会离开赌桌。2011 年，日本两家电子巨头企业——索尼、夏普公司亏损 170 亿美元，标准普尔将其信用评级降至 BBB＋，已经接近垃圾档次。[②] 面对竞争激烈的数字化技术革命，这些大公司越来越难以同轻装上阵、被资本市场武装起来的年轻公司相竞争，年轻的公司在对新技术和新产品的投资方面表现得更为激进，在新的竞争中获得胜出的可能性也就更大。

当然，每一次技术革命的特点都不一样。对于发展固定资产投资大、复杂性高的技术，大企业具有较多的优势。前两次工业革命，主要表现在动力技术方面，技术所规定的规模经济特征决定了大企业必然赢得市场，那是一个产生大企业并被大企业控制的时代。

三、企业规模和范围

企业在规模和范围上的快速扩张是从 19 世纪后期继运输技术和通信技术的发展之后开始的。当铁路在美国快速发展的时候，一方面扩大了市场半径，另一方面也使企业的规模达到了前所未有的水平，铁路公司一般是员工数量庞大的公司，如何管理好一个铁路，从分配运力到安全管理，立即成为十分紧迫的课题，这是过去从来没有遇到过的。

一般来讲，就一个经济体所营造的经济环境而言，交易成本在总的趋势上不断下降。交易成本理论断言，企业的范围大小取决于外部的交易成

---

① 《日本电子业缘何由盛转衰》，载《参考消息》，2013－03－27。
② 《日本电子业缘何由盛转衰》，载《参考消息》，2013－03－27。

本，外生交易成本大的时候，企业为了避免这部分成本，就会将交易内部化，也就是扩大企业范围，以消除交易成本。交易成本与企业范围之间存在正相关关系：交易成本越高，企业规模越大。但事实上，历史上大企业的出现恰恰是在运输、信息技术革命出现以后，即交易成本快速下降的时期出现的。"直到19世纪70年代，由于现代交通运输和通信网络——铁路、电报、轮船和海底电报——和为了把这些作为统一系统运转起来而绝对必要的组织和技术革新的完成，才使原材料能够以一定的速率和数量并在能够取得生产能力上的重大经济成果所要求的精确时间安排下（或加工厂）流入并转变成制成品流出。依靠兽力、风力和河流的运输太慢、太不规律、太不确定，不能维持为达到新技术的潜在经济所需的生产能力水平。因此，交通运输和通信方面的革命产生了导致生产和经销上革命的机会。"①

　　从历史演进过程看，企业从家庭中分离出来并以独立的形式出现与现代技术的发明具有密切的关系。回顾工业革命的历史可知，蒸汽机的发明推动了机械动力的纺织机出现，要利用蒸汽动力技术办一个工厂，必须拥有蒸汽机动力、棉花的前期处理设备、纺纱机等。有了这些设备以后，还需要能够容纳这些设备的场所，这就需要厂房，对工人的需求也就成了自然的事情。一个最小规模的纺纱厂也需要几十人才能运行。这就出现了现代意义上的生产单位——企业。导致企业出现的一个关键原因，是生产技术的协作性要求。

　　在一定的技术背景下，不同行业都存在各自的企业有效规模。所谓企业有效规模，是指有效控制生产成本的企业规模。企业有效规模不会是一个孤立的点，而是一个具有一定宽度的区间，在此区间上，企业的生产都能够较好地控制生产成本。这就是为什么任何行业中的企业都没有选择统一企业规模，而是按照一定的分布规律保持着某种结构的原因。

---

① ［美］小艾尔弗雷德·D.钱德勒：《企业规模经济与范围经济——工业资本主义的原动力》，30页，中国社会科学出版社，1999。

技术从三个层面影响企业的有效规模：一是每个行业特定的生产技术决定了企业有效规模。比如，19世纪初，石油炼制公司每天的生产规模为1500～2000桶的时候，每加仑煤油的成本是2.5美分；当生产规模达到5000～6000桶的时候，每加仑煤油的成本降到1.5美分。[①] 二是技术所决定的市场需求规模。这里的技术主要是指运输和保鲜等技术，这些技术决定了有效市场半径。在马车运输为主导的时代，市场半径很小，这样每个企业所面对的市场也就很小。在今天，运输技术已经大大改善，飞机、高速铁路和高速公路、轮船等运输方式，大大地扩展了市场半径，相当多商品的市场半径都可以覆盖整个地球，这样让大多数企业所面对的市场需求总量有了巨大的飞跃。三是技术所决定的资源配置量。这主要是指由技术所支撑的生产能力。由于现代物流技术的发展，企业几乎可以在全球范围内配置资源，中国的钢铁公司可以使用南美洲的铁矿石，然后将产品销往欧洲。

企业扩张可以有多种方式：一种是原有产品生产能力的扩大，即通常所说的规模扩张；另一种是范围扩张，即企业经营范围的扩展。经营范围的扩张同样有两种方式：一个是纵向扩张；另一个是横向扩张。所谓纵向扩张，指的是企业经营范围向上游或者下游延伸的行为。比如，石油精炼企业向石油开采或者成品油零售领域开拓，企业在产业链上的涵盖长度增加。横向扩张是指企业跨领域、跨行业发展经营的行为。比如，原来的冰箱制造公司向电视机领域发展，家电制造商开始进军手机行业等，都是属于横向扩张。不同类型的扩张，其动机并不相同。企业的纵向扩张，是向下游扩张还是向上游扩张，取决于市场竞争的程度。在每一个产业链上，每个环节的利润回报率形成了产业链的利润分布，企业沿着产业链扩张的方向决定于哪个方面具有更丰厚的回报率。如果上游市场的竞争很充分，上游的利润分布就会比较稀薄，供应价格就比较低廉，企业就会利用市场

[①] ［美］小艾尔弗雷德·D. 钱德勒：《企业规模经济与范围经济——工业资本主义的原动力》，29页，中国社会科学出版社，1999。

实现原材料的供应，而不会采取向上游扩张的决策。反之，如果上游市场竞争不充分，上游企业有较高的利润回报，在融资条件允许的情况下，企业就可能会向上游扩张，在增加供给保障的同时，分享上游环节的丰厚利润。向下游扩张的情况也是一样。

在一个经济中，不同产业之间同样存在利润分布上的差异。通常情况下，由于资产的专属性以及技术专用的制约，企业的横向扩张受到可行性的限制。但是，如果企业发现相邻行业的收益率高于所在行业时，并且在两个行业间可能建立起技术协作优势的情况下，就会采取横向扩张。

现实世界的企业规模呈现极端化分布：一类是巨型企业。这类企业的优势在于内部协同，竞争优势在于产品的复杂性和技术含量，比如汽车工业、石油化工等企业，这些企业的生产流程十分复杂，资本投入巨大。另一类是中小企业。这些企业的竞争优势是成本控制。这两类企业都能够在市场上生存下来，源于市场效率与拓展的共同需求。协同优势推动企业规模增加；而成本控制限制企业规模扩张。协同性要求在不同行业之间有很大差别，比如服装加工行业与石油化工行业在协同性要求方面差别很大，这就是为什么石油化工行业的企业规模往往很大，而服装加工行业的企业规模一般较小。

协同效应在两方面因素的作用下得到加强：一是技术专属性。如果一个行业中的生产活动包含了技术专属性很强的环节，协同效应就会提高。生产中包含的专属性技术越多，企业规模就越大。二是价格波动性。投入品价格波动增加，企业的内部协同性要求也随之增加。我们能够看到，在上游产品的价格出现大幅波动，尤其是大幅上涨的情况下，企业范围就会向上游扩展，将原材料从市场供给转变为企业自己生产。协同效应的典型案例来自三家德国公司——拜尔、赫希斯特和巴斯夫公司，它们利用产品的多元化及增加企业经营范围的方法，大幅度降低了生产成本。它们用相同的原料投入，在相同的生产设备上生产出上百种不同的染料和药物，将红茜素这种合成染料的价格从 1860 年的每公斤 270 马克降低到 1886 年的每公斤 9 马克，仅为原来价格的三十分之一。①

协同优势表现在两个方面：一是产品技术优势。由于分工协作能够生产出技术复杂的产品，在技术含量上要大大高于小型企业的产品。这一点很直观，具有复杂技术的产品是无法在小企业中生产出来的，无法想象中小企业能够生产波音飞机。大企业不仅能够通过分工协作生产出技术复杂的产品，而且由于生产的产品数量巨大，具有分摊巨额技术研发成本的能力，这对于中小型的企业来讲是十分困难的。二是价格控制优势。价格控制优势分为两种，一种是进货价格控制。比如连锁商店，由于产生内部协同效应，可以将众多店面的进货放在一起由公司与供货商谈判，获得价格要大大优于单一商店。另一种是销售价格控制。大型企业在市场上所占份额大，在商品定价方面具有优势，能够争取到较好的价格。比如波音（BOEING）飞机公司、空客（AIRBUS）飞机公司，由于具有大型客机的垄断地位，享有很大的定价权。实现价格控制优势的根本在于企业的规模。归纳上述分析可以看出，协同优势的基础由两个部分组成：一部分来自技术领域；而另一部分则来自市场博弈。如果在一个行业内部，技术协作优势不明显，行业内部必然是以小型企业为主。服装制造行业就是这种情况。第一，服装的个性化要求限制了服装加工的规模优势；第二，服装加工是一个技术简单、劳动密集型的行业，技术协作效应也很小。

企业的潜在边界是协同效应所产生的优势与组织僵化导致的效率下降的平衡点。随着企业组织规模的不断扩张，正确决策和建立有效内部激励机制的双重困难会导致效率下降的局面。对于一个大企业，为了保证行动的一致性和风险的可控性，每个层级的授权必须受到严格的限制，否则要么出现各自为政、一盘散沙的现象，要么出现企业的整体风险无法控制的

---

① ［美］小艾尔弗雷德·D. 钱德勒：《企业规模经济与范围经济——工业资本主义的原动力》，29 页，中国社会科学出版社，1999。

现象。企业面对的是稍纵即逝的商机和千变万化的市场。当信息从靠近市场的前端通过众多层级传递，到达决策层时，不仅在速度上滞后于小型企业，而且由于信息传递过程中被加工、人为篡改等原因，大企业的决策在信息基础上变得脆弱。大型企业所面临的有效信息传递障碍同计划经济所面临的问题完全一样。计划经济体制实际上就是将一个国家变成一家巨型的公司，国家最高领导人就是这个国家的 CEO。虽然导致计划经济失败的原因众多，但信息传递阻滞是其中的重要原因之一。为了克服信息阻滞的问题，那个时期的国家领导人需要不断私访，甚至委派身边的警卫人员到家乡调查，以期获得真实信息。① 此外，由于大型企业的内部分工细化，也导致每个岗位所能接收到的信息碎片化，每一个岗位在履职过程中产生、接收的信息都是局部的，这也导致大型企业决策层了解内部问题全貌的困难。信息的扭曲、滞后以及碎片化导致的有效信息不足的直接后果是决策不当或者决策缓慢，企业效率下降也就成了自然的事情。

　　同时，随着企业规模的增加，内部分工需要更加细化，岗位间的差异化程度增加，对每一个岗位进行恰当合理激励的难度也会增加②，在不同岗位之间实现激励平衡更是困难重重，结果自然是一部分岗位消极怠工。激励机制失衡越严重，消极怠工在程度上也就越加剧。事实上，维持员工心理平衡、引导员工行为是激励机制的两个核心问题，而平衡问题是最难解决的，不仅要解决各个岗位之间的平衡问题，还要解决企业内部与外部之间的平衡问题。如果激励机制的力度弱于其他同行企业，就会有员工跳槽，导致职工队伍不稳定。激励力度过大，又会直接导致企业运行成本上升，从而失去产品的价格竞争力。激励机制失衡问题的严重性不仅表现为一部分岗位出现怠工现象，更严重的是怠工现象具有很强的传染性和进展性，

---

　　① 20 世纪五六十年代，毛泽东曾派警卫员回家乡调查了解农村的情况。
　　② 这里使用的激励机制概念是广义层面的含义，是指涉及企业每个岗位权责以及分配方式的总和。

受到怠工岗位的影响，原来没有表现出怠工行为的岗位，看到对于其他岗位的激励强度超过自己，也开始怠工。这种传染性会不断蔓延，直至出现大面积的怠工现象。在这个过程中，早先开始怠工的员工会不断触碰企业容忍的底线，尽可能通过怠工方式将激励机制中不足的部分弥补回来。对于大企业，避免这类现象的唯一办法就是加强监管，这必然会导致成本的增加。怠工现象在计划经济体中大量存在，也是计划经济失败的一个重要原因。在大的企业内部，怠工现象无法避免。只有通过协同效应所产生的优势，对怠工的成本加以抵消，大企业才能够继续生存。

现实中，只能是少数行业中少数企业能够通过技术优势和规模效应成功克服信息传递缺陷、激励平衡困难以及监督成本上升所带来的多种不利因素，而大部分企业的规模只能维持在中小型的水平上。以美国为例，1987年，美国制造业有大约700万家公司，90%以上的公司的员工少于100人①，见表1-4。

表1-4　　　　　　　　　　美国制造业企业和雇员分布

雇员人数（人）	厂商（％）
1~4	33
5~9	17
10~19	16
20~49	16
50~99	8
100~249	6
250~499	0.9
500~999	0.4
超过2500	0.1

资料来源：美国商业部调查局：《1987年制造业调查》。

历史上，企业资产规模与市场占有率之间存在紧密的共生性。要提高市场占有率，就要增加供给能力，就需要更多的员工、更多的生产设备和

① ［美］丹尼斯·卡尔顿、杰弗里·佩洛夫：《现代产业组织》，上海人民出版社，1998。

场所；反过来看，扩充生产能力、增加资产规模，必须要以市场的需求为前提，否则就会导致企业的亏损，甚至破产。但是，随着交通、信息等技术的发展以及市场竞争的加剧，越来越多的商业模式被创造出来，企业的市场占有率与企业规模之间的关系变得松弛了。对于使用价值链分拆模式经营的企业，市场占有率的提高不再像过去那样必须伴随着企业自身规模的扩张。这些企业专注于产业价值链上某几个具有优势的环节，而其他部分则采用外包的方式，通过市场更为细化的分工，提升生产组织效率，最终实现提高市场竞争力、扩大市场占有率的结果。20世纪90年代以来，美国著名运动鞋企业耐克公司提供了价值链分拆经营模式的成功案例。耐克公司将主要精力投入市场营销和产品设计两个环节上，在全球的范围内寻找质优价廉的生产商。通过这种方式，耐克公司成功地实现了控制企业自身规模与保持行业领先地位的双重目标。价值链分拆的另一种方法是企业将经营压缩在具有优势的一个或几个价值环节上，而在其他环节上完全退出。微软、英特尔是这方面的成功企业。它们只专注于整个产业价值链上的少数环节，突出自身优势，同样实现了市场领导者的目标①。商业模式创新导致企业边界变得越来越模糊。比如，连锁加盟店是否属于同一家企业？一个控股公司中，母公司与子公司之间除了控制人的联系外，在生产上的联系很少，是否仍然作为一家公司？再比如，跨国公司在境外的分支机构是独立公司还是与母公司一体的一家企业？寻找公司的边界，是依据法律层面的意义还是依据经济层面的意义？在经济学领域，企业决策的独立性是判断的基本标准。具有决策独立性的机构，作为一个独立的交易主体，也就是企业的边界所在。

四、商业模式

在推动经济增长的诸多因素中，企业治理和商业运营模式的创新发挥

---

① ［美］亚德里安·J. 斯莱沃斯基、大卫·J. 莫里森、特德·莫泽、凯文·A. 蒙特、詹姆斯·A. 奎拉：《利润模式》，107～114页，中信出版社，2002。

着不容忽视的作用。众多历史表明，经济的快速发展总是伴随着企业在制度和商业模式方面的革新。

　　商业模式实际上是一种有契约保障的分工方式，是指一个企业对外交易的特点以及内部各部门之间权责分配的特点，这些外部和内部特点共同构成一种商业模式，其关键要件包括分工组织、收入分享机制以及主要利润点等方面。商业模式的改变是一个演化的过程，这个过程既依赖于交易本身的属性，也就是产业特点，也依赖于交易环境的特点和交易成本的改变。具体来说，商业模式与法律体系、交通运输、信息传递等有着密切的关系。过去的二十多年里，跨国公司的迅速发展，与国际商法体系的不断完善有着密切的关系。

　　一种新的商业模式实际上是在产权结构和分工体系方面的创新。以连锁品牌为例，原始的连锁店是采用同一个法人主体在不同地点以相同的品牌进行投资经营，这些连锁店虽然在不同地点，但产权结构十分简单，拥有共同的法人主体，享用共同的品牌，采用共同的管理经营模式。在此商业模式基础上，加盟连锁模式在体系内发展出多元化的产权结构，虽然这些连锁店仍然共享同一个品牌，在进货、经营风格设计等方面相同，但每一个连锁店可以是不同的法人。这种商业模式，实际上是通过产权结构的多元化实现内部的分工。品牌经营者负责推广品牌，提高品牌知名度，同时在内部负责维护品牌的信誉，而每一个法人加盟店负责日常经营和员工管理。

　　不同的商业模式在对外交易、对内的资源配置和职责划分以及利润分配等方面都不一样。不同的商业模式适应的范围各不相同，其优劣势也各不相同。每一个经济系统都会包含多种商业模式，这就构成了经济体的商业模式结构。

　　从更广泛意义上讲，包含商业模式在内的经济组织形式是经济活力的决定力量。经济系统并不是单个自然人的简单叠加，而是通过一定方式关联起来从事经济活动的组织，这正是将主体定义为家庭和企业的关键。经

上卷　交易行为

济组织方式对于长期经济增长能够产生至关重要的影响，甚至是决定性作用。华尔街 200 多年的发展历史表明，商业模式的创新发挥着重要的作用。经纪公司一直是华尔街的支柱，投资人通过经纪公司在证券交易所买卖证券，经纪公司通过代理投资人的交易获得佣金收入。直到 20 世纪 40 年代以前，华尔街上的经纪公司规模都很小，有的只有一个门面，拥有不足 50 个账户，大部分来自亲戚朋友。经纪公司的职员也多是亲戚关系，他们对于投资的理解就是将华尔街上的种种谣传再传给他们的客户。美里尔——美林公司的创始人——改变了这种延续了 100 多年的商业模式，将连续理念首次引入到证券经纪行业中，严格培训客户经理，提高经纪公司的职业素质，改变过去按照交易提取佣金的薪酬制度，而是支付固定的工资，避免了客户经理不顾客户利益进行过于频繁的入市交易。仅仅几年的时间，美里尔引入的新模式就获得巨大的成功，美林公司很快成为华尔街上最大的经纪公司，在 20 世纪 40 年代末，总收入为 4570 万美元，到了 1960 年，总收入已经达到 1.36 亿美元，几乎是排在其后面的第二大经纪公司规模的 4 倍，拥有 54 万个经纪账户，被业内称作"气势汹汹的牛群"。[1]

不同的商业模式具有不同的特点。在日本，企业为了减少员工的流动性，用资历工资和终身雇佣作为保证，换取员工对企业的忠诚。这样，无论企业效益好坏，都不能用裁减人员的方式渡过难关。这种商业模式决定了日本经济自我调整的能力较低，这也是为什么日本经济在 20 世纪 90 年代资产泡沫破裂以后，至今经济一蹶不振的重要原因之一。当然，任何事物都具有两面性，正是由于日本这种商业模式，经济增长持续的时间可以很长，由于企业与职员之间稳定的雇佣关系，不会把微小的商业波动通过裁减员工进一步扩散到消费市场，从而形成连锁反应，这就避免了形成自强化的交易锁环。但是，一旦企业倒闭，这些失去工作的雇员就很难再次找

---

① ［美］约翰·S. 戈登：《伟大的博弈——华尔街金融帝国的崛起（1653～2004）》，311 页，中信出版社，2005。

到工作，至少要花很长时间，这是由于企业与雇员之间稳定的雇佣关系必然导致劳动力市场不活跃的结果。这个环节的不足是日本经济缺少弹性的关键原因之一。

企业与员工之间的雇佣关系以及薪酬制度对于员工的行为，最终对企业的业绩产生长期而深远的影响。在日本企业中，由于企业与雇员之间稳定的雇佣关系，便产生了员工之间的团队协作精神。其中的原因是员工一旦进入一个企业，就像进入一个家庭，员工之间将长久相处，员工之间的关系虽然同样具有竞争性，每一个员工都希望进入到上一个层次，处于领导地位，但是他们之间的竞争不再是一种直白的、带有明显胜败特征的竞争，而是通过经过同事赞赏和支持的竞争，这种迂回的竞争模式引导协作，只有通过帮助别人，才能得到别人的支持。企业团队精神所产生的协作行为，是企业保持效率的重要方面。一个企业实际上就是一条广义的生产线，现代工业生产的本质就是劳动者之间的协作。协作能够保证产品生产在每一道工序上的质量，这也是日本产品具有可靠质量的原因。但是，团队协作所产生的文化氛围是限制个性，压抑创造力，虽然日本不乏产品创新，但不大可能产生革命性技术创新，原因就在商业模式所派生出来的文化特质。不过，这种商业模式必须在具有明显的外部优越感的前提下才能成功运作。在日本，只有大企业才能有实力建立这种商业模式，大大高出中小企业的资历工资制度，保证了员工有一种很强的优越感，保证了团队的凝聚力和每一个员工在缺少硬性外部约束条件下仍然保持旺盛的工作热情。与大企业相比，中小企业的雇佣关系要疏松得多，团队协作的精神也要弱许多。

长期以来，经济理论中就已经建立了这样的信条：竞争产生效率。日本企业的案例表明，协作同样可以产生效率，只是需要一些前提条件而已。事实上，竞争和协作不能绝对化。没有协作的竞争不可能产生效率，没有竞争的协作也是一样。计划经济曾经幻想绝对的协作，完全没有竞争的组织模式，结果证明是行不通的。相反，如果一个机构内部没有协作，只有竞争，同样不可能产生效率。将效率放在整个系统中来考察就会发现，处于同一层次、具有相同职能的组分之间通过竞争实现效率，而在不同层次、不同职能分工之间，需要协作才能产生效率。

五、企业目标

　　人与动物之间的行为模式既有相同的地方，也有不同的地方，目标驱动是人类与动物所具有的共同特点。动物的每一个行动都有明确的目标，或者食物，或者交配，或者逃生等，在这一点上，人与动物之间没有太大的差别，就像中国的一句古话所说的那样："人为财死，鸟为食亡。"作为具有高度智慧的生命体，人类区别于动物的地方在于可以超越现在，将目标设置在未来，而将当前所做的一切作为实现遥远目标的手段，而手段本身的表象则常常可以与目标背道而驰。战国时代越王勾践"卧薪尝胆"的故事就是一个典型的案例。作为实现目标的手段，当前行为的选择总是在具体的局势下进行的相机抉择，而目标则是相对稳定的。这种超越当前的能力，是人类区别于动物智商的关键①。这种超越既可以是计划，也可以是

---

　　① 随着对动物研究的不断深入，人们越来越多地发现动物身上有不同寻常的能力，尤其是灵长类动物，具有惊人的能力。德国马克斯·布朗克研究所的科学家发现，猿类能够制定目标，并且具备贯彻目标的能力。实验过程：为一个动物园中的猩猩和倭黑猩猩提供 8 种工具，其中两种能够帮助它们获得食物。在它们选择了合适的工具后，研究人员将它们从能够获得食物的地方转移开。过一段时间（14 个小时）再将它们放回来。当这些猿类意识到它们要被转移的时候，就会携带上选择好的工具，以备次日回来时用来获得食物。这就像人类外出旅游的时候要事先收拾行李一样。获取食物作为这些猿类的目标，即使睡一觉醒来，仍然能够记住。这个实验证明了猿类具备确定目标和在一段时间长度内保持并实施目标的能力。在这一点上具有与人类相同的行为特点。猿类作为社会性动物，与人类一样具有感知其他同类的心理活动的能力。将两只彼此争斗的黑猩猩放入一片藏有食物的区域，这些食物只有一只能够看到。这只黑猩猩很快就认识到它的敌人看不见这些食物，并能够充分利用这一点达到独占食物的目的。这个实验证明黑猩猩具备观察和判断竞争对手情形的能力，并充分利用自身的信息优势。参见《灵长目动物某些能力比肩人类》，载《参考消息》，2012 - 06 - 26。
　　类似的观察研究还发现，猿类还具有设计阴谋、实施攻击的能力。瑞典菲吕维克动物园的一只名为"圣蒂诺"的雄性黑猩猩，针对动物园游客设计了越来越复杂的攻击方案。起初，圣蒂诺向骚扰它的游客扔石块，后来，它不断改善攻击方略。在一个参观团离开围栏区后，圣蒂诺走进围栏，捧出一大堆干草放在靠近游客区的地方，然后立刻把石头藏在底下。随后，它在干草旁坐下，等待游客到来。等游客靠近的时候，圣蒂诺没有任何预兆地向游客投掷石头。《黑猩猩设计袭游客》，载《参考消息》，2012 - 05 - 12。

阴谋。各种各样目标驱使下的人类活动，构成了生生不息的大千世界，推动着人类社会永不停息地发展、演化。

　　然而，什么是企业追求的目标却成了经济学领域争论最为激烈的问题之一。这个问题既是经济学的逻辑基础，同时又是对形形色色的企业主体高度概括的过程。理论上的重要性与现实的复杂性交织在一起，是导致企业目标处于长期争论的主要原因。质疑的主要对象是占据主流地位的新古典经济理论的厂商假设——企业追求利润最大化目标，并提出各种各样的新假设：销售额最大化；员工人数和薪金最大化；企业成长最大化；股东财富最大化；现金流最大化；资本成本最小化以及经理人满意目标等。还有一些学者建议使用多目标模式，甚至一些学者对于最大化行为模式本身提出质疑，建议放弃任何企业目标的假设。[①] 然而，尽管学术界投入了大量的热情，但距离形成一个学术共识仍然还有很长的路要走。从技术上看，形成这种局面的原因来自两个方面：一是现实的复杂性。企业作为行为主体，产权结构、组织架构、激励制度以及企业所处的发展阶段和所处的行业、企业规模等众多方面都对企业管理者的行为动机，最终对企业目标产生影响。二是动机与结果的差异。人的行为固然是在动机驱使下展开的，然而，研究者却无法直接观察到行为主体的真实动机，只能通过行为产生的结果推测行为背后的动机，但遗憾的是，现实的结果与动机之间常常相去甚远，动机与结果之间关系的模糊性和不确定性常常将研究者引向错误的方向。当然，如果连续观察一个企业的行为，会发现在同一类事件上不断重复的决策，即使结果不是人们所期望的，在排除了管理者智商的问题之后，仍然能够发现隐藏在结果背后的目标动机。但是，现实情况并不是这样，研究者通常是采用一个时期横断面上的数据进行因果分析，其结论中必然包含动机与结果错位的因素。

　　企业始终处于不断发展和演化之中，从产权结构到组织模式再到经营

---

① ［美］丹尼尔·豪斯曼：《经济学的哲学》，上海人民出版社，2007。

目标和理念都在不断发生变化。从历史上看，企业从家庭分离出来伊始，具有明显的临时性质，特许公司的经营权有严格的时间限制，经营活动仅仅限于一次贸易。在这种情况下，企业所追求的目标非常明确，就是在一次特许的贸易活动中尽可能多赚钱，实现投资回报率最大化。这是经典经济学的厂商理论中对企业目标的假设。即使到了工业革命前期的企业——经销商＋乡村家庭作坊模式的企业——仍然没有摆脱经营目标的短期化特征。由于这种经营模式十分松散，商人与家庭作坊之间的合作关系并不是建立在严格的法律合约基础上，大部分情况下只能是人格化的约定。这时的企业不存在有意识的市场营销，企业经营管理也十分简单，每次交易之后核算盈亏。这些都将企业的经营动机引向当期利润。随着企业制度的演变，具有法人身份的企业在理论上拥有了不灭的生命，股份制公司的出现更是为企业长期经营提供了制度和资本保障，同时也促使企业追求更为长远和综合的目标，企业目标的长期化趋势越来越突出，即期利润已经不能够充分解释长期经营的企业行为了。企业经营由单一目标向多目标转变，由单纯利润目标向市场份额、行业影响力、定价能力、创新能力等多方面发展。企业从过去单纯的生产或者商业贸易向综合化方面转变。

　　演化经济学否认企业的经营和决策中的目的论模式，认为由于人们是在有限理性的前提下决策的，所以就"无法知道什么是利润最大化和最优决策，因此社会经济的发展不会以目的论的方式展开，也不一定会趋向于完美的均衡状态。"① 不可否认，企业在决策过程中受到了有限理性和信息不完备的制约，不能保证每项决策的科学合理性，也不能保证每次行动都能实现预期的目标，但这不能作为否定目标存在的理由，更不可能否定人类的基本行为模式。人类行为的目的性和目标体系的多层次性是人类区别于动物的关键所在。社会作为宏观系统，无法做到像单一个体那样的目的性，这是由于无数个体的目标差异以及相互作用，也是由于社会本身不是

---

① 盛昭瀚、蒋德鹏：《演化经济学》，上海三联书店，2002。

一个决策主体，而是众多决策主体的舞台，并不存在自身的目的性，但绝不能由此否定单个主体的行为目标驱动模式。

同样，企业是在经营目标的驱动下运作的。由于企业组织的复杂多样性，企业的经营目标很难简单地归结到某一点上。经典经济学的厂商理论将企业目标设定为即期"利润最大化"。事实上，从一个时点上观察，不同的企业有着不同的当前目标，而且即使同一个企业的当前目标，也会随着时间的推移、企业发展阶段的不同、所处环境的改变等而发生变化。

从理论上讲，企业作为法人可以永续存在，具有无限的生命长度，但从历史的经验看，企业的衰败以及破产常常是难以避免的事情。在每一个阶段，企业都会有不同的经营策略和经营目标。在企业成立初期，迅速扩张规模，提高市场占有率是多数新生企业采用的策略。就像一切幼小的生命体一样，新生企业面临的主要危险是死亡，在新生企业中，只有大约40％的企业能够生存到三年以上。在死亡的威胁下，新生企业希望通过扩张规模、提高市场占有率的途径快速跨越早期的死亡区域，这是大部分新生企业所采用的经营策略。对于这类企业，企业的经营目标具有鲜明的规模扩张导向，"成长"就是企业的目标；当然，即使新生企业，也并不全是采用规模扩张导向的经营策略，也有一些企业采用适当规模、利润优先的策略。这类企业一般为注册资本金特别少的企业，比如餐馆、便利店，这类企业大都具有家庭性质的特点。这类企业在注册成立的前几年，一般采用控制成本、保持收益的方式维持企业的生命，经过几年经营以后，随着资金实力的增强、对市场的熟悉和对客户群的培育，企业开始进入到扩张阶段，在这个阶段，企业的经营目标便由利润为主转向规模优先。

当企业进入到成熟期以后，规模扩张达到临界上限时，企业通常会进入多元化发展时期，这个时期的主要策略是范围扩张，包括在同一行业内将经营范围从原有的区段向上游或下游或者两个方面同时扩展，也有一些企业甚至向新的行业拓展。

上卷　交易行为

事实上，现实世界的情况要复杂得多，市场周期的变化、竞争环境的不同，都会影响企业的经营目标。比如，处于扩张期的企业，当市场进入萧条周期时，规模扩张有可能导致巨额亏损，这就会迫使企业将注意力转向充分发掘现有潜力，把控制成本作为当前经营的主要任务，进而实现利润的最大化。

现实的复杂性常常超过理论的预设边界。理论上总是假设企业的唯一目的是盈利，但现实中存在着无利润行业，大量企业年复一年地挣扎。20世纪50~60年代美国的农业和铁路运输业、20世纪90年代美国的航空业，都经历过痛苦的无利润阶段；甚至以尖端科技著称的芯片产业，在20世纪80年代，同样遭受无利润的困境，即使行业巨擘英特尔（Intel）公司也不能例外，1985年亏损2亿美元。[①] 众多企业在相当长时间内挣扎在无利润的行业中，是对现有经济理论的挑战。按照理论假设，当一个行业面临长期无利可图的局面时，企业就会选择离开，进入到利润相对丰厚的行业，从而在整个经济的不同行业之间实现利润水平的相对平均。但事实并非如此，多数企业并没有选择立即离开，在年复一年的无利润状况下，为什么企业仍然坚持运行呢？经济体中行业间利润率的差距始终存在，从来没有出现过平均的局面。这些情况表明，企业的经营目标，尤其是在一段时期内，"利润"远不能概括全部情况。整个行业陷入无利润的局面，也使"无论哪个行业的老大，都是赚钱最多的"这句曾经被奉为经典的教条失效了。在全球经济一体化的背景下以及资本市场在企业融资、企业价值评估等方面发挥着越来越重要作用的时代，一味追求企业规模和市场占有率的信条同样失去了其一贯正确性。

关于企业的目标，Alfred D. Chandler, Jr. 指出："利润对于所有资本主义企业的生存和发展都至关重要。如果在相当长的一段时间内收入低于专

---

① ［美］亚德里安·J. 斯莱沃斯基、大卫·J. 莫里森、特德·莫泽、凯文·A. 蒙特、詹姆斯·A. 奎拉:《利润模式》，61~65 页，中信出版社，2002。

80

业的费用，该企业在商业上就站不住脚。在个人经营、个人拥有的企业里（在这方面英国公司有最佳的事例），目标常常是有保证的收入，而不是资产增值。有些个人及家族经营他们自己控制的企业时，也确实将赚来的钱投入到企业中，维护现有设备。但是，他们往往宁愿用这些钱支付红利，而不愿为进入国外市场或开发相关行业新产品而进行巨额投资……这种方针在很多情况下是考虑当前红利，而不是考虑长远的发展。另外，如果充分利用规模经济和范围经济，在生产和销售方面进行投资所需的金额超过个人或家庭的经济能力，如果企业的管理机构所需人员超过家族能配备的人数，那么，管理人员和主要投资商会同意在长远发展的基础上长期获取盈利这一目标……这样一种目标不仅有助于确保高级管理人员的终身职务，也使更多的低级管理人员增加晋升的机会（在英国，个人拥有或经营的企业里，负责管理的重要位置常常留给拥有此企业的家族）。"[1] 由此可见，企业的目标十分复杂，不能够简单地将其时点化的目标归结为"利润最大化""规模最大化"或者"占有率最大化"等。这些问题只有将时间概念引进企业的决策过程中，才能将千差万别的交易决策归结到统一的目的上来。

　　现实生活中，无论企业采用何种组织方式，也无论是在什么样的委托—代理关系基础上建立起来的何种激励机制，企业必须以盈利为己任，否则就无法生存。尽管会出现企业管理者在企业的决策中利用工作便利为自己谋求福利的现象，比如购买商务飞机、建造豪华的办公楼等，也许在这些交易中，并不是每一项交易都完全是为了企业利益的需求而是包含有自己的一些私利，但是，这种对企业最大利益的偏离必须是有限的和隐蔽的，否则管理者就会被董事会解雇。同时，如果一种企业制度出现了管理者毫无节制的利益寻租，这类企业必然会在激烈的市场竞争中被淘汰，这种企业制度自然也就寿终正寝，最终被更加有效的企业制度所替代。无论

---

① ［美］小艾尔弗雷德·D. 钱德勒：《企业规模经济与范围经济——工业资本主义的原动力》，750 页，中国社会科学出版社，1999。

是从制度还是企业管理者个人寻租成本的角度看，企业管理者在决策中对企业真实利益的偏离必须是有限度的，不会从根本上影响企业群体的基本行为模式，委托者与代理者的利益偏离也难以构成对整个经济系统运行的显著干扰。为了反映这种现实，交易经济学仍然采用最大化作为企业行为的基本模式，但对最大化的内涵进行了三个方面的修正。首先，将交易主体的决策基础放置在会计矩阵上，这就扩大了交易决策所要考虑的因素范围，从而更加准确地反映企业决策的真实情况。决策反映的企业利益与决策者个人利益两者之间的一致性程度取决于企业组织方式和激励机制约束。如果企业内部建立起了管理者与企业利益的长期紧密关系，决策就会更多地反映企业的长期利益；如果在激励机制中管理者与企业之间的利益关联主要是短期的，那么决策所反映的主要是企业的短期利益，决策者在决定交易的过程中，短期行为就会表现得更为突出。也就是说，在新的企业决策分析框架中，企业行为不再是简单地追求利润最大化，而是将决策者与企业之间的复杂关系也包含在内。考虑到企业目标内容的拓展，"利润"已经不再适用，取而代之的是"收益"概念。其次，企业的最大化决策是一种相对最大化，也就是相对于自己的信息集，信息集不仅包含了与决策有关的信息，还包含决策者的经验。这样就能够解释现实中决策的多样性。面对一项交易，不同的企业会有不同的决策，而不是像新古典经济学那样给出唯一决策方案。企业非同质化的特点通过企业的预期收益函数差异来体现。每个企业都会根据自己的情况，计算一项交易能够给自己带来的预期收益，这包括交易带来的直接收益、溢价收益以及价值偏好等，这些都是企业决策者根据自身的经验和企业实力、企业的运营特性衍生出来的特点。这个方面反映在企业目标的"预期"特性上。最后，预期收益的评估限制在企业特有的估值时域上。在交易经济学中，决策者对预期收益的判断是基于一定时间段，而不是仅仅限制在交易的即期时点上。长期最大化与时点最大化无论在最终结果上，还是在具体的决策行为上都有很大差别。

在长期最大化的决策模式中，企业可以容忍在一段时间内偏离最大化的要求，采用迂回策略，放弃眼前利益，谋求远期的更大收益。在这样的假设下，企业就可以做出在一个时期看似损失的决策，但从长时期内看，企业会获得更大的收益。这方面的例子是企业通过价格竞争，试图扩大自己的市场份额，排挤竞争对手。估值时域上的效益最大化，使企业的交易决策更加灵活，给予决策者很大的灵活空间，对企业行为有更大解释力。企业在估值时域设定上的差异，构成了企业非同质化的一个重要方面。不同的决策者有不同的估值时域，时域的长短不仅反映了决策者的利益时效特征，也反映了决策者的判断能力。引入估值时域，不仅增加了交易决策的弹性，同时也让交易经济学避开了一个棘手的问题——决策者为什么要实施一项交易——这是一个曾经诱导新古典经济学走上一条荆棘之路的问题。在新古典经济学中，为了回答这个问题，对于消费者，引入了效用概念；对于企业，采用利润最大化方法。在交易经济学中，逻辑的切入点是在确定实施一项交易之后，如何在既定的信息集上进行方案选择以及确定交易主体之间可能产生的相互作用，也就是将理论关注点放在决策者怎么做以及这样做的后果方面，而将为什么要实施交易这样的心理学范畴问题置于理论之外。引入估值时域后，进一步根据交易时限特征将交易分成两大类，即有时限交易和无时限交易。两种性质的交易的根本区别在于收益是否是交易的唯一目标。有时限交易的目标具有外部性，或者是配合其他交易，或者是配合交易主体的一个整体布局，甚至干脆是一些非经济性原因。如果将如此复杂众多的成因概括在一个动机之下，必然要付出很高的逻辑代价。只有无时限交易，其交易动机是内生性的，也就是说"收益"是交易的唯一目标，实现"收益"最大化就是实施交易的目的和原因。当然，这里的"收益"不再是简单的利润。

追求长期收益与短期收益对企业行为会产生显著的差异。对于追求长期收益的企业，并不要求每一次交易的收益最大化，而是在保持基本收益的前提下，将维护良好的客户关系放在重要的位置上。相反，对于追求短期收益的企业，则看重每一次交易的收益，它们更贴近新古典经济理论的企业行为假设，希望每一笔交易都能得到尽可能多的收益或利润。为了实现每次交易的最大化收益，它们甚至不惜伤害与客户的关系。企业对于行为模式的选择取决于交易对手的稳定性。一般来讲，交易群体越是稳定，企业就会越重视客户关系，在目标选择上就越是倾向于长期化；相反，客户群越是不稳定，企业对于客户关系的重视程度就越低，目标的选择就越是短期化。这个规律能够解释为什么路边小摊儿容易卖假货，而大企业则很重视与客户的关系，原因就在于它们面对的客户群体不同。路边小摊儿的客户群体具有随机性，很多客户可能只是一次性消费；大企业需要一个稳定的客户群体，除了商业零售企业外，大企业需要稳定的下游企业作为市场支撑。比如汽车制造商与销售商（4S专营店），为了保持良好的客户关系，汽车制造商十分重视与4S店的关系，不仅要倾听4S店收集到的市场反馈信息，而且在决策中还要充分照顾到4S店的利益。

第四节　主体动机的统一

在新古典经济学中，企业是市场的供给一方，家庭是市场的需求一方。通过分析企业的生产可以预测市场供给，分析家庭收入可以预测市场需求，再通过供求关系可以确定价格走势，这就是新古典经济学的基本分析架构。现实中，企业并不是完全的供给者。在经济循环中，企业在成为供给者以前，首先是需求者，需要购买原材料、购买劳动力、购买各种易耗用品等。连续观察经济循环过程就会发现，我们无法在时间上严格分辨出企业何时是市场的供给者，何时又是市场的需求者。企业几乎在每一个时点上既是供给者又是需求者。家庭的情况也是一样。不仅需求各种消费类的商品，还向市场提供劳动力和资本。整个经济系统是在交易角色的持续不断转换中运行的。在一个经济体中，组成企业和家庭两类组织的人并不是完全不同的人，而是相同的一群人，只不过是组织起来生产的时候，被称为企业，下班后汇聚到一起生活的时候被称为家庭。但在交易的视野下，无论是家庭还是企业，都在不断地进行着交易，所不同的仅仅是交易的内容以及权责结构不同而已。而交易主体的内在统一性根植于人性。人性不会因为白天在企业里工作，下班后回到家中就发生改变。从产权归属上讲，除了少数国有企业之外，大部分企业都归属不同的家庭所有。即便是国有企业，从本质上讲其产权最终归属仍然是这个国家的居民家庭。这种产权归属表明，企业追求利润的动机根源仍然来自家庭。没有家庭对财富的追求，企业也不可能从家庭中分化出来，更不可能成为专注于利润的组织。企业对于经济利益的追逐实际上是作为家庭逐利动机的体现。人们到企业工作，同样是为了能够挣到尽可能多的工资，从这个意义上讲，家庭与企业没有本质的差别，在交易的目标上是完全相同的。企业作为一个群体，尽管交易的规模和交易的内容千差万别，但并不因为这些不同，在理论上就可区分为不同的主体类别。可见，在家庭和企业这两类基本主体上，交易过程中的目标设定完全可以统一起来，这为建立一个逻辑内恰的理论提供了坚实的基础。

从家庭和企业的演化历史来看，在漫长的农业社会时期，企业的功能融合在家庭活动之中。工业革命以后，企业才大规模地从家庭中分离出来。在人类文明历史长河中，大部分时间内家庭与企业处于同一种组织形态之下。这就提供了家庭和企业内在统一性的历史佐证。自从人类社会有了财富概念以来，家庭就不再是单纯的获取生理需求满足的场所，而是具有越来越多的经济含义。经济动机左右着消费、投资等直接的经济活动，而且在婚配、生育、子女教育以及家庭组织结构等众多看似非经济领域的选择行为，其背后仍然包含了经济动机。在这方面，经济学家有很多深入的研究，提出了系统的理论。① 这些理论表明，家庭行为同样可以在"收益"最大化框架下进行诠释。

在会计学上，全面反映经济活动收支结果的概念是"利润"。如果将讨论的范围扩展到家庭领域，利润的概念就显得不太合适了。毕竟，家庭组织的中心任务已经不再是生产，经济活动已经降低到从属地位。为了能够将不同类型交易主体的经济活动涵盖在一个概念之下，需要引入一个更为宽泛的概念，同时具有指向明确的特点。引入广义的"收益"概念不失为一个可行的办法。广义"收益"概念是指交易活动能够为主体带来的有利于生存和发展的结果。收益既可以是企业的利润，也可以是流动性结构的改善；既可以是市场份额的扩大，也可以是资产结构的多样性增加；既可以体现在当期，也可以体现在远期；既可以是确定的，也可以是预期的。在这样的目标设置下，可以将家庭和企业的经济活动置于统一的范畴之下。为了实现这一目标，就需要对交易主体提出全新的描述。

在交易经济学为主体行为设定统一的目标中，"预期"扮演着十分关键的角色。"预期"不仅将行动与信念联系起来，而且也将时间结构引入到了交易决策中。为此，有必要进一步理解"预期"这个概念。行为目标是行为主体事前为行为所设定的结果，希望通过行为的操作实现某种愿望。很显然，行为目标天然带有预期性质，包含对未来结果的期待，同时也包含对于各种可能的预测和判断。讨论企业和家庭的经济行为目标，就必须从概念——"预期"开始。

经济学中使用的预期是指人们对未来将可能发生某种事件的推测，具体讲是关于某个或者一组经济变量在未来变动趋势或水平的推测。从语义学的角度讲，具有预期含义的词语有很多，如期望、希望、相信、推断、

---

① ［美］加里·S. 贝克尔：《家庭经济分析》，华夏出版社，1987。

预测等。①"预期"一词可以作为动词，也可以作为名词，还可以作为限定词。在经济学中，三种词性都有应用。作为限定词，比如预期收益，其表示对现行变量的预期，即未来收益的预期。

在人类的认知活动中，预期发挥着十分重要的作用。预期不仅是思维活动的一种表征形式，也是参与认知过程的基础环节——知觉——的活动。在构建知觉的过程中，人们根据记忆存储的知识表征，对所识别的模式进行事前预测，预期在这个过程的参与，提高了模式识别效率，增加了人们的行为适应能力。这种作用在心理学中被称为知识表征的期待作用（expectation effect）。就像看到英文字母 Q，人们就会联想到后面可能跟随字母 U。产生这种推测的知识有可能是明确的，也可能是模糊和隐性的。② 人们的预期既可以在意识层面形成，也可以在潜意识层面或无意识层面形成。在决策中，尤其是在不确定形势下的决策，预期发挥着关键的作用。在瞬息万变的不确定世界中，人们的决策必须建立在对各种可能的评估基础上，以此提高正确决策的概率。预期是人们行为模式的组成部分，是决策成败的关键。所以，"预期"自然也就成为经济学的基础性概念之一。

为了最大限度地增加预期的正确性，人们在预期形成过程中充分调动自己的一切经验、知识，以及来自周围环境的各种信息，是一个极为复杂的心理过程。在经济学中，有多种关于预期的理论。最具影响力的理论有理性预期理论和适应性预期理论。理性预期是指在完备信息集上利用逻辑推断产生的预期。在方法上，理性预期需要通过行为方程组求解；理性预期理论假定行为主体了解经济结构和行为规律，并掌握全部已有的信息，因此能够计算出最佳预期结果。适应性预期则是指根据变量的历史变化规

---

① 在英文中，对表述预期的词"expect"的解释同样有多种，1. to think that something will happen；2. to consider that something is likely to come or happen；3. wait for someone or something as stated；4. to believe, hope, and think that will receive something considered as one's right；5. to believe, hope and think that someone will do something；6. to suppose；think that something is true. 参见 Longman Dictionary of Contemporary English，1978。

② 彭冉龄、张必隐：《认知心理学》，60～68 页，浙江教育出版社，2004。

律，尤其是近期的变化特点为依据进行外推形成的预期。

　　与理性预期相比，适应性预期的特点是经验性主导。尽管理性预期和适应性预期各有特色，并且反映了预期形成的某些特征，但事实上，人类预期形成过程要更加复杂，在方法上也更为综合。现有的描述预期形成机制的理论尚不能为我们提供全面正确的图景。

　　预期具有时间结构特点，不同时间下的预期有很大差别。短期预期和长期预期不同，期限越长，包含的不确定性因素就越多，越具有开放性。与预期相对应的时间结构是交易估值时域，每一种预期都是在对应的估值时域下生成的。

第二章　主体描述

　　研究对象的描述是一切严密科学的起点。质点是力学的研究对象，三维坐标或多维广义坐标是描述工具，方程则是表述物体间相互作用的规律。经济学的情况也是一样，在确定了交易主体以后，需要为其提供描述工具，以便为进一步的理论探讨提供逻辑手段。

　　会计矩阵是描述交易主体的恰当工具，它将每一个经济主体与一个会计矩阵相对应，交易主体的一切经济活动投射到由众多资产和负债坐标张成的会计空间上，实现对交易主体和交易行为的直观、精确描述。

第一节　会计报表

　　经济系统实际上是由大量交易主体的账户以及账户间的互动关联组成的。交易主体间的账户关联是经济系统内部结构的主要方面。正如沃西里·里昂惕夫所说："整个国家的经济活动可以设想为一个包揽一切的巨大会计系统。不仅所有工业、农业和交通业的分支部门，而且也把所有私人的预算都假定包括在这一系统内。每个企业或每个家庭，都是作为一个独立的会计单元处理。一套完整的簿记制度系统由大量的各种不同的账户所组成。"[①] 也正是在经济系统内部相互关联的思想支配下，里昂惕夫创立了国民经济投入产出的分析理论。事实上，从会计学的角度分析经济行为和

---

　　① ［美］沃西里·里昂惕夫：《1919～1939 年美国经济结构——均衡分析的经验应用》，12页，商务印书馆，1993。

经济现象，已经成为经济学家的理论构想。在经济学说史上，首次明确提出将经济理论建立在资产负债表上的经济学家是美国密西根大学的 Kenneth E. Boulding 教授。他在 1962 年出版的《经济学的重建》(*A Reconstruction of Economics*) 中，做了将投资、消费、储蓄等经济行为放置在资产负债表上进行整体考察的尝试。他利用一个核心的概念——偏好资产率，在资产负债表上建立起各类经济行为分析框架。遗憾的是，随后的经济学发展没有沿这个方向继续走下去。

对于经济活动的记录以及对经济主体，尤其是企业的经济状况的描述方法中，最恰当的方法莫过于会计。会计矩阵正是从会计报表中演化而来的。在开始介绍会计矩阵之前，有必要对有关会计的概念进行回顾。

人类最早的会计记录出现在大约公元前 4000 年，但是，具有现代特征的复式记账会计方法则是在 15 世纪末期，由威尼斯一位名叫 Luca Pacioli 的神父发明的。[①] 会计方法为威尼斯商人提供了一种能够在商海中航行的定位器，让他们及时掌握他们的商业业绩，更好地管理他们的商业。虽然很难准确地判断会计手段的发明和使用对威尼斯共和国的繁荣和强大产生了多大作用，但毫无疑问，会计工具的运用对于当时的经济发展起到了积极的作用。

会计对于现代经济的作用是如此重要，以至于任何一家机构都不能没有会计人员，更不能没有会计核算。一个庞大的社会，需要在井然有序的会计核算基础上运行。会计制度的任何调整，都会对经济的方方面面产生影响——从企业利润到国家税收；从资本市场到投资者信心等。会计制度及与之配套的法规已经成为现代经济的基础。中国从 1992 年开始，陆续颁布了《企业会计准则——基本准则》《企业财务通则》，以及分行业的企业

---

① 也有一种说法是复式记账并不是他发明的，他仅仅是将当时在威尼斯商业学校的教师和学生中流传的一种方法进行了加工整理——参见 Financial Accounting Roger H. Hermanson，James Don Edwards，L. Gayle Rayburn，BPI IRWIN，Fourth Edition。

会计准则，这是中国经济从计划体制转向市场体制的重要标志，建立了市场经济体制下的会计核算基础，从计划经济的资金平衡表概念转向了市场经济的资产负债表概念，建立了资产、负债、所有者权益、收入、费用和利润等基本会计要素概念。经过几年的实践，2000 年 6 月，国务院颁布了《企业财务会计报告条例》，2000 年 12 月财政部颁布了《企业会计制度》，从而建立起较为完备的企业会计制度体系。前后两套会计制度有较大变动，不仅有助于提高企业财务报表的信息质量，而且对企业的行为增加了硬性约束。以会计基本要素——资产概念为例，在《企业会计准则——基本准则》中，给出的定义是："资产是企业拥有或者控制的能以货币计量的经济资源，包括各种财产、债权和其他权利。"而 2000 年的《企业财务会计报告条例》和《企业会计制度》中，均采用了以下定义："资产是过去的交易、事项形成并由企业拥有或者控制的资源，该资源预期给企业带来经济利益。"在后一个定义中，增加了对于资产时间上的限定，明确规定资产是参与交易和事项的结果，表明是已经存在的资源，排除了预期资源或主观的可能性。除此之外，对资产的预期后果进行了规定，纳入资产负债表中的资产应当是具有产生收益预期的权益。定义中增加的限定，排除了企业的废弃生产设备、没有市场价值的库存以及不可能再回收的应收账款等。虽然仅仅是概念定义稍加变动，但在前后两个资产定义之下编制的资产负债表会有很大不同。显然，前一个资产负债表中的资产总量要大于后一个资产负债表，同时包含了一些容易出现误导的信息。再以固定资产折旧为例，旧会计制度要求按照国家统一规定，净残值率为 3%～5%；外商投资企业的净残值率为 10%。新会计制度给予企业更为灵活的处置权限，规定企业可以根据资产的性质和消耗方式，合理确定固定资产的预计使用年限和预计净残值。对于固定资产的期末计价，旧制度规定按照历史成本计价；而新制度要求在账面价值与收回金额中选择较小的计价，同时计提固定资产减值准备。① 对于固定资产的新旧两种规定，不仅表现在资产负债表的资产规模差异上，而且还影响企业的持续运行。旧制度忽视了固定资产的消耗磨损问题，也没有在会计制度上提供弥补价值损耗的手段，容易造成企业设备老化；而新制度不仅给予企业自主确认固定资产损耗折旧的权利，而且提供了补充价值损耗的途径，增强企业购置新设备的动机，有利于企业的长远发展。

资产负债表在会计核算中处于核心地位，反映一个机构的资产和负债以及所有者权益构成，所包含的信息反映了企业的偿付能力，在一个时点上反映了企业此前的全部经济活动所产生的最终结果。资产负债表反映出一个机构的经济实力，为预测该机构未来发展走势提供了有价值的信息。这里以上海证券交易所上市企业——青岛海尔股份有限公司公开披露的财务报表为例（见表2－1），简单分析企业的财务状况。

表 2 – 1　　　　　　青岛海尔股份有限公司合并资产负债表

2011 年 12 月 31 日　　　　　　单位：人民币元

项目	期末余额	年初余额
流动资产		
货币资产	12888270252. 98	10445409811. 13
结算预付金		
拆出资金		
交易性金融资产		
应收票据	7939389122. 39	7356632493. 06
应收账款	3081828050. 72	2382918522. 62
预付款项	1075227290. 22	613240403. 75
应收保费		
应收分保账款		
应收分保合同准备金		

① 财政部会计司编：《企业会计制度讲解》，25～166 页，中国财政经济出版社，2001。

续表

项目	期末余额	年初余额
应收利息	72517490.96	43624935.98
应收股利	3274215.51	8016262.27
其他应收款	256469777.45	167387333.57
买入返售金融资产		
存货	5969111117.43	4087837068.57
一年内到期的非流动资产		
其他流动资产	47911863.07	13799585.58
流动资产合计	31333999180.73	25118866416.53
非流动资产		
发放委托贷款及垫款		
可供出售金融资产	9297639.72	10516495.13
持有至到期投资		
长期应收款		
长期股权投资	1700888490.75	1150919342.37
投资性房地产	64949188.37	30748564.86
固定资产	4536601196.26	4046038701.12
在建工程	944671593.56	673231921.65
工程物资		
固定资产清理		
生产性生物资产		
油气资产		
无形资产	532311421.95	380805858.02
开发支出		
商誉		
长期待摊费用	11640106.64	3408138.68
递延所得税资产	589125265.53	414233285.68
其他非流动资产		
非流动资产合计	8389484902.78	6709902307.51
资产总计	39723484083.51	31828768724.04
流动负债		

项目	期末余额	年初余额
短期借款	1143766000.00	896136338.00
向中央银行借款		
吸收存款及同业存放		
拆入资金		
交易性金融负债		
应付票据	6829723541.55	4739869927.28
应付账款	10090494599.78	6974672801.82
预付款项	2210145368.45	1992738473.50
卖出回购金融资产款		
应付手续费及佣金		
应付职工薪酬	1023319058.17	694580391.32
应付税费	667630951.28	831054864.88
应付利息	8803031.87	16935042.08
应付股利	576509357.63	670050964.23
其他应付款	3357266556.60	3409827442.64
应付分保账款		
保险合同准备金		
代理买卖证券款		
代理承销证券款		
一年内到期的非流动负债	25000000.00	
其他流动负债		
流动负债合计	25932658465.33	20225866245.75
非流动负债		
长期借款		115000000.00
应付债券	669849052.6	
长期应付款		
专项应付款		
预计负债	1492322768.63	1011188840.23
递延所得税负债	9483629.36	10097068.29
其他非流动负债	80221424.77	83734439.31

续表

项目	期末余额	年初余额
非流动负债合计	2251876875.36	1220020347.83
负债合计	28184535340.69	21445886593.58
所有者权益		
实收资本	2685127540.00	1339961770.00
资本公积	271275201.97	2446599946.79
减：库存股		
专项储备		
盈余公积	1667412210.58	1461577982.87
一般风险准备		
未分配利润	3695505793.52	2616475211.50
外币报表折算差额	18368162.90	8465630.78
归属于母公司所有者权益合计	8337688908.97	7873080541.94
少数股东权益	3201259833.85	2509801588.52
所有者权益合计	11538948742.82	10382882130.46
负债和所有者权益总计	39723484083.51	31828768724.04

资料来源：青岛海尔股份有限公司 2011 年年度报告。

在青岛海尔股份有限公司的合并报表中，包含了除母公司以外的 70 多家子公司。这些公司涵盖了生产、研发、销售以及投资、金融等领域。资产负债表显示了青岛海尔股份有限公司庞大的资产规模，拥有资产达到 397 亿元人民币。同时，公司仍处于高速扩张阶段，资产规模比上一年增加 25%。公司保持较高的资产流动性，资产流动比达到 79%；资产负债率为 71%，属于较高水平。由此可以判断出青岛海尔股份有限公司是一家战略比较激进的公司。

会计报表中的另一个重要组成部分是收益表（又称损益表），用来反映企业在一段时间内盈利的情况。如果说资产负债表刻画了企业财务状况的静态画面，那么收益表则提供了在一个会计期内导致资产、负债变化的具体成因，是一幅动态画面。收益表的主要构成是各项收益扣除各类费用支

上卷 交易行为

出之后的剩余，包含各类收入项，如营业类收入、投资类收入、其他类收入等；支出项包括工资支出、原材料支出、利息支出、水电费支出等。与资产负债表不同，收益表不是平衡表，而是一张加减表（见表2-2）。

表2-2 青岛海尔股份有限公司合并收益表

2011年1~12月 单位：人民币元

项目	本期金额	上期金额
一、营业总收入	73662501627.24	64694775664.95
其中：营业收入	73662501627.24	64694775664.95
利息收入		
已赚保费		
手续费及佣金收入		
二、营业总成本	70020458413.85	61764834343.97
其中：营业成本	56263081343.94	50112176255.49
利息支出		
手续费及佣金支出		
退保金		
赔付支出净额		
提取保险合同准备金净额		
保单红利支出		
分保费用		
营业税金及附加	331881010.10	166383761.93
销售费用	9099342578.93	7895006813.23
管理费用	4053202612.90	3510106556.85
财务费用	115380434.91	22478245.93
资产减值损失	157570433.07	58682710.54
加：公允价值变动收益		
投资收益	420764850.88	277227440.02
其中：对联营企业和合营企业的投资收益		

项目	本期金额	上期金额
汇兑收益		
三、营业利润	4062808064.27	3207168761.00
加：营业外收入	369722503.94	747925164.43
减：营业外支出	18988725.84	14566183.83
其中：非流动资产处置损失	4633281.56	4874354.58
四、利润总值	4413541842.37	3940527741.60
减：所得税费用	765879164.87	929405157.38
五、净利润	3647662677.50	3011122584.22
归属于母公司所有者净利润	2690022207.41	2239980565.53
少数股东所有者净利润	957640470.09	771142018.69
六、每股收益		
（一）基本每股收益	1.002	0.836
（二）稀释每股收益	0.997	0.834
七、其他综合收益	−3893627.44	−942023.93
八、综合收益总额	3643769050.06	3010180560.29
归属于母公司所有者的综合收益总额	2697359142.84	2239488695.28
归属于少数股东的综合收益总额	946409907.22	770691865.01

资料来源：青岛海尔股份有限公司 2011 年年度报告。

　　表 2 - 2 显示，2011 年的营业收入比上年增长 14%，达到 737 亿元人民币，净利润增长 20%。这表明，公司的快速扩张并没有损伤盈利能力。

　　会计报表的第三个组成部分是现金流量表（见表 2 - 3）。现金流量属于广义的财务状况变动表的一种，反映企业资金来源与运用的动态情况。现金的重要性对于企业经营而言是不言而喻的，现金是一切交易的基础，无论有多大规模的资产，如果缺少足够的现金，就要面临倒闭的风险。这也是现金流量表越来越被重视的重要原因。尽管现金流量表的概念和技术出现较早，但被普遍采用却比较晚。早在 1862 年的英国，第一张现金流量表就出现了。随后美国的企业也开始使用现金流量表技术。不过一开始的现金流量表主要用来记录银行存款、现金和邮票变动情况。20 世纪初期，企业根据各自的需要分别用于反映现金、流动资产、营运资金和某一期间全部财务活动的资金流量。在经历了漫长自发使用之后，美国会计原则委员会（APB）于 1963 年发表了第 3 号意见书，建议企业在编制资产负债表和损益表的同时，编制现金流量表，并规范了现金流量表的编制方法和内容。1973 年，美国注册会计师协会（AICPA）发表研究报告，指出现金流量表在投资人的比较、评估和预测企业未来现金流等方面具有重要价值；1978 年和 1984 年，美国财务会计准则委员会（FASB）曾两次发表了类似观点的报告，强调现金流量表的重要性。经过广泛的讨论和长时间的论证，财务会计准则委员会于 1987 年发布第 95 号财务会计准则公告，宣布现金流量表准则于 1988 年起开始生效。1991 年，英国也颁布了《财务报告准则第 1号——现金流量表》，并于 1996 年修订。1991 年 12 月，澳大利亚会计准则委员会颁布第 1026 号会计准则《现金流量表》。① 而日本一直到了 2000 年 3月才开始要求上市企业公布现金流量表。

　　对于现金流量的重视，源于金融创新的大量涌现和信用支付工具的增多所引起的企业利润与现金收入之间偏离日益显著的情况。企业盈利能力与现金支付能力的偏离导致了企业"盈利倒闭"的现象，这种现象在经济危机或金融危机的背景下，市场流动性突然改变时更为突出。

表 2 - 3　　　　　　　青岛海尔股份有限公司合并现金流量表

2011 年 1 ~ 12 月　　　　　　　单位：人民币元

项目	本期金额	上期金额
一、经营活动产生的现金流量		
销售商品、提供劳务服务收到的现金	59555333928.8	58627610002.32
客户存款和同业存放款项净增加额		
向中央银行借款净增加额		
向其他金融机构拆入资金净增加额		

---

① 中华人民共和国财政部：《企业会计准则 1999》，135 ~ 136 页，经济科学出版社，1999。

续表

项目	本期金额	上期金额
收到原保险合同保费取得的现金		
收到再保险业务现金净额		
保户储金及投资款净增加额		
处置交易性金融资产净增加额		
收取利息、手续费及佣金的现金		
收到的税费返还	299913410.8	275804911.65
收到其他与经营活动有关的现金	596914450.98	842037089.3
经营活动现金流小计	60452161790.58	59745452003.27
购买商品、接受劳务支出的现金	38448308626.36	40829439935.17
客户贷款及垫款净增加额		
存放中央银行和同业款项净增加额		
支付原保险合同赔付款项的现金		
支付利息、手续费及佣金的现金		
支付保单红利的现金		
支付给职工以及为职工支付的现金	5139022242.52	4231161285.78
支付的各项税费	3724147241.87	2777897883.72
支付其他与经营活动有关的现金	6934004878.89	5950254216.07
经营活动流出小计	54245482989.64	53788753320.74
经营活动产生的现金流净额	6206678800.94	5956698682.53
二、投资活动产生的现金流量		
收回投资收到的现金	50569001.30	2227473.59
取得投资收益收到的现金	4838563.54	262375666.91
处置固定资产、无形资产和其他长期投资资产收回的现金净额	3216409.76	6718479.41
处置子公司及其他营业单位收到的现金净额		1955800.00
收到其他与投资活动有关的现金		
投资活动现金流入小计	58623974.6	273277419.91
购建固定资产、无形资产和其他长期资产支付的现金	1584316438.51	1306884209.63

项目	本期金额	上期金额
投资支付的现金	2986335687.06	1998258805.19
质押贷款净增加额		
取得子公司及其他营业单位支付的现金净额		
支付其他与投资活动有关的现金		
投资活动现金流出小计	4570652125.57	3305143014.82
投资活动产生的现金流量净额	−4512028150.97	−3031865594.91
三、筹资活动产生的现金流量		
吸收投资收到的现金	177122230.69	204595242.69
其中：子公司吸收少数股东投资收到的现金		
取得借款收到的现金	2054332743.22	2205902056.00
发行债券收到的现金		
收到其他与筹资活动有关的现金		
筹资活动现金流入小计	2231454973.91	2410497298.69
偿还债务支付的现金	955036088.00	2060698559.00
分配股利、利润或偿付利息的现金	514846565.01	1253141339.47
其中：子公司支付少数股东的股利、利润		
支付其他与筹资活动有关的现金	6324276.46	
筹资活动现金流出小计	1476206929.47	3313839898.47
筹资活动产生的现金流量净额	755248044.44	−903342599.78
四、汇率变动对现金及现金等价物的影响	−66130227.26	−65101393.18
五、现金及现金等价物净增加额	2383768467.15	1956389094.66
加：期初现金及现金等价物余额	9976499811.13	8020110716.47
六、期末现金及现金等价物余额	12360268278.28	9976499811.13

资料来源：青岛海尔股份有限公司 2011 年年度报告。

表 2−3 显示，公司的现金流与上年相比有所改善，现金和现金等价物余额比上年同期增长 24%。与上年相比，偿债压力减少，仅偿还债务就少了近 11 亿元人民币；派发股息及偿付债务利息减少近 8 亿元人民币。这两项为现金流增长的贡献度接近 80%。

通过三张会计报表，可以获得经济主体的基本交易信息，并对交易者的偿付能力、盈利能力、资产负债结构有一个清晰的了解。在三张基本会计报表中，资产负债表发挥着基础性的作用。如果能够获取所有时点上的资产负债表，并且资产负债表的科目足够细致的话，收益情况和现金流量变动的基本信息可以直接由资产负债表的变动信息派生出来。在没有股东分红的情况下，所有者权益的变动就是收益带来的结果。同样，从资产负债表中的货币资产变动信息以及负债变动信息中可以推算现金流量的情况。

尽管会计是企业经营核算、业务管理的有效手段，但却不能直接拿来用作经济分析的工具。第一，会计核算主要以企业经营为主要描述对象，而作为经济分析工具，还必须包括家庭及其各种活动。第二，会计核算的标准是客观、精确、可比；经济分析工具则需要具有解释主体动机的能力。

第二节　会计矩阵概念

借鉴会计学中对会计主体的描述方法，引入会计矩阵。与资产负债表相似，会计矩阵是由主体各种资产排成的资产向量和各种负债排成的负债向量构成的一个矩阵，主要用于反映主体在交易网络中资产和负债的总体情况。与资产负债表不同的地方是，会计矩阵不再遵守左右平衡的原则，也没有所有者权益的科目。

一、会计矩阵

在一个经济中，交易主体的经济状况是多样化的，所对应的会计矩阵也是千差万别的。要规定一种适用于所有情况的会计矩阵形式实际上是不可能的。会计矩阵具体设置多少项，每项的具体定义如何，都可以根据具体研究的内容确定。

用 K 表示会计矩阵，一般形式可以表示为

$$K = \begin{pmatrix} a_1 & l_1 \\ a_2 & l_2 \\ \vdots & \vdots \\ a_n & l_n \end{pmatrix}$$

其中，a_i 和 l_i 分别代表资产项和负债项，$a_i \geq 0$，$l_i \leq 0$。

为了运算的方便，我们约定会计矩阵的资产各项均取正值；负债各项均取负值。由 n 行组成的会计矩阵，称为 n 阶会计矩阵，也可以简称 n 阶矩阵。在实际研究中，如果资产向量比负债向量长，在负债向量中，用 0 填补，以保证矩阵的完整性。

以青岛海尔股份有限公司的情况为例，根据该公司的资产负债表，得到 2011 年 12 月 31 日的会计矩阵：

货币资金	12888270252.98	短期借款	−1143766000.00
应收票据	7939389122.39	应付票据	−6829723541.55
应收账款	3081828050.72	应付账款	−10090494599.78
预付账款	1075227290.22	预收款项	−2210145368.45
应收利息	72517490.96	应付职工薪酬	−1023319058.17
应收股利	3274215.51	应缴税费	−667630951.28
其他应收款	256469777.45	应付利息	−8803031.87
存货	5969111117.43	应付股利	−576509357.63
其他流动资产	47911863.07	其他应付款	−3357266556.60
可供出售金融资产	9297639.72	一年内到期的非流动负债	−25000000.00
长期股权投资	1700888490.75	长期应付债券	−669849052.60
投资性房地产	64949188.37	预计负债	−1492322768.63
固定资产	4536601196.26	递延所得税负债	−9483629.36
在建工程	944671593.56	其他非流动负债	−80221424.77
无形资产	532311421.95		0
长期待摊费用	11640106.64		0
递延所得税资产	589125265.53		0

会计矩阵的行数越多，资产和负债向量内的划分就越细致，会计矩阵所反映的信息量也就越大。在上面的会计矩阵中，存货项可以按照商品种类列出；可供出售的金融资产也可以按照金融产品列示。但是，会计矩阵越大，相关的计算量也就越多，对于相关问题的处理也就越复杂。相反，如果标准会计矩阵的行数越少，资产向量和负债向量的分类也就越粗，每一项内部的差异也就越大。同时，会计矩阵也就越简洁，对一些情况的处理也就越方便。

对于企业来讲，比较容易理解资产负债的概念，资产和负债是会计核算的基本概念。但是，对于家庭来讲，人们很少使用资产和负债的概念，一般总是使用财富、消费水平等概念。之所以很少采用资产负债概念，是由于家庭的许多资产，像家电和家具等，在使用一段时间后，很难找到买家，几乎没有市场流动性，也就很难确定其市场价值。此外，家庭持有资产的主要目的是使用，而不是增值或保值，这与企业资产存在本质的区别。但是，我们仍然能够在企业与家庭的资产之间找到共同点，那就是持有者对特定价值的处置权利。无论持有的目的是什么，资产在家庭或企业持有者手中，都表明持有者在占有资产带来的收益、服务以及处置方面的权利。

在会计核算中，会计核算具有一定的时间周期，一年或者一季，对经营活动进行一次核算，编制一次财务报表，这个时间长度称为会计周期。无论从技术层面上，还是管理需求层面上，会计核算都不能每天进行，更不能每时每刻进行。而会计矩阵作为交易主体经济状态的描述，理论上认为时刻都处于动态变化之中。每一次交易、物价的改变，都能够引起会计矩阵的相应变化。从这个意义上讲，会计矩阵是时间的函数，每一个时间点上，交易主体都有一个会计矩阵相对应。

会计矩阵提供了对一切经济主体普适的描述方法，其主要意义已不再是会计核算，而是为经济行为提供一种规范的描述。一方面，会计矩阵能够全面描述交易主体的经济状况；另一方面，会计矩阵为交易概念的量化表述提供了基础，成为整个交易经济学的逻辑起点。

作为一种经济理论的分析工具，会计矩阵随着时间的推移而连续变化，不间断跟踪反映交易主体经济状况的特点，这就增强了会计矩阵的信息量。会计矩阵的动态变化，来自交易主体各类交易的收益和支出，会计矩阵中包含了交易主体的收益信息。此外，会计矩阵还包含现金流的信息。这样，尽管会计矩阵不能等同于会计报表，不能作为交易主体核算交易成果的手段，但会计矩阵中却包含了交易主体资产、收益、现金流等基本信息，能够综合地描述交易主体的经济状况，为交易决策提供支持。

二、会计矩阵举例

首先看企业的会计矩阵。由于企业经营的业务以及规模、结构等方面千差万别，会计矩阵的内容也很难统一。这里仅举几个例子，以建立对企业会计矩阵的直观认识。

下面是一家运输服务企业的会计矩阵，计价单位为万元：

$$\begin{pmatrix} 现金 & 50 & 应付账款 & -60 \\ 应收账款 & 30 & 银行贷款 & -100 \\ 运输设备 & 500 & 预付款项 & -20 \\ 办公设备 & 50 & & 0 \end{pmatrix}$$

下面是一家生产型公司的会计矩阵，计价单位为万元：

$$\begin{pmatrix} 现金 & 185 & 应付账款 & -28 \\ 应收账款 & 65 & 应付税款 & -36 \\ 库存 & 300 & 银行贷款 & -100 \\ 固定资产 & 800 & 长期债券 & -120 \end{pmatrix}$$

比较上述两个企业的会计矩阵可以看出，第一个企业在规模上小于第二个企业。第一个企业的总资产规模是 630 万元；第二个企业的总资产规模是 1350 万元，是第一个企业的两倍多。同时，两个企业的资产结构的差别也能够从会计矩阵中反映出来，第一个企业的主要资产是设备；第二个企业的主要资产是固定资产。负债方面，第一个企业的主要负债来自银行贷款；第二个企业的主要负债来自企业债券。

再看另一个例子，单位仍为万元：

$$
\begin{pmatrix}
现金 & 130 & 银行贷款 & -430\\
库存 & 100 & 内部集资 & -30\\
原材料 & 29 & 企业债券 & -60\\
预付货款 & 35 & 应付股息 & -600\\
无形资产 & 300 & 应付税款 & -53\\
固定资产及设备 & 1200 & 应付工资 & -58\\
应收股息 & 500 & 应付养老金 & -23
\end{pmatrix}
$$

上述会计矩阵反映出企业持有股权投资，同时存在应收股息和应付股息两项。企业具有较强的利润创造能力，应付股息 600 万元，表明企业的现金流充沛，在股东分红以后，仍然能够保留一部分现金资产。

与企业相比，家庭会计矩阵相对简单一些。当然，同样可以根据需要，对各项进行拆分，得到细致的家庭会计矩阵。下面是一个较为粗略的家庭会计矩阵，计价单位为万元：

$$
\begin{pmatrix}
现金 & 2 & 房屋按揭贷款 & -80\\
金融资产 & 15 & 分期付款余额 & -20\\
不动产及耐用品资产 & 260 & 应付账单 & -0.05\\
人力资本 & 500 & & 0
\end{pmatrix}
$$

另一个家庭的会计矩阵，计价单位为万元：

$$
\begin{pmatrix}
现金 & 5.5 & 按揭贷款 & -100 \\
银行存款 & 32 & 信用卡贷款 & -1.2 \\
投资基金 & 60 & 应付账单 & -0.3 \\
养老保险 & 35 & & 0 \\
家庭耐用品 & 52 & & 0 \\
房地产及汽车 & 380 & & 0 \\
人力资本 & 1500 & & 0
\end{pmatrix}
$$

对比两个家庭的会计矩阵可以看出，第二个家庭拥有更多的人力资本财富，这表明第二个家庭具有更大的财富创造潜力。

下面是一个持有资本投资的家庭的会计矩阵，计价单位为万元：

$$
\begin{pmatrix}
现金 & 2.5 & 按揭贷款 & -100 \\
银行存款 & 15 & 信用卡贷款 & -5 \\
债券 & 20 & 应付利息 & -8.4 \\
股票资产 & 100 & & 0 \\
易耗资产 & 7.2 & & 0 \\
固定资产 & 800 & & 0 \\
应收利息 & 2.1 & & 0 \\
应收股息 & 10 & & 0 \\
人力资本 & 1000 & & 0
\end{pmatrix}
$$

与前面两个家庭相比，这个家庭的金融资产要多于前面两个。这个家庭进行金融交易所产生的现金流也要大于前面的家庭。各种金融产品带来的正向现金流抵销支出现金流后仍然能够保留3.7万元的净现金流入。与前面家庭相比，这个家庭的固定资产规模也比较大，是一个资产结构多元化的家庭。

第三节　会计矩阵处理

将会计矩阵运用到复杂多样的现实问题中，还需要对会计矩阵各项的定值进行约定。应当说明的是，会计矩阵不是要解决实际交易中的核算问题，而是为交易提供一个理论分析工具。对会计矩阵的各项处理，一些可以参考会计核算的规定，另一些则是基于理论的可行性和逻辑的一致性需要，进行独立约定。

一、定价的基本原则

在会计学上，资产负债表的记值方法有多种不同的选择，成本法、现价法、公允法等都被广泛地采用。为了便于理论处理，会计矩阵统一采用"合理价值法"。一项资产的价值，可以根据交易主体所掌握的信息所形成的理解，等同于在市场上以公平交易条件所能实现的价值。现实中，市场的多层级结构保证了经济系统运行在资金利用、信息传递、专业分工、市场营销等各个环节处于高效率的状态。汽车市场、家电市场、家具市场、股票市场、债券市场等，都有一级市场、二级市场之分，有些甚至有三级、四级市场。同样的商品，在不同层级市场上的价格以及交易成本大不相同。以汽车市场为例，同样是新车，在二级市场上的价格要大大低于一级市场；而在股票市场上，一只股票在二级市场上的价格通常要比一级市场高出许多。根据交易者的资质、资产的不同状况（新、旧），资产交易规模（零售、批发）等众多因素，可以选择不同层级的市场。对于会计矩阵，需要根据具体情况，确定资产的合理价值。

合理价值是一个随时间不断变化的量。主要有两个因素导致这种变化。一种是价格因素。市场价格总是处于不断变动之中，价格的变动直接导致资产价值量的变化。另一种是折旧因素。对于耐用资产，包括动产和不动产，有一定的生命周期，价值随着时间的延展不断地折损。不管资产是否处于使用状态，即使闲置的资产，同样也存在折旧问题。

在多层级结构的市场上，不同状态的资产大都可以找到相对应的市场进行交易，就是专属性最强的生产设备，如果无法在二级市场上找到买家，还是可以作为废品出售的。每一项资产，都能用对应市场的交易价值表达出来。这是会计矩阵采用"合理价值法"的现实基础。采用"合理价值法"，保证了会计矩阵在记值方面的最大便利性。

需要说明的是，会计矩阵具有主观与客观的双重性质。一方面，会计矩阵反映了交易主体的真实财务状况，会计矩阵的各项具有真实存在性；另一方面，会计矩阵也包含了交易主体在参与交易过程中的心理感知特征。会计矩阵的双重性质恰好对应着会计矩阵的两个功能：一是客观描述的功能；二是为决策提供度量的功能。会计矩阵各项资产所谓的"合理价格"是交易者根据所掌握的市场信息确定的，具有一定的主观性，但也不完全是主观臆造，而是根据掌握的市场行情确定的。在这个世界上，就经济活动而言，没有一个人愿在主观上自我欺骗，除非精神分裂病人。与此同时，由于每个人受到有限信息的制约，"合理定价"在不同的交易者之间会有所差异。在每次交易前，主体都会根据自己的经验和了解的信息，形成对交易的"合理价格"预期。当实际价格低于"合理价格"时，买方就会认为在这次交易中自己得到更多；同样，如果"合理价格"低于实际交易价格，卖方就会认为自己赚到便宜。生活在物价水平较高地方的人到了物价水平低的地方，就会增加消费量和购物量，这是由于生活在物价水平高的地方，形成了较高的"合理价格"，到了物价水平低的地方，就会认为买得越多，便宜越多。

应当指出，交易双方的期望价差收益并非总是零和的，因为交易双方的信息集不同，完全可能形成差距很大的"合理价格"。在这种情况下，卖方获得的期望价差收益并不一定是买方的期望价差损失。这就形成了与常识相悖的现象，交易中可能出现交易双方都认为自己赚了很多的情况，关键就是双方的"合理价格"分别来自各自的信息集，信息集的差别会形成互不相同的"合理价格"。

交易主体的"合理价格"总是在现实中不断地被修正、调整。从这一点上讲，尽管"合理价格"总是具有一定的主观性，却仍然限制在客观的范围内。对于具有明确市场价值的资产，"合理价格"与"市场价格"之间不会存在系统性偏离。只有对于缺少明确市场价值信息并带有很强个体特色的资产，如人力资本、无形资产等，"合理价格"才会具有更多的主观特点。而这些受主观因素影响较大的资产，当交易主体的状态发生变化的时候，估值就会随之改变。在交易主体处于激进状态时，对人力资本、无形资产的估值倾向于高估；相反，在交易主体处于保守状态时，估值倾向于低估。估值方面的这些变化在整个经济系统的动态演化中发挥着重要作用。

二、人力资本核算

人力资本是企业和家庭资产中的重要内容，是与物量资本相对应的资本。人力资本概念最早可以追溯到亚当·斯密，他将全体国民后天获取的有用能力当作资本的一部分，认为决定一个国家财富的根本原因是"该国国民掌握的劳动技能及其熟练程度和他们所具备的思维判断力"①，但这一观点在随后引起了长期争论，反对一方的意见带有更多的伦理色彩，认为作为财富的主人，如果将人自身也当作财富看待，是对人自身尊贵地位的贬低。持这种观点的主要代表有约翰·S. 穆勒。人力资本再次引起学术界的关注是在第二次世界大战以后，经济学家认为经济要从巨大战争的破坏中恢复过来需要很长时间，后来的实际情况表明这种悲观的估计是错误的。

---

① ［英］亚当·斯密：《国富论》，27页，人民日报出版社，2009。

导致判断与实际情况相去甚远的关键在于对人力资本的忽视。[①] 这些经济学家中包括西奥多·W. 舒尔茨、西蒙·库兹涅茨等。

从现实情况看，人力资本无论对一个国家，还是对一个企业、一个家庭，都是决定经济竞争力的关键，理当作为经济分析的重要因素和变量。在以往的理论中，没有给予人力资本应有的重视，其原因有两个方面：一是人力资本的核算十分困难，既缺少明确边界，也缺少相关的统计数据。二是人力资本属于相对稳定的变量，无论是一个国家，还是一个机构，人力资本状况的改变需要花费相当长的时间。这也正是"十年树木，百年树人"所表达的意思。在分析经济短期波动时，作为长期变量的人力资本，通常可以作为一个不变常量在分析框架中隐去。

尽管有这样的困难，如果忽视了人力资本在家庭、企业各种经济活动中的作用，就无法解释它们的很多决策行为，包括家庭的教育投资和企业的培训投入；也无法解释家庭对不同代际间投入的态度。

将人力资本引入会计矩阵中，不仅弥补了原有经济理论的不足，同时也完备了家庭的会计矩阵。在交易经济学中，人力资本作为家庭的一种资产，是创造收入的一种潜在储备。这与舒尔茨提出的人力资本投资概念有一定的差别。舒尔茨的人力资本是一个宏观概念，是针对一个经济体而言的资产，是作为生产效率的基础。在交易经济学中，人力资本作为一个微观概念，对于家庭而言，更多地关注其成员为家庭带来财富的潜力。

一个家庭，除了房产和各种金融资产外，家庭成员本身是最为重要的资产。一个家庭之所以比另一个家庭富有，常常是由于富有家庭的成员具有更高的教育素质、更加健康的身体和良好的心智。对一个家庭来讲，人力资本被定义为成员创造财富的潜力。

每个家庭的人力资本核算有很大的个性差异。总的来讲，富有家庭的人力资本有较高的估值；相反，贫穷家庭的人力资本估值较低。此外，在

---

① ［美］西奥多·W. 舒尔茨：《论人力资本投资》，3～8 页，北京经济学院出版社，1990。

不同家庭之间，人力资本的结构也会有很大差别。这是家庭间不同消费倾向的根源。一些家庭可能偏好旅游，而另一些家庭则偏好教育，或者两项兼备。家庭的人力资本估值特征是决定家庭交易的重要因素。

对一个家庭而言，人力资本体现为健康的体魄、正常的心智和一定的劳动技能三个部分。家庭的各种消费，包括食品消费、保健消费、休闲消费以及教育消费等，都被视作维持人力资本的投入。一个家庭消费量的大小，是影响人力资本的重要因素。人力资本最终价值的体现是通过各种劳动为家庭创造收入的能力，反映了未来可能实现的价值量的大小，是一种预期价值。这种预期价值随着家庭成员每一次与雇主之间的劳动力交易价格的变化而调整。当然，人力资本还会随着成员的身体健康状况进行调整。劳动收入是人力资本与现金资产之间的转换。

人力资本实际上是一种残值。出生和死亡界定了人的生命长度。每一个社会都有相对稳定的寿命预期。一方面，在收入水平不变的情况下，随着人们年龄的增长，人力资本存量随之减少。年龄越大，人力资本残值就越小。另一方面，人力资本随着教育、技能培训的投入而增加。因此，人力资本并不总是时间的递减函数。

在一个家庭中，人力资本量是各个家庭成员的加总。孩子虽然没有创造收入的能力，但对孩子的教育投入仍然被看作是人力资本的增加，这是由于家庭作为一个整体，对于孩子的教育投入可以视为未来人力资本的增加。

在会计矩阵中，人力资本具有较大的弹性。首先，人力资本项的变动与工资收入的变动并不形成严格的对应关系。如果一个人在工作之余继续学习，进行智力投资，人力资本会随之增加，但并不能保证收入立即增加。进一步的学习只能说增加了收入机会。其次，一个家庭收入水平的变化不仅取决于家庭成员自身能力的储备，还取决于宏观经济的大环境。经济周期的变化，经济危机或金融危机的发生等，都会影响众多家庭的收入水平。

从这些方面看，家庭会计矩阵中的人力资本项具有一定的虚拟性，并不具有会计学上的严格核算意义。

消费作为维持人力资本的基本手段，自然应当计入人力资本。消费可以分为两类：一类是耐用品的消费，像家电、家具、汽车等，这类消费品进入到家庭资产中，按照市场价格计算其残值，仅折旧部分计入人力资本。另一类则是消耗品的消费，如食品消费、医疗保健消费、休闲娱乐消费等，这类消费被看作是维持身心健康的必备需求，是一种人力资本投资，等值计入人力资本中。

对于企业而言，人力资本同样是重要的软资产。像家庭一样，每一个企业都会对人力资本投资，员工培训以及对于员工薪酬之外的各种福利投入，都是企业对人力资本投资的常用手段。在这方面，不同企业对于人力资本的重视程度有所差异，对于人力资本的价值估计也不同，从而对人力资本的投入也不一样。

三、无形资产

对于一个企业，无形资产是企业实力的重要构成部分，是企业为生产商品、提供劳务、出租给他人或为管理目的而持有的、没有实物形态的非货币性长期资产，包括商誉、专利权、非专利但具有专属性技术、商标权、著作权、特许权以及土地使用权等。[①] 为了提高商誉，企业会投入大量资金做广告，投入资金用于技术研发。这些交易的结果，都是企业无形资产增值的来源。

企业的无形资产比较容易理解，会计学已经形成了一套成熟的方法，包括甄别和核算。但对于家庭而言，很少使用无形资产的概念。但事实上，家庭同样具有无形资产。每一个家庭都有不同的社会地位，在街坊四邻和亲戚朋友中的口碑、信誉、受信赖程度等，对于家庭的成员而言是十分重

---

① 财政部会计司：《企业会计制度讲解》，143 页，中国财政经济出版社，2001。

要的财富。像企业一样，家庭也对无形资产进行投资，一些看似完全出于虚荣心的消费，实际上是家庭对无形资产投资的一种形式。比如，一个家庭购买了实际用途并不很大的汽车，仅仅从汽车带来的直接好处和需要为汽车支付的各种成本来看，购买汽车可能并不合算，但在左邻右舍眼中显得有面子，邻居认为这家比较富有，这就是购买汽车为家庭带来的无形资产增值。

家庭对于其无形资产的评估有很大的主观性。有些家庭将街坊间的声誉看得十分重要，会花很多时间和精力与街坊相处，给邻里提供各种各样的帮助。而另一些家庭对声誉的投入可能就会少一些，更加专注于自家的事情。这些都是不同的策略。

无形资产的一种体现形式是相对价值。相对价值与绝对价值相对应。一项交易的绝对价值包括实现的货币收益或消费过程中带来的便利和享受等；相对价值是指消费过程中所带来的优越感，这种优越感使他（她）能够在所处的社会网络中得到广泛的羡慕和尊重。优越感越强，相对价值就越大。绝对价值来自商品与消费者的对应关系；相对价值则来自商品、消费者以及社会网络三者间的关系。

由于相对价值的存在，人们愿意为先进技术产品或者具有较大稀缺性的商品支付很高的价格。即使商品的稀缺性是短暂的，可能随着技术的普及，市场价值会迅速降低，人们仍然会为时效短暂的相对价值支付金钱。

相对价值也是稀缺性价值的一部分，商品越是稀缺，所产生的相对价值就越大。相对价值与稀缺性之间具有非线性关系，随着稀缺性的降低，相对价值会以更快的速度下降。如果用公式表示，用 Vr 代表相对价值，X 代表稀缺程度，两者具有以下关系：

$$Vr = \beta X^{\alpha} \quad \alpha \geqslant 1$$

其中，α 代表价值增长指数，α 越大，表明相对于稀缺性的价值增长速度越高；β 代表家庭的价值偏好，取值越大，表明越重视社会网络的反映，越爱慕虚荣。$\beta > 1$；$0 < X < +\infty$。

相对价值与其他资产具有相同的时间性，随时间而变化。一种消费在一段时间内能够带来相对价值，但随着时间的推移，相对价值很快就会消失。

无形资产与其他资产的不同点在于，无形资产不能通过直接出售换取收益，而是在交易中发挥间接促进其他交易进行的作用。对于企业，无形资产在增强市场竞争力、获取优惠融资机会方面发挥重要作用；对于家庭，无形资产为家庭成员参与众多市场的竞争，包括劳务市场、婚姻市场等提供了十分有力的支持。

四、资本溢价

对于上市的企业，企业的价值可以从股票的总市值中得到反映。股票价格时时处于波动之中，股票价格的高低是市场对企业经营业绩的一种评价。追求股票价格上涨或者维持一个相对高位，是所有上市企业经营的重要目标之一，与经营者的个人奖惩和收益或直接或间接挂钩，对于企业，尤其是上市公司的决策行为有着重大影响。但是，在会计核算中，资本溢价没有得到反映。为了反映这种情况，在会计矩阵的资产方引入资本溢价一项。资本溢价的计算方法是当前市值与净资产值之差。市值超过净资产的部分，称为资本溢价。一般情况下，资本溢价总是保持正值，但企业出现严重的问题或者市场出现危机的时候，资本溢价会出现负值。

对于非上市企业，资本溢价可以采用在并购市场上的公允价值与企业净资产之差。行业的发展前景以及企业的经营管理状况、无形资产的大小等，是决定其资本溢价的重要因素。

对于家庭，由于不涉及这方面的问题，这时资本溢价一项取值为0。

资本溢价是高动态资产项。对于上市企业，每天甚至每时每刻都处在变化之中，但并不是资本溢价的任何改变都能对企业的经营决策产生影响。

对于决策者，每天的小幅变化只是作为一种市场白噪声，没有实质性的意义。只有趋势性的价值改变，才能对企业的决策产生作用。反过来，企业在决策中，也主要考虑对企业资本溢价的趋势性影响。

五、决策偏离

作为一个组织，交易主体是由一群人按照某种结构组成的一个集体，无论家庭还是企业都是这样。决策只能通过少数人代理实现。这就存在代理人决策过程中的寻租现象，就会出现主体利益与决策者利益偏离的问题。对于现代社会的主流家庭模式——核心家庭——不存在决策寻租的现象。但对于企业，无论是何种体制的企业，都或多或少地存在决策偏离问题。在利益偏离不严重的情况下，对于交易决策的影响可以忽略不计。但在有些情况下，利益偏离十分严重，对于企业交易决策的影响已经到了不容忽视的地步，否则就无法理解这些企业的决策行为。

事实上，对于现代企业制度下的职业经理人的寻租行为早在公司制出现时就已经引起人们的关注。亚当·斯密对于股份公司的职业经理人曾经这样评价："在资本和管理上，合伙公司的成员完全为自己打算，而股份公司的董事却在为他人尽力。因此，对公司资本用途的监督，后者不会像前者那样卖力，疏忽和浪费就在所难免。"在谈到南海公司的失败成因时，亚当·斯密指出："该公司营业的失败，恐怕多半要源于代理店及代理人的浪费和掠夺，他们在一年时间内就获得了巨额财富，但却把失败归罪于西班牙政府的强夺和压迫。"[①] 对于公司制度中存在的代理人寻租现象，约翰·斯图亚特·穆勒也有类似的评论："股份公司的管理机构主要由雇员组成……他们通常一面从事管理，一面进行很多其他与个人利益更加息息相关的活动；除去雇用的经理，没有人把公司的经营管理当作主要关心的事物。但是，如经验所展示的和表达日常经验的俗话所说，雇员的经营管理

---

① ［英］亚当·斯密：《国富论》，397～399页，人民日报出版社，2009。

远逊于利益切身的个体经营，假如不得不雇人管理，那'主子的眼睛'一定要瞪大。"① 两位理论大师对所有权与控制权分离的公司体制的担心是有根据的，伯里（Berle）和米恩斯（Means）在1932年出版的《现代公司与私有产权》一书中列举了大量的例证显示，职业经理人总是有滥用行动自由的倾向，并由此预言了公司体制主导下的美国经济大危机的降临。②

为了反映利益偏离现象，在会计矩阵中引入决策偏离项。企业家在交易决策中的利益偏离行为是由两个方面决定的，首先是利益偏离给决策者带来的寻租价值大小。寻租价值越大，对决策者的诱惑就越大。在这种情况下，尽管外部监督很严格，但仍会有一些企业家冒着被发现的风险做出有损企业的决策。其次，监督和惩罚的严厉程度。监督包括企业内部监督以及外部监督两部分。内部监督主要是董事会、监事会等，外部监督主要有外部审计、市场反应以及媒体监督等。监督越严厉，企业家出现道德风险的概率就越低；同样，惩罚越严重，企业家决策过程中寻租现象就越少。当然，从根本上讲，导致企业家寻租的深层原因在于自身利益与企业利益重合度的高低。归根到底是激励机制的问题。合理的激励机制增加了企业家与企业之间的利益一致性。对于一些国有企业，由于激励机制不科学，加上缺乏有效监督，常常成为企业家寻租的重灾区。

决策偏离在通常情况下取零值，只有在决策时才会被赋值，决策过后，决策偏离值再次归零。这个特点是由决策偏离的价值归属决定的。决策中，偏离项表现在企业的会计矩阵中，只是暂时的寄存；决策过后，这部分收益就转移到决策者自己的账户上。决策偏离项的取值大小具有很大的主观性。即使同样的环境，不同的企业家的判断也有所不同，这反映了个体认知方面的差异。

在企业同等收益结果下，决策者会采用偏离项较大的交易方案。企业

---

① ［美］丹尼尔·豪斯曼：《经济学的哲学》，上海人民出版社，2007。
② ［美］丹尼尔·豪斯曼：《经济学的哲学》，上海人民出版社，2007。

在激励机制方面的差异决定决策者与企业的利益结合度也不尽相同。因此，交易寻租动机的大小也不一样。理想的状态是偏离项始终保持为零。在企业的会计矩阵中，交易偏离项越大，企业的实际损失就越高，就越不利于企业的发展。但事实上，现实中很难做到决策者完全拒绝寻租交易的诱惑。能够做到企业与个人利益的兼顾已经是较好的企业家品格了。

有了偏离项，就能够理解一些企业的交易行为，尤其是国有企业的交易行为。这些企业与纯粹的私人企业相比，更热衷于搞投资，扩充企业资产规模。

六、收益派发

企业利润的股东分派是企业法人的义务，也是股东出资建立企业的基本目的。在很多情况下，也是衡量企业经营者业绩的重要指标。但是，利润分派对于会计矩阵有很大影响，导致现金资产减少，影响到会计矩阵作为交易结果描述的一致性。为了消除非交易性安排对会计矩阵的影响，在会计矩阵资产向量中增加一项，即收益派发。企业每次向股东派发的红利计入到收益派发中。收益派发就像企业的历史档案，记录了企业对股东的全部回报。增补了收益派发项后，会计矩阵不再出现派发前后净资产的减少，变化仅出现在货币资金项与收益派发项之间的等量增减。

对于非股份制企业，同样存在类似于分红的情况，只是程序不同而已。处理方法与股份公司相同，将红利分配累计计入收益分派项。

对于家庭交易主体而言，不存在企业的分红情况，这一项保持为零。

第四节 会计矩阵指标

在会计矩阵基础上，可以计算出若干基于会计矩阵的财务指标，用于反映交易主体的财务状况，也用于描述会计矩阵的特征。

通过会计矩阵，可以计算出对应的净资产大小。净资产等于总资产与总负债的差额，总资产多出总负债的部分，称为净资产。净资产衡量交易主体所拥有财富的多少，是交易主体追逐的主要目标。无论是通过增加负债来扩大资产规模，还是调整资产的流动性结构，还是增加资产的多样性，归根到底，都可以看作是交易主体实现财富最大化目标的手段。净资产是交易的最终目标，实现目标的手段可以多样化。企业和家庭都会根据自身的财务状况，根据对市场趋势的预期，选择自己认为最恰当的手段，以达到实现财富最大化的目标。

作为动态反映企业经济活动结果的会计矩阵，净资产动态地反映了主体经济活动的成果——利润。在这一点上，会计矩阵与资产负债表不同。资产负债表中的净资产虽然受到企业经营利润的影响，但并不等于企业利润。净资产的变动还要受到利润分配的影响。在会计矩阵中，派发红利并不影响净资产的大小。每次交易完成后的净资产变化，反映了交易所带来的"收益"成果。实现预期收益的最大化是交易主体追求的目标。由于会计矩阵所包含的内容远远超过资产负债的范围，这就表明，交易主体的目标具有多元化特点。

会计矩阵的流动性指标也是重要指标。流动性对于企业经营的重要性是不言而喻的。对于家庭，保持一定规模的流动性，即持有一定数量的货币资产是维持家庭正常开支的基本条件。

会计分析中提供了许多对流动性状况的分析指标，可以借鉴到会计矩阵的分析中，包括流动率、现金率等指标。其中，流动率是指流动性资产与流动性负债之比；现金率则是现金加上可交易性证券与流动性负债之比。[①] 流动性指标还有很多。

资产规模是会计矩阵的另一个重要指标。在资产负债结构相同的条件

---

① ［美］杰拉尔德·I. 怀特、阿什温保罗·C. 桑迪海、德夫·弗里德：《财务报表分析与运用》，第三版，124~130 页，中信出版社，2003。

下，拥有资产规模较大的企业在市场上具有更高的信用水平，在市场竞争中处于比较有利的地位。家庭的情况也是一样，资产作为控制和使用资源的权力，资产规模大的家庭，无疑更为富有，生活质量也更高。

在企业发展中，范围经济十分重要，也是企业抵御市场风险，增加企业竞争力的重要途径。体现在会计矩阵上，企业经营范围越广，资产多样性就越突出。同时在多个行业经营的企业，其资产多样性要大于仅仅在一个行业经营的企业。家庭的情况也是一样，资产多样性意味着较高的生活质量；对于企业，资产多样性意味着较高的生产能力以及抵御风险的能力[①]。资产多样性的直观体现是资产向量的项数，在分项标准相同的前提下，项数越多，资产多样性就越大。

上述四类变量之间是一个相互关联、相互作用的关系。比如，增加流动性固然能够提高捕捉商机的能力，降低支付风险，但持有过量的货币资金必然以牺牲收益为代价。同样，在一定的资产规模下，过度强调资产多样性就会限制规模效应。如果一个企业只生产一种产品，能够在市场上获得比较有利的竞争地位；如果同时生产三种产品，在每一个市场上却很难占据有利地位，多样性就不能为企业带来效益。对于一个家庭来讲，超过一定限度的资产多样性同样不能带来应有的效益。比如将有限的财富进行分散化投资，虽然理论上讲具有分散风险的作用，但同时也限制了获得更大收益的可能性。

无论是企业还是家庭，由于各自面临的问题和各自所处的生命周期阶段不同，在目标选择方面会有所不同。对于一些企业，盈利可能是首要目标；而另一些企业可能把规模和范围扩张作为一段时期的主要任务；还有一些企业面临着流动性困难，回收资金、增加流动性可能成为十分急迫的任务。家庭的情况同样是多样化的。一些处于生命周期起始阶段的家庭，

---

① 对比两个矩阵的资产多样性，需要在统一的资产分类标准下，看哪一个矩阵的资产项目更多，而对资产项的具体内容不做要求。否则，就无法实施两个矩阵的对比。

处于家庭积累阶段，投资欲望强烈；相反，对于老年家庭，通过投资获得高额回报的愿望不再强烈，而保持生活水平，维持平稳支出能力成为主要的家庭目标。

会计矩阵让家庭的行为目标多样化成为可能。在保持负债方规模不变的前提下，通过增加资产方任何一项的规模，都可以实现净资产增值的效果。对于企业，偏离项的存在也为企业寻租行为提供了解释空间。

人类的任何行为目标都必须标定在时间维度上，对于会计矩阵，净资产必须受到财务可持续性的约束，即必须以可持续存在或生存为前提，对于决策者而言，时间维度的标定体现为交易估值时域的限定，即交易的收益估值所放置的时间区间。时间无处不在，时间性应当渗透到交易的每个环节。

财务可持续性是交易主体重要的财务管理概念，对于企业来讲尤其重要。所谓财务状况的可持续性是指这样的状态：在现有的资产负债结构（静态结构）以及财务动态指标关系（动态结构）不变的条件下，可以长久地维持下去，交易主体不需要采取特殊措施改变其结构。交易主体的一切追求，都必须建立在财务状况具备可持续性的前提条件上，否则，一切都无从谈起。相反，财务状况不可持续性是指交易主体尚没有破产或倒闭，但按照目前的情况持续发展，必然出现破产和倒闭的结果。财务状况的不可持续有多种表现：第一，流动性不足。根据交易流量的大小以及交易方向和支付方式的特点，每一个交易都有特定的支付周期和支付数额，支付周期是由每一个交易主体特定的现金流节奏规定的，家庭通常是由工资发放节奏确定支付周期，一周或者一个月不等；企业通常是由货款回笼周期规定的，两个月或者三个月不等。在支付周期内，交易者必须保有足以覆盖各种交易的货币数量，或是现金或是银行存款，或者十分接近于货币的流动资产，如各种债券、股票等。如果货币资产不足以覆盖支付周期内的需要，就认为是会计矩阵不可持续。第二，负现金流量。这种情况发生在交易主体的现金流状况持续出现入不敷出的时候。这种情况很快会导致货币资产的枯竭。对于偶尔出现的入不敷出现象，不作为会计矩阵不可持续的判断。事实上，几乎每一个交易主体，无论是企业还是家庭，在个别时间段上都会出现负现金流的情况。只要具有可逆性，不持续太长时间，就不会导致会计矩阵的持续性问题。

上述情况是会计矩阵持续性问题的直接表现，导致持续性问题的原因有很多，包括过度负债引起的偿付问题、或有负债转化为真实负债、信用风险导致资产损失、市场风险导致产品积压或者成本上涨等。即使交易者面临上述风险，也并不能直接判断为会计矩阵出现持续性问题，而是要等到真实发生以后，确实引发了持续性问题判据中的一个或多个同时出现，才可判断为会计矩阵出现持续性问题。会计矩阵的可持续性具有时间性。一个会计矩阵在时点 t_1 上具有可持续性，并不能保证在时点 t_2 上具有可持续性。会计矩阵的可持续性是一个高度动态化的特质。一旦交易主体的会计矩阵出现不可持续状态，就面临破产风险，会计矩阵的价值就会大打折扣，因此，交易主体总是极力避免这种情况发生。

第五节　会计空间

如果将会计矩阵理解为一组坐标，这些坐标就张成一个空间，类似于欧几里得空间，这个空间称为会计空间。显然，会计空间是一个多维空间。

一、会计空间的概念

对于一个 $n \times 2$ 的会计矩阵，可以对应到 $2n$ 维的空间上，这个点的坐标就是会计矩阵的 $2n$ 个矩阵项元素。每一个交易主体根据其会计矩阵，对应会计空间上的一个点，这个点叫作会计相点，如图 2－1 所示。

图 2－1 中，交易主体拥有 a_1 类资产价值为 a_{10}；拥有 a_2 类资产价值为

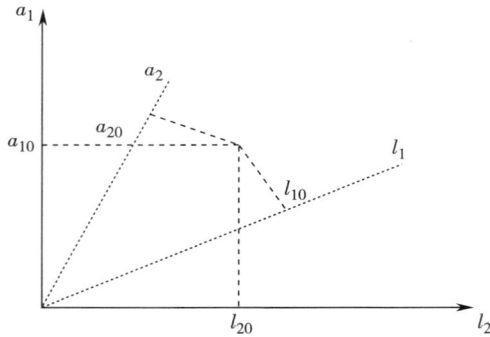

图 2-1　会计空间

a_{20}；l_1 类负债额为 l_{10}；l_2 类负债额为 l_{20}。交易引起会计矩阵相关项的改变，所对应的会计相点随之在会计空间上位移。不仅如此，会计矩阵的一切变化都会直观地通过会计相点的移动表现出来。比如，价格、利率的变化，都会通过会计矩阵表现在会计相点的轨迹上。

二、会计等值面

在会计空间上，资产净值相等的点组成一张曲面，这个曲面称为会计等值面。在二维空间上，等值面表现为一条曲线。同一个等值面上的点具有相同的资产净值，但可以有不同的资产、负债组合（见图 2-2）。

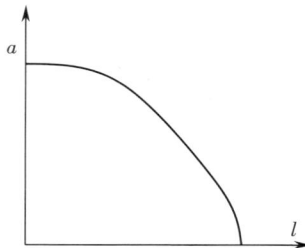

图 2-2　会计等值面

每一次交易，都会引起会计相点在会计空间上的运动。会计相点的运动可以分为两类：一类是等值面上的运动，这类运动改变资产、负债结构，但不增加资产净值；另一类是跨越会计曲面的运动，这类运动导致资产净值增减。

在稳定的价格结构下，经济系统存在一簇会计等值面。一旦商品价格发生变化，哪怕只有一种商品的价格发生变化，会计等值簇的稳定性就随之破坏，形成新的会计等值簇。在等值簇处于不断变化的情况下，经济中就会出现投机获益的机会，等值簇变动越频繁，投机获利的机会就越大。Kenneth Boulding 在他的《经济学的重建》(*A Reconstruction of Economics*)一书中，用货币和小麦两种资产的交易，给出了投机者如何获利的例子，如图 2-3 所示。

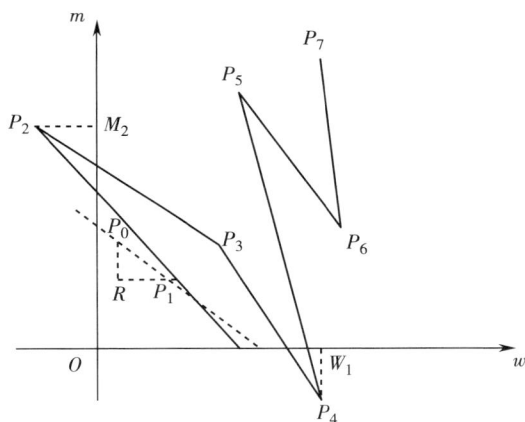

图 2-3　会计相点移动轨迹

在 Boulding 的例子中，纵轴代表美元货币，横轴代表小麦数量，单位是蒲尔。交易者在期货和现货市场进行交易。在交易开始的时候，交易者的资产分布位于 P_0 点，随后他在现货市场上购进了一批小麦，资产分布移动到 P_1，小麦资产增加了 RP_1，而美元货币资产减少了 P_0R。此后，交易者预期小麦价格将要上涨，在期货市场上卖出小麦，由于卖出量超出了拥有的小麦资产，所以，相当于在资产负债表上增加了 P_2M_2 的小麦负债，同时美元货币资产增加到 OM_2；随后小麦价格回落，他又买回一部分小麦弥补空头头寸，资产分布处于 P_3 位置。P_4、P_5、P_6、P_7 的情况基本相似。在 Boulding 的例子中，交易者通过捕捉每一次小麦价格变动的机会，经过若干次交易，成功地将自己的资产推高到比开始的时候更高的会计等值线上，资产净值得到增加[①]。

在一个经济中，交易者总是在寻求实现净资产增值的机会。如果经济系统中的价格结构保持稳定，则投资于实体经济，通过生产或者分享生产成果，是实现资产增值的唯一途径。如果价格结构不稳定，并且波动幅度达到一定程度，就会有越来越多的交易者通过纯粹投机性交易实现资产增值目标。这样，越来越多的资金就会从实体经济中流出，参与各种投机性交易谋求获利，交易配置资源的有效性就会下降。

三、会计空间的分布

在一个确定的时刻，每一个交易主体都对应会计空间上的一个点，这个由会计相点在会计空间上形成的分布，便是经济系统的一张静态全息图。通过会计相点分布，可以了解到一个经济体的财富分布状态以及资产、负债结构，这对宏观经济分析起到关键的作用。

将所有的经济主体对应的会计矩阵压缩到相平面内，不同类型的经济主体之间在会计矩阵形式上的差异就会消失，每一个经济主体都会透过会计矩阵对应于相平面上的一个点。经济体是由大量的经济主体组成的，而每一个主体的财务状况各具特色，因此在会计空间上主体所对应的财务坐标也不一样。为数众多的企业和家庭，在会计空间中就形成一个星云状的分布。一般来讲，一个经济体中所有主体的财务坐标会分布在一个特定的多边封闭的区域内。不同的经济体，由于财富分布以及企业制度、会计标准和税收等一系列制度的差异，有着不同的财务分布。财务分布是一个经

---

① A Reconstruction of Economics, Kenneth E. Boulding Department of Economics University of Michigan Science Edition, INC, New York, 1962.

济的基因图谱，是对该经济特点最精确的表示。由于经济始终处于动态的变化之中，所以财务分布也是一个动态图，随着经济一起演化。

下面是几个具有代表性的简化会计分布图。

①两极分化型（见图2-4）。

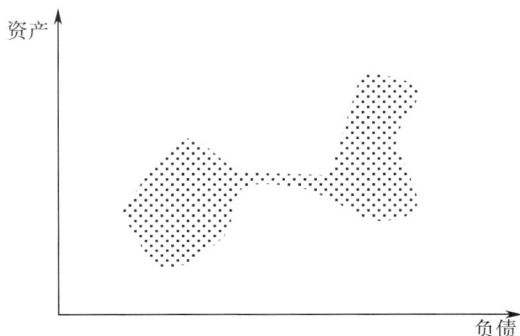

图2-4　两极分化型财务分布

财富的分布状况是决定一个经济体宏观行为的重要因素。一般来讲，两极分化较为严重的经济，消费受到抑制，还会导致社会稳定问题，推高交易成本。此外，由于财富过度向少数群体集中，容易出现财富使用上的浪费，使资源配置的整体效率下降。在分析一个经济体的宏观行为时，不能忽视财富分布结构和动态演化趋势。

两极分化型的财富分布图的典型特点是呈现哑铃状，而且在资产方向上跨越很大的空间。当然，即使同为两极分化型的经济体，由于负债结构的不同，财富分布图的形状也不一样。

②财富均匀型（见图2-5）。

财富分布均匀是一种理想的社会状态，绝对的均匀分布既不可能存在于现实中，同时在经济意义上也并非完美无缺。一方面，财富过度平均的经济体由于缺乏梯级差别而导致发展活力不足。经济活力来自无数交易主体对财富的追求。过度平均的财富分布，降低了每个主体对财富追求的动力。另一方面，需求释放过度集中，容易导致生产资源配置的浪费。比如，当

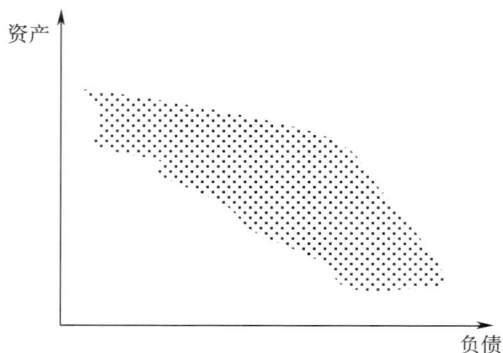

图 2-5　财富均匀型财务分布

一种新的电视机推向市场时，由于所有人的购买力几乎均等，都希望在相同的时间段实现消费，需求释放过度集中，需要供给能力很大，但消费需求的释放周期又很短。

财富均匀型的经济体，财务分布图的特点是较为集中，呈现片状分布。

③高负债型（见图 2-6）。

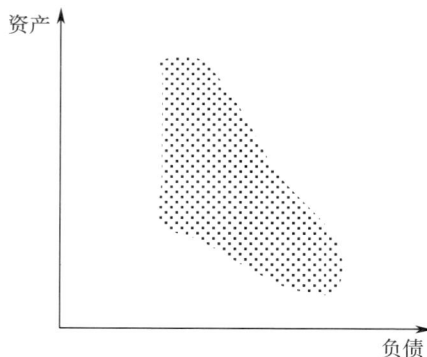

图 2-6　高负债型财务分布

负债整体水平的高低是一个经济的重要结构参量。总体上讲，负债水平越高，经济的脆弱性就越大，经济主体之间呈现很高的关联强度，风险传递速度就越快。当然，负债水平过低，表明经济发展潜力没有得到充分发挥，经济缺乏活力。

第三章 交易过程

交易是充满生机的经济系统生命之源。交易停止了，经济系统也就走向终结，所支撑的社会将土崩瓦解。交易是人们所熟悉的陌生活动，尽管人们天天都要通过各种各样的交易维持生产、生活，但很少仔细地追究交易的真正含义。事实上，交易应当成为经济理论的元概念，成为一切理论和定律表述的基础。

第一节 交易的概念

一、交易的意义

人类文明历史是从交易开始的。大约在公元前 8000 ~ 公元前 6000年，人类文明首先出现在底格里斯河、幼发拉底河的两河流域地区[①]。随着农业文明的发展，手工业也发展起来。在这个时期，贸易开始扮演重要的角色。美索不达米亚地区手工业的原材料，包括铜、银、铅、木材等，需要从别的地区买来，为了偿还这些进口，就需要提供手工产品作为交换[②]。

交易推动了文明的发展，同时也为文明传播提供了载体。通过贸易，

[①] ［美］龙多·卡梅伦、拉里·尼尔：《世界经济简史——从旧石器时代到 20 世纪末》，第四版，20 ~ 26 页，上海译文出版社，2009。

[②] ［美］斯塔夫里阿诺斯：《全球通史——从史前史到 21 世纪》，第七版，49 ~ 53 页，北京大学出版社，2006。

上卷　交易行为

农业和灌溉技术从美索不达米亚和伊朗西部向东传播，最晚到公元前 3500 年，这些技术已经在伊朗东部、阿富汗、俾路支和印度河流域得到广泛使用①。

早在新石器时代开始，农业文明在中国刚刚出现的时候，交易就已经存在了。中国最早文字记载的朝代——商朝，出现了以交易谋生的商人群体，并成为一个朝代的称号②。人们无法知道人类开始第一笔交易的确切时间和当时交易的具体情况，但可以肯定交易一定是在有了消费剩余之后才出现的。世界各地考古发现的原始货币——贝壳、兽骨等，就是原始交易的确凿证据。

交易出现以前，人类的全部努力都是为了满足自我需求。在人类早期的意识里，还没有财富的概念，自然也没有贫穷和富有的差别。在古老的荒原上，先人们在一次成功的围猎之后，将打来的猎物放在由妇女照顾的火堆上炙烤，烤熟的肉在山野散发着诱人的香味。部落成员，男女老少吃着烤熟的肉，脸上洋溢着满足的表情。这就是人们祖先最幸福的时刻。

有了交易以后，财富的概念随之产生。一个人拥有用于交易的东西越多，就越富有。于是，人类的努力就从一顿饱饭的追求转向对财富的向往。这是从有限到无限的转变，这种转变具有极为深远的意义，正是这种转变推动了人类文明不断演进和发展。人类社会，一旦进入到对财富的追求，就会获得无限的动力，社会前进的双足从此摆脱昔日从容不迫的步伐，呈现不断加速的趋势。

亚当·斯密认为，富国与穷国的关键差别在于劳动分工是否充分，而决定分工水平的关键因素是交易。交易越频繁，市场越广阔，劳动分工就

---

① ［美］罗兹·墨菲：《亚洲史》，3～6 页，海南出版社、三环出版社，2004。
② 范文澜：《中国通史简编》，修订本，111～118 页，人民出版社，1964。

越细致。① 人类学家罗伯特·卡内罗（Robert Carneiro）提供了一个典型的例子，他在对亚马逊丛林库库鲁族（Kuikuru）的研究中发现，他们种植木薯可以产出高于实际产量的两倍，但他们从来没有这样做，而是将大量时间用于消闲。可是，当他们开始与欧洲做起交易，用木薯换取一些精美的小玩意时，他们的状态发生了重大改变，他们开始投入更多的时间用于种植木薯，木薯的产量立刻急速上升。②

在亚当·斯密看来，交易所引致的劳动分工不仅是产生富国与穷国的关键原因，也是人类区别于其他动物，最终推动文明进步的关键所在。在分析非洲贫穷的原因时，地理条件限制交易的开展是主要因素："在非洲，没有任何如此巨大的内海或港口。像欧洲的波罗的海和亚得里亚海，欧亚两洲间的地中海和黑海，以及亚洲的阿拉伯、波斯、印度、孟加拉和暹罗（泰国旧称）的海湾那样，可以将海运作业带到内陆。非洲各大河流彼此相距太远，不能进行大型的内河航运。"③

一部人类经济发展的历史，也是一部交易的历史。交易是经济的内涵，经济是交易的总汇。即使人类社会发展到今天，各种复杂的体系早已超出人类原先的想象。复杂的社会组织、政治制度、法律体系、教育、医疗、养老、国防、艺术，五花八门，几乎难以穷尽，但交易仍然是维持社会运转的基本活动。当经济开始萧条时，超市、百货商店、巨型购物中心的人

① 亚当·斯密在《国富论》中说：尽管人类能够预见劳动分工将导致普遍的富裕，并设法通过劳动分工加以实现，但劳动分工带来的诸多利益并不是人类智慧的结果，而是人类互通有无这一潜在倾向随其自身发展而得以实现的……可以肯定，这些潜在倾向为人类特有，是其他任何动物不具备的。比如，两只猎犬追逐同一只兔子，它们有时似乎在协同行动，每只猎犬都把兔子赶向同伴，或者在同伴把兔子赶向自己时予以拦截和抓获。然而，这并不是任何契约的结果，只是出于捕获同一只猎物的偶然契合。两只狗不会用两根骨头进行公平而有意识的交换；也不会用姿势或嗥叫表示什么东西属于自己，什么东西属于对方，并愿意与对方交换。至于如何才能提高分工水平，他认为：交换能力萌生劳动力分工，因而分工的程度必然受制于交换能力的大小，也就是分工的程度要受到市场大小的限制。市场过于狭小则不能鼓励人们始终专务一业，因为人们不能用剩余物随意交换自己的所需。[英]亚当·斯密：《国富论》，人民日报出版社，2009。
② [美]罗伯特·赖特：《非零和时代——人类命运的逻辑》，39~48页，中信出版社，2014。
③ [英]亚当·斯密：《国富论》，17页，人民日报出版社，2009。

气寥寥，失业人数开始增加，国家财政赤字开始上升，经济萧条所带来的压抑从政治家到普通民众，从银行到企业，各行各业都能清晰而深切地感受得到。与此不同，当经济开始繁荣时，购物中心的顾客增多了，交款台前的队列变长了。就这样一点的变化，就会让政府、企业、家庭、金融机构感受到巨大的不同。而在这些差异的背后，一切都是由交易引起的。交易是经济行为的最原始形态，也是一切经济行为的归宿。一切复杂的经济现象，都是由简单的交易构筑的。

二、简单交易的概念

现代社会，交易无处不在。人们从清晨醒来，打开电灯的一刻，就在不知不觉中进行了交易，你已经从电力公司购买了电力。然后，起床到卫生间，打开水龙头洗脸，又是一次交易。通过自来水管，你从自来水公司购买了自来水，你正在洗脸的水正是这次交易买来的。你走到厨房，准备一家人的早餐。打开天然气，又进行了一次交易。去菜市场采购、到办公室上班，无不属于交易的范畴。在平常人的眼中，一谈到交易总是与企业、家庭联系在一起的，而与政府没有什么关系。事实上，无论是什么样的政府机关，首先需要工作人员，而这些工作人员同样是政府支付工资买来的劳动力。此外，政府开展工作，需要各种各样的物质保障，必须通过采购获得，这些也是交易。小到家庭，大到企业、政府，人类社会每时每刻都在进行着交易，人们常用"社会运转"描述整个社会的活动，事实上，"社会运转"只不过是无数进行着的交易的另一种说法而已。凡此种种，在现代人的生活中，几乎一举一动，无不需要凭借交易来完成。

交易随着人类社会的发展也在不断丰富着自身的内涵。最原始的交易方式是物与物的交换。在以物换物的原始交易中，至少有两个交易主体。每一方都持有对方需要的商品，以一定的比价将自己的商品交换给对方，同时得到对方的商品。这些是原始交易模式①。货币出现以后，交易被赋予了现代意义，即货币与商品的交换。进入近代以后，商品的概念被大幅度拓展，商品不仅局限于具有物质载体的价值，可以是任何一种为满足对方需求的任何形式——有形价值或无形价值。在这些交易中，货币处于所有交换的中心位置，就像一个巨大的中央对手方交易平台，货币作为所有交换的对手。从此，交易从以物换物的双方需求对应的束缚中解脱出来，开始不断释放日益强大的能量，推动人类社会永不停息地发展进化。

当交易进入经济理论视野的时候，交易概念的复杂性远比进行一次实际交易复杂得多。学者们对于交易的理解互有不同，各有侧重。Williamson给出的定义是："交易之发生，源于某种物品或服务从一种技术边界向另一种技术边界的转移。此时，一个行为阶段结束，另一个行为阶段宣告开始。"这种定义强调了交易在两种价值存在形式之间的转移，这种转移既可以发生在市场上，也可以发生在企业内部。因此，这种定义导致了区分两类交易的结果，即内部交易——企业内部的价值转移；外部交易——市场上的价值转移。在这个定义下，交易的外延大大扩展了，从贸易到生产的一切活动，统统被纳入交易的范畴。

Commons 提出了交易的另一种定义，将交易看作是"个人之间分割和获取对有形物品未来的所有权"。这个定义的重点是财产权的转移，更重视权利而不是价值的形态。

新制度经济学更倾向于将上述两种定义综合起来使用，即交易不仅具有技术意义上的价值转移，而且也包含法律意义上的权利转移。②

---

① 交易在马克思的理论中就是商品的交换，他在《资本论》中这样论述："为了使这些物作为商品彼此发生关系，商品监护人必须作为有自己的意志体现在这些物中的人彼此发生关系，因此，每一方只有符合自己意志又符合另一方的意志，就是说双方只有符合双方共同的意志，才能让渡自己的商品，占有别人的商品，而且让渡自己的商品是为了占有别人的商品。"——马克思：《资本论》，第一卷，52～53 页，经济科学出版社，1987。

② ［美］埃里克·弗鲁博顿、［德］鲁道夫·芮切特：《新制度经济学——一个交易费用分析范式》，57～58 页，上海三联书店、上海人民出版社，2006。

现在，我们将交易的过程搬到会计矩阵上，在新的视角下考察交易的本质属性。在这样的平台上，更多地考虑交易的会计属性，但在其过程的背后，仍然是价值形态变换和控制权的转移。

对通常意义上的交易过程进行考察可以发现，在这个过程中，抽去商品交易的具体内容，考察商品交易的本质就会发现，商品交易的本质是不同主体之间、不同价值形态的资产之间的交换。也就是说，商品交易的概念有两个核心要素，一是不同主体；二是不同形式的资产。如果用这两个要素来衡量，许多原来并不属于商品交易的活动就可以纳入交易的范畴。投资活动就是一个例子。无论是金融投资还是生产性投资，毫不例外的是将原有的一种资产按照一定的比价变换为另一种资产。

交易双方都有各自的对应矩阵。通过考察交易前后会计矩阵的变化，可以发现交易在会计矩阵中的一些性质。假设 A、B 两个主体进行交易，A 是买方，是一个家庭，B 是卖方，是一家家用电器公司。A 支付 3000 元从 B 那里买到一台电视机。仅就这项交易，在 A、B 两个交易主体的矩阵上引起的变化分别是：在 A 的矩阵上，现金资产减少 3000 元，家电资产增加 3000 元；在 B 的矩阵上，库存资产减少 3000 元，现金资产增加 3000 元。交易引起了相关主体的会计矩阵的联动。

$$A: \begin{pmatrix} 现金 & 负债_1 \\ 家电 & 负债_2 \end{pmatrix} \Rightarrow \begin{pmatrix} 现金 & -3000 & 负债_1 \\ 家电 & +一台电视 & 负债_2 \end{pmatrix}$$

$$B: \begin{pmatrix} 现金 & 负债_1 \\ 库存 & 负债_2 \end{pmatrix} \Rightarrow \begin{pmatrix} 现金 & +3000 & 负债_1 \\ 库存 & -一台电视 & 负债_2 \end{pmatrix}$$

根据这一实际交易案例，交易概念可以这样定义：在两个主体的会计矩阵之间产生联动的行为，称为交易。联动是指一方变动构成另一方变动的原因。

三、交易概念的拓展

为了扩大交易的内涵和外延，需要在各类经济活动中找到共同遵守的规律。Williamson 对于交易的定义推论出两种不同的交易形式——内部交易和外部交易。在此，我们利用会计矩阵的工具，进一步拓展交易的概念。

现在，我们考察其他类型的经济活动，考察它们与通常意义上的交易之间有什么样的联系。在一个经济中，商品交换固然重要，但不是经济活动的全部。除了商品交换以外，还有两类十分重要的经济活动，分别是生产和投资。生产是价值的来源，投资是生产的起点。没有投资，就不会有生产。现在，我们仍然在会计矩阵的框架下考察生产、投资与交易的关系。

首先，我们来考察生产。一般来讲，企业要组织一项生产，需要购买原材料、雇用劳动力、消耗能源和水等，这些都需要通过一般交易实现。为了对生产过程进行研究，我们考察生产所引起的会计矩阵变化。以彩色电视机的生产为例：在生产电视机之前，企业简化的会计矩阵如下（仅写出有关的会计项）：

$$\begin{pmatrix} 原材料 & 80 & 0 \\ 预付工资 & 10 & 0 \\ 彩电存货 & 0 & 0 \end{pmatrix}$$

从上述矩阵中可以看出，在彩电生产开始前，企业通过购买获得了必需的原材料，并雇用了劳动力，预付了工资，这些都是企业的资产，出现在矩阵的资产方。现在，彩电存货还是零值。

经过一段时间的生产后，企业矩阵的变化如下：

$$\begin{pmatrix} 原材料 & 0 & 0 \\ 预付工资 & 0 & 0 \\ 彩电存货 & 120 & 0 \end{pmatrix}$$

可以发现，生产导致的企业矩阵变化是，相关联的资产项发生联动，在它们之间产生了价值转移。原材料的价值和预付工资的价值，转移到彩电存货资产上。由于电视机市场价格高出生产成本，企业这时的彩电库存价值达到 120 万元，减去成本生产成本 90 万元以后，企业在这次生产中获得的预期利润是 30 万元，毛利润率为 33%。对于上述生产过程可以这样概括：生产是会计矩阵资产项之间价值转换的过程。具体到上述例子，就是在原材料、劳动力价值与彩电库存价值之间的转移。在这个转换的过程中，预期价值的增加是动力的根源。

在企业运作中，生产是一个连续的过程，以原材料为例，原材料在生产过程中不断地被消耗，转化为产品，同时，新的原材料又源源不断地被购进；产品被生产出来以后，并不总是全部被送到仓库中，一部分离开生产线后被销售出去。上述描述仅仅是为了更加清楚地反映一个完整的生产过程。

现在，我们来考察投资。相对于生产，投资比较直观，与通常意义的交易关系更为密切。投资的内容十分广泛，这里我们研究企业进行扩大再生产的固定资产投资活动。下面是投资前的矩阵：

$$\begin{pmatrix} 货币资产 & 500 & 0 \\ 固定资产 & 1200 & 0 \end{pmatrix}$$

当企业投资 300 万元，购买一台新的生产设备时，矩阵的变化是：

$$\begin{pmatrix} 货币资产 & 200 & 0 \\ 固定资产 & 1500 & 0 \end{pmatrix}$$

卖出设备的企业，矩阵在交易前后也发生了变化。设备销售前的矩阵为：

$$\begin{pmatrix} 货币资产 & 300 & 0 \\ 库存 & 650 & 0 \end{pmatrix}$$

设备销售后的矩阵为：

$$\begin{pmatrix} 货币资产 & 600 & 0 \\ 库存 & 350 & 0 \end{pmatrix}$$

观察会计矩阵的变化特点可以发现，所谓投资活动，事实上仍然是一种交易，只不过是一种具有特定目的和用途的交易罢了。

至此，我们已经分别考察了三类经济活动在会计矩阵中的变化。现在，我们来归纳这些活动之间的共同特点。可以发现，无论是商品交易、生产过程还是投资活动，它们共同遵守的规律是会计矩阵项间的联动，既可以是资产项之间的改变，也可以是资产与负债项之间的联动（金融类交易）。这种联动，既可以同时在两个会计矩阵之间发生，也可以仅仅在一个会计矩阵内部发生。根据这些特点，引入广义交易的概念。交易是主体导致会计矩阵项间结构改变的行为和过程。一般而言，交易是以改变主体持有价值形态为基本特征的，其行为导致会计矩阵中两项或两项以上联动。联动的各项可以处于一个会计矩阵中，也可以分别处于两个或多个不同的会计矩阵中。对于联动项分布于两个或两个以上不同的会计矩阵的交易，称为外联交易；对于处在同一个会计矩阵的交易称为内联交易。

广义交易与狭义交易的关键区别是广义交易的重点放在会计矩阵项间联动上。这种联动可以同时发生在多个会计矩阵之间，也可以在独立的矩阵内部实现，不再要求两个会计矩阵之间的联动。

除了在价值联动范围方面的差别外，内联交易与外联交易还在价值联动的代数关系上有所差别。在内联交易中，价值转移出去的各项总和通常小于价值转入的产成品价值，只有这样，生产才能有利可图。当然，也有一些特殊情况，不排除有些情况下出现价值萎缩的转移。这时企业生产出现亏损。总之，内联交易的价值转移不以等值为原则。外联交易的情况有所不同，由于会计矩阵采用的是"实现价值"或者"公允价值"原则，每一个资产项的价值都反映了市场价格变化行情，在这种情况下，外联交易对于会计矩阵的影响必然遵守价值转出项之和等于价值转入项之和，即等价交易原则。内联交易与外联交易在这方面的不同表明了两类交易在价值创造方面的不同特点，即内联交易通过市场认可确定其价值，而外联交易则能通过随时间变化的价格获得增值。此外，内联交易和外联交易在交易矩阵上表现出来的主要差别是：内联交易矩阵中，现金项不参与联动；外联交易的矩阵中，现金项参与联动。所以，判断一项交易是外联交易还是内联交易，只要从交易矩阵中的现金项变动是 0 还是非 0 就可以看出来。

上卷　交易行为

交易概念得到拓展后，不仅通常的商品交易被包含进去了，生产过程、技术研发、金融活动等所有的经济活动都包含进去了，整个经济活动全都涵盖在交易概念之下。在金融活动中，贷出资金一方将现金资产转变为债权资产，并从中获得利息收益；资金借入一方增加了相应的现金资产，但以承担相应的债务为代价，即在约定时间归还本金的同时，以支付利息作为成本。无论是商品交换，还是商品生产，都统一在交易的概念之下，为经济分析提供了一个统一的架构。

在广义交易概念中，交易并不一定必须有两方或两方以上才能实现。经济主体可以在没有任何交易伙伴的情况下独立完成交易，这就是内联交易——生产，农民在自家土地上劳动生产的过程也包含进交易的范畴中。人类社会的整个发展历史，实际上就是一个交易不断外化的过程。从农耕时代开始，人们大部分生活资料都是在家庭内部完成，即通过内联交易实现。随着工业时代的到来，外联交易成为经济活动的主流。经济的发展，总是伴随着分工的细化，其结果必然是交易的外化。与此同时，经济活动在组织方式上不断地内化，主体规模越来越大，组织结构越来越复杂，将越来越多的活动纳入组织内部完成。这是经济发展所表现出来的两个貌似相反的基本取向。

在交易的定义中，价值形态的改变是指资产价值的性质变化，而商品由新变旧的价值折损过程，不属于价值形态的改变，属于商品价值量的变化。持有一种资产，在持有的过程中价值发生了变化，不属于交易的范畴。同样，交易概念也将慈善、馈赠等社会性质的活动排除在外。广义交易有两个基本要素：一个是矩阵项间联动，这就排除了价格变化可能产生的单项变化或者多项同时变动但不存在因果关系的情况。另一个要素是价值形态改变。在会计矩阵中，货币资产形态转化为某种使用资产，必须通过交易实现。

136

四、组合交易

如果若干项交易相互关联，其中的每一项交易都是实现一个总的目标所必不可缺少的，这样一组交易就被称为一个组合交易。如果一项交易的意图不需要借助其他的交易实现，这样的交易就被称为简单交易。显然，生产性交易是一个组合交易，包括采购、生产、销售等多种交易。

在经济活动中，许多交易属于组合交易。交易主体在进行一项交易的时候，已经知道交易本身并不能实现收益，还需要通过相关联的交易最终获得所期望的收益。最常见的组合交易的例子是企业做广告，企业可能在各类广告上投入大量资金，就其广告本身来讲，是一种支出。广告的作用必须通过产品的销售产生效能。作为主要交易主体的企业和家庭，存在大量的组合性交易，但总体来讲，企业的组合性交易更多一些。交易性质越复杂，越需要通过多步骤、多个交易共同完成一个目标。企业要在一个地方开办一个新机构，在开始之初要投入大量资金，只有在经过一定阶段后才能给母公司带来收益，显然，这也是组合交易。

在现代经济中，大部分生产的最终目的是交易，并通过交易实现经济收益目标。生产只是一系列交易中的中间步骤，因此，可以将生产看作是一个组合交易的中间部分，是实现最终目标的一种途径。在现代经济体系中，生产并非创造收益的唯一途径，对于一些经济体，甚至不是主要途径。一个经济中的交易、生产结构如何，关键取决于各种制度和政策制约下的收益分配关系。一切经济结构的演化都受制于收益关系。

家庭交易同样常以组合交易的方式进行。以购买汽车为例，人们在购买汽车的同时，需要购买意外保险和一些配套的商品，购买汽油，购买停车位等。购买房屋更为复杂，购买房屋后，一般需要内部装修，需要购买家具等，是一个复杂的系统工程。

引入组合交易便于分析复杂的交易行为，能够将复杂的交易拆分为单个的交易，然后再分析每一个交易在组合交易的总体目标之下发挥怎样的作用和功能。在随后的讨论中，当提到交易的时候，均是指组合交易，除非特殊声明。

五、正向交易和逆向交易

根据交易时的现金流向，可以将外联交易区分为两类：一类是正向交易，即交易的结果是售出商品，获得现金。另一类是逆向交易，与正向交易相反，获得商品，支出现金。对于内联交易——生产，不存在方向上的区别。

现实中，交易的支付方式十分灵活多样，以现金流方向确定交易相位就会产生一个问题，如何处理没有即期现金流的交易，比如期货交易、远期交易、期权交易、分期付款以及使用各类票据支付的情况，尤其是种类繁多的金融衍生产品，以现金流向划分交易相位有很大的不确定性。以股票指数期货为例，股指期货的标的资产是事前约定的一篮子股票，以合约到期日的指数价格与初始交易的指数价格之差为基础进行现金结算。① 股票指数的上涨和下跌决定了是多方还是空方支付现金给对方，股票价格的不确定性也就决定了股指期货交易双方相位的不确定性。上述各类交易，无论交易的支付约定如何，全额还是分期，现期还是远期，现金流向是确定交易相位的唯一标准。

交易相位的区分形成了市场结构的一个方面。在大部分情况下（部分金融衍生产品除外），正向交易和逆向交易分别对应市场的供给方和需求方，正向交易对应市场的供给方；逆向交易对应市场的需求方。

对于金融类交易，本金具有商品属性，持有资金的一方无论是以存款的方式、债券的方式，还是股票的方式，有限期或是无限期让渡资金商品的使用权，可获得利息、股息等回报，因此，在金融交易中，支付本金的

---

① 张光平：《人民币产品创新》，第三版，95～108 页，中国金融出版社，2012。

交易是正向交易，对方的交易属于逆向交易。

六、即期完成交易和延期完成交易

根据交易完成的时间特点，交易可以划分为即期完成交易和延期完成交易。所涉及双方权利和义务在同一时点上完成交割的交易称为即期完成交易，日常生活中的小额交易大部分属于这类交易。延期完成交易则是指根据交易双方协议安排，交易要件在一个规定的时间段内完成，全部交易从协议开始执行到全部完成延续一段时间。大额交易以及金融交易大部分属于这类交易。购买房产、企业并购等信用支付以及银行存款等，都属于延期完成交易。延期完成交易的特点是商品权利让渡与支付之间并不同时完成，比如购买一台冰箱，商场与顾客签订分期付款协议，顾客支付第一笔货款后，就可以将冰箱搬回家使用了，在随后的时间内，再按照协议逐笔支付商场余下的货款；分期付款购买汽车也是一样的情形。在数额巨大的时候，延期完成的交易还会引入金融机构作为交易的第三方参与，共同完成一笔交易。比如购买一套房产，买方在与卖方签订协议后，在没有足够现金的情况下，买方可以向银行申请按揭贷款，银行将购买房款代替买方支付给卖方，而买方在与银行约定的时间长度内分期偿付银行的按揭贷款。这种组合式交易也可以拆分为两个不同的交易：一个是购房人与银行之间的贷款交易，这是一个延期完成类交易；另一个是购房人与卖房人之间的交易，可以看作是一笔即期完成交易。

在信用发达的今天，即便是日常生活中的小额交易，也常常采用信用卡支付的延期完成交易，人们在超市购物时使用信用卡支付的现象越来越普遍。这类交易同样可以看作是由三个独立交易组成的复合型交易，即商场与顾客之间的商品交易、信用卡公司与商场之间的支付交易以及顾客与信用卡公司之间的贷款交易。其中，顾客与商场之间的商品交易属于即期完成交易，其他两个交易则属于延期完成交易。由此可见，现代交易的两个突出特点，一是延期完成交易增多，二是一笔交易需要引入多方参与，复合交易比例增加。

延期完成交易的支付状态是根据协议实施的，这类交易在协议时间内的支付状态随时间而变化，并在存续时间内一直保持在交易向量中，形成的现金流随着时间而变化。这是加入延期完成交易后的交易向量所表现出的不同特点。

第二节　交易空间

每一笔交易，都将引起交易主体的矩阵相关项产生联动，在关联项之间产生价值转移。会计矩阵的这种变化，可以通过矩阵的运算来表示。每一次交易，相当于对会计矩阵施加一次运算。这个对会计矩阵施加运算的矩阵，称为交易矩阵。

交易矩阵具有不同于一般矩阵的特点。首先，交易矩阵与会计矩阵等阶，如果会计矩阵是 $n \times 2$ 阶，交易矩阵也一定是 $n \times 2$。其次，交易矩阵中只有与交易相关联的项处于非零状态，其他各项均为零值。从经济意义上讲，交易矩阵与会计矩阵的基本区别在于会计矩阵是一个可以持续运行的财务结构，而单由交易矩阵所描述的财务结构不能支撑交易主体持续存在。最后，交易矩阵非零项的符号分布必须包含正、负；对于外联交易矩阵，非零项代数之和为零。

各项均为 0 值的交易矩阵，称为单位交易矩阵，记为 T_0。

在引入交易矩阵之后，一个交易过程就可以表述如下：

设 $A = \begin{pmatrix} a_1 & l_1 \\ a_2 & l_2 \\ a_3 & l_3 \\ \vdots & \vdots \\ a_n & l_n \end{pmatrix}$ 为一个会计矩阵，$T = \begin{pmatrix} t_1 & 0 \\ 0 & 0 \\ t_k & 0 \\ 0 & \vdots \\ 0 & 0 \end{pmatrix}$ 为一个交易矩阵，对

会计矩阵施加交易因子运算，可以表示为

$$T_A = T + A = \begin{pmatrix} a_1 & l_1 \\ a_2 & l_2 \\ a_3 & l_3 \\ \vdots & \vdots \\ a_n & l_n \end{pmatrix} + \begin{pmatrix} t_1 & 0 \\ 0 & 0 \\ t_k & 0 \\ 0 & \vdots \\ 0 & 0 \end{pmatrix} = \begin{pmatrix} a_1 + t_1 & l_1 \\ \vdots & l_2 \\ a_k + t_k & l_3 \\ \vdots & \vdots \\ a_n & l_n \end{pmatrix} = A'$$

其中，A' 为交易产生的新矩阵。

有多少种交易，就对应多少个不同的交易矩阵。下面就来举例说明。

一个企业的会计矩阵为

$$\begin{pmatrix} 货币资产 360 & 短期负债 -120 \\ 流动资产 1200 & 长期负债 -700 \\ 固定资产 8000 & 0 \end{pmatrix}$$

为了准备一项生产，支付 80 万元购进一批原材料，这笔购货款使用了自有资金。交易对应的交易矩阵为

$$\begin{pmatrix} -80 & 0 \\ 80 & 0 \\ 0 & 0 \end{pmatrix}$$

交易矩阵对会计矩阵施加运算后，得到：

$$\begin{pmatrix} 货币资产 360 & 短期负债 -120 \\ 流动资产 1200 & 长期负债 -700 \\ 固定资产 8000 & 0 \end{pmatrix} + \begin{pmatrix} -80 & 0 \\ 80 & 0 \\ 0 & 0 \end{pmatrix} = \begin{pmatrix} 货币资产 280 & 短期负债 -120 \\ 流动资产 1280 & 长期负债 -700 \\ 固定资产 8000 & 0 \end{pmatrix}$$

交易完成后，会计矩阵的变化是：货币资产减少 80 万元，流动资产增加 80 万元。

对于企业的生产活动，交易矩阵的运算如下，设企业的会计矩阵为

$$\begin{pmatrix} 货币资产 & 180 & 短期负债 & -50 \\ 原材料库存 & 80 & 长期负债 & -120 \\ 产成品资产 & 20 & & 0 \\ 其他资产 & 1500 & & 0 \end{pmatrix}$$

上卷 交易行为

企业在一次生产中，支付工资和水电费用15万元；消耗原材料80万元，固定资产折旧3万元；生产的产品成本为98万元，按照市场价值为120万元。对应这次内联交易的交易矩阵为

$$\begin{pmatrix} -15 & 0 \\ -80 & 0 \\ 120 & 0 \\ -3 & 0 \end{pmatrix}$$

将交易矩阵与会计矩阵相加，得到：

$$\begin{pmatrix} 货币资产180 & 短期负债-50 \\ 原材料库存80 & 长期负债-120 \\ 产成品资产20 & 0 \\ 其他资产1500 & 0 \end{pmatrix} + \begin{pmatrix} -15 & 0 \\ -80 & 0 \\ 120 & 0 \\ -3 & 0 \end{pmatrix} = \begin{pmatrix} 货币资产165 & 短期负债-50 \\ 原材料库存0 & 长期负债-120 \\ 产成品资产140 & 0 \\ 其他资产1497 & 0 \end{pmatrix}$$

下面，再来看投资的交易矩阵运算：

$$\begin{pmatrix} 货币资产300 & 短期负债-300 \\ 流动资产890 & 长期负债-1500 \\ 固定资产2300 & 0 \end{pmatrix}$$

企业自筹资金，进行技术改造，投资规模150万元。对应的交易矩阵为

$$\begin{pmatrix} -150 & 0 \\ 0 & 0 \\ 150 & 0 \end{pmatrix}$$

进行交易矩阵运算，得到：

$$\begin{pmatrix} 货币资产300 & 短期负债-300 \\ 流动资产890 & 长期负债-1500 \\ 固定资产2300 & 0 \end{pmatrix} + \begin{pmatrix} -150 & 0 \\ 0 & 0 \\ 150 & 0 \end{pmatrix} = \begin{pmatrix} 货币资产150 & 短期负债-300 \\ 流动资产890 & 长期负债-1500 \\ 固定资产2450 & 0 \end{pmatrix}$$

下面，以家庭消费性交易为例，演示交易矩阵的运算。

以中国城市的中等收入家庭为例（单位：万元）：

$$\begin{pmatrix} 货币资产15 & 银行负债-86 \\ 易耗资产2.3 & 0 \\ 其他资产210 & 0 \end{pmatrix}$$

家庭主妇在服装店用银行信用支付购买一套价值3000元的服装，对应的交易矩阵为

$$\begin{pmatrix} 0 & -0.3 \\ 0.3 & 0 \\ 0 & 0 \end{pmatrix}$$

交易对应的运算如下：

$$\begin{pmatrix} 货币资产15 & 银行负债-86 \\ 易耗资产2.3 & 0 \\ 其他资产210 & 0 \end{pmatrix} + \begin{pmatrix} 0 & -0.3 \\ 0.3 & 0 \\ 0 & 0 \end{pmatrix} = \begin{pmatrix} 货币资产15 & 银行负债-86.3 \\ 易耗资产2.6 & 0 \\ 其他资产210 & 0 \end{pmatrix}$$

运算的结果是，经过交易，这个家庭的会计矩阵的易耗资产增加3000元，同时，银行负债增加3000元。如果在还款期内归还，不需要支付利息，矩阵运算如下：

$$\begin{pmatrix} 货币资产15 & 银行负债-86.3 \\ 易耗资产2.6 & 0 \\ 其他资产210 & 0 \end{pmatrix} + \begin{pmatrix} -0.3 & 0.3 \\ 0 & 0 \\ 0 & 0 \end{pmatrix} = \begin{pmatrix} 货币资产14.7 & 银行负债-86 \\ 易耗资产2.6 & 0 \\ 其他资产210 & 0 \end{pmatrix}$$

通过上述各种情况的举例，表明引入交易矩阵后，各种交易能够方便地用矩阵运算得到表述，这对人们研究交易过程十分有用。

下面转向对交易矩阵本身的运算上。对于交易矩阵，引入两个运算：加减法运算和数乘运算。

设 $T_1 = \begin{pmatrix} k & g_1 \\ k_2 & g_2 \\ \vdots & \vdots \\ k_n & g_n \end{pmatrix}$，$T_2 = \begin{pmatrix} u_1 & v_1 \\ u_2 & v_2 \\ \vdots & \vdots \\ u_n & v_n \end{pmatrix}$ 是两个交易，C 是一个实数，则：

$$T_1 + T_2 = T' = \begin{pmatrix} k_1 + u_1 & g_1 + v_1 \\ & \ddots \\ & & \ddots \\ k_n + u_n & g_n + v_n \end{pmatrix}$$

$$C \times T = \begin{pmatrix} C \times k & C \times g_1 \\ C \times k_2 & C \times g_2 \\ \vdots & \vdots \\ C \times k_n & C \times g_n \end{pmatrix}$$

每一个交易矩阵都有对应的逆矩阵，同样是交易矩阵，设

$$T = \begin{pmatrix} k & g_1 \\ k_2 & g_2 \\ \vdots & \vdots \\ k_n & g_n \end{pmatrix} \text{为一个交易矩阵，则 } T^{-1} = \begin{pmatrix} -k & -g_1 \\ -k_2 & -g_2 \\ \vdots & \vdots \\ -k_n & -g_n \end{pmatrix} \text{为 } T \text{ 的逆矩阵，}$$

显然，两个互为逆矩阵的交易矩阵之和为各项为 0 的单位交易矩阵 T_0：

$$T + T^{-1} = T_0$$

在交易矩阵集上，通过加法和数乘运算，构成一个向量空间。现在，我们来证明这一结论。

向量空间是一个具有线性代数结构的集合，拥有优良的代数性质。定义在数域上的集合，如果满足以下条件，就是向量空间：

1. 任意三个元素 x、y、z 都满足加法的结合律：$(x + y) + z = x + (y + z)$

2. 满足交换律：$x + y = y + x$

3. 存在 0 元素，对于任意元素 x，满足：$0 + x = x$

4. 对于任意向量 x，有一个向量 $-x$，使得：$x + (-x) = 0$

5. 满足 $\alpha (x + y) = \alpha x + \alpha y$

6. $(\alpha + \beta) x = \alpha x + \beta x$

7. $(\alpha\beta) x = \alpha (\beta x)$

8. $1 x = x$

任何一个 $n \times m$ 矩阵组成的集合，对于矩阵的加法运算和数乘运算，都构成一个向量空间。交易矩阵是一个 $n \times 2$ 矩阵，并且，对于矩阵加法和数乘运算是封闭的，满足向量空间的要求。逐一验证上述 8 个条件，很容易得到交易向量集属于向量空间的结论。由交易矩阵构建的线性空间称为交易空间。

每一个线性空间都有一定的维数，现在我们来研究交易空间的维数。这需要找到交易空间的一组基底，称为交易空间的交易基。对于一个线性空间，空间上的任何向量，都可以用一组基底表示出来，对空间的研究也就可以转化成为对基底性质的研究了。

对于每一类交易，都可以找到一个最小数量的交易矩阵（所有的商品存在自然单位），比如，在一个家庭购买自来水的交易中，假定 1 吨自来水的价格为 2 元，如果这个家庭一个月使用了 80 吨水，这项交易就可以表述如下（单位：元）：

$$\begin{pmatrix} -160 & 0 \\ 0 & 0 \\ \vdots & \vdots \\ 160 & 0 \end{pmatrix} = 80 \times \begin{pmatrix} -2 & 0 \\ 0 & 0 \\ \vdots & \vdots \\ 2 & 0 \end{pmatrix}$$

对于一个生产电视机的企业，在一周内生产了 10000 台数字电视机，这项内联交易可以表述如下（单位：万元）：

$$
\begin{pmatrix}
\text{货币资产} & 0 & 0 \\
\text{原材料} & -3000 & 0 \\
\text{人力成本} & -1000 & 0 \\
 & 0 & 0 \\
 & \vdots & \vdots \\
\text{产成品} & 5000 & 0
\end{pmatrix}
= 10000 \times
\begin{pmatrix}
0 & 0 \\
-0.3 & 0 \\
-0.1 & 0 \\
0 & 0 \\
\vdots & \vdots \\
0.5 & 0
\end{pmatrix}
$$

上述表达关系中，交易因子矩阵 $\begin{pmatrix} -2 & 0 \\ 0 & 0 \\ \vdots & \vdots \\ 2 & 0 \end{pmatrix}$ 是家庭购买自来水交易的

最小数量交易矩阵。交易因子 $\begin{pmatrix} 0 & 0 \\ -0.3 & 0 \\ -0.1 & 0 \\ 0 & 0 \\ \vdots & \vdots \\ 0.5 & 0 \end{pmatrix}$ 为内联交易——生产数字电视

机的最小数量交易因子矩阵。

用 e_1，e_2，$\cdots$，e_m 表示交易空间的一组基底，交易空间中任意一个交易 T，无论是独立交易还是组合交易，都可以表示为

$$
T = \sum_m k_i e_i
$$

在上式中，m 表示基底的个数，也就是交易空间的维数。可以理解，在一个经济中，交易空间的维数越高，交易的选择空间就越大，交易就可能越活跃。

交易空间的维数与交易量是两个不同的概念。具有同样空间维数的交易空间，所承载的交易量差别很大。但是，在两个维数一大一小的交易空间上，维数小的交易空间所承载的经济，其活力一定小于维数大的经济。人们经常会发现这样的现象，经济落后地区的交易无论是从量上还是从品

种上都较少，实际上这就是与落后地区狭小的交易空间有着密切的关系。

在一个经济中，决定交易空间维数大小的因素有两个：一是作为交易载体的商品数量；二是实施交易的方式。交易方式包括标的、支付方式和支付条件等方面的要素。市场的发展为商品交易创设出越来越多的能够满足各类需求的交易方式，对交易双方的责权利以及支付方式等方面进行精心设计并详细约定。金融市场最有代表性，众多的金融衍生产品满足了各种风险偏好和流动性需求的交易主体。针对一种标的或者商品载体，不同的交易方式为其商品价值创造出多种价值状态，每种商品价值状态包含了责权利的规定以及各种条件设定和时间要素等。这一点就像物理学中的粒子与能态的关系一样。一种粒子可以有多种不同的能态。商品也一样，可以用多种不同方式实现交易，使其价值处于相对应的价值状态上。比如，企业采用商业汇票作为支付工具购买一种商品，在出售方的会计矩阵上引起的变化是存货相应减少，应收票据等额增加；在购买方，会计矩阵中对应资产项增加，负债方应付票据增加相应金额。如果采用货币购买，买方货币资金减少，相应资产增加；卖方货币资金增加，存货减少。由此可见，引入商业票据交易方式后，在会计矩阵中出现了应收票据和应付票据。这是票据支付交易方式所产生的交易态。经济发展总是伴随着交易空间的不断扩张。

交易空间是一个经济中所有可能交易的有序集合，在一定意义上讲，交易空间的性质决定了对应经济体的性质。对交易空间结构的细致剖分，有利于了解经济系统的运行特点。

第三节　交易空间的结构

可以根据交易类型的不同对交易空间进行切分，并以此来考察交易空间的结构。按照交易的内外关系，可以划分为内联交易和外联交易；按照交易的目的，又可以划分为消费性交易、投资性交易。投资性交易中，又可以划分为实体投资和金融投资两种；与金融投资相对应的交易是融资性交易，融资性交易是非独立性交易，没有一个人是为了融资而融资的，总是将融资性交易纳入一个组合交易中，比如，购买房产、实体投资等。

根据交易矩阵的性质，两个外联交易的相加，得到的结果仍是一个外联交易；同样，两个内联交易的运算结果，仍然是内联交易。所以，所有的内联交易和外联交易的集合，分别构成了交易空间的两个子空间，而交易空间是内联交易和外联交易子空间之和。分别用 J_1、J_2 表示外联子空间和内联子空间，则交易空间 J 可以表示为

$$J = J_1 \oplus J_2$$

就现代经济而言，任何一个经济体的交易空间，外联子空间都会大于内联子空间。道理很简单，在全球经济一体化的背景下，任何一个国家的市场上销售的商品都不可能全部在本国生产，市场上销售的商品中只有一部分，甚至是一小部分在本国生产，还有相当一部分是在境外生产，通过进口销售到国内。但这并不意味着内联子空间可以任意小，甚至小到可以忽略不计的地步。这种情况尤其对于一个大的经济体来讲更是如此。如果交易空间中内联子空间过小，失去了对外联子空间的支撑，一个没有强大实体产业支持的经济繁荣是不可持续的。当然，有一种情况可以例外，就是外联交易中有相当一部分是跨越经济体的，也就是国际贸易。中国香港、新加坡等经济体就是这类的代表。由于它们是一个规模很小的经济体，可以依靠向国际市场提供服务支撑经济发展。对于一个大经济体来说，情况就不一样了，仅靠外联交易，无法维系大国的生存。

内联交易和外联交易的比例是经济系统的重要结构参数。在开放的系统中，对内外联交易结构参数没有绝对的要求。但在封闭的系统中，内外联交易结构必须维持在一个范围内，偏离了合理范围，就会对经济可持续发展产生不良影响。外联交易比例过高或者过低，都不利于经济健康运行。

外联交易比例过高，就会影响真正物质财富的生产，经济陷入泡沫之中；外联交易比例过低，商品流通就出现阻滞，市场在优化资源配置方面的作用就会受到抑制，经济就可能出现资源的低效配置，无法实现最大生产潜能。

按照交易目的划分方法，交易空间又可以分解为消费子空间、投资子空间之和。由于消费是商品价值的终结，投资是增加未来商品的供给能力，从经济运行的可持续性考虑，健康的经济体需要一个消费与投资匹配合理的交易空间，如果投资空间过大，而消费子空间相对微小，就会出现供给过剩，导致投资风险。反之，投资子空间相对微小，就可能在未来某个时期出现供给不足的风险，通货膨胀压力加大。

分别用 J^1、J^2 表示消费子空间和投资子空间，则交易空间可以分解为

$$J = J^1 \oplus J^2$$

在各个子空间之间，存在着相互联系，其中包含正、逆两类交易的子空间内可以独立完成一项交易，而只包含正向或逆向交易的子空间内不能独立完成一项交易，任何一项交易都同时需要两个相关子空间的交易配合。为此，将同时包含正、逆交易的子空间称为完备子空间；否则称为非完备子空间。

不同类型的交易空间上，增加收益的手段各不相同。在内联空间上，提高收益的主要手段是基于产品创新；而在外联空间上，把握时机的投资是提升收益的常用途径。

第四节　交易的几何表述

交易空间提供了经济结构分析的便利工具，但交易矩阵中的各项是所交易的价值，无法进一步区分出价格和交易数量。为了使几何语言更有针对性地描述交易过程，我们引入交易相空间这一工具。这种方法不仅提供

了对交易过程的直观描述，还能十分便捷地应用于经济系统的宏观研究。

一、交易相空间

用商品的价格和交易量张成的空间称为交易相空间。主体的每一次交易都可以在相空间上对应一个点。在任何一个时刻，主体的交易情况都可以通过相点的运动来描述。

设 $P = (p_1, p_2, \cdots, p_n)$ 是对应的商品价格；$Q = (q_1, q_2, \cdots, q_n)$ 是对应商品的交易量。交易相空间就是由坐标 $(p_1, q_1, \cdots, p_n, q_n)$ 构成的空间，简记为 (P, Q)。交易主体的交易情况，在交易相空间上对应一个点，称为交易相点。交易相点直观地反映交易主体在一个时刻的交易情况。

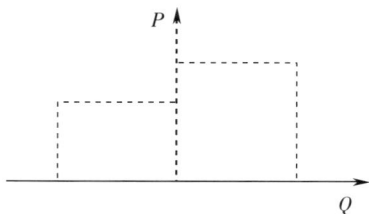

图 3-1 交易相空间

图 3-1 是交易相空间的图示，两个相点分别代表正向和逆向两个不同的交易。图中的实线表示交易商品的物量，虚线表示交易商品的价格。交易相空间有两个基本特征，一个是交易相空间的维数是偶数，这是交易本身的性质决定的，一切交易都同时存在数量和价格两个维度；价格坐标轴是半轴，即大于 0 的射线。对于交易物量，考虑到两种不同的交易方向，存在正向交易和负向交易。因此，交易物量坐标轴是由正负两个半轴组成的。对于一个主体，如果某个时间区间上没有进行某类交易，在交易相空间上的商品量和价格轴上对应原点 0。

一个 $2n$ 维的交易相空间，可以看作是 n 个 2 维空间的黏合，每一个 2 维空间标记着一种商品的交易情况。根据研究的需要，交易相空间可以使用展开的形式，也可以使用折叠的形式。所谓展开的形式是指在 n 维商品向量上，建立 $2n$ 维的交易相空间，每一种商品上的交易都由物量和价格两个坐标轴确定交易状态。展开的交易相空间能够最大限度地细致反映交易状态的信息。折叠形式是根据某种研究的需要，将同类交易合并，在此基础上张成的交易相空间小于 $2n$ 维。折叠交易相空间能够突出研究的重点，减少不必要的枝节，便于抓住问题的关键。在折叠形式的交易相空间上，价格坐标标记出不同档次、不同性能的商品价格。以汽车这类商品为例，从经济型的汽车到豪华型的汽车，价格有数以百倍的差距。其他类型的商品情况也类似，服装、家电等都是一样的。

最简约的折叠相空间只由两维——价格和物量坐标构成（见图 3 – 2）。在最简折叠相空间上，价格轴所标注的是平均价格，以每种商品交易量在全部商品交易量中所占份额为权重，对所有商品价格加权平均后计算出来一个一般商品平均价格，然后，用商品平均价格除交易总额，得到商品交易总物量。需要说明的是，由于大量商品信息的叠合，商品平均价格和交易物量两个指标不再有具体的意义了，仅仅作为一种直观表象使用。尽管如此，这两个指标在宏观层面上仍有重要意义。一般商品价格能够反映价格总水平的高低，而交易总物量虽然不能对应具体的商品单位，但是也能够反映商品物量的多少，对于分析经济系统的运行非常方便。

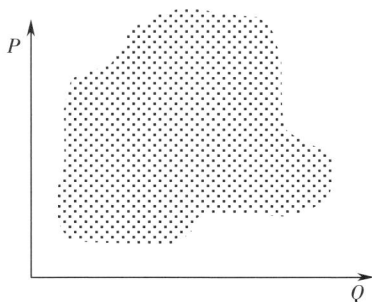

图 3 – 2　折叠相空间

在一个时间断面上，由众多交易主体所对应的相点在交易相空间上形成一种分布。在一个时间单位内，每个主体交易组合具有一定的特点。因此，相点分布不会出现大量重叠，也不会严格遵守单一交易的对称关系。交易相点会在相空间的一定区域内呈随机状分布。这种交易分布，包含大量主体的状态信息，既反映了交易规模，也反映了交易结构；既有交易物量，又有交易价格。随着时间的变化，交易分布就会形成一张不断演化的动态图景。从理论上讲，要把握整个经济的运动走向，包括物价变动趋势和经济增长趋势，甚至包括产业分布变化趋势，都可以从动态交易分布图上得到答案。但是，由于信息成本的制约以及信息非对称性的存在，人们无法在宏观层面上获取充分信息，这就迫使人们走另一条道路，利用交易状态十分有限的信息，对大量交易主体及其交易行为构成的整体进行统计处理，进而得到一些有价值的结论。

二、两种空间的关系

会计空间和交易相空间是交易经济学建立的两个基本研究架构。从功能上讲，会计空间主要是作为研究单个主体交易行为的工具；而交易相空间则作为宏观经济行为研究的基础，将大量交易主体放置于交易相空间上，通过建立统计模型，探讨经济系统的整体行为规律。从特点上讲，会计空间所表现的是交易存量结果，而交易相空间则是表现交易的流量变化。针对每一个特定的时刻，会计相点都包含交易和价格变动的双重信息，是一个包含了历史变动的结果。交易相点所表现的仅仅是交易情况，没有包含市场变动的情况。

两种空间存在密切的关系。无论是会计空间点的移动还是交易相点的移动，交易是最基本的动力。因此，交易是连接两个空间的桥梁。同维度的会计和交易相空间上，要先找到交易相点对应的交易矩阵 T，然后，通过交易矩阵与会计矩阵的运算关系，就得到新的会计矩阵。

交易作用于会计矩阵的过程用公式表示如下：

$$T + A = A'$$

会计矩阵 A 确定了主体在会计空间上的位置，经过交易以后，会计矩阵成为 A'，于是在会计空间上形成一个新的对应点。随着交易不断地进行，交易轨线在会计空间上不断延伸和运动。

除了交易能够引起会计相点在会计空间上移动外，价格变化同样也可以引起会计相点移动，这种移动称为会计相点的价格位移，又称为漂移。为了区别会计相点的两种运动，将交易产生的会计相点位移称为交易位移。

漂移所引起的会计矩阵变化可以通过引入价格矩阵与会计矩阵对位相乘得到。

设 A、B 分别是两个 $n \times m$ 矩阵，即

$$A = \begin{pmatrix} a_{11} & & & \\ \vdots & \ddots & \vdots & \\ & & & \\ & & \cdots & a_{nm} \end{pmatrix} \quad B = \begin{pmatrix} b_{11} & & \vdots \\ & \ddots & \\ \vdots & & \\ & \cdots & b_{nm} \end{pmatrix}$$

对位乘用 Ξ 表示，矩阵 A、B 做对位乘，记作：$A \Xi B$，对位乘得到的新矩阵，同样为 nm 矩阵，新矩阵在位置 ij 上的元素由矩阵 A 和 B 对应位置上的两个元素相乘得到。即

$$A \Xi B = \begin{pmatrix} a_{11} \times b_{11} & & \\ & \ddots & \vdots \\ & & \\ & \cdots & a_{nm} \times b_{nm} \end{pmatrix}$$

显然，对位乘法满足乘法的交换律。即

$$A \Xi B = B \Xi A$$

在行列为 $n \times m$ 的矩阵集中，加上对位乘法这种运算后，满足群的定

义。称这个矩阵群为对位群。

在引入了对位运算后，我们就可以对会计相点的价格位移进行形式化表示。对一个会计矩阵，在价格的作用下，会产生漂移运动，采用价格矩阵与主体的会计矩阵对位相乘，就得到漂移矩阵。

这里，用 F 表示价格矩阵，则漂移过程表示为

$$F \boxminus A = A'$$

价格矩阵与交易矩阵不同，可以只有一项变动项。价格矩阵的第二个特点是变动项全部位于资产列，负债列全都是不变项。

根据矩阵对位乘的性质，价格矩阵满足以下表述定理：

价格矩阵表述定理：任何一个价格矩阵 F 都可以表述为若干个简单的价格矩阵的对位积，即

$$F = F_1 \boxminus F_2 \boxminus \cdots \boxminus F_k$$

用于表述价格矩阵的简单矩阵称为价格因子。这样，表述定理可以更简单地表述为

价格矩阵表述定理：任何一个价格矩阵，都可以用若干个价格因子的对位积表示。

事实上，价格矩阵表述定理表达了一个十分直观的现象。在一个经济体内，价格变动导致主体的会计相点在会计空间上的漂移可以通过一种商品的价格变动基础上叠加另一种商品价格的变动，最终能够表示实际的价格位移。

价格矩阵中的每一项，代表了会计矩阵中受影响资产项的价格变化的比例，其单位不是货币，而是一个纯比例系数。价格的变化主要引起对应坐标轴的伸缩平移变化，在效果上同样引起会计相点的移动。

价格变化可以分为两种基本类型：一种是通货膨胀；另一种是通货紧缩。对于每一种类型，还可以按照具体价格变化的情况进行细分，比如投资品价格主导的通胀、原材料价格主导的通胀或消费品价格主导的通胀等。

简单地讲，通货膨胀引起的财富分布图的变形是外向膨胀的；而通货

紧缩引致的财富分布图变形是内向萎缩的，如图 3 – 3、图 3 – 4 所示。

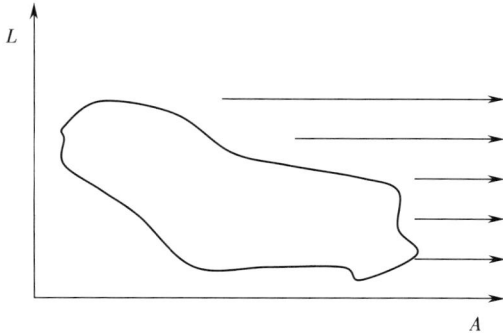

图 3 – 3　通货膨胀变形

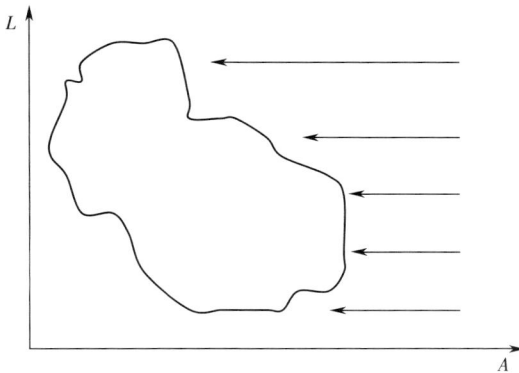

图 3 – 4　通货紧缩变形

在一个经济中，不同商品的价格变化并不总是同向的。由于每一个主体的资产结构不同，在价格变化所引起的变形中，每个主体的财务坐标漂移的方向和幅度不尽相同。价格引致的财富分布图变形不再是相似变化，既不是简单的图形平移，也不是某条边等距离的伸缩。价格引起的分布图变形一般是图形结构的改变。这表明，通货膨胀或通货紧缩等普遍的价格变化具有很强的财富再分配效应。但就具体来讲，价格变化导致什么样的财富再分配效果，需要具体分析，需要看分布图的结构特征和价格变化的具体内容和幅度。

现实中，经济系统始终处在价格变化之中，无论运行多么稳定的经济体，总存在这样或那样的价格变化。每一次交易都是一次定价的过程，保证所有价格绝对稳定是不可能的。

现在考察只有两种非货币资产的交易。当然，现代经济中，没有货币的支持，不可能实现交易。所以货币资产是必不可少的，只是为了简单起见，在坐标系中不明显标注出来而已。

两种资产分别记为 a_1、a_2，则交易在会计空间上的轨线如图 3-5 所示。

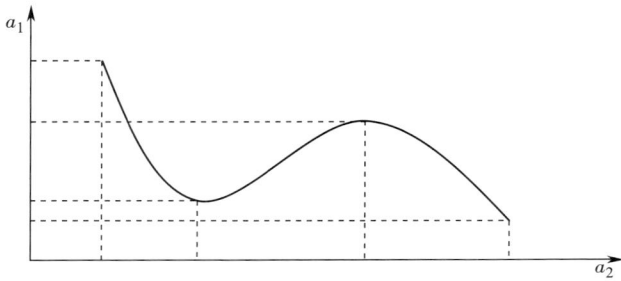

图 3-5　交易在会计空间上的轨线

上述交易轨线图表现这样一个过程：开始的时候，资产 1 在数量上占据优势，而资产 2 相对较少。经过价格变动和交易的作用，会计相点向下运动，主体的资产结构发生相应变化，资产 1 规模变小，而资产 2 的规模上升。随着时间的推移，会计相点继续运动，主体的交易轨线不断延长，此后资产 1 得到补充，资产 2 的规模也在增加。

在只有两种资产张成的会计空间上，会计相点的运动遵守一条基本规律：在没有物价变动干扰的情况下，交易引起的会计相点位移沿着 -45°斜角运动。这主要体现了等价交换的原则。主体将资产 1 的一部分出售，于是资产 1 的数量就会减少；与此同时，将获得的收入购买资产 2，于是资产 2 的数量就会相应增加。由于会计空间上每一个坐标轴的单位都是货币单位，而不是实物单位，这样卖出的资产在价值上应当刚好等于买入资产的价值。如果会计相点没有沿着 -45°斜角运动，就可以判定，会计相点运动受到了价格的扰动。

设想一个农民家庭的例子，农民有粮食 1000 公斤，粮食价格 3 元/公斤，这样粮食资产价值为 3000 元；农民拥有各种农具折合现金 5000 元。这时，可以在两维的会计空间上找到一点对应点，这就是该家庭的会计相点。农民卖掉 500 公斤粮食，并将获得的 1500 元现金用于购买一台小型的小麦脱粒机。于是，在粮食资产方面减少了 1500 元；而在农具资产方面，增加了 1500 元，两种资产一加一减，在数量上刚好相等。随后，粮食价格上涨了，由原来的 3 元/公斤上涨到 4.5 元/公斤，于是，粮食资产由原来的 1500 元增加到 2250 元；由于农机价格没有变化，农机资产保持不变。这样，会计相点在价格作用下发生移动，而这次移动不再遵守 −45°斜角规则。

在价格绝对稳定的情况下，外联交易不会改变主体的资产净值，交易产生的相点位移限制在同一个会计等值面上，从而不会产生财富效应。在这样的经济环境中，生产和服务是财富的唯一来源。投机性交易活动不会获得财富。这就再次回到交易效率的主题上，价格变动为投机性交易带来的财富效应降低了经济系统的交易效率，从根本上削弱了经济系统运行的活力。当某种资产价格快速上涨，就会吸引大量资金进行投机交易进而引发资产泡沫，交易效率随之下降。

第五节　交易的时间性

交易活动与时间有着十分密切的关系，它从两个方面与时间发生关联：一是交易的时间约束性；二是交易主体在决策时的时间视野。前者涉及交易时限的概念；后者涉及估值时域的概念。

一、交易时限

交易时限是交易的时间规定，是由交易内在关系所决定的时间约束，要求交易在特定的时间区间内实施或完成，这个时间区间称为交易时限。

上卷 交易行为

每一项交易，都有自己特定的交易时限。比如，日常生活中的各种交易，包括吃饭、穿衣、医疗等，都有很强的交易时限规定。这些交易，基本上都是有明确的时间点。家庭定期支付的水、电、气、通信费用，每个月都有固定的缴费时间；我们看病则是在感到身体不舒服的时候去医院。这类交易，交易主体可以选择不同的交易对象，但不能选择交易的时机。不能因为近期物价上涨比较快，就停止食物消费；同样，在疾病来的时候，也不能因为最近股票投资回报率高，将全部货币资产投入到股票市场中而不去看病；在孩子学校新学期开学时要交学费，不能因为手头资金紧张就让孩子在家等一等。企业交易同样存在时限性，水费、电费、雇员工资、办公室租金等，都有确定的支付时间，在没有宣布破产的时候，一定要按时支付。对于生产性企业，正常生产具有一定的节奏，需要定时定量地购进原材料。火力发电公司需要定期购进煤炭，汽车制造公司需要定期购进零配件，服装制造公司需要定期购进布匹等。以上所列举的交易的例子，交易时限都是确定的时间点，我们称这类交易为时点时限交易。

与时点时限交易有某种类似的交易是双边时限交易。这类交易只有发生在特定的时间段里才有意义。季节性交易就是这类交易。中国传统的节日——春节，家家户户燃放爆竹、花炮以示庆贺，农历腊月到新年正月是燃放爆竹、礼花的时间，这段时间也是爆竹、礼花交易的时段。每个家庭如果要买爆竹，就需要在这个时段里买，否则就不会再买了。具有季节特点的服装也是如此，夏季服装一般在春季晚些时候到夏季结束以前进行销售。进入冬季后，就很少有人再购买夏季服装了，只有极少数尾货市场上才会销售，购买的人一般也是少数特定人群。类似的还有制冷空调、夏季冷饮等。这类交易基本上都是发生在一定的时间段内。

与双边时限交易相对应的是单边时限交易。单边时限交易又可以细分为上时限交易和下时限交易两种。上时限交易是指存在起始交易时限点限制的交易。早于规定的交易时限点，交易就没有意义。与此相反，下时限交易是指存在终止性交易时限点，如果晚于终止性交易时限点，交易同样也没有意义了。这两类交易大都是与某些事件有密切关联的交易。比如，房屋装修需要购买大量材料，但是这些交易必须等到有了房子之后才能进行；用于汽车内部清洁的小型吸尘器需要等到买了汽车才有意义。凡此种种，都是单边时限交易的例子。

在各类交易中，除了上述情况外，还存在无时限交易。这类交易在交易时间上没有任何限制，比如投资股票市场，或者企业投资一个新的项目等，并没有规定的时间限制，交易时间主要取决于决策者对时机的把握以及约束条件的情况。

具有交易时限的交易在时间上具有一定的刚性。时点时限交易是绝对刚性的交易，在满足交易约束的前提下必须立即执行。单边和双边时限交易有一定的时间弹性，可以在规定的时间范围内进行时机选择。尽管如此，决策者必须在规定的交易时限内完成交易，因此也属于刚性交易。对于上述三类交易，交易的目的并不一定是为了实现收益的最大化，而是为了满足特定的目标。决策能够做的只是在有限的范围内优化选择而已。具有绝对弹性的交易只有无时限交易，对于这类交易，决策者可以在无限制的情况下，充分考虑各种因素，选择最佳时机，实现收益的最大化。根据这些特点，经济中的所有交易，可以区分为两大类：有时限交易和无时限交易，或者叫刚性交易和弹性交易。事实上，经济学的任务主要是关注弹性交易的变化规律，这是经济波动的主要来源。

二、估值时域

估值时域是决策者用于判定所考察交易产生预期收益①的时间区间。新

---

① 预期包含两层含义，第一层意思是指对事物发展变化的预判或预测，在英文中，所对应的单词应当是 forecasting；第二层意思则是指主体对于事物发展变化结果的期待与设想，对应英文单词应当是 expectation。按照主观和客观属性划分，预期在第一层意思中所包含的是主体对客观规律、变化趋势的认知，具有更多客观成分；而第二层意思则主要是主体基于对事物发展认知的基础上所产生的愿望，包含更多主观成分。在人类行为逻辑上，预判产生期望，期望决定行为。

上卷　交易行为

古典经济学认为，企业和消费者在考察一项交易的收益时，是在一个时点上进行的，而且就在交易的时点上。这种估值原则是一种现值法则。事实上，现实中的决策者在相当多情况下考虑的是远期预期，而不是着眼于眼前。这种原则称为期值法则。

企业在决策时，要同时考虑到未来风险管理、收益管理、形象管理三个方面。尽管三个方面最终都要体现在企业的收益上，但不可能立即体现在收益上。企业永远是在不确定的世界中进行决策，在这种情况下，风险管理关系到企业生存的问题。在跨国公司的生产安排中，并不是把全部生产线安排在成本最低的国家，生产成本较高的国家也会安排一定量的生产线。从时点收益最大化的角度，无法理解企业的这种行为。依照新古典经济学的理论，在产品价格一定的前提下，企业应当选择生产成本最低的地方作为生产基地。只有在具有一定时间长度的估值时域上考察企业的决策，才能理解企业的行为。跨国企业在多个国家布局生产基地，除了运输成本的考虑之外，还有风险控制的考虑，如果一个国家突然出现政治动乱或者工人罢工或者自然灾害等意外事件，其他的生产基地能够给予补充，不至于造成整个供应的停止。同时，在生产成本高的地区生产，能够起到维护产品形象的作用。比如，一些国际名牌皮鞋在中国生产，但这些品牌同时在欧洲原产地生产，虽然原产地的成本高出许多，但这样有利于保持品牌高端形象。无论是出于风险管理的考虑还是出于形象管理的考虑，都是为了企业长远的利益，是一种基于一定时间长度的估值时域上的企业收益最大化考虑。

在家庭决策中，对于金额较大，而且对家庭生活质量产生显著影响的交易，同样需要综合而且长远的考虑。以购买房屋为例，购买者会综合权衡成本和收益，需要评估未来一段时期房屋价格走势以及家庭可能产生的居住需求等。再以购买汽车为例，不仅要考虑未来家庭硬性支出压力和承受能力，还要考虑使用情况等。

事实上，时间因素渗透到人们方方面面的认知和判断。一个站在北京街头的观察者，如果仅仅观察一个下午的时间，当他看到斑马线上的信号灯仍是红色时胆子大的人急不可待地穿过，而胆小的人要等到绿灯的时候才通过。于是，他就得出结论说，做事需要有一定的胆量。可是，如果他持续在街口观察，直至看到闯红灯的行人被汽车撞伤的事故发生，他就会修正原来的结论：做事还是小心谨慎一些好。这个例子具有广泛的意义。老年人在生活中总会处事小心，而年轻人则遇事敢闯。实际上这与观察生活时间长短以及经历事情的多少有密切关系。

估值时域对交易决策的作用，是通过主体在预期收益的评估过程中实现的。估值时域的长短，对于预期收益率函数产生十分重大影响。以股票市场投资为例，对于同样的市场行情，长线投资者和短线投资者常常有截然不同的看法，反映在预期收益率函数上，就会有很大的差别。在某种程度上，估值时域的长度决定了主体的信息表达方式。信息表达是决策的基础，是主体消化信息的特性。在股票市场上，投资者估值时域的长短对一条信息会产生完全不同的表达方式。比如一条紧缩性货币政策信息，对于短期估值时域的投资者来说，主要考虑的是政策的短期效应，收缩银根在短期内会导致上市企业融资成本上升，收入减少，根据这样的判断，短期估值时域的投资者（股市上又称为短线投资者）就会减少股票持有；相反，在长期估值时域的投资者（或长线投资者）看来，宏观调控有利于整个经济长期内保持健康平稳运行，有助于为企业创造良好的运营环境，据此判断，长线投资者就会购进股票。实际上，估值时域不仅在股票投资中会产生重大的影响，在几乎一切交易活动中都发挥重要作用。比如上海的一个新移民，面对房价和房租的不断上涨，是决定买房子还是租房子这件事情上，估值时域长度发挥着重要作用。如果不打算长期在上海工作的移民，基于各种交易成本考虑，就会选择租房，房价上涨的长期红利对他不具有诱惑力；相反，对于打算长期工作的人，就会选择购买房子，收获房价上涨带来的红利。

企业的情况也是一样。对于估值时域较短的企业，成本控制和利润目标会在整个企业运营中抠得很紧；但对于估值时域较长的企业，就会采用动态柔性战略，为了在长期竞争中占据优势，可以采用在某个特定时期主动亏损的策略。一些外资银行看到中国市场的潜力，希望能够占据一席之地，于是设置分支机构，在开设的前两年里，这些新机构需要大量投入，并不赚钱。这从短期来看，并不是好的做法，但在长期来看，无疑是具有战略眼光的决策。由于企业群体十分复杂，每一个企业面临的情况都不同，它们的估值时域也有很大差别，这就形成了企业行为的多样性和复杂性。

估值时域是理解交易主体行为的重要方面，很多决策差异都可以在估值时域上得到答案。当然，并不是说估值时域越长，决策者越能够得到更为明智的决策。当估值时域拉得过长以后，不确定性就快速增加，决策所需要的信息也就越多。即便有了充分的信息，仍然需要许多前提条件假设，决策难度随着估值时域的长度增加而加大。决策者的信息集、面临的现实和潜在交易约束等，都影响估值时域的选择。比如两个股市投资者，一个把全部资金都投入股市，另一个只用三分之一的资金投入股市。在股市由牛市转为熊市的时候，前者面临流动性约束问题，必须撤出一部分资金用于其他交易，后者则没有这个问题，这样，两个投资者的估值时域一定是前者短、后者长。

在企业的经营中存在这种现象，在一段时期，即使企业处于亏损状态，企业仍然坚持运行，而不是采用停业或关闭的方法。理解企业的这种行为的关键在于估值时域。在上述情况下，企业主没有采取关闭或者歇业的措施，是由于在企业家的估值时域内，仍然存在扭转局势的预期。如果停业，企业重新开业的成本就会很大，有时甚至是不可能的。一旦停业，雇员就要另找工作，重新开业时就很难找到同样质量的职业团队。同时，现代经济是信用经济，企业被编制在复杂的债权债务网络中，企业一旦停工歇业，就会给债权人传递一个不好的信号，这些债权人就会纷纷讨债，这时企业很难通过融资归还债务，结果常常是以破产告终。这些都是为什么企业要在亏损状态下继续运营的原因。

影响估值时域的主要因素有三个：一是交易面临的风险或不确定性。不确定性越大，估值时域就越趋向短期化。保持主体稳定的预期十分重要，其中包括物价稳定预期和制度稳定预期，这些预期的稳定性直接决定了交易主体的估值时域长度。在预期不稳定的情况下，主体的估值时域缩短，从而降低交易的预期收益评估值，对交易产生抑制效应。这种情况可以在政局不稳定的国家找到证据，一般情况下，当一个国家政局出现动荡时，就会严重影响公众预期，各类正常交易大量减少，经济陷入萧条。二是交易标的物的影响期长度，主要是指所交易的商品对交易主体可能产生影响的时间长度。一般来讲，交易的影响时间越长，估值时域就越长；反之就越短。与购买汽车相比，买一件衣服对主体的影响时间要短得多。购买服装的估值时域与汽车估值时域相比要短得多，考虑的因素也比较少。三是交易主体的预期寿命。一切交易决策都是为了维持或提升主体的生存质量，主体的预期寿命必然是决策中不能忽视的因素。时间不停地流逝，生命也不断地消耗。随着年龄的增长，主体的估值时域也在随之缩短。在具体的经济活动中表现出的特点是，年龄越大，就越不愿意承担风险。而年龄越小，冒险精神就越强。老年家庭和年轻家庭在消费行为上的显著差异，预期剩余寿命是重要的决定因素。老年家庭通常不会考虑长期投资，估值时域也比较短。

无论是企业还是家庭，估值时域的长度都是有限的。对于企业来讲，由于市场、技术、经济形势总是处于不断变化中，在有限理性和信息不完备的情况下，对未来的预见长度十分有限。对于家庭而言，不仅受到上述因素的制约，还受到人性的有限"自我约束"能力的限制。由于"自我约束问题"，人们不愿意长久地等待，也就不可能超越"自我约束"能力承受极限，拓展交易视野。

　　行为经济学发现了心理账户①的存在，并发现心理账户的核算频率在人们的交易行为中产生重大作用，由此解释了"股权溢价之谜"。人们观察到，尽管从长期来看，股票市场的收益远远高于债券市场的收益，但仍有相当多的人愿意投资债券市场。通过心理账户核算频度可解释这一现象。股票市场的优势必须通过很长时间才能显示出来，对于心理账户核算频度较高的人就无法显示这种优势。事实上，交易者心理账户的核算频度也正是估值时域的一种表现而已。

　　人们对于时间的感受受到"紧邻效应"和"敏感性递减效应"的支配。首先，由于人们总是希望在不确定的世界里获得确定性，这种倾向被称为"确定效应"，而一切变化和不确定性都包含在时间之中，消除不确定性的最好方法当然是将可能性尽快变成现实，这种尽快实现愿望的倾向，就是"紧邻效应"。与此同时，人们在等待中，对时间的感知又会受到"敏感性递减效应"的支配，人们对于 1 年后与 1 年 2 个月后时间长度的感知强度远远小于当即实现与等待两个月后实现的感受。② 上述两个规律都会在交易主体设定估值时域的过程中发挥作用。

　　对于一个市场，交易主体的估值时域所形成的结构，称为市场的时间结构，对市场宏观行为产生不容忽视的影响。一般来讲，一个市场的时间结构向远端移动越多，市场就会越稳定。与其他市场相比，房地产市场的时间结构较长，相对而言，房地产市场价格也比较平稳。而股票市场相对于房地产市场，其时间结构比较短，价格变动也更为剧烈。

　　市场的时间结构始终处于动态变化之中。首先，随着交易主体年龄的变化，估值时域也在发生变化。无论是购买汽车还是购买电视机，老年人

---

　　① 薛求知、黄佩燕、鲁直、张晓蓉：《行为经济学——理论与应用》，86～88 页，复旦大学出版社，2003。

　　② ［德］乔齐姆·高德伯格、卢狄格·冯·尼采：《行为金融》，74～75 页，中国人民大学出版社，2004。

所考虑的估值时域一般都会短于年轻人。其次，价格预期的确定性是影响时间结构的重要因素。无论是价格稳定还是价格下跌，或者价格上涨，只要主体能够产生明确的价格预期，都不会对估值时域产生明显的影响。在这种情况下，主体能够根据确定的预期，进行预期收益评估，做出交易决策。但在价格预期不明确的情况下，对于未来的价格走势不能得出十分确定的判断，一个自然的反应是缩短估值时域，减少决策风险。仍以房地产市场为例，交易主体对未来的房地产价格产生明确的上涨预期，会将预期价格变动收益纳入决策评估中。无论价格上涨幅度多大，都不会影响估值时域的长度；对于价格下跌预期，也是一样。但是，如果对未来房价走势看不清楚，出现价格预期不确定的情况，交易者通常就会采取观望的态度，这时的估值时域就会缩短很多，超出估值时域以外的所有因素都归为零，不会对交易决策产生作用。最后，预期收益结构也是决定估值时域的关键因素。以股票市场为例，通常情况下，投资股票有两个收益渠道：一是企业红利，二是股票价格上涨带来的收益。两种收益渠道的结构变化，可以导致股票市场的估值时域改变。如果红利比重加大，就会促进股票市场估值时域结构长期化。反之，红利比重下降，就会促使市场的估值时域结构短期化。在中国股票市场上，长期存在的一个问题是红利比重太低，这是造成股市投机氛围严重的基本原因。

　　估值时域和交易时限是两个密切关联但又相互区别的概念。两个都是与交易相关的，涉及时间的概念。交易时限是对实施交易的时间规定；而估值时域是交易主体计算预期收益的时间长度。在差异方面，首先表现在决定要素上。交易时限包含更多客观要素，是由交易主体面对的众多需求规定的。估值时域带有更多主观色彩，取决于交易主体的交易动机以及对形势的判断。其次，两个概念的差异还表现在作用上。交易时限是交易安排的时间约束：时点时限交易，具有刚性时间约束性；双边时限交易，具有先后两个时点的约束，交易必须在第一个时点之后、第二个时点结束之前实施。虽然同样涉及时间，估值时域则是交易主体对准备实施的交易可能产生的预期收益设置的时间区间，在此区间上考察交易的收益情况。如果说交易时限规定了交易的实施时间限制，那么估值时域则是考察交易收益的时间限制。尽管两个概念着重点有上述不同，但在交易决策过程中都发挥着重要作用。交易时限决定了收益最大化的时间范围；估值时域决定了考察收益的时间长短，从而间接地影响收益的评估结果。交易时限与估值时域存在嵌入的关系，交易时限通常嵌入在估值时域内，估值时域一般包含了交易时限。但是，交易时限与估值时域之间并非严格对应关系，具有时点时限的交易，可以有很长的估值时域。

新古典理论将收益最大化或者成本最小化确定为企业遵守的一般原则。现实中，企业决策要复杂得多，远非最大收益原则所能涵盖。成功的企业家在决策过程中不仅要考虑当前的收益，还要考虑长期竞争优势，实现长期收益的最大化。当估值时域从一个时间点放大到一个时间区域以后，随之带来的影响因素数量将会成倍增加，决策的复杂性大大提高。更多的因素需要进入决策视野之中。按照主流经济理论的观点，人力成本提高以后，在资本允许的前提下，企业将提高自动化生产的比重。实际情况也确实如此，采用自动化程度越高，企业的成本压缩就越是明显，企业实现当前利润的能力就越强，竞争优势得到最大化体现。但是，20世纪80年代，当众多国际跨国公司纷纷大规模采用自动化生产线的时候，日本索尼（Sony）公司仅仅将生产线部分自动化，留有相当比例仍然采用人工生产。保留一部分人工生产，虽然在降低成本方面是不合算的，但是给新的技术改进留下了空间，这就像战争中的预备队一样，能够保持企业始终处于增长的势头。这种决策原则在企业管理学上称为动态柔性策略或者动态柔性决策。

事实上，不仅企业的决策使用柔性策略，家庭在重大支出事项上同样也会采用柔性策略。按照主流理论判断，商品价格下降会引致更多的消费，但实际情况并非总是如此。对于一些耐用消费品，价格下降在一定时间内，可能会抑制消费；相反，价格上涨，反而可能刺激消费。这种非常规的行为背后，正是柔性策略在起作用。引入估值时域决策后，收益最大化原则就转化成为动态柔性策略。

三、交易短期化现象

交易短期化现象是指在一个市场上或者经济体内，所有交易主体都将估值时域限定在很短时间区间的现象。交易短期化的特征是交易者追求短期收益，甚至是一次性收益。为了实现即期收益最大化，交易者充分利用信息不对称优势，兜售假冒伪劣商品，偷工减料现象普遍，欺诈行为盛行。在资本市场上，投机动机主导着市场氛围，投资者不在乎企业的行业特征，也不在乎经营管理水平，甚至不在乎是否亏损，只要有故事，就去炒作，赚到钱就跑。投资者的这种态度反过来又纵容上市企业弄虚作假，投机取巧。市场上交易者之间缺乏信任，整个经济在信任缺失状态下低效运行。这样的经济可以高速增长，但耗费资源严重，整个经济的投入产出比维持在低位。

当市场上的大多数交易主体使用短期估值时域作为测度价值的尺度时，短期化策略就变成了所有交易者的优势策略，交易短期化也就成了市场博弈的局势。短期化局势与长期化局势形成一种对应，然而令人遗憾的是，尽管短期化局势与长期化局势相比是低效的，但却是一种高稳定性局势，其稳定性远远超过长期化局势的稳定性。仅仅依靠市场自身力量去打破短期化态势，不仅困难重重，而且会耗费很长的时间。

短期化态势是全局低效的结论是明显的，交易者的预期收益函数极值是估值时域的增函数，估值时域越长，决策者越可能获得最佳交易策略和捕捉到好的交易时机；相反，估值时域的短期化所得到的预期收益函数极值是所有策略中的最低值。当市场中的多数交易者采用估值时域短期化策略时，长期化策略就会成为劣势策略，这是由于市场是由多数交易者的策略主导的，短期化策略主导的市场，表现出强烈的投机性，由此导致获利机会持续时间短的结果。在何种情况下与长期策略相比都是一种低效策略，这种形势迫使原有的长期策略持有者也转换为短期策略。共同的短期策略是市场的一种纳什均衡。要打破这种局势控制局面，交易者必须假定其他交易者采用长期化策略，否则就不会采用长期策略，这就形成一种自循环的局面，将市场策略的局势限制在原有位置上。这种机制决定了短期化局势的稳定性。

交易短期化不仅影响经济运行的效率，甚至会影响整个社会风尚和价值取向。浮躁重利、道德标准下降等现象会成为日益突出的问题，人们对一切等待都失去耐心，人们不相信明天的故事。在此心理的支配下，一切活动都是在争抢氛围下进行，秩序变成了人们的奢望。

交易短期化现象在市场发展初期十分普遍。就所对应的发展阶段而言，经济起飞时期非常容易出现估值时域短期化现象。

第六节　预期收益函数

交易引起会计矩阵的改变，从而导致会计矩阵净资产的增加或减少。一项交易所引致的会计矩阵净资产的改变量，就是该项交易的收益。在交易与收益之间形成一种函数对应关系，这个函数就是交易的收益函数。如果评估的不是实现收益，而是对于一项交易的预期收益，对应的函数也就是交易的预期收益函数。确定估值时域上的预期收益函数是交易主体决策时使用的主要工具，通过对预期收益函数的考察，可以在交易策略集上进行选择并实施交易。

一、预期收益函数的概念

交易的预期收益是指交易在估值时域上所能产生的最大可能收益。预期收益函数严格依赖于交易主体，对于同一项交易，不同的交易主体有不同的评估结果。预期收益函数与交易主体之间的关系表现为与会计矩阵的对应性。在当前时间 t_0 上，交易主体的会计矩阵 A 对应一个净资产值 a_0，在估值时域上的任何一个时间点 t 上，会计矩阵 A 的净资产值为 a_t。任意一组交易组合 T，将会计矩阵 A 变换成会计矩阵 B，即 $T(A) = B$，变换后的会计矩阵 B 在估值时域时点 t 上的净资产值为 b_t，经历了交易 T，前后的两个会计矩阵 A、B 在估值时域上的净资产值存在一定的差异，这个差异就是交易带来的财务状况变化。一组交易 T 所引起的会计矩阵净资产值在估值时域上的最大变化值，称为该项交易的预期收益，由此生成定义在交易域上的函数，称为该交易主体的交易预期收益函数，用 H 表示。

在交易相空间上，任何一组交易，都可以表述成标准的交易坐标 $(p_1 \cdots p_n, q_1 \cdots q_n)$。对于没有发生的交易，对应的 q 取零值。对应估值时域上的任何一个时间点 t，预期收益函数可以表述为以下标准形式：

$$H(p_1 \cdots p_n, q_1 \cdots q_n) = \max \big|_{(p,q) \in \Omega} (b_t - a_t)$$

其中，(p, q) 代表任意交易组合，Ω 表示策略集。

用图示表示，预期收益函数如图 3-6 所示。

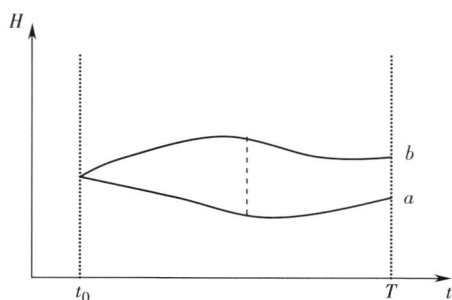

图 3-6　预期收益函数

图 3-6 演示了交易后的新会计矩阵与原来矩阵在估值时域上分别对应的两条净资产值曲线 a 和 b。两条曲线的最大差距由虚线标出。虚线的长度

代表着所考察交易产生的预期收益。图中 t_0 表示估值时域上端点（或左端点），T 表示估值时域下端点（或右端点）。

　　事实上，交易主体对于收益预期的估值通常十分模糊，只是预判市场的大致走势，不可能给出清晰的价格演化路径，对市场需求的判断同样如此。预期收益函数也是一个粗糙取值的函数。上述对于预期收益函数的讨论，不过是表明决策过程的逻辑结构罢了。

　　尽管决策者在决策时并不能确切地给出预期收益函数在估值时域 τ 上的运行轨迹，但是根据自己掌握的信息，仍然能够描绘出预期收益函数的大致走势方向。决策者在决策前的预判中，会将预期收益函数的走势按照以下类型归类，相关图形如图 3-7~图 3-10 所示。

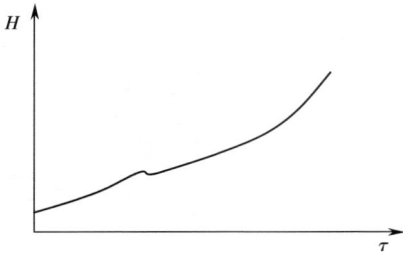

图 3-7　价值上涨走势

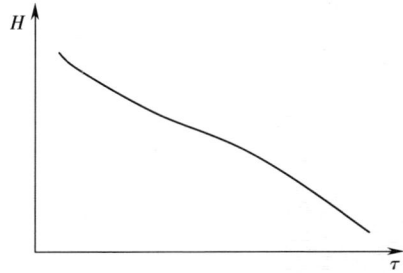

图 3-8　价值递减走势

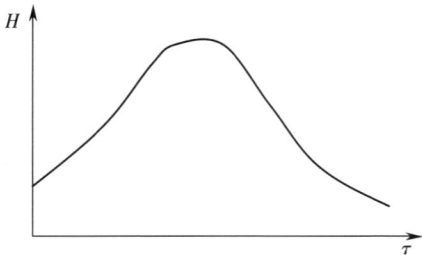

图 3-9　价值抛物线走势

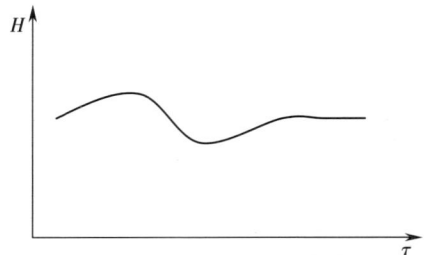

图 3-10　价值震荡走势

　　交易主体决策过程中的关注点集中在两个方向：一是预期收益函数在

估值时域上的变化趋势，根据走势演化确定交易的时机和交易方向；二是价值变动的幅度。决策者无法精确地预测收益的精确价值，但可以粗劣地估计出价格增长或下跌的幅度，并以此对不同交易组合进行对比权衡，确定交易安排。

虽然预期收益函数值的单位是货币，但因其收益函数变化的途径并非只有货币，或者有形资产，也可以是无形资产的增值，或者人力资本的增加。这就表明，预期收益函数的测度带来了交易主体追求的多元化，而不仅仅是货币资产。这就涵盖了更多类型主体的交易行为。一些交易主体可能追求有形资产的增值；而另一些交易主体，则是将注意力放在声誉增加方面，这类主体更加注重社会影响，而对财富目标相对淡化。更普遍的情况是将子女教育放在十分重要的位置上，通过提高子女受教育水平，增加家庭的人力资本存量。由此可见，由于预期收益函数是建构在会计矩阵基础上的，从而将更为广泛的行为类型包含在内。

此外，还有一个因素影响预期收益函数的大小，那就是时间因素。即使对于交易所带来的会计矩阵的优化效应完全一样，但如果对等待时间的感受不同，不同的交易主体就会赋予不同的贴现因子，从而影响对交易选择的最终决策。用 δ 表示贴现因子，在 0 到 1 之间取值。贴现因子的最基本特点是时间越长，贴现因子就越小。加入时间贴现因子的预期收益函数 H 为

$$H(p_1 \cdots p_n, q_1 \cdots q_n) = \delta \times \max|_{(p,q) \in \Omega}(b_t - a_t)$$

加入了时间因素后的预期收益函数，在估值时域内不同时点上实现的极值点就会由于贴现因子的不同而产生差异。这是引入时间因素后预期收益函数性质上的变化。

影响贴现因子大小的因素除了时间之外，主要是主体对不确定性的敏感性。对不确定越是敏感——或者主体越是厌恶风险，贴现因子取值就越小，反之就越大。在客观方面，交易环境的不确定性越大，就会导致贴现

因子越小，对于预期收益的估值就越低，交易积极性受到的抑制就越强，越不利于经济系统的活跃与繁荣。

当然，在两类交易主体——家庭和企业中间，由于具有不同的生命周期模式，贴现因子也有很大差别。从理论上讲，企业法人具有永生的可能，而家庭的生命周期是有限的。这种差别决定了企业的贴现因子一般较家庭贴现因子要大，具有更大的耐心等待一项交易产生收益。而家庭则更倾向于更快获得收益。但是，企业和家庭两类主体的关系又是通过产权紧密地联系在一起的。虽然企业可以拥有无限的生命，但投资者的生命周期是有限的，投资者等待企业回报的耐心也是有限的。这就决定了，虽然企业拥有无限的生命，时间贴现因子仍然小于 1。对于交易主体来说，这里所谈的生命剩余长度表现为决策者对决策效应的等待时间长度。以企业为例，虽然企业法人的存在可以无限期延展，但决策者 CEO 的任期是有限的，它对决策产生效应的等待时间更短。

二、预期收益函数的运算

为了对比一项交易中不同方案对预期收益函数产生贡献的大小，以便找到最佳的交易方案，需要引入预期收益的导数概念。预期收益对于一项交易的偏导数定义如下：

$$\frac{\partial}{\partial x_i} H(X) = \frac{lin}{\Delta x_i \to 0} \frac{1}{\Delta x_i} (H(X') - H(X))$$

其中，X 表示一组交易，X' 表示对求导交易施加微小变化产生的一组交易。

在此，暂不考虑商品单位所产生的变量离散化问题。将商品数量当作连续的、具有可无限分割的变量。至于如何过渡到离散化的真实情况，可以采用将结果直接离散化的处理方法。

在预期收益导数的基础上，可以定义以下微分为关于交易 x 的全微分：

$$d_x H(X) = H'_x(X) dx$$

定义以下微分为预期收益的全微分：

$$DH(X) = \sum_i H'_{x_i}(X)\,dx_i$$

对一组交易，可以定义多阶导数。多阶导数建立在一阶导数的基础上。由两个交易构成的组合交易，对应的导数定义如下：

$$\frac{\partial^2 H(X)}{\partial x_i \partial x_j} = \frac{\partial}{\partial x_i}\frac{\partial H(X)}{\partial x_j}$$

对于预期收益函数的导数，费马定理同样成立。

费马定理：对于定义在一个策略集上的预期收益 $H(X)$，如果在一组交易 X_0 上取极大值，并且在该点上存在导数 $H'(X)$，则有 $H'(X_0) = 0$。

此外，预期收益函数的导数还遵守普通导数加减乘运算的规律，即

$$[H_1(X) \pm H'_2(X)]' = H'_1(X) \pm H'_2(X)$$

$$[H'_1(X)H_2(X)]' = H'_1(X)H_2(X) + H_1(X)H'_2(X)$$

同样可以定义预期收益函数的复合函数导数：

$$H'_{x_i}(g(x_1, x_2, \cdots, x_n)) = H'_{x_i}(X)g'_{x_i}(X)$$

其中，g 是交易量到交易量的函数（流动性约束函数属于此类情况）。

上述运算的定义，从技术上确立了使用拉格朗日函数建立交易条件方程的基础。

三、预期收益函数的性质

从某种意义上讲，一个人就是一台赋予特殊计算格式的计算机，其行为特征由嵌入在计算机内部的模型决定。对于交易主体来说，预期收益函数便是这个模型。预期收益函数是交易决策者对各种交易得失的评估函数，既包含了过去交易的经验，也包含了对未来市场变化趋势的判断，处于交易决策的中心位置。

由于收益具有可加性，因此，可以推测，所有交易主体的预期收益函数是一个多项式函数，每一项对应一类相应交易的收益。当然，由于不同交易之间存在密切的关联性，因此预期收益函数中一定会存在交叉项，即

一个交易收益项中包含了其他交易的变量。也就是说，预期收益函数通常会是非线性函数。

预期收益函数包含了众多交易的整体收益情况，而不是用于反映某一项独立交易的收益情况。对于一个核算主体所实施的众多交易之间存在相互协同和竞争的关系，一些交易属于一个组合交易系列，它们之间相互协同，虽然一项交易亏损了，但支持了另一项交易，并获得了更大的收益，作为一个组合交易，仍然是一个好的交易策略。但是，由于交易主体的流动性资源是有限的，这就使得消耗流动性的交易之间存在竞争关系。只有收益更高的交易才能胜出。无论是协同关系还是竞争关系，都体现为一种关联，这些关系最终都在预期收益函数的整体性上得以反映。

综合上述分析，预期收益函数的性质可以归纳为以下几项：

1. $H(0) = 0$，即 0 交易情况下的预期收益为 0；

2. H 是可加函数；

3. H 存在相互作用项；

4. H 中的各项既可以是正值，也可以是负值；

5. H 中的交易量是假设交易量，对应值的大小是估值时域内的预期收益最大值。

预期收益函数的结构总是处于不断变动之中，随着市场环境和宏观经济环境的变化，交易预期收益函数也会随之调整，以适应变化。因此，尽管交易预期收益函数中不显含时间变量，但函数中的结构参数都隐含时间因素。

第四章 交易环境

交易环境对于交易的重要性是不言而喻的。交易主体既是环境施加影响的对象，又是环境的组成部分，成为影响的施加者，两者之间形成反馈关系。人类自身是环境的产物，环境影响主体的行为范式，交易网络上的紧密层环境对主体决策习惯的影响尤其关键。在一些特殊的情况下，人们会失去客观的判断，完全被周围环境所控制。传销、邪教或者处于泡沫氛围下的投资者，甚至整个社会都陷入丧失理智的疯狂中，这样的例子时有发生。道理很简单，一切判断——无论是价值判断，还是感知判断——都必须从所处环境中获取参照，这是认知规律决定的。

构成交易环境的成分是多方面的，包括信息环境、主体环境、制度环境、基础设施、激励导向等，这些都最终影响交易环境的质量。反映环境各方面特征的参变量以不同的方式进入到交易决策过程中，对决策产生影响。信息环境反映在交易主体的信息集中，为决策判断和交易域提供支撑；主体环境、制度环境、基础设施通过交易成本的渠道进入决策函数中，影响交易方案的选择；约束条件在交易策略集的确定中发挥作用。由此看来，交易环境介入了交易过程的各个环节。

对于单个的交易主体，交易环境是一种客观存在，具有外生性特点。但对于交易主体的群体，交易环境是共同创造的产物，是经济系统的内生结果。交易主体的决策和博弈赋予了交易环境生动的品质特征。在主体与环境之间，存在着永不停息的互动和共生关系。

上卷　交易行为

第一节　环境构成

交易环境是指存在于主体之外，但对主体交易产生直接和间接影响的各种要素的总和。在交易网络上，按照对交易主体产生影响力的大小和作用方式不同，交易环境划分为紧密环境和外层环境：紧密环境是由主体直接进行交易的对象以及对主体产生关键影响的环境要素组成的。对于企业，表现为它的交易伙伴以及地方政府、银行等。外层环境是间接对主体产生影响的环境要素总和，包括行业、城市、国家，以及宏观经济气候和国家调控政策、国际事件、国际经济气候等。不同层次的环境对主体的决策和行为产生不同的影响。

交易环境是一个相互关联的系统，它的要素构成包括潜在的交易对象、能够使用的交易工具、各类信息的可获取性、影响交易的法律法规、多数主体所遵从的潜规则、诚信文化等。这些因素归纳起来，概括为四个方面：信息环境、制度环境、基础设施环境和主体环境。

一、信息环境

交易产生信息，信息塑造交易。信息是一切交易的起点，是交易环境的重要组成部分。交易环境中能够为交易主体提供信息的多寡及质量的高低，对于交易者决策并顺利实施交易起到至关重要的作用。大都市与偏远山区之间，除了基础设施方面的差异外，最重要的差异是信息。生活在大都市里的人们，每天能够接触到大量信息；而在偏远的山区，交通不便，信息闭塞，每天的生活几乎毫无变化。信息包含着机会，所以城市为人们提供的发展机会要比偏远山区多得多。在互联网络日益普及的今天，虽然城市与乡村之间的信息差距缩小了，但在信息质量和信息增强的动机方面，仍有无法消除的鸿沟。

每个交易环境中信息的结构各不相同。一些地区的金融信息相对密集；另一些地区的政治信息具有优势；还有一些地区可能在某个产业方面——市场行情信息和最新技术发展信息等——处于信息高地的位置。信息在不同环境中的结构性差别，是形成不同地区特定经济结构的重要原因之一。在各个国家，产业总是相对集中地呈地块状分布，其中，信息作为交易环境的重要组成部分发挥了重要作用。比如，有些区域富集文化产业，电影公司、文化传媒公司等集聚在一起，形成有关文化产业的信息高密度区域，这种信息结构引导着这个地区在文化方面的比较优势不断增强。同样，一些地区则会集聚大量汽车制造企业，与此相关的市场、技术和人才信息就会特别密集，构成该地区的比较优势。其他一切产业的情况几乎无不如此。

交易主体既从环境中获取信息，是信息的需求者和消费者，也是信息的制造者和供给来源。交易主体与环境的信息之间构成一个密切互动的整体。一般来讲，交易环境所提供的信息越充分，质量越高，为交易主体创造的机会也就越多，反过来交易主体也就为环境输送更多的信息来源。信息来自交易，信息推动交易。

信息环境的好坏并不完全取决于信息的充盈程度以及获取信息的便利性和合理分布，还取决于信息质量的高低。对于充斥谣言和虚假信息的环境，不仅不利于交易，还会影响判断，混淆视听，对交易造成伤害。当交易环境遭到破坏或者冲击的时候，谣言和虚假信息就会泛滥，破坏交易氛围。

二、制度环境

制度因素包括产权制度、交易规则、分配制度、税收制度、法律法规和执法系统。分配制度是指各种生产要素在最终成果分配中的关系，其中，资本与劳动的分配关系、劳动者与管理者的分配关系、资本与技术分配关系、劳动与技术的分配关系，以及土地与劳动的分配关系等，都是分配制

上卷　交易行为

度的重要内容。此外，初次分配与再分配的关系，也是分配制度的组成部分。分配制度直接影响主体的交易成果，影响到主体的交易决策和交易态度，是决定交易效率的直接因素。

产权制度是对财富和资源享有权利的内容和方式的规定。产权具有多层次性，一栋大楼的产权，包含大楼所占用的土地权、大楼使用权和大楼收益享用权、大楼外观改动权以及大楼的结构改动权等。如何划分大楼的产权，直接关系到大楼交易和维护成本，同时也对大楼使用方式产生影响。对于仅仅拥有大楼使用权的人，不会在意大楼的维护，他会最大限度地发挥使用权带来的收益。产权甚至不依赖于一项具体的物权，比如城市中的公交运输线路，也可以赋予产权性质。总之，一切具有某种程度排他性的实用以及收益的价值，都可以在某个层面赋予产权。产权的基础在于价值，而价值依赖于技术的进步和市场的发展，产权的形式不断多样化。在产权层次之间以及不同利益主体之间所形成的关系具有结构性特点，因此称为产权结构。一切施加于价值之上的产权结构都会直接或间接地影响人们的经济行为。对于一件商品，所有相关的人和机构，包括消费者和代表国家的税收部门，在商品上体现的权利就浓缩在产权结构之中，最终体现在价格构成上。这不仅影响消费行为，也影响生产、流通等各个环节。在一个经济中，产权结构是各种价值的归属关系及其在不同主体之间分布的总和。归根到底，隐藏在法律法规背后的终极目的，是维护一种产权制度和由此衍生的产权结构。

制度的约束力——制度执行情况也是交易环境的关键因素之一。司法不严直接增加交易的不确定性，导致主体预期不稳，影响经济运行质量。在两个具有相同或者相近制度体系的经济体制中，由于制度执行情况的差异，也会在交易环境质量方面产生重大差别。在一个国家内部，甚至一个城市内部，制度、法规体系应当完全一致，但是由于历史原因和执法强度上的差异造成了一个地区或者城市的某个区域有很高的犯罪率，人身和财产安全无法得到保障。长此以往，秩序混乱的地区在经济上一定落后于其他地区，甚至陷入贫困。

交易规则是主体在进行特定交易时所遵守的各种规定，属于广义制度范畴，交易规则对交易风险和交易成本影响很大，在一定程度上影响到交易主体的行为选择。20世纪80年代中后期，中国经济体制改革处于起始探索阶段，税收体制中的一项重大的改革是"利改税"，其中具有阶梯式累进制特征的"产品税"是企业税的主要税种。"在产品税体制下，分工越细交税越多，一个工厂除了原材料不得不买以外，如果生产环节的所有东西都自己做，制造出成品后再销售，所需缴纳的税收是最少的。从产业环节来讲，越是上游缴纳的税就越少，越是下游缴纳的税就越多，客观上导致所有生产型企业倾向于搞'大而全''小而全'，自干自的服务，不鼓励专业化分工，必然导致制成品和最终服务业价格昂贵，造成价格扭曲。这会影响到投资者的倾向和对投资的准入，这也是扭曲的。"①

制度作为交易环境的重要组成部分，总是处于不断演变过程中。制度是经济体内部不同利益阶层间博弈的结果，博弈是制度演变的动力。制度演化的方向取决于博弈的哪一方占有主导地位，也取决于利益有关各方进行博弈的架构。利益阶层的结构是在现有制度架构下交易主体持续不断交易的结果，体现了交易的累加效应。

三、设施环境

拥有一个良好的交易环境，就包含了良好的基础设施。不同地区和国家之间的经济发展的阶段性差异，完全能够从基础设施建设的完善程度上得到反映。在中国经济早期发展阶段，基础设施相对落后，为了弥补这一点，采用了建立经济开发区或者工业园区的方式改善局部设施条件。通常的做法是地方政府先从农民手中购买一块土地，修道路，建设各种市政工

---

① 周小川：《国际金融危机：观察、分析与应对》，76页，中国金融出版社，2012。

程，然后开始招商引资。这种做法的关键是在一个局部区域为投资企业营造一个良好的交易环境。政府在建立开发区的前期投入会在随后的税收收入中得到补偿。

考察工业革命的起源地——英国的经济发展历史可以看出，基础设施对于促进经济发展，尤其是在经济启动的初期发挥了重要的作用。不仅英国的工业化初期是这样，各国的情况也不例外。中国的长江三角洲地区，由于优越的运输条件（地势平坦、河道纵横），清朝晚期的工业化也是首先在这里启动的。考察世界各国在经济发展的早期，也都在基础设施方面——包括铁路、公路、港口等——进行过大规模的投资，基础设施的不断改善几乎伴随着经济快速发展的全过程。

四、主体环境

交易网络上的主体作为一个群体，是交易环境的重要组成部分。人类是一个社会性很强的动物，社会性的本质是主体间相互影响。经济行为作为社会行为的一部分，自然也存在彼此相互影响的关系。在这方面，法国社会心理学家古斯塔夫·勒庞在其著作《乌合之众——大众心理研究》一书中有过精彩的论述。他认为，理性以及后天教育获得的行为准则只能在还没有构成紧密群体以前对相对独立的人才会有用；一旦在某种议题下形成紧密群体，相互之间的影响将轻而易举地摧毁人们的理性防线。"群体有着自动放大非理性的能力——暗示的作用对于群体中的每一个人都会起到相同的作用。这种作用随着群体的情绪链条的传递，会越来越强大，直到突破人的想象，仍然不会停下来。"[①] 在强大的相互影响作用之下，每一个人的行为都会扭曲变形，丧失基本的判断能力，以至于产生强大的类似催

---

① ［法］古斯塔夫·勒庞：《乌合之众——大众心理研究》，17 页，武汉出版社，2012。

眠的力量——群体性催眠。[①]由此表明，交易网络上的主体环境在交易中发挥重要作用，是交易环境不容忽视的组成部分。

当然，主体环境的内涵不仅限于相互作用的集体性催眠方面，它主要包括三个方面：一是交易者的技能素质；二是诚信水平；三是交易者的交易状态。

劳动者本身也是劳动力市场的交易者，他们的素质高低直接关系到技术的传播和新技术能否顺利使用。[②] 这种情况在中国经济腾飞阶段就出现过。中国推行的义务教育在经济还十分落后的情况下已经为经济腾飞打下了劳动力素质的基础。改革开放以后，外国投资者带着先进的生产技术来到中国，与中国廉价但高素质的劳动力构成优势互补，形成了强大的国际竞争力。

---

① 他在书中讲述了一个曾经发生在英国的故事：在1523年6月上旬的伦敦城中，有算命者和占星家预言泰晤士河将在1524年2月14日猛涨，整座伦敦城将会被淹没，成千上万户居民的房屋将会被冲毁。在预言发布的几个月里，所有的盲从者都开始喋喋不休地重复着这个预言，这使得更多的人相信了它。

民众纷纷打点行装，移居到伦敦城以外的地区。而这样的迁徙行为又加快了预言的传播速度。随着灾难预定的日期越来越近，移民的数量也在不断增加。到了1524年1月的时候，下层民众携妻带子，成群结队地步行到遥远的村庄去躲避灾难，中上层的人则乘坐马车赶到那里。

到了1月中旬的时候，至少有两万人离开了伦敦，许多地方只剩下空荡荡的房子。在人们的心目中，伦敦是一个注定要毁灭的地方，有钱人特意在其他城市的高地上安家。即使是富有学识的神职人员也不例外。比如说，一位教堂的院长异常恐惧，他用极高的代价在高山上修建了一座城堡，贮存了两个月的生活必需品。在那个可怕日子到来的前一个星期，他带着教堂的全体职员和家属搬了进去。许多人都要求住进去，但这位院长在慎重考虑后，只接受了与他私交甚好的朋友和带着大量食物的人。

泰晤士河并没有在预期的日子暴涨，当人们准备将预言家投入河中的时候，预言家却想出了平息众怒的办法：他宣布自己计算错了一个小数字，所以洪水的日期被弄错了，提前了整整一个世纪。

② 19世纪后期的美国，"大多数州，尤其是新英格兰州的法律都载有义务教育的条款，规定凡是不到14岁或者15岁的年轻工人必须把每年约3个月的时间花在学校里……这为信息在美国的工厂工人中间广泛传播打下基础；尽管乍看起来，雇主在自由利用提供给他的劳动力方面似乎受到限制，但这个体制有助于劳资双方的永久优势。早期的知识训练强烈地唤起这种知觉力。对于来到美国人中间的有技艺的欧洲工匠，美国人以那种已经有良好的实际教育所准备了的心态，很快地向这些人学习，已经为制造业运行的广泛扩散体系打下基础，其影响难以估算，美国人还天天从来自他们年长的并且更富经验的欧洲同行的教训中改进自己"。参见［美］W. W. 罗斯托：《从起飞进入持续增长的经济学》，四川人民出版社，1988。

上卷 交易行为

交易主体信用水平的高低直接影响着交易环境质量。在一个道德素质普遍低下的环境里，每一次交易都必须非常小心才能避免上当受骗。为了避免受骗蒙受损失，交易者需要增加许多防范措施，不可避免地推高交易成本。

交易主体在交易状态上会受到其他人的感染。当越来越多的交易主体在投资上采用积极扩张的交易状态时，就会影响到决策者的状态。这在股票市场中特别突出。当身边的投资者越来越多地相信股票价格会上涨，并且纷纷购进股票时，处在这样交易环境中的交易主体不会无动于衷。历史上曾经发生过这样的事情：一天，巴黎的一间股票经纪人经常光顾的俱乐部走进一个人，这是一位精明的投资商，叫德尚。他匆匆走进来时，像是在找一个人，急切的心情让他头上冒出汗来，正当他从口袋里掏出手帕擦汗的时候，一张纸条从他口袋里掉了出来，而他全然不知。没有找到他要找的人，德尚离开了。那张纸条被人捡了去，只见纸条上写着：无论在什么价位，你能买多少马赛轮船股票就买多少！在场的经纪人从这张纸条获得了这样的暗示：马赛轮船公司一定还有没公开的利好信息，股票价格还要上涨。事实上，这只股票已经上涨了很多，大家普遍认为这只股票面临随时下跌的风险。然而，这张纸条上的消息一经传开，人们竞相购买马赛轮船公司的股票，达到 3 万股之多。① 当然，这个故事是以经纪人的上当受骗为结局的，但这个故事表明，人们在决策上的相互影响和情绪传染，在交易中发挥的作用是多么巨大。上当受骗的经纪人都是深谙市场、精于投资的人，但他们在相互影响之下，仍然掉进被人设计的陷阱。

类似的情况在生活中经常发生。20 世纪 70 年代发生在巴西乡村里的故事同样表明，人们独立判断的能力是多么容易丧失。那个时候，避孕药刚开始使用不久，虽然很多妇女深受无节制生育之苦，众多家庭深陷贫困—生育—贫困这一恶性循环的泥沼中，但是受到周围人传言的影响，放弃了

---

① ［法］古斯塔夫・勒庞：《乌合之众——大众心理研究》，34 页，武汉出版社，2012。

尝试的勇气，甚至开始尝试的妇女又选择了放弃。

"有一种谣言说，有位服药者生下一个孩子，当孩子第一次张开自己的小手时，手里拿着的全是避孕药。还有一种普遍的看法认为，避孕药在子宫里越积越多，最后会变成一个恶性的大药丸，只有动手术才能除掉。这正好同人们最普遍的担忧——避孕药能够致癌不谋而合。结果每人平均养了七个孩子，个个都越来越虚弱，衣食和教育也越来越差。拉丁美洲的贫苦妇女变成了墨守宗教成规的人眼中的烈女。"①

交易网络上的主体环境还提供了对交易评价的参照系。人们通过与周围人的对比，实现对自己的评价，包括收益情况、生活状况以及下一步需要努力的方向等。贫困地区除了基础设施差、收入水平低、就业状况不理想等普遍现象外，还有一个十分典型的特点，就是随遇而安、甘于清贫的心态十分普遍。这就形成了一种特殊的局部环境，外面世界的新风很难吹得进去，形成一道无形的屏障。这种现象正是主体环境造成的。主体环境为每一个生活在其中的人提供了一个决策参照系。这种机制导致了贫困人口呈现区域分布，一旦形成贫困地区，与零星贫困家庭相比，消除贫困的难度就成倍增加。其原因就是主体间相互影响形成的局部环境恶化。

交易者与主体环境之间的复杂作用关系是导致市场混沌行为的根源，这些领域正在吸引着越来越多学者的注意力。

第二节　交易环境导向

当交易环境对不同类型的交易表现出明显差异的时候，这样的交易环境就被称为有导向性环境。事实上，无论有意还是无意，几乎所有的交易环境都具有导向性。美国政府为了保证市场的效率，限制企业可能产生垄

---

① ［英］保罗·哈里森：《第三世界——苦难·曲折·希望》，264～265页，新华出版社，1984。

断的兼并行为就是一种典型的环境激励导向，其导向是鼓励竞争。相反，日本为了增强本国企业在国际市场上的竞争力，鼓励企业兼并重组，做大做强。通常情况下，通过税收政策建立交易环境的激励导向是最常用的手段。比如，政府为了增加消费，就会降低利率，提高遗产税率等。政府希望减少石油消费，就会提高汽油附加税，提高车船使用税。20世纪60年代，巴西政府为了加快对落后地区的开发，实现地区间的均衡发展，采用免除这些地区某些行业所得税的政策；20世纪80年代里根政府实施《经济复兴税法》，对企业固定资产加速折旧，所有工业企业设备的折旧平均年限从8.6年缩短为5年，逐年摊提额依次是20%、32%、24%、16%和8%，75%以上的设备成本在头3年收回。工厂厂房平均折旧年限从23.8年缩短为15年。[1] 这些措施起到了降低企业应税负担的作用，刺激企业扩大投资。

20世纪70年代中期以前，美国政府给予油井所有者税收优惠，其税收优惠称为"石油竭尽津贴"。公司可以通过石油竭尽津贴来减少公司所得税支出，该津贴约等于所售原油价值的25%。1924年的收入法案将竭尽津贴限制在竭尽前资产的应税收入的50%以内，这部分应税收入首先扣减与生产性资产直接相关联的费用。石油竭尽津贴强烈地刺激石油公司展开垂直一体化扩张。一家公司拥有油井、炼油厂、加油站，这样它就可以将石油的内部转移价格定得很高，从而获得很大的津贴补助。在这一政策的刺激下，石油公司的垂直一体化成为石油行业的基本模式。随着这项政策在1974年被取消，公司下游的零售商开始大规模地解体。[2]

在构建交易环境导向方面，日本20世纪50年代到70年代中期的做法，无疑是一个成功的案例。1952年，日本颁布《企业合理化促进法》，主要内容有三点：一是为新机器、新设备的实验性安装和试运行提供直接的政府

---

[1]　杨沐：《产业政策研究》，265～280页，上海三联书店，1989。
[2]　[美]丹尼斯·卡尔顿、杰弗里·佩洛夫：《现代产业组织》，743页，中国人民大学出版社，2009。

补助；免除一切用于研发投资的地方税。二是对于由内阁确定的企业，在新设备安装后的一年内按 50% 比例折旧。三是财政出资兴建港口、公路、电力网、煤气管道和工业园区。在此后 20 年里，日本持续对各种基础设施进行投资，完善基础设施条件。其中最著名的成果之一是千叶辖区内的东京湾、由填海建成的京野工业带和石油化工联合企业。在这个工业园，仅川崎钢铁公司就获得无偿土地 300 万平方米。为拓展国内消费市场，日本政府制定了免征特定消费品的消费税政策，这些商品名录在不同的发展时期由政府确定。20 世纪 60 年代初期，免征消费税的商品有黑白电视机、洗衣机和电冰箱（当时被称为"家庭三宝"）；20 世纪 60 年代后期，免征消费税的商品包括汽车、空调和彩色电视机（当时被称为"三 C"）。在税收优惠政策的刺激下，日本国内的消费市场出现繁荣的时代，被称为"消费者革命"的运动。20 世纪 60 年代初，日本加入关贸总协定以后，对出口企业收入减税政策受到限制，日本政府采用一项新的变通措施，对出口企业加大设备折旧，降低企业的生产成本，变相地向出口企业输送利益，继续保持交易环境的外向型导向。[①] 在日本经济高速成长的 20 多年里，日本政府采取了花样繁多的政策措施，在不同程度上起到了改善交易环境和强化交易环境导向的作用。应当说，日本经济高速增长的成因是多方面的，但交易环境的外部导向功不可没。

另一个例子是资本利得税。该项税种对于交易行为有很大影响。在没有建立资本利得税的经济体，出现泡沫化倾向的潜在可能性更大。高税负的资本利得税对于投机性交易具有很强的抑制作用，这种税制所要建立的激励机制是鼓励投资实业。

除了财税以及金融政策比较常用的环境导向工具外，一些法律对于交易环境的导向也会产生一定的影响。比如《劳动法》中关于企业对雇员解

---

① ［美］查默斯·约翰逊：《通产省与日本奇迹——产业政策的成长（1925 ~ 1975）》，217 ~ 265 页，吉林出版集团有限责任公司，2010。

雇的限制要求以及企业对遣散员工所要承担的费用要求等，对企业雇用员工的行为会产生明确的导向作用。众多法律法规，像《继承法》《物权法》，甚至《婚姻法》，都会对交易环境产生这样或那样的导向作用。

　　另一个环境导向的案例来自秘鲁起始于 20 世纪 90 年代的经济制度改革和行政管理程序简化。"在房地产方面，我们缩短了穷人产权登记的审批周期，从 12 年缩短为 1 个月，将成本削减了 99%，到 1995 年，我们使 30 万业主拥有了合法产权，他们的财产至少增加了 1 倍的价值，建立了 25 个信贷机构，给新的合法业主提供了贷款。到 2000 年，大约有 190 万座城市房屋成为合法建筑，有 75% 的非正规市场成了合法的正规市场。在商业活动方面，我们减少了进入商业领域从事商业活动所需的成本。注册审批时间，从 300 天减少为 1 天……到 1994 年，约有 27 万个非正规创业者进入合法的经济领域，创造了 50 万个新的工作岗位，使税收增加了 12 亿美元。上述改革以及在国家宏观经济政策上做出的变化……使秘鲁实现了很高的国民生产总值增长（包括 1994 年达到世界最高水平的 12%）。"①

　　即使以"放任主义"著称的英国，也并不是对于交易环境不施加任何影响，其各个历史时期在制度和政策上都有明确的倾向性，从而形成交易环境的激励导向。在产业革命时期，体现激励导向的主要制度有："第一，通过航海条例鼓励造船、发展海运、奖出限入……第二，制定和实施殖民政策和通商贸易政策……第三，积极推行旨在保护国内农业的谷物政策……第四，积极推行关税保护政策……第五，通过立法手段维护社会稳定，促进经济发展。"② 这些政策对促进英国经济快速发展起到了一定的积极作用。

　　交易环境的导向是决定一个经济体特色的关键因素。这些特色包括产

　　① ［秘鲁］赫尔南多·德·索托：《另一条道路——一位经济学家对法学家、立法者和政府的明智忠告》，17～18 页，华夏出版社，2007。
　　② 谭崇台、马颖、叶初升：《发达国家发展初期与当今发展中国家经济发展比较研究》，51～55 页，武汉大学出版社，2008。

业结构、企业组织以及人们的消费行为等方面。

产业政策是现代经济最常见的环境导向性工具。产业政策发端于20世纪50年代的日本，20世纪七八十年代在世界范围内普及，受到各国的重视。虽然近半个世纪过去了，但对产业政策的内涵及其评价仍然存有不小的争议。关于产业政策概念有口径宽窄不同的定义。一种认为产业政策是政府有关产业的一切政策总和。这种观点的代表是日本经济学家下河边淳和菅家茂，在他们共同主编的《现代日本经济事典》中对于产业政策所下定义是："产业政策是国家或政府为了实现某种经济和社会目的，以全产业为直接对象。通过对全产业的保护、扶持和完善，积极或消极参与某个产业或企业的生产、营业、交易活动，以及直接或间接干预商品、服务、金融等市场形成和市场机制的政策总和。"

另一种观点干脆认为产业政策就是计划，是政府对未来产业结构变动方向的干预。持这种观点的代表人物是美国社会学家阿米塔伊·埃齐奥尼。他认为产业政策就是计划，不过是采用了温和的、更加悦耳的名词罢了。

还有一种观点认为，产业政策是对市场失败的补充。也有观点是将产业政策看作落后国家追赶先进国家所采用的特殊政策。还有观点是将产业政策与国际竞争力相联系，认为产业政策是增强本国产品国际竞争力的政策组合。[①]

凡此种种，显示出对产业政策认识上的多样性。但无论哪种观点，归根到底都是突出经济运行环境中的导向机制，其差别在于导向机制的着力点不同。有的宽泛一些，有的具体一些，还有的仅仅是针对特殊类型的经济体。无论如何，产业政策都是营造一种明确的环境激励导向，为特定产业提供更为有利的环境，包括税收、金融、土地、技术、财政补贴等各种倾斜性政策安排。

对于交易环境激励导向机制的必要性，德国经济学家、关税同盟倡导

---

① 杨沐：《产业政策研究》，1～5页，上海三联书店，1989。

者李斯特在《政治经济学的国民体系》中最早明确表述："经验告诉我们，风力会把种子从一个地方带到那个地方，因此荒芜园也会变成稠密的森林，但是要培养森林因此就静静等着风力作用，让它在若干世纪的过程中来完成这样的转变，史上会有这样愚蠢的办法吗？如果一个植树者选择树秧，主动栽培，在十几年内达到了同样的目的，这倒不算是一个可取的办法吗？历史告诉我们，有许多国家，就是由于采取了那个植树者的办法，胜利实现了它们的目的。"[1] 李斯特采用浅显易懂的比喻说出了交易环境的激励导向对于经济发展的重要意义。

事实上，在工业革命之初风行的重商主义理论所宣扬的包括实施高关税限制别国商品的进口，扶持出口企业，增加本国出口，禁止本国优秀技术人员离境出国，鼓励增加人口，压低工资等措施，[2] 都是在营造一个外向型的交易环境导向。

现实中，交易环境的激励导向并非总是政府或制度制定者有意的结果，一些激励导向可能是制度和政策的副产品，有些导向甚至是管理者不愿看到的。比如，为了刺激经济，采用宽松的货币政策，将利率维持在很低的水平，可以降低企业财务成本，激发企业活力，刺激家庭消费，抑制储蓄行为。宽松货币政策在激活经济的同时，也刺激房地产投机活动，引发房地产泡沫。由于制度或政策存在漏洞所导致的交易取向同样不是管理者所希望的结果。比如，在中国房地产 2010 年的调控中，使用了限购手段，对于家庭购买第二套住房，提高首付比例，对购买第三套住房不予贷款等措施。这项规定促使一些想购买多套住房的家庭采用协议离婚方式，将一个家庭拆分成两个家庭，绕过了限购政策的限制。再比如，在一个违约成本很低的交易环境中，违约常常成为逃避各种经济责任的手段，最终导致整个经济在高信用风险上运行。尽管违约行为并不是政府所鼓励的，但由于

---

① ［德］弗里德里希·李斯特：《政治经济学的国民体系》，100～101 页，商务印书馆，1983。
② 杨沐：《产业政策研究》，6 页，上海三联书店，1989。

对违约的宽容，客观上确实存在对违约行为的隐性激励。这不是政策的初衷，也不是政府希望看到的结果。由此可见，环境的激励导向存在有效性的问题。一些激励导向符合经济发展的需要，与政府愿望相吻合，这种环境激励导向是有效导向；对于不符合政府愿望，不利于经济发展的激励导向，属于无效导向。

实践证明，保持交易环境的明确导向，对于经济增长，尤其是对于后发展经济体的快速增长具有立竿见影的效果。毋庸置疑，由于经济系统具有自我平衡、自我调整的机制，人为确定交易环境导向，容易产生后遗症，包括产能过剩、经济自我调整能力下降等问题。经济是一个动态系统，处于永无停息的变化之中。交易环境的导向需要因时、因地不断调整，才能避免出现导向与经济发展自身需求不相适应的现象。交易环境导向所产生的激励机制的有效性，建立在尽可能多的主体获得具有可持续性和产出性的激励上，从而保持经济系统处于活跃状态。

当然，交易环境导向并非总是明确一致的，一些经济体所营造的交易环境释放的信号存在混乱现象，导向并不明确。各种导向之间存在冲突，这些都是现实中经常遇到的现象。一旦出现这种情况，就会对交易产生抑制作用，不利于交易网络的运行。

第三节　交易环境质量

交易环境质量需要从两个维度进行衡量和评估。一方面是包括信息环境、设施环境、制度环境以及主体环境等众多因素在内的集中表现——交易外部成本。一般来讲，交易环境的信息密度越高，信息一致性越强，基础设施条件越好，制度安排越合理，交易主体的信用程度越高，交易外部成本就越低。反之，每一个因素向相反方向的变化都会增加交易外部成本。另一方面，交易环境的好坏，与环境的不确定性有直接关系。环境的不确定性越大，交易主体面临的风险就越高，交易环境质量就越差。交易外部成本与不确定性是度量环境质量的两个参数。虽然两者之间存在相互影响和渗透，但彼此不能完全覆盖对方。事实上，无论基础设施多么完备，信息密度多么高，都无法消除交易环境中的不确定性。客观世界总是在不确定中运行。适度的不确定性恰恰是一种良性刺激因素，正是由于不确定因素存在，人们才会去冒险，才会去投资。但是，当不确定性超过一定限度后，就会让人产生无所适从的感觉，就会抑制人们的交易动机。不确定性可以来自制度的不完善等长期因素，也可以来自市场波动等短期因素。在一个经济系统中，危机的爆发会引起交易环境中不确定性急剧上升。

　　不确定性是交易环境的一个属性，在一个不确定性较低的环境中，人们能够形成较稳定的预期，从而最大限度地扩展交易主体的策略集。预期稳定性是维持交易持续繁荣的基础，能够确保各种估值时域上的交易顺利进行，尤其是对较长时域，预期的稳定性非常重要。如果无法形成稳定预期，不仅容易助长投机性交易行为，导致交易网络的大幅震荡，还会降低经济系统的交易效率，导致资源的低效配置。从这样的逻辑脉络出发可以得出结论：交易环境的确定性对于维持经济系统的健康运行十分关键。

一、交易外部成本（external cost of trading）

　　交易外部成本是由交易成本概念派生的。交易成本是新制度经济学中的一个概念。由于交易成本概念边界的模糊，在不同使用者之间常常有不同的理解，从而成为一个颇多争议的概念。在现有的交易成本经济学中，交易成本并没有共识性的定义。经济学史上，科斯首先将交易成本的概念引入经济学中，他在《企业的性质》一文中虽然没有明确提出交易成本的概念，但讨论了交易成本的内容和作用。科斯提出这样的问题："倘若价格机制能够有效地配置资源，那为何在公司内仍需对资源进行计划和指导？"为了弄清楚这一明显的问题，科斯认为，"创建公司成为有利可图之事主要原因似乎在于：存在着利用价格机制的成本。这一成本可以归纳为许多因素：（a）发现价格的成本以及（b）谈判和签订合同的成本。"① 而迈克尔·迪屈奇对交易成本的定义是："调查和信息成本、谈判和决策成本与实施决策的成本。"②

在新制度经济学中，引入交易成本的概念主要是为了研究企业作为一种不同于市场运作机制的组织形式，研究其存在的经济基础。以此为出发点，交易成本被广泛应用于组织分析以及产权效率等方面的研究。在这些研究中，交易被放置在信息不对称、人类有限理性以及合约不完备的背景下，无论是组织还是制度设置，都是作为效率选择的结果。而交易成本则作为效率的对应物，与组织形式、制度安排之间构成了一种平衡——现实世界。

基于交易成本的新制度经济学派生出众多的研究分支，如交易费用经济学、产权分析方法、合约经济理论、代理理论、宪政经济学以及经济历史的新制度分析方法和政治经济学的新制度分析方法等。这些分支从各自不同的角度，涉及交易成本问题。在制度经济分析框架中，交易概念被推广到几乎无所不包的范围，不仅包括经济交易，还包括"建立、维持或改变社会关系"的社会行为，即不同利益集团之间的博弈、妥协行为，经济活动只是作为广泛的社会性交易的一种特殊形式而已。③ 随着交易概念外延的扩展，交易成本作为二级概念，也常常被毫无约束地使用，最终导致概念边界的模糊。其后果是，理论上看似无所不能，但什么也不能解释清楚。在技术上，难以确切计算交易成本。为了克服这一困难，新制度经济学家对交易成本概念进行了限制，对交易成本的计算

---

① ［美］迈克尔·迪屈奇：《交易成本经济学——关于公司的新的经济意义》，21 页，经济科学出版社，2000。

② ［美］迈克尔·迪屈奇：《交易成本经济学——关于公司的新的经济意义》，44 页，经济科学出版社，2000。

③ ［美］埃里克·弗鲁博顿、［德］鲁道夫·芮切特：《新制度经济学——一个交易费用分析范式》，58 页，上海三联书店、上海人民出版社，2006。

进行了尝试。比如，阿罗（Arrow）提出，交易费用是经济制度运行的费用。埃里克·弗鲁博顿和鲁道夫·芮切特认为交易成本除了日常性的费用之外，还应包括建立、维持或改变体制基本制度框架的费用。这包括法律意义上的制度（宪法、法典等）以及权力意义上制度（合约）的建立、使用、维持和改变所产生的费用。基于此，将交易费用分为市场型交易费用、管理型交易费用和政治型交易费用。市场型交易费用包括搜寻费用、讨价还价和决策费用、监督执行费用三个方面；管理型交易费用包括建立、维持或改变一个组织设计的费用和运行组织的费用两个方面；政治型交易费用包括建立、维持和改变一个体制中的正式和非正式政治组织的费用和政体运行费用。①

在对交易费用外延限制的基础上，埃里克·弗鲁博顿和鲁道夫·芮切特对市场型交易费用和管理型交易费用分别进行估计。对市场型交易费用，将消费者的交易费用与市场供应者的交易费用分开考虑，用消费者实际支付的价格与市场平均价差作为消费者的交易费用，用推销费用减去运输费用作为市场供给者的交易费用。推销费用是最终消费者支付的商品价格与生产费用之差。管理型交易费用采用企业的间接费用作为替代指标，具体包括生产费用（如折旧费、维修、水和保险费等）以及内部交易费用。按照上述方法测算，德国 20 世纪 50 年代末的生产方的市场型交易费用是最终消费价格的 38.3%；美国在 20 世纪 80 年代的市场型交易费用是最终消费价格的 40%，管理型交易费用是消费者最终价格的 10% ~ 20%。并且发现，美国在 20 世纪 80 年代以前的一个世纪里，管理型交易费用处于快速上涨过程。在 1870 年至 1970 年的一百年里，美国的交易费用在国民生产总值（GNP）中的比重由 26.09% 上涨到 54.71%。他们认为，交易费用的上涨，

---

① 上述关于交易费用的概述引自［美］埃里克·弗鲁博顿、［德］鲁道夫·芮切特：《新制度经济学——一个交易费用分析范式》，59 ~ 66 页，上海三联书店、上海人民出版社，2006。

最主要的原因是劳动分工和专业化的结果。①

采用上述方法计算的交易成本，不能反映交易环境本身的优劣。从交易环境的角度理解，交易环境质量越好，越有利于各类交易的进行，从而也就有利于分工的细化。在分工、交易环境和交易成本之间，正确的逻辑应当是交易成本越低，交易环境越好，从而市场化分工越发达。这样，交易成本才能够作为对于交易环境优劣的度量指标。

为了实现对交易环境优劣的度量，需要对原有的交易成本概念进行改造，对其边界和内涵给予明确界定的同时，为了避免引起歧义，新的概念称为交易外部成本。交易外部成本是指为实现一项交易所引起的，但却没有体现在会计矩阵资产项中的支付，用 c^T 表示。

由此定义的交易外部成本外延十分清晰，是指那些产生了支付，又不能产生相应收益的成本，比如为了达成一项交易而四处寻找交易对手的支付，为了完成交易，没有计入货物价格的运输成本以及一切价外税负，如消费税、交易税、印花税、所得税等。那些能够体现在资产项中的支付，就不能计入交易外部成本。比如，企业增值税，是一种价内税，包含在产品的定价中。以购车交易为例，汽车购买人需要进行两笔支付，一笔是汽车本身的费用，这笔费用转化为会计矩阵资产方的汽车资产，另一笔是为购买汽车支付的各种税费，包括车船使用税、汽车购置附加税等，这些支付并没有增加会计矩阵中汽车资产项的价值，脱离了购车人会计矩阵。根据上述交易成本的定义，第一笔支付是车款，不能计入交易外部成本，但第二笔支付需要计入购车交易的外部成本。对于销售汽车的企业，需要为汽车销售支付的营业税以及所得税，同样脱离会计矩阵，其支付价值没有体现在相应的资产项中，因此，属于交易外部成本的范畴。由此可见，交易双方所支付的交易外部成本并不一定相同，这主要取决于相应的制度以

---

① ［美］埃里克·弗鲁博顿、［德］鲁道夫·芮切特：《新制度经济学——一个交易费用分析范式》，59～73 页，上海三联书店、上海人民出版社，2006。

及交易双方的约定。

下面我们继续以汽车购买人作为考察对象。完成汽车购买交易后，为了降低汽车使用风险，包括被盗、事故等概率性损失事件发生，购车人通常会采用购买保险的方式。尽管是汽车交易的额外支付，但所支付的保险费体现在会计矩阵的资产方，代表购车人在风险发生时具有向保险公司索赔的权利，因此不应计入交易外部成本。

如果具体罗列交易外部成本的表现形式，会有很长的序列。随着经济的发展，交易活动越是多样化，交易外部成本的序列就越是加长。但从交易外部成本的性质划分，可以分为三类：一是为了实施交易所进行的搜寻成本；二是交易的实现成本；三是保权成本。这三类成本分布于交易的全过程。

搜寻成本是指为了确定交易对手所付出的成本。任何一项交易，都需要搜寻交易伙伴，并为此支付一定的成本。搜寻成本包含两个部分：一是交易主体在能够确定交易对象之前，为交易所花费的前期费用，包括路程费用、谈判费用和信息收集的费用。企业在决定生产某种产品之前，会通过调查公司对市场进行调查，收集关于市场偏好、结构以及价格预期等信息，这些都需要付出成本。二是交易主体在决定交易前支出的时间成本。对于一个交易主体，需要将用于寻找交易对手和选择交易物的时间按照价值预期转换率转换为价值。交易主体在不同的状态下，对时间的价值估值有很大的出入。有的时候，会把购物当作一种休闲，这时的时间成本就会很低，甚至是零。但在有时候，时间估值又会很高，这取决于交易主体的状态。但在较大时间尺度上，时间价值预期转换率仍是一个比较稳定的指标。一般情况下，收入水平越高，时间价值转换率就越高。

搜寻成本的存在，使我们能够理解为什么经济的区域分布总是呈现块状特点。乡村是信息的贫瘠区域，一个家庭或小企业在某个方面打开市场，其他的家庭也蜂拥而上，最终形成本地区的产业特色。这种格局的主要原因是搜寻成本优势。首先是产业内部的搜寻成本降低。每一家企业都处于上游和下游之间，需要从上游企业中购进原料，同时需要将制成品卖给下游的企业，这是产业内分工的需要。同一个产业聚居在一个地区，上下游企业之间相互了解，哪一家需要什么，大致需要多少，与其有交易往来的企业很清楚，这就大大降低了搜寻成本。其次是产业相对集中于一个地区，也为外地购买者提供了便利。由于集中在一起，采购商只要到了那里，就可以方便地采购到所有想买的货物。当然，相关企业的群集也为企业的信息沟通、减少信息的不对称性提供了便利，同时也降低了交易的实施成本。

实现成本主要包括交易的进入成本、运输成本以及为交易本身支付的额外费用——价外税费。进入成本包括实施一项交易所投入的公关费用以及各种罚款等。如果国家的腐败现象严重，就会加大交易的实施成本，需要支付的公关费用就大大增加。如果各种税费负担过重，也会影响正常交易的开展，不利于经济的发展。

交易外部成本中包含了运输费用，这就能够解释城市在交易中的重要作用，也就解释了城市出现的原因。随着交易在人们生活中变得日益频繁，交易地点的选择变得十分重要。从乡村的集贸市场情况推测，城市应当是在作为集市地点的村庄发展起来的。由于靠近交易地点，会降低信息收集成本和商品运输成本，有利于交易的进行。越来越多的商人、手工艺者（人类社会发展的早期是市场的主要供应者）开始把家搬到集市附近，众多的人口聚居演变成为今天的城市。

保权成本是在保有、使用、让渡等环节为享有排他性所支付的费用，包括当权利受到侵害时可能需要支付各种费用，如法律诉讼费用、雇用人力的费用等。在法制不健全的时代，保权成本还包括为保护财产权不受侵害所采取的一切手段应支付的费用，如雇用保安、侦探等方面的费用。

在缺少知识产权保护的经济中，企业投入大量研究经费所研制的技术，不能受到很好保护，研发企业不能享受到全部应有收益，而盗用技术的企业几乎不付成本就可以分享到技术成果，这就极大地抑制了企业创新的积极性。在这种情况下，企业保护知识产权需要支付很高的成本，这也是发展中国家普遍存在的创新能力低下的关键原因。①

在交易外部成本中，共享权的保护成本是一个十分重要的方面。在中国的农村，村民们常常占用附近的公路晾晒粮食，在城市里街道上的下水井盖被偷盗，还有挤占街道私建房屋等，都构成了对他人共享权的侵犯，导致他人的不便甚至发生事故，并为此付出惨重的代价。事实上，对于发展中国家，导致交易外部成本居高不下的普遍原因是公共管理不力造成的共享权利受侵，大大增加了权益安全成本。这部分成本主要反映在基础设施环境方面。

保权成本是在交易外部成本中较难测度的一个部分，既与法律严密程度有关，也与政治、政策的稳定性有关，还与社会秩序有关。保权成本包括两部分：一部分是维护权益的成本；另一部分是持有成本。维护权益的成本，主要是指各种权益受到侵害所带来的成本以及要避免这种侵害可能要付出的成本。比如，果农有一个果园，果子成熟后，过路的人或者附近淘气的小孩子会跑到园子里偷摘果子，为避免这种情况发生，需要日夜住在果园里看守。再如，煤矿主将挖出来的煤堆放在露天场地里，为了避免有人偷煤，也需要派人看守煤场。对于维权成本，需要根据采取措施的成本进行计算。另一类情况是以风险的形式出现。比如，购买一处房产，附近街道可能进行改造，改造后的街道可能影响房子的环境，降低了房屋的使用价值和市场价值。在中国，房屋的土地使用期限为房子建成后的 70 年，

---

① 另一个案例来自中国的农村，在承包责任制度下，农民拥有土地的使用权，但为了公平，过一段时间村上要对土地进行重新分配一次，让每一个家庭都有机会种到质量较好的地块，也让过去种好地块的家庭承包条件相对较差的地块，这就出现了对土地前期投入收益权的保障问题。如果对现在承包的土地投入大量资金，过一段时间土地改良的收益权将转移到别的家庭，所转移的收益权就构成了农民对土地的安全成本。这就导致了农民的短期行为，对土地只使用，不改造。几年下来，土地的产出效率就下降了。

这就给房屋交易带来很大的不确定性，房屋的后续权益具有一定的政策风险。这一类以某种概率出现的风险，采用预期成本乘以发生概率的计算方式。

按照上述方法，可以计算任何一类交易处于不同交易方向的交易外部成本。交易成本在数量上具有一定程度的客观性，同时也具有一定程度的主观性。对于保权的风险预期，需要通过交易主体的主观判断来确定。交易外部成本包含一定的概率成分。交易外部成本大小实际上是一定概率水平下的期望值，也就是概率水平与成本估值的乘积。在实际决策中，交易主体很少对交易外部成本进行精确计算，而是根据感性材料进行估计。在这个过程中，发生在周围并留下深刻印象的事件发挥着十分重要的作用。当听到或者经历了违约事件之后，会将这个地方违约风险放在很高的位置并给予很大的权重。同样，如果看到偷盗和抢劫，在交易外部成本评估中，其就会对交易环境的安全评价很差，赋予很大的成本权重。

交易外部成本既是一个微观概念，也是一个系统概念。对于交易主体的每笔交易，都有与此相对应的交易成本。此外，交易外部成本属于微观概念。从另一方面讲，在经济发展的每一个特定阶段，每一个特定文化背景的经济体内，交易外部成本带有明显的普遍特征，反映了该经济的内在特点，因此，交易外部成本又具有系统状态变量的特点。这正是交易外部成本重要的地方，通过对经济体内的每个主体交易行为的影响，最终影响整个经济的发展和走势。当提到一个经济的交易外部成本时，是指经济的平均交易外部成本，属于系统性指标；当提到某个主体的交易外部成本或具体某项交易外部成本时，指该交易的外部成本，是一个微观指标。对于交易的双方，即使同一项交易，交易外部成本也不一样，这是由于同一项交易，通过交易双方所获取的权利不一样，交易相位不同，不同的权利必然产生不同的交易外部成本。

二、交易外部成本对 H 函数的影响

交易外部成本从多个方面影响交易预期收益函数，在交易决策中扮演着十分关键的角色。预期收益函数值受到来自三个方面的影响：1. 交易可能带来的收益；2. 交易对于现金流的影响；3. 交易对资产多样性的影响。在上述三个方面中，交易外部成本的高低能够对前两个方面产生直接或间接的影响。

第一，交易外部成本越高，意味着在实现交易的过程中，交易主体需要在搜寻、实施、持有等环节支付越高的费用，在其他商业条件——包括交易内容、交易价格、交易伙伴——不变的前提下，交易可能产生的收益被压缩的幅度就越大。

第二，交易外部成本越高，由于需要支付的额外费用增加，现金支出流增大，其结果是减少现金净流入量。

由此，交易外部成本与交易预期收益之间具有反比关系，即

$$H \propto \frac{1}{c^T}$$

由于交易外部成本直接影响着交易预期收益，高成本必然导致交易低收益。交易外部成本越高，对交易的抑制作用就越强。当交易成本超过一定限度时，大量交易活动就会停止，经济活动将全面让位于其他活动。在战火燃烧的地区，人身安全已经成为问题，产权安全更无法保障，交易外部成本中的保权成本将急剧上升，达到收益几乎无法覆盖的程度，停止交易活动便是很自然的事情了。美国南北战争期间，美国经济增长速度停滞，国民财富大幅缩水，金融体系崩溃，基础设施损毁严重。1840 ~ 1860 年，商品生产总量年平均增长 4.6%，1860 年南北战争爆发，尽管战争仅持续了 5 年，但其破坏性影响一直持续了 10 年之久。1861 ~ 1870 年的十年间，商品生产总量的增长速度仅为 2%，速度下降一半还多。随后的二十年，1871 ~ 1900 年，经济增长又回升到 4.4% 的水平。战争给美国经济带来的破

坏从贸易情况可见一斑（见表4-1）。

表4-1　　　　　1856～1870年美国贸易情况（5年平均）　　单位：百万美元

时期	商品和服务		
	出口	进口	净出口
1856～1860	356.0	344.6	11.4
1861～1865	269.0	282.0	-13.0
1866～1870	409.6	439.2	-29.6

资料来源：〔美〕乔纳森·休斯、路易斯·P. 凯恩：《美国经济史》，第七版，277页，北京大学出版社，2011。

作为战争主战场的南部地区，工业产品指数在1860～1865年的五年间仅增长了6%，但在1866～1870年的五年间增长了47%；在固定资产投资方面，19世纪50年代的年增长率维持在8.5%的水平，而在战争爆发后的十年内，增长率还不及原来的一半。金融方面，南方各州的银行在规模上超过北方，但南北战争后倒闭了90%。在南方，旧的生产组织被废除了，黑人获得自由，但却一贫如洗，既没有工作，也没有技能，更没有受到教育。[①]

在其他条件不变的情况下，较低的交易外部成本不仅预示着交易的最终回报率提高，而且交易机会随之增多，无论是寻找交易伙伴还是资金的融通，都变得比过去容易，在这种情况下，交易频率和交易规模必然上升。

根据上述分析，将交易外部成本纳入预期函数中，作为影响预期函数取值的重要变量，即

$$H = H(x, c^T)$$

对于一组交易，预期函数需要写成：

$$H = H(x_1, x_2, \cdots, x_n; c_1^T, c_2^T, \cdots, c_n^T)$$

其中，c_i^T是交易x_i对应的交易外部成本，其他依此类推。

---

① 〔美〕乔纳森·休斯、路易斯·P. 凯恩：《美国经济史》，第七版，273～293页，北京大学出版社，2011。

三、交易环境的不确定性

交易环境的不确定性是环境质量的重要方面。一般来讲，交易环境的不确定性因素越少，对于交易越有利，交易环境质量就越高。但是，这个世界永远是充满不确定性的。对于个人而言，生、老、病、死以及失业等都会给人生带来很大的不确定性；我们都生活在编织稠密的社会网络内，每一个人面对的不确定性通过各种各样的渠道四处扩散，成为交易环境不确定因素的一部分。

不确定性对家庭产生的冲击与社会保障体系的严密程度有直接关系。对于传统社会，没有任何社会保障体系的缓冲，每个家庭直接承担这些不确定性。在传统社会中，每个家庭都是脆弱的。这些在中国经典小说《红楼梦》中表现得十分清楚。但在现代社会，各国的社会保障体系都在一定程度上缓冲了这些不确定性的冲击。社会保障体系是对交易环境不确定性的有效消除手段，提高了交易环境的确定性。

对于企业来讲，交易对方的违约以及自身权益受到侵害等，是经营中常见的不确定性。此外，价格突然变动也会给企业经营带来一定的不确定性，这包括原材料供应价格、劳动力价格以及产品市场价格变动。

影响交易环境确定性的另一个重要因素是制度和政策因素。从长期来看，制度总是处于不断优化修正过程中，在发展中国家，制度的变化更为频繁。而制度的每一次调整都将产生影响广泛的不确定性。政策也常常是经济系统中不确定因素的引发点。政策总是通过影响交易外部成本和激励导向实现政策意图，每一次政策调整，都是对市场原有运行机制的一次扰动，交易者的收益函数也将随之改变。

所谓不确定性，是指在交易环境中存在一些可能发生事件，这些事件一旦发生，便会对相关交易主体造成损失的环境特质。对于交易环境不确定性的度量，重点并不是放置在不确定性事件本身，而是不确定性事件可能造成损失的大小。事实上，不确定事件的发生具有大数概率的必然性，在任何一个经济系统中，都存在大量的不确定事件。而交易环境的不确定性大小，主要是看可能带来的损失以及对交易能力的破坏。比如，生老病死对于任何人都是一样的不确定事件，但在不同的国家，由于社会保障制度以及医疗保险制度的差异，给家庭带来的损失却有很大不同。社会保障体系良好的国家，家庭成员的疾病和死亡对一个家庭的正常生活造成的经济损失十分有限；然而，在一个社会保障体系不完善的国家，家庭成员的死亡尤其是重要成员的死亡，常常是导致家庭陷入贫困甚至破产的主要原因。对于企业来说也是一样，良好的商业保险体系，能够最大限度地降低企业经营中的不确定性，包括工伤保险制度以及财产保险制度等，让不确定事件的损失降到最低。尽管各种不确定事件在不同国家发生的概率并无太大悬殊，但对交易主体所产生的经济损失却有很大差异。这就是不确定性度量的关键。对于社会保障体系良好的经济体，交易环境的不确定性很低；相反，社会保障体系不完善的经济体，交易环境的不确定性比较高。用 $\bar{u}$ 表示交易环境的不确定性大小。$\bar{u}$ 的数值越大，表明交易环境的不确定性越高。反之，则表明交易环境的不确定性越低。

在同一个交易环境中，不同交易主体所面对的不确定性有很大差异。不确定事件是一种概率事件，用概率表示每种不确定事件发生的可能性大小，交易主体面对的不确定性风险 u 的测算公式如下：

$$u = \sum_i \varphi_i x_i$$

其中，x 表示不确定事件可能对交易主体造成的损失金额；φ 表示不确定事件发生的概率。

对于包含了 n 个主体的交易环境，其不确定性评估可以通过每个交易主体的不确定性进行评估，$\bar{u}$ 的计算公式如下：

$$\bar{u} = \frac{1}{n} \sum_1^n u_i$$

上卷 交易行为

对于交易环境的不确定性大小，除了交易主体承受的损失大小因素外，交易主体的结构也是重要的影响因素。家庭与企业面对不确定性风险，无论在事件性质上，还是可能引起损失的金额规模上都有很大差别。交易主体中，企业与家庭之间的结构变化必然会影响不确定性测算值 $\bar{u}$ 的大小。

环境的不确定性指数与预期稳定性有密切关系。预期是人们对未来的一种判断或者推测。预期在决策中的重要性是与未来的不确定性相联系的。如果未来完全是在一种必然性的支配下展现，预期便完全丧失了在决策过程中的重要性。但是，如果不确定性超过一定限度，人们便很难形成一个比较明确的预期，预期既不清晰，也不稳定。一个关于未来明确、稳定的预期必须在确定的框架下形成，其中以往经验的可使用性是关键的支柱。这就要求交易环境具有系统的稳定性，制度和规则以及主体环境的行为模式的稳定性，构成了系统稳定性的主要方面。

不确定性 $\bar{u}$ 对于交易的影响是多方面的。首先，不确定性 $\bar{u}$ 影响交易主体预期稳定性，从而影响交易的预期收益函数结构和大小。在其他条件不变的条件下，$\bar{u}$ 值越高，收益函数越是倾向短期化，预期收益值就越低。其次，$\bar{u}$ 值的大小影响交易主体的交易意愿。$\bar{u}$ 值越大，交易意愿越低；$\bar{u}$ 值越小，交易主体释放出的交易意愿就越大。最后，在一个不确定程度很高的环境中，交易主体倾向于持有较多的货币以应对不测，这就导致经济系统中较多的货币沉淀。

不确定性对于交易网络运行效率的影响可以从交易主体的持币行为得以反映。交易环境的 $\bar{u}$ 值越大，货币沉淀率就越高。无论是对一个经济体，还是对一个交易主体，大量持有货币形态资产一定是低效的选择。货币沉淀率上升，从一个侧面反映了经济系统运行效率下降的事实。

社会发展总是向着不断降低交易环境不确定性的方向发展，交易环境不确定性的降低是社会进步的体现。每个社会的保障体系总是在不断完善的，商业保险将越来越多的不确定事件覆盖在内，金融市场也创设出越来越丰富多样的风险对冲工具，为交易者降低各种不确定风险提供途径。

第四节 政府与交易环境的关系

政府在经济活动中扮演什么角色的争论一直伴随着经济理论发展的始终。从重商学派到古典经济学，从新古典学派到凯恩斯主义，再到今天的新自由学派，对政府的角色都有各自的观点主张，直到今天并没有形成完全的共识。[①] 但是，随着对经济系统运行机制认识的深入，建立在市场配置资源体制基础上的经济系统已经不再完美无缺，其内在的不稳定性以及导致两极分化的自发倾向都是市场经济无法克服的缺陷。作为经济运行中经常出现的主导因素，自强化过程不可避免地导致两种结果——成熟市场经济体的泡沫化现象和落后经济体的贫困现象。这些都是政府发挥作用的地方。经过漫长的争论和时间的检验，关于政府在经济中应当扮演的角色至少在三个方面达成共识：一是通过制度建设维护经济活动的秩序；二是通过制度化措施抑制经济的两极化倾向；三是通过特殊政策措施发挥危机救助功能。政府在上述三个方面如何作为，对交易环境产生重大影响。

政府[②]是制度规则的供给者和监督执行者，具有通过税收和其他调控政策最终影响交易外部成本的能力。政府对于经济系统运行所产生的作用远远超过任何家庭和企业，甚至超过成千上万家庭和企业加起来的作用。但在经济分析中，仍然将家庭和企业作为基本构成，关键是企业和家庭是经济系统的基本交易主体，企业和家庭的大量交易形成了经济运行的力量，而政府的职能在于规范、引导逐利动机驱使下的交易行为。在透彻研究家庭和企业构成的经济系统运行规律的前提下，政府作为经济系统的外部力

[①] 胡家勇：《政府干预理论研究》，东北财经大学出版社，1996。
[②] 这里使用广义的政府概念，是立法、司法、行政管理以及制定和实施经济政策的综合体，不仅包括狭义的政府机构，还包括提供各种公共服务的其他非营利组织。像军队、警察、法院、各类协会、教育机构、慈善机构等，都包括在政府这个大的范畴中。

量，能够依据这些规律对经济系统进行有效干预。政府通过向社会提供制度供给和公共服务，保证市场环境质量，通过制定和实施有效的激励政策，影响经济走向。①

　　不同国家的经济增长模式差别很大，而决定经济模式的选择和演化的重要因素是政府介入的程度以及介入的方式。英国工业化的进程与德国工业化进程有很大差别，英国政府的角色在工业化的过程中不像德国政府那样突出。英国的私人企业在工业化过程中扮演主角，而在德国，政府和国有企业则扮演着主要角色。政府不仅管理着基础设施，包括道路、桥梁、运河和铁路以及邮政组织，还拥有大量的地产、森林、矿山、铸造厂、工厂和银行。1850 年，普鲁士德国的国有煤矿产量占全部煤炭产量的 1/5。1907 年，德国工业、商业和交通行业的工人，有 1/10 在国有企业工作。国有企业可以说在整个行业占据统治地位。②

　　政府在经济领域中发挥的作用直接影响着交易主体的行为选择，自然也影响着经济发展模式和路径的选择。政府在经济中的作用可以概括为三个方面：一是政府作为立法者；二是政府作为行政管理者；三是政府作为企业经营者。每一个国家的政府，在上述三个方面的表现千差万别，对交易主体行为产生的影响也各有侧重。以专利管理为例，普鲁士德国和英国采用完全不同的方式。英国采用比较宽松、自由的管理方式，只要申请者缴纳一定的费用，政府部门对于专利的具体内容不做任何审查，专利的推广价值主要靠市场检验。但在德国，建立专门的机构从技术上审查专利申请，审查技术是否具有真正的创造性。在收费水平上，英国收费较高，而德国收费相对较低。③

---

　　① ［澳大利亚］琳达·维斯、约翰·M. 霍布森：《国家与经济发展——一个比较及历史性的分析》，吉林出版集团有限责任公司，2009。

　　② W. 费希尔：《德国的政府活动和工业化（1815～1870 年）》，见［美］W. W. 罗斯托：《从起飞进入持续增长的经济学》，97～110 页，四川人民出版社，1988。

　　③ W. 费希尔：《德国的政府活动和工业化（1815～1870 年）》，见［美］W. W. 罗斯托：《从起飞进入持续增长的经济学》，97～110 页，四川人民出版社，1988。

就政府与市场之间的关系而言，可以分为两种类型：一种是政府主要致力于市场秩序维护、公共产品供给等方面，而对产业发展干预较少，对市场的干预也比较少。政府在经济方面的直接投资比重较低，对金融系统的掌控力较小。美国、英国可以作为这类关系的代表。这类关系可以称为关系松弛型经济。

另一种是政府不仅向市场提供公共服务产品，维持经济运行秩序，对于产业发展和布局施加较大影响，对于金融资源的配置也具有较大的影响力。日本、中国是这类经济的代表，可以称为关系紧密型经济。

传统的理论崇尚关系松弛型经济，主张不干预市场，给予市场最大限度的自由，通过竞争实现资源有效配置。今天，这种观念受到越来越多的挑战，即便是崇尚自由经济的美国，在经济出现问题时，也开始大规模地实施干预政策。随后的探讨表明，市场具有不稳定性，市场机制不可能始终保证资源的最佳配置，市场涨落不可避免地出现资源配置的低效甚至浪费。经济系统作为一个有机体，同样存在患病的可能，就像人患病需要医生诊治、需要服药、需要手术一样。在市场失效的情况下，政府作为独立于市场之外，同时具备对市场施加影响力的机构，有必要对经济施加外部干预。

无论哪种模式的经济，都存在资源配置低效的风险。松弛型经济的资源配置低效风险会发生在市场涨落期；而紧密型经济的低效风险会发生在政府施加错误干预的时期。两种类型的经济在经济增长方面表现出明显的差异：松弛型经济的经济周期比较明显和频繁，不容易保持较快的经济增长；但在大的时间跨度上，又会表现出稳定的经济增长。在紧密型经济中，政府的干预避免了宏观上的盲目和浪费。由于政府掌控大量的经济资源，当经济出现不景气的时候，政府刺激经济的措施有明显的效果，能够使经济在相当长的时间内保持较快增长。强有力的产业政策，能够缩短市场自行演化的路程。但是，由于政府有巨大的干预能力，一旦出现政策失误，就会造成相应规模的资源浪费。同时，由于政府掌控的众多经济资源，与企业关系紧密，不可避免地出现政府腐败，在整体上降低了经济运行效率。

日本是比较典型的紧密型经济。20 世纪 50 年代末 60 年代初，日本政府制订了"新的长期经济计划"和"国民收入倍增计划"，通产省首先在重、化工业中确定应该发展的种类，包括石油精炼、石油化工、人造纤维、机动车、工业机械、飞机、电子工业和电器等，给这些工业提供了较多的保护，包括强制规定国外商品进口限额、采用进口特许证制度限制进口数量，对进口商品征收高额关税、对国内产品实行优惠商品税等方式，日本发展银行和日本进出口银行提供低息长期贷款，对鼓励产业实施优惠的税收政策。

在企业经营上，通产省和大藏省提供一定的行政指导。当它们认为产量过高时，则建议企业减产。它们曾建议棉纺、钢铁和化肥制造业减少生产。当它们认为投资过多时，就会建议减少投资，历史上曾经建议石油化工、造纸和纸浆以及钢铁业的企业对工厂和投资进行调整，为稳定钢铁价格，通产省带头采用公开出售钢铁的制度。① 日本政府在经济中扮演着重要角色，以至于日本的这种经济模式被称为"日本股份有限公司"，尽管日本有众多公司，但更像是政府领导下的分支机构，整个日本经济具有政府领导下的统一步调。

20 世纪 20 年代中期，日本大量中小企业在国际市场上相互竞争，竞相压价倾销，结果出现没有赢家的局面，致使中小企业的经营环境紧张。为改变这种局面，国会通过了两项法律——《输出协会法》（the Exporters Association Law）和《主要输出品工业协会法》（the Major Export Industries Association Law）。《输出协会法》要求成立中小企业出口协会，企业产品由出口协会定价代销；《主要输出品工业协会法》要求成立工业协会，在成员

---

① ［日］森岛通夫：《日本为什么成功——西方的技术和日本的民族精神》，四川人民出版社，1986。

之间就产品的销售数量和价格达成协议。[①] 从实际效果来看，由于企业是否加入协会完全自愿，加入协会可能成为企业的一种束缚，两个法律在当时起到的作用十分有限。但不可否认，两个法律的颁布以及协会的成立，在一定程度上改善了中小企业在国际市场的营销秩序，避免了自杀性竞争。

当然，紧密型经济的情况并不总是成功的。20 世纪初期到 70 年代，澳大利亚成立联邦政府以后，为了发展国内产业，推进国内产业结构的多元化，实行了严格的保护主义政策，对原本自由的国内市场施加了严格的管理。但实施的结果并不理想，保护主义将澳大利亚与世界隔离开了，原本较高的生活水平相对于其他国家下降了，整个 20 世纪的前 80 年里，澳大利亚人均 GDP 增长率低于其他任何工业国家，人均 GDP 从第 1 名下滑到第 14 名，澳大利亚出口占世界出口份额从 1960 年的 1.7% 下降到 1987 年的 1.1%。[②] 保护主义失效了。人们开始抨击专权制度，对国家权力的信心丧失了，政府被迫放弃家长制作风，市场的力量得到强调和尊重，在各个领域不同程度地放松管制。事实上，经济类型的选择需要考虑经济发展阶段。处于工业化起步阶段，紧密型经济表现出的优势更大；完成工业化以后，松弛型经济则表现出更大的灵活性，具有更强的适应能力。紧密型经济的优势在于维持较低交易成本；而松弛型经济的优势在于创新动力。

为维护一个良好的交易环境，政府对于交易主体的交易行为进行规范和干预，在经济运行中发挥着十分重要的作用。比如，大机构之间的跨国并购活动，尽管属于市场行为，但由于对市场结构会产生严重影响，可能对国家经济安全产生冲击，在并购正式实施以前，需要报请政府相关部门审批。在特殊情况下，政府对于企业定价行为进行干预，以期达到保持物价相对稳定的目的。政府的这些干预行为，在一定程度上起到了维护交易

---

① ［美］查默斯·约翰逊：《通产省与日本奇迹——产业政策的成长（1925～1975）》，108 页，吉林出版集团有限公司，2010。

② 金琦：《全球划时代的经济改革——二十国集团国别案例研究论文集》，10 页，中国金融出版社，2015。

环境的效果。

在经济处于萧条状态时，经济主体对市场普遍缺乏信心，经济中的结构性矛盾在这时候更加突出地显现出来，经常会出现一方面失业人数增加，另一方面某种特殊技术的劳动力缺乏的现象。如果政府在这个时候进行介入，向劳动者提供劳动技能培训，就会加快劳动力结构的调整，降低摩擦性失业率。同样，政府通过刺激经济的计划，增强市场信心，能够加快经济走出低谷的步伐。在 2008 年的国际金融危机中，世界主要经济体，包括美国、欧洲主要国家、日本、中国等都纷纷推出经济刺激计划，对于阻止危机的进一步加深，加快经济复苏起到了一定的积极作用。当然，也支付了不小的代价。

在经济发展的早期，强势政府有利于降低交易成本。在经济发展处于落后状态时，弱小政府可能由于市场秩序混乱导致交易外部成本居高不下，从而阻碍经济的发展。由于经济发展初期的国家一般处于法制不健全阶段，政府的强势是填补规范主体行为真空的有效力量。如果政府涣散，就会使主体间处于高强度相互作用的局势，直接导致交易外部成本上升。这些现象经常在非洲一些国家看到：一方面法制程度很低，另一方面在民主的名义下出现政府权力涣散的局面，使交易外部成本很高，国家长期处于经济停滞状态之中。

强势政府之下能够产生协同效应。在物理领域，强大的外部作用场的存在，导致大量元素之间产生协同效应，从而释放巨大的能量。激光是典型的例子。在外部政治压力之下，主体之间的作用成本降到很低的水平，从客观上起到降低交易外部成本的作用，在特定的经济发展阶段能够发挥推动经济发展的作用。但是，当经济发展到一定程度之后，强权政治导致的天花板效应开始显现，居高不下的行政成本成为进一步降低交易外部成本的主要障碍。所谓行政成本，是指政府部门与交易主体间相互作用所发生的交易外部成本，包括进入成本、不合理的税收以及政府浪费产生的交易外部成本。

任何事情都有两面性，超过一定限度后，事物就会向它相反的方向发展。当经济发展超越一定阶段后，强势政府开始显示越来越多的负面性，最终成为交易外部成本降低的阻碍因素，影响交易环境的进一步改善。强势政府在两个方面阻碍交易外部成本的降低：一是权力的资本化。在政府的各个部门，以权力为资本，权力成为拥有者实现利益的手段和工具。这导致部门之间协调困难。二是权力的官僚化。由于缺乏民众对权力的有效监督和制约，造成对社会需求的无视和冷漠，政府机构效率下降，甚至失职渎职。这些在强权国家可以找到很多例证。以街道修建为例，在一些地方，街道总是不断地挖开再合上，合上再挖开。无论百姓如何抱怨，街道仍是不断地被挖开。实际上，做到一次解决问题并不难，只要在修路时，相关部门相互协调，并制订一个施工方案，完全可以避免道路不断被挖开的情况。十分简单的事情一直无法实现，关键在于权力资本化，各个部门独立行事，在条块分割的情况下，每一个部门只关心自己的成绩，既不关心其他部门的工作，更不关心居民是否便利。

交易环境与交易主体共同构成一个完整的经济系统。不仅交易环境的优劣对于交易活动产生直接影响，主体对于交易环境的适应也十分重要，因此，政府在干预交易环境的同时，保持交易环境的相对稳定性，使交易主体对其环境熟悉，对保持经济良性运行十分重要。

在人们的认知过程中，存在一种称为弯道效应的现象。当人们行走在一条弯曲的大街上，虽然行走的方向在不断地改变，但是由于每次改变总是一个很小的角度，不易被察觉，经过一段时间后，微小的改变积累到一定数量时，质的改变就发生了，但这个改变过程却是在不知不觉中完成的。交易环境的改变，也应当根据这个原理进行。保持交易环境持续不断但幅度微小的改变，是避免交易秩序混乱、实现改革成本最低的一种策略。

第五章　信息运用

　　经济是交易主体之间互动响应的动态系统，而一切行为的互动响应都是在信息的引导下进行的，信息缺失、信息滞后、信息失真，无论哪种情况发生，都会对交易行为乃至整个经济系统的运行产生极其重大的影响。

第一节　信息的意义

　　1815 年初夏的一个黄昏，在布鲁塞尔南部一片连绵起伏的山冈下，拿破仑的部队在英普联军的猛烈攻击下猝然溃败。一个名不见经传的人，穿过渐渐浓密的夜色，乘马车急切地向海边奔去，一艘船正在那里等着他，只等他一上船，立即扬帆起航，目的地是国际金融中心——伦敦。他要赶在人们还不知道威灵顿战胜了拿破仑的消息前，到伦敦证券交易所低价收购股票。此人就是后来在英国金融界声名显赫的德籍犹太人、金融家南森·梅耶·罗茨舍尔德（Nathan Mayer Rothchild）。在那次投机交易中，他获利百万英镑，从此奠定了他事业的基础。[①] 在那次投机活动中，信息是绝对的主角。事实上，信息在经济活动中的重要性早已人尽皆知。信息是人们面对不确定性进行决策的核心。

　　不仅在经济活动中，在一切社会活动中信息都扮演着十分重要的作用。信息的重要性也并非在现代社会才显现出来，即使在原始社会中，同样十分重要，尽管他们的生活内容十分简单，但信息利用已经达到很高的水平。

---

　　① ［奥地利］斯蒂芬·茨威格：《人类的群星闪耀时》，139～163 页，三联书店，1986。

原始部落根据所生存地区的自然条件和特点，各自有自己的通信手段，能够将重要的信息迅速、准确地传递给接收者，这是实现生产、防御、生活的重要手段。生活在丛林中的吕宋岛北部的尼格利陀人，用声调和长短不同的叫声组成句子，向丛林中的同伴传递信息。用尖锐的没有变化的呼喊声表示"你在哪里"，用低声调的无变化呼喊声表示"发生了什么"或者"你需要什么"，用短促、连续、低声调呼喊声表示"你来吧"或"一切都好"等信息。在加泽尔半岛，当地居民采用不同节奏的鼓点传递信息。……/……/……是日落回家的丈夫寻找妻子的鼓点，前面两组是对他妻子发出"你在哪里？回来吧！"的信息，后面六下鼓点是丈夫的签名，以区别于她人丈夫的信息。……/……/……/……是表示"有小偷了，快来抓贼！"这些鼓点可以组合出很复杂的信息。①

　　这些例子表明，信息是人类文明的基本组成部分，同时也是人类活动赖以进行的基础。然而，在主流经济学理论中，信息并没有被赋予明确的角色，而是以隐蔽的方式被包含在分析框架里。信息在整个经济决策中的作用被大大地简化了。首先，理论隐含着这样的假设：所有的决策者都享有同样完备的信息，处于一个相同的信息平面上。决策者掌握的信息一样，决策规则也是一样，这就导致一个必然的结果，即决策者不仅拥有决策本身所需要的全部信息，每一个交易者也能够推定其他交易者的决策结果。然而，现实的情况是，人们总是面临信息不完备的困惑②。在新古典经济学

---

　　① 〔德〕Juliusn E. 利普斯：《事物的起源——简明人类文化史》，174～181 页，贵州教育出版社，2010。
　　② 信息不完备是指交易主体没有获得支撑最佳决策所需全部信息的状况。显然，现实是一个信息不完备的世界。交易主体的决策总是在信息不完备的情况下进行的。这就将非理性因素注入交易决策过程中。由于信息的不完备性特点，每一次决策都存在着不确定性，决策者需要面对决策风险。在这种情况下，决策者的决策习惯、偏好以及其他交易主体的决策行为在决策过程中都发挥着不容忽视的作用。
　　信息不完备有两层含义：一是决策者对于有关事件的全部必要信息缺失；二是有关信息被其他交易主体接收、评估和反应的信息缺失。大量交易主体的相互作用所产生的信息具有多变、数量巨大的特点。在信息成本的约束下，信息的不完备是经济活动的常态和普遍情况。

中，信息被简化为价格信息。信息高度透明，且没有成本。随后的信息经济学放弃了信息无成本的假设，认识到主流经济学理论框架中信息的缺位，从 20 世纪 60 年代起，信息在经济活动中的重要性已经开始受到广泛的关注，人们逐渐认识到信息在决策中的作用，承认存在获取信息的成本以及不同主体间在信息占有上的差别。诺贝尔经济学奖获得者、美国经济学家肯尼思·阿罗（Kenneth J. Arrow）1973 年在斯德哥尔摩瑞典工业联合会上作的题为《信息和经济行为》的演讲中谈到：对于信息的认识有两点是重要的，"（1）信息或者信号具有经济价值，因而，即使花费一定的代价也值得获得和传播它；（2）不同的个人有不同的信息……这两个更为简单的观察结合在一起就潜在地为一个经济系统的运行提供了丰富的意义"。同时，他也指出，关于信息的研究"并没有形成一股连贯的溪流，研究者们都是从不同的着眼点出发，运用不同的术语，研究不同的方面"。今天，作为分析有限信息环境下经济行为的理论，信息经济学也得到长足发展。但是，就主流经济学的分析框架而言，信息仍然没有获得应有的位置。这是主流经济学分析框架在解释经济现象方面能力不足的关键原因之一。

交易经济学的分析起始于两个支点：一是在经济系统中，每个交易主体都处于不同的财务状况和条件约束下；二是每一个交易主体都是基于自己所拥有的信息、经验和知识进行决策，每一个主体拥有独具特色的信息集（包括经验和知识）。信息在交易经济学中不仅被赋予关键的角色，而且信息的外延和内涵被扩充。在丰富的信息内容之下，交易主体所拥有的信息随之呈现多样化的格局。

第二节　信息的概念

虽然信息早已成为人们非常熟悉的术语，我们生活于其中的社会也被称为信息社会，但由于信息概念使用的广泛性，在不同的领域里，信息被赋予不同的内涵和外延，并没有形成具有普遍共识的信息定义。为了逻辑的严密性，我们需要在这里对信息的概念进行定义。

一、信息的概念

在今天科学发展水平的层次上，信息的概念已经如此宽泛，几乎到了无所不包的地步。信息概念在自动化控制、生物遗传学中广泛使用，已经远远超出信息"以人为本"的初始范围。在现有的教科书和典籍上，我们可以找到各种各样关于信息的定义。在《牛津词典》中，信息是谈论的事情、新闻和知识；在《韦氏词典》中，信息是在观察过程中获得的数据情报、新闻和知识；在《当代朗曼词典》中，关于信息的定义是这样的：information is something which gives knowledge in the form of facts，也是强调信息是在人们认知过程中获得的知识；在日本《广辞苑》中，信息是所观察事物的知识。上述关于信息的定义构成了一大类，即主要是从认知主体出发，强调信息的知识性。

另一类关于信息的定义是从信息处理的角度提出的，主要侧重于信息的结构性。香农（Shannon）把信息与事件的不确定性相联系，并用不置信度作为信息量的测度；艾什比把信息定义为事物的差异度；维纳把信息定义为一种组织的度量，是控制系统进行调解活动时相互作用、相互交换的内容。此外，还有人把信息定义为事物运动变化与交换中结构形态的差异性度量。

还有一类信息的定义，是从哲学的层面上概括的，把信息定义为一切物质的属性。"信息是物质的普遍属性，是一种客观存在的物质运动形式。信息既不是物质，也不是能量，它在物质运动过程中所起的作用是表述它所属的物质系统，在同其他任何物质系统相互作用（或联系）的过程中，以质、能波动的形式所呈现的结构、状态和历史。"①

---

① 　郭庆光：《传播学教程》，第二版，3页，中国人民大学出版社，2011。

上卷　交易行为

鉴于信息的概念难以把握，一些教科书干脆就回避了对信息的直接定义。例如，托马斯·M. 卡沃（Thomas M. Cover）和绍恩·A. 托马斯（Joy A. Thomas）合著的《信息论基础》（*Elements of Information Theory*）一书中，用了这样一句话："信息概念实在太广了，不可能用一个定义完全地概括它的本质。"从此以后，这本在美国风行的研究生教科书，再也没有提起信息定义这回事情了。

从上述情况可以看出给信息下定义的困难性。同时也表明，信息概念还处在成长、发展过程中，在现有的情况下，不能给出信息的准确定义是正常的，每一个研究者都只能从自己研究的需要出发，建立满足研究需要的信息概念。

由于信息意义的广泛性，信息概念可以区分为狭义信息和广义信息两类。狭义信息，是指认知主体的认知内容。狭义信息定义中包含两个要素：一个是认知主体；一个是认知内容。这两个要素都是以具有认知能力的人为依据，事实上这也正是信息的根本所在。在狭义信息的定义中，认知内容是核心，认知主体是依据。比如，我们感知到温度的变化，这种温度的变化就是信息。如果我们没有感知到这种温度变化，这个信息对于我们来说等于不存在。再比如，我们在家中看电视，我们的视觉系统和听觉系统从电视中捕捉到信号，通过大脑的处理，理解到电视中报道的新闻，在这个过程中，被感知的内容，包括声光信号以及新闻内容在内的一切，都属于信息内容。狭义信息概念已经能够涵盖人类社会生活使用信息的一切情况。但是，当超出这个范围，进入到自然界、生物界等，狭义的信息概念就不够用了。

广义信息是指在一切事物相互作用的过程中，响应体的响应行为的规定。比如，在生物体内，基因携带有细胞分裂演变的信息，细胞作为基因的响应体，其分裂过程的特点被基因所规定，这种规定就称为基因携带的信息。同样，一个物体作用于另一个物体，根据牛顿第三定理，被作用的物体受到作用力的作用产生运动，在这种情况下，我们可以说被作用的物体收到了来自另一个物体的作用信息。广义信息概念，并不强调认知主体的存在，不同作用体之间的相互作用成为信息的关键点。广义的信息实际上就是一种相互作用的关系。狭义信息包含在广义信息范畴中，对于信息的识别和认知，实际上是外部事物对于主体的一种作用，这种作用结果被主体解读出的内容所规定。广义信息的定义揭示了信息对相应行为的规定性，用在经济行为中同样适用。交易主体的决策可以看作是对外部环境的一种响应，交易主体如何响应受到信息内容的规定。

在交易经济学中，谈到信息时，总是指狭义的信息。信息的内涵限制在影响、支持交易主体进行交易决策的范围内，包括政治、经济、技术以及交易主体行为习惯等内容。在这里，信息依赖于主体的存在，没有认知主体，信息也就失去了意义。主体通过信息认知外部世界和周围环境，根据信息进行决策。

日常生活中，与信息密切相关的几个概念有知识、新闻、消息等。根据信息的定义，信息是认知主体的认知内容，而知识是人类认知世界的成果，属于信息的范畴。知识是人类的存量信息。新闻是通过公众传播的方式获取的关于近期发生事件的信息；而消息则是个人渠道获得的关于近期发生事件的信息。这两个概念的区别在于传播方式。

二、信息类别

按照内容划分，信息可以分为政治信息、军事信息、经济信息、文化信息、科学信息、技术信息等。上述各类信息，在交易主体的决策中以不同的方式发挥作用。政治、军事方面的信息，能够用来判断市场运行的外部环境。无论是政治动荡还是军事冲突，都会对市场产生强烈的冲击，引发市场在交易量、价格以及结构等方面的剧烈变化。在各类信息中，技术信息具有一定特殊性。这类信息是指交易主体——主要指企业——掌握的产品生产能力，这中间包括众多企业共享的生产技术和独享知识产权的技术。为了获得某项可能带来预期收益的产品技术，企业会投入大量的资金进行技术开发，这部分投入，本质上是企业支付的技术信息成本。

按照信息的受体多少，可以分为独享信息和分享信息以及公众信息等。在交易决策中，独享信息具有更大的价值。在通常情况下，独享信息能够为交易者带来丰厚的收益。在股票市场上，如果一个投资者获得独享信息，他就能够占得先机，在股票市场上大赚一笔。这类案例在各国的资本市场上，尤其是资本市场发展的早期阶段会找到很多。在技术信息方面，有相当多的信息属于独享信息，这类信息通常会以专利的形式加以保护，拥有这项技术信息的企业就持有该项技术的知识产权，具有排他性质。技术专利作为企业的无形资产，对企业的市场竞争力和盈利能力发挥重要作用，有时甚至是关键作用。

根据信息源特点，信息可以分为内源信息和外源信息。内源信息是指主体通过实践获得的信息；外源信息是指外部信息源产生的信息。在信息发达时代，人们获得的绝大部分信息是外源信息，而内源信息只占很小一部分。但在信息技术不发达的传统社会，人们储备的信息中有相当一部分属于内源信息，这种信息结构特征决定了那个时代师傅带徒弟作为技能学习的主导模式。徒弟刚刚走上工作岗位，实践的时间很短，内源信息自然很少，而师傅的内源信息已经积累很多了，在这种情况下，师徒相传是信息积累的最有效途径。

内源信息主要是交易过程中积累的各种经验类知识，这类信息对于主体的交易风格和偏好具有重要影响。中国民间流传的一句谚语是"隔行不取利"，意思是说，一个人从事某个行业的生意，不要看到别的行业回报率高了，就去改行。实际上就是强调内源信息的重要性。无论是家庭还是企业，决策者通常拥有长期生活和经营管理经验，他们能够根据这些内源信息，对各种可能的交易方案进行比较准确的评估，最终形成决策。在不同交易主体的信息集之间，内源信息的差别是构成信息集差别的重要部分。这类信息包含十分广阔的内容，包括从能够明确表述的系统性经验到只可意会不可言传的"默示知识"。著名科学家、哲学家迈克尔·波拉尼（Michael Polanyi）认为，默示知识在人类知识总汇中占据中心地位。[①] 默示知识属于前知识状态，还没有与人类主流知识形成稳定的关联，处于个体游离状态，这个阶段的知识具有个体性突出的特点，很难精确有效地与他人分享。内源信息是构成交易主体决策模型的关键素材，在决策中发挥关键作用。

信念也是信息集的重要组成部分。信念在决策中发挥着十分重要的作用，尤其是在复杂决策或者形势有较大不确定性时，信念发挥的作用更为突出。信念一般来自长期生活经历，同时也受到交易主体所在社会网络环境的文化特征影响。

三、信息层次

根据信息的内容，可以将信息分为两个层次，第一层信息是关于事件本身的信息，如滑铁卢战役的情况、某项技术的详细内容等，称为本体信息。第二层信息则是关于第一层信息的信息，包括信息的来源、传播的范围、信息内容归属哪些方面或领域等，称为检索信息。在两个层级的信息中，第一层信息是根本，缺少第一层信息的存在，第二层信息就失去了意义。第二层信息价值的大小取决于第一层信息的价值。从这些方面看，第二层信息与第一层信息之间具有主从关系，第二层信息从属于第一层信息。但是，这种关系并不意味着第二层信息价值不大。事实上，检索信息在信息收集和判断本体信息价值方面发挥着十分重要的作用。对某类信息产生需求，必须首先了解信息的来源或查询方法，才可能获得需要的信息；其次，了解信息的传播状态，了解有多少人获得本体信息，对于本体信息实

---

① 盛昭瀚、蒋德鹏：《演化经济学》，47～50页，上海三联书店，2002。

用价值的判断是一个关键。检索信息与本体信息的关系，就像图书馆藏书与检索目录的关系，虽为主从，但相互依存，互相支持，使图书资源的使用便利化。

生活中的信息灵通人士，不仅占有比别人更多的检索信息，而且拥有丰富的本体信息，这样才会保持信息的优势。

四、信息时效

时效性是信息的一个重要属性。一条信息的时效是指信息对主体认知、决策产生影响的时间。信息的内容决定它的时效。比如，对 2006 年 4 月 16 日的天气预报，其时效为 4 月 17 日凌晨。超过这个时间点，这条信息就变成过时信息。时效价值具有相对性，一条信息的时效价值取决于主体如何使用。对于一个主体已经失去时效价值的信息，对于另一个主体可能是一条十分有价值的信息。气象信息对于普通的用户，其时效性就是所预报的时间段，随着时间流逝，气象信息的时效性也就不复存在。但对气象研究人员，气象历史数据可能恰恰成为研究一个地区气象变化的重要资料。

对于既定主体而言，不同类型的信息，时效性长短有很大差异。一些信息具有很短的时效性，像气象信息、价格行情信息、时事政治信息等，这些信息都有很强的时效性。然而，通过大量交易实践积累的内源信息，具有长久的时效性。一般来讲，知识类、经验类信息具有长时效性，而关于企业、社会网络、金融等方面的动态事件信息，时效性则比较短。

随着时间的推移，信息不断地超出自己的时效范围，由有效信息转变成无效信息，从而退出人们的信息集。信息的时效性建立了信息集的退出机制，由于不同类型的信息具有不同长度的时效性，信息集中更新最快的部分是具有强时效性的信息，而知识类信息并不随着时间的推移很快更新。

第三节　信息集

交易主体的经济实力和它所占有的包括各种经验、技术在内的信息多少，共同规定了它的经济行为特点。每个交易主体具有不同的知识状态。交易主体知识状态的多样性，是产生主体间相互作用的复杂性和不可预见性的重要根源之一。就交易主体而言，经济实力的大小以及特点决定了交易者可以实施什么样的交易，而信息占有量的大小以及信息结构，决定了他在交易策略集上如何选择。也就是说，经济实力规定了交易的可行性，而信息规定了最终的决策。会计矩阵已经给出了描述交易主体经济实力的工具，而信息占有情况则用信息集来描述。

无论是家庭还是企业，信息集是决策的基础，信息集的结构以及大小，规定了交易者的决策能力。需要强调的是，交易主体的决策是群体决策行为，即多个人参与决策的过程。交易主体的群体决策属性决定了信息的使用具有整合集的特点。无论是企业还是家庭，信息集都不是单个人占有的信息，而是一个决策群体所能够使用的全部信息的总和。在企业中，不仅包括决策群体所占有的信息，还包括每个能够向决策层提供信息和建议的部门所拥有的信息。信息集的这个特点决定了它的不稳定性，尤其是企业信息集表现得更为突出。随着企业决策层人员的变更、内部组织的改变等，信息集也将发生改变。信息集的改变必然引起企业行为风格的调整。

交易主体的信息集包含全部的交易经验，包括成功经验和失败教训的信息，这些信息对于决策产生极为重要的作用。一个受过欺骗的消费者，可能永远不会再次购买某个品牌的商品，甚至尽可能远离任何与该商品有关的交易，包括与该品牌同一产地的其他商品。同样，一次成功交易的记忆，可能促使交易主体不断地尝试同样的决策，这种情况是股票市场上常有的行为模式。

上卷　交易行为

　　信息集具有多层次结构。信息反映事件的状态，信息集的结构特性是事件状态属性的一种折射。为了描述信息集的这种结构，需要引入信息元、信息束、信息集的概念。

一、信息元

　　信息是对事件状态的一种描述。事件是指某种存在或者现象。比如，关于明天天气预报的信息，这里的事件就是天气，天气的状况就是信息。关于市场上某种型号汽车的价格要调整的信息，汽车价格是事件，而价格要如何改变就成了我们需要的信息。每一个事件的状态可以划分为许多不同的侧面，反映事件状态某个侧面的信息，称为事件的信息单元，简称信息元。比如，一个家庭准备购买一辆汽车，那么汽车市场就是对应的信息事件。在这个事件中，关于汽车市场的状态信息包括目前汽车市场上的汽车品牌、型号、价位、操纵性能、故障率、油耗情况、可供选择的颜色、内部配置等。对于要购买汽车的人，需要了解上述众多信息，每一方面的信息，都反映了汽车及市场的一个侧面，这些就是"事件"——汽车市场方面的信息元。再比如，一处房产对应的信息元包括房产位置、房产价格、房产年限、房产户型、房子面积、所处楼层、所在小区位置、物业费用、小区环境等。这些信息就像一个一个的坐标，表明了这处房产某一方面的特性。

　　信息元就是构成信息集的基本元素，当一条信息不能再进一步拆分时，该信息就是信息元，用 i 表示。

　　信息元不是对信息大小的测度，也不是简单的语言单位，而是根据信息所描述事件的特性进行划分的，信息元是信息的意义单元，是信息最小的意义单位。

二、信息束

　　所有关于同一个事件的信息元组成的整体称为该事件的信息束。交易中，能够直接用于决策的是信息束，而不是信息元。如果你要买一辆汽车，你不可能仅仅知道一辆车的油耗信息，而应当对价格、车型、维修费用以及安全性能、舒适情况等众多方面做全面了解，才会决定购买哪一款汽车。对于一项交易，必须在相关信息达到一定完备程度后，预期收益的置信水平达到临界值时，才可能进行交易。信息束是参与交易过程的信息单位，就像我们的机体虽然是通过细胞进行代谢的，但直接参与各种代谢活动的是具有特定功能的组织器官，而不是组成这些器官的细胞毫无规则地进行代谢过程。

为了方便起见，用符号 Φ 表示一个信息束。如果要同时讨论许多信息束，就分别用 Φ_1、Φ_2、Φ_3……表示。

就决策需求而言，每个信息束拥有各自不同的饱和程度，对于完全满足决策需求的信息束，称为成熟信息束；反之，不能满足决策需要的信息束，称为幼稚信息束。幼稚信息束是有待增强的信息束。对于暂时没有用场的信息束，称为闲置信息束。在每个人的信息储备中都有一些闲置信息束。当然，闲置信息束并非无用信息，而是在当前交易范围内处于暂时闲置状态。

事件的关联性决定了在不同信息束之间存在部分共享信息元。比如，有关粮食交易的信息束中，气象信息是重要的组成部分，这是因为气象条件能够很大程度地影响粮食生产，进而影响供求关系和价格；同样，关于救灾物资的信息束中，气象信息同样十分重要，包括降雨情况、气温情况以及空气对流情况等。

三、信息集

信息集是指交易主体所拥有的具有不同主题的信息束构成的集合，用 Ω 表示。根据定义，信息集可以展开写成 $\Omega = （\Phi_1、\Phi_2、\Phi_3\cdots\Phi_n）$。

构成信息集的元素是信息束，信息元并不直接作为信息集的元素。因此，信息集具有双层结构，第一层是信息束，每一个信息束具有相应的主题；第二层是信息元。

根据前面的分析，信息集结构示意图如图 5 - 1 所示。

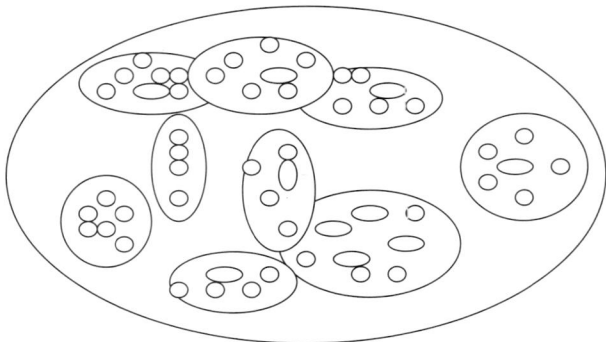

图 5 - 1　信息集结构示意图

每一个人的知识结构、注意力配置状态都不一样。有人知识面很宽，善于吸收各种各样的信息，信息束数量较多，但成熟信息束占比较少；有人则比较专注，在某一领域具有扎实、深厚的知识，对于感兴趣的事件，所收集的信息也比较全面，这些人的信息集虽然信息束的数量较少，但每个信息束的信息量比较完备。这类人的信息集具有较高的成熟度，即成熟信息束占比较多。从兴趣点看，有一些人比较喜欢收集汽车方面的信息，对于汽车新车型、价格变化、不同品牌和型号了如指掌；而另一些人则喜欢收集各类名酒的信息，对不同年份的成色、口感、市场行情以及专家评分如数家珍。事实上，信息集反映了一个人社会活动的特点，也反映了他的兴趣爱好、认知能力、活动领域等众多方面。对于交易主体，信息集反映了他过去的主要交易活动内容，也决定了未来交易活动的取向。

信息集不是将收集到的信息毫无秩序地堆放在一起的信息仓库。交易者面对不断涌来的信息流，根据自身的经验，对不同的信息进行筛选，赋予不同信息以不同的重要程度，这就是所谓的"仁者见仁，智者见智"。即使处于同样的信息场中，不同的人会有不同的信息采集重点，得出的结论也一样。在经济形势分析会议上，经常会看到经济学家们对形势判断有很大分歧，尽管他们使用相同的统计数据信息，得出的结论却会大相径庭，就是由于在大量的经济统计信息面前，不同经济学家关注的重点不一样，因此得出的结论也就不一样。

认知特征规定了交易主体对于信息集的使用特点。对于两个拥有相同信息集的交易主体，如果他们的认知特征有很大差别，他们对于交易的预期以及最终实施的交易方案选择便会有很大的不同。由此可见，认知特征是信息集个性化很强的属性，取决于交易者的经验和信息集的时间结构两个方面。通常情况下，人们对自己比较熟悉领域的信息重视程度较高，比如，纺织企业比较重视与纺织、服装方面相关的信息，包括纺织技术的发展、棉花生产的形势、市场价格波动行情、服装流行款式、市场行情信息等；对于 IT 企业，则会关心 IT 技术的新进展、信息技术的市场需求动向、IT 技术人才的供求关系变化等方面的信息。信息主体的这个行为特点决定了交易者的经验对其信息集的认知特征具有的关键作用。主体在某个方面的经验比较多，这种现状决定了他的信息关注重点，进而影响信息增强的方向以及下一步选择交易的领域，其结果使原有的经验会进一步得到加强。上述过程是一个自强化过程。这就导致不同的交易主体之间差异化扩大，即使两个原本财务状况和信息集内容比较相似的交易主体，他们在内源信息——交易经验方面的微小差异会随着时间的推移而不断扩大，其结果是两个信息集相似度降低、个性化加强。这是经济系统中交易主体差异化的基础，也是市场走向分工的重要原因之一。

信息集的差异不仅影响决策，而且还决定了下一步的信息选择方向。面对同样的一个事件或者一种局势，不同的主体有不同的解读，在大量的信息中重点抽取的信息也不一样，这就构成了信息集自身演化的路径依赖特征，这一特征既是交易主体行为风格稳定的基础，同时也是主体行为风格多样性的根源。无论市场竞争多么激烈，无论现实生活多么残酷，都无法消除不同主体之间的信息选择差异。从这个角度来讲，世界永远无法变成平面。

信息时间结构对于认知特征的影响同样不容忽视。信息集的时间结构是指信息集中各个信息束的时效性差异所形成的结构。信息集的时间结构越短期化，表明信息活跃度越强。一般来讲，新鲜的信息受到重视的程度要大于老信息。这一点在股票市场上表现得最为明显，信息一旦被市场消化后，就会迅速退出投资者的关注视野，交易决策总是根据最新信息做出。

第四节　信息传播

作为社会动物的人类，通过信息传播实现相互之间的协作与分工，实现行为的同步。信息是高度流动的，从一个人到另一个人，从一个群体到另一个群体，从一个地点到另一个地点，这一切都是通过信息传播实现的。正是由于信息的流动性和不间断的信息传播，交易主体才能获得信息、增强信息并分析信息，最终实现交易决策。

信息传播过程包括五个基本要素，即传播者、受传者、信息、媒介和反馈。其中，传播者是信息的发出方，又叫信源；受传者是信息的接收方，又叫信宿；信息是信息包含的内容，是信息的本质所在；媒介是信息传播依托的载体，是信息传播的手段，例如文字、报纸、电视、网络等，都属于媒介的范畴；反馈则是信息的接收效果，是信息接收者对于信息的反应，属于传播的目的。

信息传播遵循一定的模式。不同学者有各自不同的归纳，主要有 H. 拉斯韦尔的直线模式、香农—韦弗的噪声模式、奥斯古德—施拉姆的循环模式、施拉姆的大众传播模式、德弗勒的互动过程模式等。这些模式分别从不同的角度对信息传播过程进行描述，由于信息传播方式的多样性和复杂性，每一种模式都不能全面地概括传播的特点和环节。以拉斯韦尔的直线模式为例，拉斯韦尔直线模式仅仅是信息传播过程的一部分，即单方向传播环节，即5W的内容。事实上，信息传播是一个双向互动的过程，直线传播模式所包含的内容显然是不全面的，没有考虑信息的接收和外部环境影响等方面。①

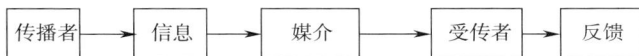

传播者　→　信息　→　媒介　→　受传者　→　反馈

图5－2　信息传播的五要素

仅仅从信息传播方式上划分，信息传播途径有两种基本类型，分别是人际传播和公众传播。人际传播是沿着人际交往关系实现的信息传播途径，这种传播过程依赖于社会联系网络；公众传播是超越个人交际关系的信息传播活动，包括大众媒体传播、组织传播等。公众传播在两个方面区别于人际传播，一是公众传播的范围超越了个人社交圈；二是公众传播基本采用一对多的传播方式，而人际传播的基本模式是一对一，尽管偶尔也会采用一对多的方式，但从互动的角度看，仍然可以分解为一对一的传播模式。

信息传播有两个重要特征。第一，信息传播具有双向偶然性（double contingency）。双向偶然性是德国学者鲁曼提出的概念，指的是传播双方都存在不确定性时。信息传播的这个特点成为众多社会行为，包括经济行为偶然性的重要根源。信息引导行为，当人们的信息来源具有很大的不确定性时，不仅信息来源本身不确定，信息的表达方式、时机、接收环境等都具有众多不确定性，在信息接收环节，由于受到有限精力的制约，人们在认知过程中必须采用选择性关注，对于认为不重要的信息或不感兴趣的信息，通常采用忽略的处理方式，以此节省精力的耗费。从信息传播的全过程来看，选择性接收必然增加信息传播的偶然性。

第二，信息传播存在意义模糊性和信息粗糙性。在信息传播过程中，

---

① 郭庆光：《传播学教程》，第二版，48～54页，中国人民大学出版社，2011。

无论是人际传播还是公众转播，所传递的信息常常具有一定的模糊性。传播效率与信息精度之间存在一种微妙的平衡，信息的传播范围越广，对信息传播的效率要求就越高，信息的模糊性就越大。比如，中国政府要推进城镇化，这是一项涉及面极其广泛的社会工程，"城镇化"的信息需要在社会上广泛传播，但是，"城镇化"是一项极其复杂的系统工程，内容涉及方方面面，在信息传播过程中，不可能将"城镇化"的全部内涵准确传达，传递过程只能保存城镇化的信息内核，这样，尽管大家都在谈城镇化，但每一个人理解的城镇化不尽相同，这就是信息传播的模糊性。

粗糙性来自信息的丢失和添加。信息传播是通过媒介实现的意义交换来完成的，这就要求参与信息交换的双方对媒介有一个共通的意义空间，如图 5 - 3 所示，XY 属于两个交换者的共通意义空间。然而，对于信息的理解，每个人又不完全一致，这就产生了信息传播过程中的扭曲，或信息损耗。对于信息理解上的差异，既是人们交往中经常出现误解的原因，也是意义模糊性的根源。如果信息在 A 和 B 两人中间传播，A 是传播者，B 是接收者，即 A→B，信息在 A 处，意义是 {XYZ}，传到 B 处，意义就会变为 {YZW}。信息在传递中损耗的例子很多，流言是最典型的例子。

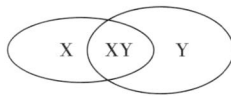

图 5 - 3　两个交换者的共通意义空间

上述两个特点，对于人类的社会行为和经济行为产生重要影响，也是经济系统不确定性根源之一。

从表面上看，公众传播对社会网络的依赖性不大，利用电视、广播、报纸、网络或者在一定范围内（政府辖区内或机构范围内）发布通知、会议等方式实现信息传播，只有人际传播才会严格依赖社会网络。但是，研究得出的结论并非如此。"媒体并不能直接影响大众，往往是一群被称为

'意见领袖'的人充当媒介中间站的角色，他们为朋友和家人筛选、解读媒体，而他们的朋友和家人很少关心政治。换句话讲，只有将信息传播给社会网络上居于最靠近中心位置的那些人，才能发挥有效的作用。"[1]

信息在社会网络上的传播过程与传染病在人群中传播的机制非常相似。传染病在人群传播过程中，人群可被分成没有被传染的人和已经被传染的人，被传染的人作为新的传播源加入传播大军中。信息的传播也是一样。一项信息进入传播过程中，便将人群分成没有获知该信息的人和已经获知该信息的人，获知该信息的人成为信息源将信息继续向外传播。两个过程形成严格的同构关系。因此，信息在人群中的传播过程，同样遵守传染病规律——传染病 SI 模型[2]：

$$\frac{\mathrm{d}i}{\mathrm{d}t} = \beta i(1 - i)$$

其中，i 代表人群中感染疾病的人所占比重，β 代表健康人被感染的概率。上述方程是生态学领域的著名方程，通常称为 Logistic 增长方程。

信息在人群中的传播符合 Logistic 增长方程。在上述方程中，只要变换一下变量的意义，就完全能够用来描述信息的传播过程。其中，i 表示人群中获知某项信息的比例，β 表示不知道该项信息的人获知信息的平均概率。

Logistic 方程有以下解：

$$i(t) = \frac{i_0 e^{\beta t}}{1 - i_0 + i_0 e^{\beta t}} \qquad i_0 = i(0)$$

解函数的曲线走势如图 5-4 所示。

信息通过网络的传播力量是巨大的，而社会网络潜藏于无形之中，存在于我们每个人身边。仅以开启欧洲近代大门的宗教改革家、萨克森煤矿工人的儿子路德传播他的《九十五条论纲》为例，便能显示社会网络传播

---

①　［美］尼古拉斯·克里斯塔基斯、詹姆斯·富勒：《大连接——社会网络是如何形成的以及对人类现实行为的影响》，202～203 页，中国人民大学出版社，2012。

②　汪小帆、李翔、陈关荣：《网络科学导论》，306～307 页，高等教育出版社，2012。

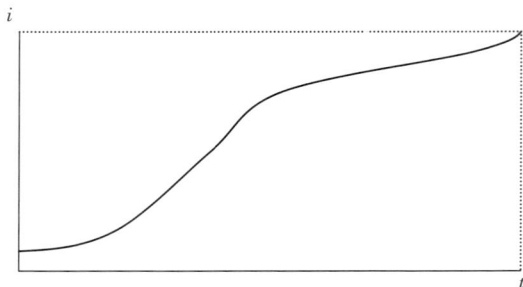

图 5－4　**Logistic 方程解**

信息的巨大动能。"他（路德）把论文誊写多份，分送朋友，朋友们又转抄给其他人。不久，路德居然收到从德意志南部倒流回来的印刷本，这完全出乎他的意料，使他感到不安。"[①] 通过印刷，路德的思想便进入到加速传播的阶段。

社会网络的结构对信息传播产生极大影响。不仅对信息的传播速度有不容忽视的影响，对于信息的传播路径也会产生影响。这一点，与传染病在人群中的传播情况十分类似。[②]

第五节　信息运用

信息对于交易者发挥着多方面的用途。通过信息，交易者可以发现潜在交易机会，建起自己的交易域；通过信息，交易者评估交易的可行性；通过信息，交易者评估交易的收益预期和可能面临的风险。交易完成以后，交易者将结果信息存入信息集中，作为修正评估和决策模型的依据。信息渗透到交易的各个环节，但是，这些功能都必须从信息吸收开始。信息的

---

① ［美］道格拉斯·G. 诺斯：《经济史中的结构和变迁》，17 页，上海三联书店、上海人民出版社，1994。

② 汪小帆、李翔、陈关荣：《网络科学导论》，309～323 页，高等教育出版社，2012。

吸收是交易者构建信息集的第一步。

一、信息吸收

主体对信息的吸收受到两个方面因素的影响：一是信息处理能力；二是注意力的关注方向。处理信息的能力实际上就是信息接收者解读符号的能力。符号具有十分广泛的含义。"只要在事物 X 和事物 Y 之间存在着某种指代或表述关系，X 能够指代或表述 Y，那么事物 X 便是事物 Y 的符号，Y 便是 X 指代的事物和表述的意义。"① 一则信息所承载的含义需要经过接收者的解读才能产生意义。同样一篇文章，不同的读者阅读后获得的感受、留下的印象以及根据文中的信息所导出的结论会有很大差异。"没有两个主体对同一符号的理解是一样的（这在心理学和传播学上被表述为'选择性理解'），理解上的差异导致了理解的成本。极端的情况是偏见，偏见可以导致不理解。偏见是注意力在特定方向上配置积累的结果。"② 一般来讲，接受教育程度的高低决定了信息处理能力的大小。受教育程度越高，处理信息的能力就越强。与此同时，信息处理能力还与知识结构有密切联系。一个人的知识范围是有限的，对于专业知识范围内的信息有比较强的处理能力；但超出了专业范围之外，信息处理能力就会下降。例如，医学博士对于病人身上表现出的症状信息具有较强的信息处理能力，但对于气象信息就不一定具有超过普通人的处理水平。同样，经济学博士能很好地解读中央银行货币政策报告中包含的信息，能够比较准确地把握下一步货币政策走向以及相应的投资策略，但对计算机技术进展的信息解读能力并不会比别人强很多。

除了信息处理能力外，对于特定信息的吸收能力还与关注方向有密切联系。研究表明，人类大脑拥有超过 100 亿个神经细胞，每天可以记录并处

---

① 郭庆光：《传播学教程》，第二版，34 页，中国人民大学出版社，2011。
② 张雷：《注意力经济学》，166 页，浙江大学出版社，2002。

理多达 8600 万条信息，一生中可以储存 100 万亿条信息。尽管人类大脑具有超过目前所有人造计算机的信息处理能力，但在浩如烟海并不断飞速涌现的信息面前，人脑的信息处理能力仍然显得十分有限。人们发现，注意力是一种稀缺资源，对于单个的认知主体，同样存在资源配置效率最大化的问题；对于一个社会群体，注意力是一种资本，具有巨大的商业价值。面对注意力资源的稀缺性，认知主体必须将宝贵的注意力资源配置到最有价值的信息——感兴趣的信息或者可能带来某种收益的信息上。这就是信息的选择或过滤。

　　为保证信息处理能力的有效配置，人们只能选择少数对象作为注意力的中心，还有一些处于注意力的边缘位置，而其他的对象被排除在注意力之外，那些处于注意力之外的信息不被吸收，更不会被大脑加工处理，成为"视而不见"的信息。人类大脑之所以存在通过注意力分配实现对信息进行选择的能力，其生理基础是大脑兴奋灶之间此消彼长的诱导机制。"巴甫洛夫的实验表明：注意的中枢机制是神经过程的诱导规律，按照这个规律，在每一个瞬间都有一系列的刺激物（如听觉的、视觉的、肤觉的等）作用于大脑，在这些刺激下，大脑皮层上产生大量强度不同的兴奋灶。根据负诱导规律，大脑皮层的兴奋与抑制是一个此起彼伏的过程，它们是一对矛盾。如果大脑皮层的某一区域发生兴奋过程，则其邻近区域发生抑制过程就会增强，这就是负诱导；反之，如果大脑皮层的某一区域发生抑制过程，则其邻近区域发生兴奋过程就会增强，这就是正诱导。兴奋中心就是注意力的集中。"[1] 诱导规律决定了人的大脑只能同时承载几个兴奋灶，一旦超出大脑的承载能力极限，就会出现疲劳、烦躁，甚至还会出现失眠、健忘等一系列生理和心理应激反应。事实上，"心无二用"也正是用通俗的语言对诱导规律的表达。在决定注意力配置的诱导机制背后，是大脑生物能量的有限性和效率最大化选择规律的支配作用。

---

　　① 张雷：《注意力经济学》，137 页，浙江大学出版社，2002。

注意力有多种形态，不同形态的注意力负责吸收不同类型的信息，包括视觉注意力、听觉注意力、嗅觉注意力、味觉注意力、触觉注意力和思考注意力等。在不同的注意力之间，存在着替代、补充关系。当然，诱导规律在不同的注意力之间同样发挥作用。

按照注意力的不同特点，可以有不同分类型：有意注意和无意注意；习惯注意和偶尔注意；中心注意和边缘注意；个人注意和社会注意；长时间注意和短时间注意；资本化注意力和非资本化注意力；持续注意和断续注意等。[①] 这些不同的注意力类型构成了心理品质的注意力结构，这个结构反过来影响并决定着一个人的知识结构和信息储备。

人们的注意力始终处在不断变换之中。从一个对象到另一个对象的转移称为注意力的连接。注意力转移遵从一定的规律，包括相似连接、相反连接、经验性连接、逻辑性连接、情感连接、习惯性连接等。

在注意力转移或连接过程中，人们会受到周围环境的影响，比如会受到别人注意的影响或干扰。一个人的注意力指向对其他人注意力指向产生影响的过程，称为注意力传递。注意力传递方式多种多样：下行传递，即具有较高社会地位和影响力的人的注意力指向对于较低社会地位人的注意力指向的影响；上行传递，即社会下层注意力指向对上层注意力指向的影响；平行传递，即同一个社会阶层内的相互影响。在传递方向上，注意力传递存在单向传递和双向传递两种。由于注意力传递的作用，交易主体所处的信息环境对其注意力指向产生重要影响。通过主体与环境的信息互动交流，交易环境将影响施加在交易主体身上，并将每一个主体与所处的环境构成一个有机整体。

二、信息集的构建

家庭和企业是两类基本交易主体。每类主体都存在内部结构和具有特

---

① 张雷：《注意力经济学》，140～148 页，浙江大学出版社，2002。

色的决策机制。信息集的结构和内容不仅取决于主体的成员结构，还取决于主体的决策机制。对于现代家庭，信息集是所有参与决策的家庭成员占有的信息的总和，这里包括各种与交易决策有关的信息，如股票市场行情、物价变动信息、最新政治局势等，还包括过去交易中自己或其他交易者可以借鉴的经验、教训等。对于企业，信息集主要是由直接或间接参与机构决策的人所拥有的信息构成。直接参与决策的人的信息构成了组织信息集的主要部分，而其他通过各种途径间接影响决策的人所持有的信息，则是通过决策者的取舍以及重视程度有选择、有侧重地进入到信息集中。

　　在信息收集和处理过程中，人们受到注意力资源有限性的制约。突破制约的有效途径是在个体之间的注意力替代，即在每个人之间进行注意力分工。就像战场上一样，哨兵负责阵地站岗，使用视觉注意力；侦察兵负责收集哨兵看不到的信息，综合运用多种注意力收集各种有价值情报；而指挥官利用哨兵、侦察兵收集来的多种信息，使用思考注意力，对信息进行处理加工，分析判断，最终做出决策。通过注意力替代，人们成功地突破了单个自然人心智资源有限的制约，使群体组织在信息收集和处理能力上超过单个自然人，进而表现出放大的决策优势。

　　对于企业，决策层的信息并不仅仅来自决策群体中的成员个人所拥有的信息，组织中的各个部门都在不断吸收信息，并将信息提供给决策者。具有不同职能的部门获取的信息各有侧重，市场营销部门掌握市场的结构和最新动向，技术研发部门对于最新技术发展比较了解，人力资源部门掌握劳动力市场的变化情况，而生产部门则对生产动态和生产潜能有更大话语权。这些部门都为企业决策者的信息集做出贡献。

　　家庭在构建家庭信息方面虽然不能像企业那样在成员之间进行严格分工，但成员之间的信息互补关系同样存在。家庭成员之间彼此了解对方的知识结构和信息特长，为决策过程中信息的互补提供了基础。与企业不同，现代家庭的信息集是由每个家庭成员的信息组合而成的。在这一点上，家庭的信息集结构要比企业简单。

在一个集体内部，尤其是企业内部，各个部门在运作过程中都会产生和获取方方面面的信息，包括生产流程环节的信息、市场需求信息、客户反馈信息、财务管理信息等，这些信息对于决策十分重要。能否被及时输送到决策者手中，成为决策信息集的有效组成部分，直接关系到企业决策质量和效率。但是，由于内部管理的原因，并非所有的企业都能做到内部信息的有效输送，也并非所有企业在内部信息输送方面做得一样好。内部管理的混乱以及缺乏有效激励机制，都可能导致内部信息输送阻滞。

观察模仿周围人的行为，尤其是成功人士的行为，是一种成本最低、风险最小而且是性价比最高的获取信息途径，也是构建信息集的便捷方式。这种获取信息的模式在交易网络的形成中留下了深深的烙印，交易网络的相位集聚现象，即产业呈现块状分布的特点，与这种信息集构建模式有着极为密切的关系。

三、不同决策机制下的信息运用

现实中，交易主体的决策是以某种分工方式实现的集体决策。与单个人的决策一样，集体决策的过程以集体的信息集为基础。

集体决策的效率和决策特点直接受制于决策机制。现实中交易主体内部的决策机制形形色色，不一而足，但可以大致归纳为独立决策和集体决策两种基本模式。独立决策模式是指根据一个人的判断进行决策的机制；集体决策是指利益相关者以某种方式共同参与决策的机制。现实中的决策机制通常是两种典型机制的混合，既有一些独立的成分，又有一些集体的成分，只是在两种成分的比重上互有伯仲。事实上，绝对的独立决策或绝对的集体决策都是行不通的。即使以独立决策为特点的机制，决策者也不可能根本不考虑其他任何人的意见，只是参与决策的群体小一些罢了。同样，即使集体决策，也不可能在所有利益相关者中间实现意见的完全统一，否则决策就根本没有效率可言。

交易主体内部采用不同的决策机制，信息收集以及对应的信息集也就不同。"独立决策"机制下，交易主体的信息集本质上也就是决策者个人的信息集，尽管信息的收集过程可能借助群体或机构的力量，这些信息只有进入到决策者的个人信息集中，才能在决策中发挥作用。决策者根据自己的先验概率分布对各种可能性进行判断，选择"最优"交易方案。在"独立决策"模式下，信息的配置具有集中化特征，决策者处于信息高地，占有信息优势。

"独立决策"模式在传统的农业社会中占据主导地位。那时的家庭中，辈分最高的男人通常是家庭的主人，具有独立的决策权，尽管家庭中其他成员在决策中有发表意见的机会，但决策者仅仅作为参考而已，并没有"法定"效用。这种情况在今天的家庭中已经不再处于主导地位，集体决策越来越流行，并逐渐成为主导模式。在企业界，小型企业大都采用"独立决策"模式，这种模式的优点是决策成本低，决策效率高。决策过程没有复杂的程序，不需要众多决策辅助机构和人员。应当说，"独立决策"比较适用于处理相对简单的决策问题。

与"独立决策"相比，集体决策的优势在于充分发挥每个人的优势，多视角、多维度地论证各种情况，在一定范围内形成某种共识。集体决策的特点是比较稳妥，不容易犯错误。在信息配置上，信息不必要向决策中的某一个人集中，每个决策成员可以根据自己的信息集表达意见。在这种情况下，信息只要进入任何一位决策成员的信息集中，也就能够参与到决策中。信息配置呈现分散化特点。

集体决策的机制可以有多种不同的实现方式，既可以是每一个决策成员等值投票，也可以根据某种条件赋予决策成员大小不同的权重，既可以要求全票通过形成决议，也可以要求一定比例通过形成决议。集体决策机制下，决策中的"议事规则"发挥着十分重要的作用。事实上，即使大型企业，决策集体中并不是平均分配票权，在日常经营决策中，公司的 CEO 一般拥有比其他成员大得多的表决权，在很多事情上具有独立的决策权力。只有在重大事件的决策上，才会给予其他决策成员较多的表决权。这样可以同时兼顾决策的正确性和决策效率。

选用不同的决策机制，对于机构的信息效率有很大影响。通过投票并要求满足一定支持比率的决策机制，当参与者的观点或利益出现严重分歧时，就会阻碍决策的形成。为了赢得其他决策人的支持，每一个决策者倾向于收集尽可能多的信息。对于"独立决策"机制，只要达到能够说服"独立决策者"本人，信息就已经饱和了，就能够实现决策。对比两者之间交易方案与信息需求的比例关系，很容易得出结论：集体决策机制与"独立决策"机制相比，需要更大的信息集。

四、信息映射

对于交易者来讲，信息集给出各种交易的可能性，确定了最大可能的交易范围——交易域，这是交易决策的第一步。交易域的大小规定了交易主体全部可能的交易。在此基础上，通过约束条件的考察，交易主体在交易域中选出力所能及的交易方案，确定交易的策略集。在有了比较具体的交易方案以后，交易主体在接下来的环节需要进一步收集信息，完成信息增强过程。最后，根据较为充分的信息对交易收益进行估计，最终决定是否进行交易。为了准确地描述信息在交易决策中的作用，我们引入交易映射概念。

主体通过信息加工、判断，确定交易域的过程实际上是从信息集到交易域上的映射。这个映射称为交易映射。用 ψ 表示交易映射，信息集 Ω 到交易域 $\sum$ 上的映射过程表达如下：

$$\psi(\Omega) = \sum$$

交易映射 ψ 是以信息束为元素向交易域上的映射，映射的像是一种可能的交易方案。对于能够产生交易方案的信息束，通过映射 ψ，得到相应的交易方案。对不能产生交易方案的信息束，ψ 把它映射到 0 方案上。一般情况下，只有成熟信息束具有诱导交易方案的能力，而对幼稚信息束，ψ 把它映射到 0 方案上。只有通过信息增强，幼稚信息束成为成熟信息束后，才可能导出非 0 交易方案。

成熟信息束是导出非 0 交易方案的必要条件，但并不是所有成熟信息束都能够诱导出非 0 交易方案。有些信息不具有导出交易的内容，比如国家政治领导人变更或国际冲突等，在很多人看来，无法直接诱导出交易方案。

对于交易映射 ψ，信息集是它的定义域，交易域是它的值域。很显然，交易映射是一个满射，即所有交易域上的点都在信息集中存在至少一个像点。交易映射不是一一映射，因为并不是所有信息束都能产生交易方案；而且一个交易方案可能需要多个信息束支持。同时，交易映射可以是多值映射，一个信息束可以同时诱导出两个或者两个以上的交易方案。

不同交易主体的信息集构成有很大区别，信息集诱导的交易域也很不一样。有些人能够从获得的信息中得到很多交易方案，从而产生交易行为，从交易中获得收益；而另一些人尽管天南地北知道很多，信息集规模很大，但是很难变成行动，信息只能用于空谈。

当人们说某人的执行能力很强，实际上是指他（她）将信息转化为方案的能力较强。而说另一些人执行力差则是指说得多、做得少，这种人的信息转化效率比较低。因此，在交易映射 ψ 上，既凝结着信息诱导规则，也包含着主体转化信息的能力，是一个具有个性化的函数。

五、信息运用流程图

信息广泛地参与交易决策过程，在交易中发挥着极为重要的作用，信息参与决策的过程可用流程图直观地描述，如图 5 - 5 所示。

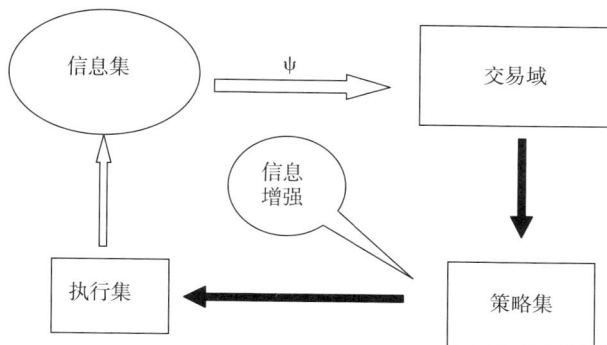

图 5 – 5　信息运用流程

图 5 – 5 中，圆环代表信息集，矩形代表交易集。实箭头表示交易集之间的演化关系，空心箭头表示信息的作用或传递过程。图 5 – 5 显示，信息参与整个交易决策过程，并从交易过程中吸收进一步的信息。

信息以及信息的传播方式塑造了一个经济系统的基本特征。基于信息技术进步带来的信息传播形式的改变必然引发一场经济革命，这场革命不仅改变了每一个交易主体的行为方式，也改变了交易主体之间的相互关系，也就是说，经济系统的运行方式也将发生重大变化。

第六节　信息增强

信息增强是主体的信息集扩张的过程。由于信息在交易决策中的重要地位，信息增强对交易的影响同样重要。任何单一的信息很难支撑重要的行动决策。只有在一组相互关联、相互印证的信息支撑下，才会让人消除信息不足产生的茫然。就像一个人刚到陌生的城市，尽管别人告诉了如何乘坐地铁，在哪一站下、哪一个出口出来便能找到所要去的地方，尽管路线信息已经很清晰，仍然会产生茫然感，等到几天下来，逐步对城市，包括街道、商店以及标志性建筑等有了一些初步的了解之后，才会独自乘坐地铁出行，有了第一次乘坐地铁的经历之后，便进入到信息积累的良性循环，对蜘蛛网一般的地铁越来越熟悉，越来越自如地穿梭于城市的街道之间。这个过程实际上就是信息增强的过程。信息增强是决策过程中不可或缺的环节。

一、信息增强的概念

在一个完整的交易过程中，信息前后两次参与其中。第一次参与是在交易域环节；第二次参与是在交易策略集确定以后，在这个环节上，决策者需要根据多方收集的信息，对各种可行方案进行评估。为了论证和判断策略集的哪些方案能够带来较大的收益，在做出判断之前，需要进一步对相关信息进行增强。与第一次相比，信息增强过程更具有针对性，信息收集具有更多的主动性特点。一个企业在初步确定了投资方向后，会大量收集有关信息，甚至雇专业调查公司进行市场调查，投入大量的时间、精力研究分析投资的预期收益情况。家庭的情况也是一样，在决定购买一台新的电视机时，一般都会到不同的家电商场看一看，了解不同品牌的性能，对比不同商场的价格差异，最后才会决定买哪一种品牌和型号，在哪个商场购买。

信息增强的另一种情况是拓展信息集的维度，即增加新鲜主题信息。交易是一个持续不断的过程。在完成一轮交易决策之后，新一轮决策便会开始。信息集的扩张同样是一个持续不断的过程。信息集的维度越大，交易决策者的视野也就越宽，交易域的内容也就越丰富，交易者就越有可能选出收益更好的交易方案。

信息增强是沿着两个方向——广度和深度——进行的。在实际情况中，信息集在两个方向上的速度并不是平衡变化的，两个方向上的变化速度常常呈现交替上升的情况。一般情况下，人们在决策前总是尽可能地扩展视野，这时候信息集的维度会出现快速增长的阶段。一旦在信息集中出现引起兴趣的事件，在交易决策前，交易主体就会锁定一个相关信息束，进行信息增强，以保证决策所需要的充分信息。这一个阶段，信息增强主要表现在量的扩张上。

信息增强和信息退出是主导信息集动态变化的两个基本力量。交易主体要保持信息集的扩张态势，就必须不断接收新的信息，不断扩大信息视野。否则，信息集便会随着时间的流逝逐渐走向萎缩。

二、信息增强的条件

交易主体的信息增强主要受到信息成本的制约。生活中，一些信息不需要支付成本，主要是一些公共信息，比如政府公开发布的政务信息、电视节目信息、报纸信息和网络信息等。但即使是这些信息，严格来讲，同样需要支付一定成本，因为需要通过某种载体才能获知这些信息，比如电视成本、报纸成本和上网成本等。一般来讲，越是有价值的信息，独享性要求越强，需要付出的成本也就越高。比如，一个企业准备开发一种新的产品，需要了解市场需求的信息，需要通过雇调查公司进行市场调查，就需要支付可观的费用。

对于不同主题的信息，主体的支付意愿有很大差别。有些信息，交易者愿意支付很高的成本；而对价值不大的信息，交易者则不愿支付多少成本。交易者在收集信息方面，同样遵守基本的经济学原理，即成本—收益法则。面对浩如烟海的信息世界，交易者只选择那些满足一定条件的信息，收集那些有价值的信息。

价值来源于意义，意义是一种关联关系。信息自身并没有独立的价值，其价值最终体现在所服务的对象上。一条信息在交易中发挥多大作用，决定了它有多大的价值。因此，信息 i 的价值取决于三个方面的因素：第一个因素是相关交易的预期收益。相关交易的预期收益越大，信息所体现的价值就越高。这个因素对于信息价值的规定具有间接性特点，所反映的信息价值并没有很强的针对性。在与某项交易相关的信息束中，所有信息元对应着同一个交易，因此也分享相同的交易价值量。

第二个因素是信息元 i 在提升交易主体交易预期的置信度方面的作用。很显然，一条信息对于预期置信度的增加越是重要，其价值也就越高。

第三个因素是已有信息的充分程度。如果已经达到了交易状态下所设置的最低预期置信水平，随后的信息价值将大打折扣。通常情况下，即使信息很有用，交易主体也不愿花费很多时间和费用进一步收集信息；相反，如果没有达到预设的置信度标准，信息的价值就比较高。一般来讲，距离置信度标准的差距越大，信息体现的价值也就越大。为此，我们引入信息急迫系数 k 描述对信息需求的状态（见图 5 - 6），并用以下方式取值。

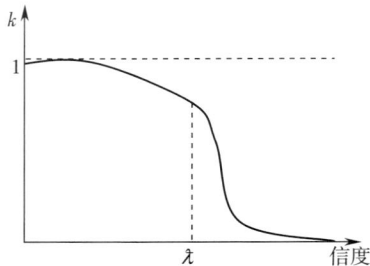

图 5 - 6　信息急迫系数变化

λ 表示最低置信水平，信息急迫系数为 1 表示信息需求的最高水平。上述三个要素不是独立地规定信息的价值，需要通过彼此相互作用确定信息的价值量。对于一项信息，即使对相关交易的置信度具有非常重要的意义，如果交易本身的价值十分有限，信息的价值也就不可能很大。比如到市场上买蔬菜，关于蔬菜营养的信息尽管对形成预期的置信度帮助很大，但对交易本身价值量较小，该项信息的价值也就受到限制。

基于上述分析，信息 i 的价值用以下公式计算：

$$v(i) = k\Delta\lambda_i \times u_i$$

其中，$v(i)$ 表示信息 i 的价值，取值区间在（0，1）；$\Delta\lambda$ 表示置信度增量；u 表示交易价值量或关联事件价值。在上式中，置信度增量发挥着价值比例的作用。对于不能有效增加交易主体置信度的信息，其价值十分有限；交易价值 u 扮演着价值基数的作用，对于价值量大的交易，相关的信息可能产生较高估值。

从信息定价来看，信息价值具有相对性。同样一条信息，对于不同的交易主体，体现的价值可能有很大差别。除了对于交易预期收益的判断会有差别外，还与交易主体的信息结构有密切关系。一个完整的信息束像是多个图片组合的拼图，缺失图片的价值不仅取决于该图片所包含的内容，还取决于拼图中同时缺少哪些图片。缺少的图片越多，每个缺失图片的价值就越低；相反，如果仅仅缺少一张图片，这张图片的价值就大大增加。此外，即使对于同一个交易主体，信息在不同交易中所产生的价值也在发生变化。对于预期收益高的交易，相关联的信息价值要高于收益预期低的交易。

信息增强的条件用数学式子表述如下：

$$v(i) > c(i)$$

其中，i 表示信息元，v 表示信息价值，c 表示信息成本。

信息成本包含两部分内容，一部分是时间成本，即间接成本；另一部分是直接成本，即为获得信息直接支付的成本。时间成本的大小取决于为获得信息所花费的时间长度和单位时间的价值两个因素。在经济学中，时间不仅代表着一种事件序列，同时还代表着价值。信息的直接成本比较简单明了。比如，为了获得有关房源和价格信息，租房客支付房屋中介公司的费用，企业为获得某种商品的市场信息，支付调查公司的费用等，都是信息直接成本。内源信息是交易的副产品，交易者不需要特别地为内源信息支付，所以内源信息的成本为 0。

信息不对称性增加了交易的不确定性，是信息成本的另一种表现形式。降低这类信息成本，仅依靠信息技术是无法解决的。减少交易过程中的信息不对称现象，必须加大市场监管力度和效率。这一点不仅在金融市场中十分重要，在一切交易中都十分重要。对于一个国家或者经济体，监管力度和效率是决定交易环境优劣的重要因素。

信息技术的发展，具有降低信息成本的作用。从这个意义上讲，信息技术是推动经济发展的重要力量。在相同的条件下，改善信息传播途径，通过提高交易域的信息密度，扩大交易域的规模，最终能够提升经济的交易活力。在今天的网络时代，信息便利对企业生产经营管理模式产生了极为深远的影响。在20世纪90年代以前，由于无法知道下一个时间市场需求如何变化，企业为了保证市场的供应，不失掉市场份额，需要保持一定的库存以应对市场的变化。在网络时代，企业可以从网络上直接获得市场信息，还可以从网上实时得到订单，借助网络收集订单变得十分容易和便捷，在这种情况下，企业无须保有大量库存，而是根据订单生产满足市场需要，不再出现剩余的产品。企业库存的减少，在宏观层面上改变了经济周期模式，经济的调整周期缩短，调整速度加快。

建立在网络技术基础上的信息便利化推动物流管理业的快速发展和演进。跨国公司很容易在全球范围内配置资源，大型国际商业公司沃尔玛在全球采购物美价廉的商品，然后根据分布在全球各地的商场销售信息，安排商品配送，资源得到最大限度利用。

三、信息增强的流程

交易是信息增强的推进力量。没有交易，信息增强便失去了意义。信息增强就是为了获得理想的交易方案，交易产生了信息增强的需求。交易本身是内源信息的来源，通过交易可以直接实现信息集的扩展。将交易与信息之间的互动关系概括出来，得到信息增强流程图，如图5-7所示。

交易与信息增强之间具有相互加强的促进关系。交易越是频繁，信息增强的速度就越快；而信息的增强又促使新的交易产生。信息与交易之间的这种关系，能够很好地解释经济发达地区与经济落后地区的居民，在捕

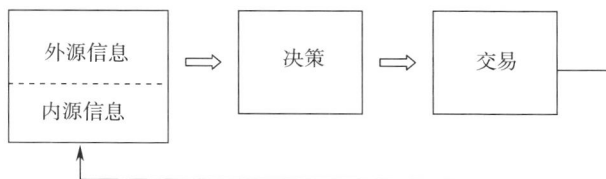

图 5 - 7　信息增强模型

捉商机方面的差异。经济发达地区的居民，无论是家庭还是企业，会利用一切可能性捕捉商机，在这个过程中，又为自己和周围的人创造了新的商机。落后地区的情况正好相反。由于整个地区的信息密度稀薄，人们的信息集内容十分有限，参与交易的机会相应较少，这又进一步导致信息集的萎缩，形成一种恶性循环的演化路径。

　　信息与交易之间的交互强化关系还会推动经济产业的区域化聚集，其中的机制是，交易与信息之间具有匹配性，某个产业向一个地区集聚，能够提高这个地区该项产业相关信息的密度，这就决定了该地区居民的信息集结构向该产业偏斜，为进入该项产业提供了信息准备。随着进入该产业的企业增多，在这个地区内部，就会形成产业内的细致分工，效率优势和产能优势开始在这个地区凸显出来，这种优势导致了该地区吸引大量的市场需求，采购商从四面八方涌来，给这里的企业带来商机和利润，进一步促进优势产业在这个地区扩张。在这个过程中，交易与信息之间的互动扮演着重要的角色。

四、信息过载

　　与信息增强相反的问题是由于信息过剩导致的信息过载。当在极短的时间内涌现大量的信息时，伴随着信息秩序混乱，信息流中各种信息相互冲突，不能相互印证，并且无法判定信息的真伪，主体便失去信息处理能力。这种由于信息数量超出人们处理能力、信息之间相互矛盾导致的交易者失去判断和决策能力的情况，称为信息过载。这在社会陷入恐慌时经常出现。尽管这种情况极少发生，但一旦发生，会对主体决策和经济运行产生十分重大的影响。

决策的第一个环节是对信息的处理，但是主体对信息处理的能力是有限的。当不断涌来的信息超出了主体能够处理的能力时，就会出现信息过载。动荡的社会和快速通货膨胀都可能导致某一方面的信息超量，从而使主体的决策出现混乱和失误。就像计算机一样，交易主体在处理相关信息时，同样存在一个最大限度，当信息接近或超过信息上限时，主体利用信息进行决策的能力下降，甚至会停止决策。我们经常看到当大量信息同时出现在某个主体面前时，便会表现出无所适从的场面。在这种情况下，主体一般会采取放弃自主决策，而跟随周围人的做法，表现出很强的从众特点，这是信息过载的典型特征。这种机制对宏观经济运行产生重大影响，尤其是在经济出现大幅震荡的时候。急速变动的经济形势产生出高频度的信息流，其信息容量和信息秩序都大大超出了主体所能处理的范围，整个社会的非理性偏离常常发生在这个时候，一旦出现这种局面，社会全体非理性偏离所产生的破坏力是巨大的。在中国，20 世纪 80 年代中后期的抢购风潮就是一个典型案例，当物价上涨速度加快，各种小道消息和谣言开始四处传播，面对不断攀升的物价和泥沙俱下的信息，消费者失去自主判断能力，迷失效应开始发挥作用，大批家庭开始涌向商场，掀起了一场历史上少有的抢购风潮。

在世界经济发展历史上，大萧条的情况也是一个典型案例。从纽约的股市崩盘开始，恐慌和谣言使人们很快失去了自主决策的能力，纷纷跑向市场抛售股票，希望以最快的速度将各种金融资产变现，这种变现狂潮以势不可当的力量轻松地摧垮了美国的金融系统，然后是欧洲的金融系统，并像一场瘟疫一样在世界各个角落里蔓延，最终导致旷日持久的世界范围内的大萧条。

每一个主体的信息上限存在一定差异。一般来讲，主体经验积累与信息上限高低有直接关系。越是经验丰富，信息上限就越高；反之就越低。对于同一个主体，在不同情况下，信息上限也在不断地变化，压力、恐慌以及疲劳等，都会降低信息上限。

信息过载在今天的社会随处可见，这是因为我们生活在信息爆炸的时代。"美国学者 H. H. 弗莱德里克曾经做过这样一个推算：如果以公元元年人类掌握的信息量为单位 1，那么信息量的第一次倍增，花费 1500 年；第二次倍增，花费 250 年；第三次倍增，花费 150 年；进入 20 世纪后的第四次倍增，所需时间进一步缩短为 50 年。其后，倍增速度骤然加快，在 20 世纪 50 年代，10 年内实现了倍增；在 20 世纪 60 年代和 70 年代，时间周期进一步缩短为 7 年和 5 年。根据现在的推算，人类社会的信息量倍增的时间仅仅需要 18 个月至 5 年的时间……即使以 5 年为周期来计算，也意味着在今后不到 70 年的时间内，人类积累的信息量将达到我们今天信息量的 100 万倍。"① 伴随着人类社会的快速发展，呈几何指数增长的信息量也给社会带来了一系列的副作用。信息过载阻止了人们的思考，造就了当今社会思想贫乏的局面。这从美国《大西洋月刊》每年一度评选的十四大思想的结果便能看出。2011 年的评选结果是："华尔街——一如既往"（排行第六），"无事能够保密"（排行第二），而年度最大思想则是"中产阶级的崛起——不过不是我们的"，是指巴西、俄罗斯、印度和中国。2011 年 8 月 14 日，《纽约时报》发表了南加州大学安嫩伯格·诺曼·利尔中心高级研究员尼尔·加布勒的文章《踪影难寻的大思想》，对此项评选结果进行了评论。文章认为这些都称不上思想，更像是经验之谈。文章认为，"真正的原因可能是信息本身。我们现在知道的信息超过了以往任何时候，在这样一个时代，我们思考的就少了……过去，我们收集信息不只是为了了解情况，那只是开始。我们收集信息也是为了将其加工升华，变成更为有用的东西——将

---

① 郭庆光：《传播学教程》，第二版，29 页，中国人民大学出版社，2011。

信息融会贯通变成思想。我们过去不仅试图了解世界，而且力求真正理解世界，这是思想的主要功能。"对于信息，他说："信息对于思想来说曾经是有用的材料，然而过去十年信息已经成为思想的竞争对手……我们淹没在浩瀚的信息海洋中，即使有心也没有时间去加工提炼，而且我们大多数人也不想去做。"作者最后得出结论说："所有的思想者都是信息过剩的牺牲品，而当今思想者的思想也是信息过剩的牺牲品。"①

① 尼尔·加布勒：《当今世界为何难觅"大思想"》，载《参考消息》，2011－08－29（B10）。

第六章　交易决策

研究经济系统的运行规律，需要深入到每个微观主体，弄清交易行为的基本规律，并在此基础上建立主体间互动模式，最终把握经济系统的整体规律。条件方程是决策行为的量化描述，是理解微观个体交易行为的重要工具，是微观经济理论的核心。

第一节　决策模式

完整的交易过程可以划分为交易决策和实施两个基本环节，经济学所关心的是决策环节。经济学要研究哪些因素影响并最终决定交易主体下定决心实施交易，哪些因素在众多交易备选策略的选择中发挥作用。交易实施环节可以看作是依照事先决策和设想行动的部分，不是经济理论关注的重点。

从理论发展历史来看，决策理论出现在欧洲文艺复兴的后期，起源于宫廷赌博活动。为了精确计算胜算的可能性，宫廷赌博顾问提出了概率、博弈等概念。1738 年伯努利（Bernoulli）最早提出效用和期望效用的概念。1926 年，拉姆齐（Ramsey）在效用和主观概率基础上首先提出了完整的决策理论。1944 年，冯·诺伊曼（Von Neumann）和摩根斯坦（Morgenstern）建立了效用的公理体系，为效用分析提供了坚实的逻辑基础。直到 20 世纪50 年代，由于众多学者的贡献，包括威尔德（Wald）（1950）、布拉克威尔（Blackwell）和格尔斯克（Girshik）（1954）、塞维基（Savage）（1954）、瑞法（Raiffa）（1961）、浦瑞特（Pratt）（1965）、哈佛（Howard）（1966）、德克孺特（DeGroot）（1970）等人的工作，决策理论在逻辑基础、概念体系、计算方法等方面已经比较完备，其理论核心是贝叶斯决策模型。[①]

贝叶斯决策模型的概念框架包含四个层次：（1）行动集，也称策略集，是决策人可能采用的所有行动的集合；决策的过程实际上就是在行动集上选择的过程。（2）自然状态集，也称状态空间或参数空间，是所有可能对行动结果产生影响的事件集合。决策者根据自己掌握的信息，对于自然状态的各种事件发生概率进行先验判断。（3）后果集，由所有方案选择在相应自然状态的作用下实现的后果构成的集合。后果集可以用多种方式度量，一般采用效用或者损失、价值、收益等。决策人根据对自然状态集的先验概率分布，计算出各种行动策略的预期后果，通过对比，找出最为理性或满意的行动策略。（4）信息集，也称样本空间、观测空间、测度空间等，是由关于自然状态空间的信息组成的集合，决策者利用信息集上的信息，对各种自然状态进行概率判断。

在决策理论中，主观概率在决策中扮演着关键角色。按照塞维基（Savage）（1954）的定义，"主观概率是一种见解，是合理的信念的测度。它是某人对特定事件发生的可能性的信念（或意见、看法）的度量，即他相信或认为事件将会发生的可能性大小。"[②]

主观概率并非是人们的凭空臆想，而是根据生活中积累的经验、收集得到的信息以及对客观规律的认知基础上的分析和推断。显然，由于认知能力的差异，同一个事件不同主体会有大小各异的主观概率。

主观概率的形成受到多方面因素的影响，主要集中在两个方面：第一，受到主体经历的影响。一般来讲，在主体以往的观察记录史上，事件的发生频率越高，对于该事件的未来发生概率的估计就越高。一个游客初到一

---

① 岳超源：《决策理论与方法》，3 页，科学出版社，2004。
② 岳超源：《决策理论与方法》，16 页，科学出版社，2004。

个地方，前几天频繁地下雨，如果要他（她）对明天下雨的概率进行估计，他（她）就会倾向于下雨的预测。反之，如果最初的几天是晴天，他（她）的答案就会更倾向于晴天。第二，主体对于特定事件发生概率的估计与感知距离有密切的关系。所谓感知距离，是包括空间距离和社会关系距离的综合度量。如果事件发生在身边，感知距离就近；反之，感知距离就远。如果事件发生在自己家人和朋友身上，无论他（她）身在何处，相距多远，人们的感知距离仍然很近。事件发生的感知距离越近，人们对事件发生的概率估计就越高。实际上，马路上的车祸每天都会发生，但人们通常都会认为离自己很远，并不会因此改变自己的不良驾驶习惯，原因是他（她）认为事件发生在自己身上的概率很低。如果与他（她）在行车中相邻行驶的车辆发生了车祸，车祸与他（她）擦肩而过，就会对他（她）产生强烈的感觉冲击，他（她）对车祸发生概率的估计就会一下提高很多。同样，其他事件的主观概率也都遵循这样的规律。

主观概率定律：对一个事件的发生概率的主观判断，即主观概率与主体获知的事件发生频率成正比，与主体感知距离成反比，用公式表达为

$$P(x) = \kappa \frac{\omega(x)}{D(x)}$$

其中，$P(x)$ 表示事件 x 的主观概率，$\omega(x)$ 表示观察到的事件 x 发生频率，$D(x)$ 表示事件 x 与主体的感知距离，κ 表示调系数，主要反映个体差异。

行为研究表明，主观概率值有离散化特点，决策中并非需要将主观概率精确化，而是采用模糊化的方式，通常用发生概率很小、发生概率不确定、发生概率很大等，或者不可能发生、不确定、很有可能发生等方式表达主观概率的判断。在这时候，每个模糊值对应一个特定的概率区间。比如，（0，0.3）对应概率很小的结论；（0.3，0.6）对应不确定的结论；（0.6，1）对应概率很大的结论。真实的决策过程属于模糊决策。

经典的决策理论主要是致力于处方性决策模式，属于规范决策理论。

针对不同情况，经典决策理论给出了不同的决策策略。对于严格不确定型决策，可供选择的策略有悲观准则、乐观准则、乐观系数法、后悔值极小化极大准则、等概率准则等；对于风险型决策，可供选择的策略有最大可能值准则、贝叶斯准则、伯努利准则和 E－V 准则等。在利用信息增强提高概率分布的准确性方面，采用贝叶斯分析方法等。[①] 其中，风险型决策和贝叶斯准则是决策理论的核心内容，期望效用模型作为投资分析和经济行为分析的基础工具。然而，没有一种决策策略能够适用所有情况。以悲观准则为例，要求决策者首先考虑每一种行动策略可能产生的最坏结果，从中选出损失最小的策略作为最终决策结果。悲观准则总是假定形势朝着坏的方向发展，因此要做最坏的打算。显然，这是不符合实际情况的，尽管在危机爆发时期，悲观准则可能是一种正确选择，但在正常情况下，悲观准则显然不是理性的选择，有悖于经济主体对利益追求的天性。乐观准则正好相反，在推荐最佳策略时，不论自然状态概率分布如何，总是推荐损失最小或收益最大的行动策略。这是一种赌徒心态，面对复杂的自然状态，能够实现决策者愿望的可能性并不大。后悔值极小极大准则不过是悲观准则的变种，在确定行动策略时，不是直接考察行动在自然状态 θ 下的损失，而是在损失基础上计算一个新的参数——后悔值 $r_{ji} = l_{ji} - \min\limits_{i=1}^{m}\{l_{ji}\}$，即行动 a_i 在状态 θ_j 下的损失 l_{ji} 与相同状态下所有行动范围内的最小损失的差代表决策者的后悔值。对于每一个行动策略，都有对应于不同状态下后悔值中的最大值，后悔值极小极大准则建议的最佳策略是行动集中的最大后悔值最小的行动策略。后悔值极大极小准则同样是基于情况都在不断恶化的假设，这一点与悲观准则完全相同。乐观系数法对悲观准则和乐观准则进行了调和，是将每个行动的最大损失和最小损失加权平均，平均后的最小值对应的行动策略，便是乐观系数法的推荐结果。其中，乐观系数 λ 是决策

---

① 岳超源：《决策理论与方法》，56～95 页，科学出版社，2004。

者的选择，体现了决策者的风险偏好。作为一个处方性的决策准则，乐观系数法并没有提供多少决策者可以依据的原则，决策准则的关键是乐观系数 λ 的确定，这需要决策者自己确定。从最悲观的极大极小准则，到最乐观的极小极小准则，中间有无数的选择，乐观系数法不能给出具有唯一性的答案。如果作为描述性的决策准则，这种方法过于具体，面对决策者复杂的实际情况，乐观系数法不能全面地包容各种情况。对于同一个严格不确定型决策问题，不同的决策准则给出不同的答案，这本身就表明了这些准则的适应性十分有限，不足以概括经济活动中的所有决策行为特征。它们仅仅是一些特定情况下为决策提供思考的角度和分析手段。

至于风险性决策，存在类似的问题。不同策略导向不同的选择结果。最大可能值准则要求优先考虑可能性最大的自然状态对不同行为产生的结果，在这些结果中，意愿度量指标（效用、损失等）最能满足意愿的行为，应当作为最佳选择。但问题是，概率最高的自然状态并不一定出现，最大可能准则显然是完全排除了这种可能性，尤其是在其他自然状态的概率比较接近的时候，最大可能准则对于其他情况的忽略就会支付很高的机会成本。贝叶斯准则全面考虑各种状态的可能性，用期望效用作为决策的度量指标；伯努利原则推广了贝叶斯准则，将损失函数纳入伯努利准则的适用范围，将期望损失表述为负的期望效用，这样就将极大期望效用包含了更一般的情况。但批评者认为，贝叶斯准则或伯努利准则综合考虑了各种状态的可能性和不同行动导致的效用两个方面，但忽略了风险问题。E－V 准则弥补了这方面不足，将风险因素纳入行动选择中，要求被选的行动同时在期望效用和方差分布两个方面同时实现最优化。但是，按照这一准则，并不是总能够找到符合条件的行动策略。

在所有处方性决策模型中，贝叶斯模型处于中心地位，它建立在具有数学完备性的公理体系基础上，在理性一致性假设下经得起严格的数理逻辑检验。"正因为有了这个结论，数理社会科学家有信心认为，基于期望效

上卷　交易行为

用最大化而建立起来的人类行为数学模型应该有广泛的适用性和重要意义……尽管也有其他一些决策模型被提出过，但就处方性目的而言，几乎没有一个能挑战期望效用最大化模型的逻辑吸引力。"[①] 然而，面对复杂的现实情况，期望效用最大化模型并不像假设前提下的数理逻辑基础那样坚实，行为决策学的研究已经开始对模型的普遍有效应提出质疑。著名的 M. 阿拉依斯悖论、费雷悖论分别对内恰效用函数的存在和主观概率的有用性提出挑战。卡尼曼—特弗斯基悖论更是对建立具有普遍适用性的处方性决策模型的可能性提出质疑。[②]

事实上，为决策人提供一种适用的工具或方法的处方性模型本来就不是以普遍适用性为目标的，处方性决策模型的价值在于操作的便利性，为了满足这种要求，构建处方性决策模型，必须通过简化性假设，降低一般性特征，以便增强其适用的针对性。这就决定了处方性决策模型的价值恰恰来自它的局限性。模型的局限性是其使用价值必须支付的成本。就像治疗疾病的处方一样，有效的处方必须有明确的适应证候。从这个意义上讲，无论是严格不确定型决策模型，还是风险型决策模型，都只能是特定情况下的有效决策方法，不能苛求它们的普适性。

为了研究交易主体的决策过程，并在此基础上揭示整个经济系统运行的规律，必须构建另一种类型的决策模型——描述性决策模型。与处方性模型的品质要求不同，描述性模型必须满足普遍适用性要求。这个要求就规定了决策模型需要牺牲操作性和针对性品质，它的价值不是为决策者提供决策方法上的参考，而是揭示所有决策者必然遵从的基本原则。随后建立的决策模型，就是属于这样一类。

---

① ［美］罗杰·B. 迈尔森：《博弈论——矛盾冲突分析》，17～18 页，中国经济出版社，2001。

② ［美］罗杰·B. 迈尔森：《博弈论——矛盾冲突分析》，18～20 页，中国经济出版社，2001。

第二节　决策过程

为了建立准确描述交易主体行为特征的方程，需要从决策过程开始。决策过程描述了决策的各个环节，并对各环节在决策中的作用进行评述。

一、交易局势

交易局势是一个集制度规则、技术、知识以及经济态势为一体的集合体，是商业机会的集合，也是全部信息的集合，是交易域的母体。

每个交易主体拥有自己的信息集，信息将交易局势与提供交易主体选择的最大可能集合——交易域——连接起来。拥有的信息越广泛、越完备，就能够从交易局势中挖掘越多的商机。交易局势就像一条江河，而交易域集则是从江河中引水的湖泊，而信息集则是沟通两者之间的管道。

通常情况下，交易主体的策略选择不会对局势产生显著的影响，在这种情况下，决策过程实际上是一个静态过程；如果交易主体的策略选择对交易局势产生显著的影响，便形成了交易主体与局势之间的博弈，这时的决策过程就演变成为动态博弈过程。

交易决策与交易局势的互动只会在一种情况下发生，就是当交易主体的主体势很大，大到了垄断和对整个经济产生影响的地步，这时就会出现决策与交易局势的互动，跨国公司以及处于战略产业领域的大公司具有这种实力。但是，数量巨大、单个影响十分有限的小势群体，在交易行为出现同步时却会产生巨大的能量，对交易局势产生决定性的影响。不过，众多群体的行为在时间上的契合以及在决策方向的一致性上具有很大的不确定性，交易主体在决策时很难准确地把握局势变化的度。即便如此，每一个交易主体在重大交易决策时，仍然会将局势演变作为重要的背景因素放入决策过程中。

上卷 交易行为

交易主体根据自身的情况，以不同的方式将局势变量纳入决策过程中，根据交易的不同性质，引入局势变量的权重。这样就呈现出一个经济系统动态演化图景，每一个交易主体在既定的交易局势下为实现最大收益选择最佳的交易策略，而每一个策略选择或大或小地对局势产生影响，从而推动局势的改变。改变了的局势又产生新的商机和新的布局，诱发交易主体新的博弈，整个经济系统正是在这样一轮又一轮的逐利博弈过程中不断演化和发展的。

交易决策中，交易主体必须假定局势处在某种状态，才能够进行决策。这个假定是一种信念，称为决策信念。信念在决策中扮演着十分重要的角色。信念错误必然导致决策错误。而信念正确与否，取决于拥有的信息是否充分、准确，也受制于基于经验积累基础上的内部认知模型是否恰当。

二、交易域

决策的本质是选择，起点是多种不同交易行动的备选策略——信息集所诱导出的各种可能策略组成的集合称为交易域。交易域为交易者提供了最大的交易可能性，是交易决策的基础。

为表述方便，约定用 $\sum$ 表示主体的交易域，$\sum_A$ 表示主体 A 的交易域。将交易域展开，有以下形式：

$$\sum\nolimits_A = \{x_1 x_2 x_3 \cdots x_n\}$$

其中，x_i 是一个潜在策略。交易域中的每一个策略，代表一类交易，每一类交易仅仅代表了交易内容，不包含交易数量、交易方向和交易时间的信息。

交易域是从信息集上诱导出来的。信息集的扩张带来交易域的扩大。同样，主体间信息集的差别最终体现在交易域的差别上。比如，城市居民家庭的交易域与农村家庭的交易域肯定不一样。城市居民的交易域中，大都集中在房子、汽车、工作、子女教育、服装、娱乐等；而农民的交易域会更多地集中在土地、粮食、农具等方面。这些差异不仅是由于两类主体间的兴趣偏好不同，也是信息集不同所致。

个体差异无处不在，即使在城市两个地点之间的道路选择上，也并非所有司机选择完全相同的路线。其原因是受到信息、习惯、偏好以及对路况的主观判断等因素的影响。经济领域，个体差异导致市场需求多样化，是市场分形的基础。

在交易域上，并非每个策略都是交易主体感兴趣或者真正需要的，有一些可能并不需要，仅仅是交易主体的信息视野包含了这样的策略。比如，在一个主体的交易域中包含有汽车交易，并不代表主体需要购买汽车。这里的逻辑路线是：假定主体所了解到的交易对于主体都有实施的可能，是否真正实施，需要经过若干程序的检验才能决定。进入交易域中的交易并不一定得到实施，但是没有进入交易域的交易一定不会实施。我们沿着这样的逻辑顺序，逐步展开对交易决策的探讨。

三、约束集

约束是指主体实现某种愿望或实现自身潜能的制约。决策是约束下的选择。没有约束，决策也就失去了意义。

交易中存在三类约束：第一类是流动性约束。交易者持有的随时可以动用的货币，在经济理论中被称为流动性。在正常交易秩序下，流动性是一切交易的基础。流动性约束是交易主体有限的货币对于交易行为产生的限制。对于任何组织，在一定时间范围内所能提供的可用资金都是有限的，这就对可能进行的交易产生了制约，限制了主体在特定时段上的交易选择。

第二类是技术性约束。这主要是指进行特定交易所必需的技术要求。比如，复杂的金融交易，对很多人来说就形成了技术性约束，需要通过委托专业人员实施。更多的情况出现在内联交易——生产——领域。尽管很多厂商知道制造电脑处理芯片或者先进的战斗机是一项利润丰厚的交易，但是由于技术的限制，这些企业无法实施这些交易。

第三类是管制性约束，主要是由于市场管制产生的约束。比如种植毒品收益丰厚，但这是违法的活动，所以不愿以违法为代价的主体就不能进行。在经济活动中，还存在许许多多的进入性管制，像电讯服务、金融服务、贸易服务等很多领域都需要管理部门的进入许可。在通常情况下，管制约束来自政府监管部门或者行业自律组织，但也不排除非常规的外部干预力量，像黑社会组织或者其他具有干预能力的外部力量对于决策者施加压力。

社会分工的细化是现代社会的典型特征，也是现代社会效率的基础。正是由于这个特点，与传统社会相比，现代社会对其成员的管制更多，几乎到了无处不在的地步。有学者曾以美国普通人一天的生活为例，显示了管制在现代社会中是何等普遍。"早晨，这位工人在他定时开启的收音机中醒来，他所听的电台以及该电台播出的频道都由联邦通信委员会管制。坐下来吃早饭，他看到了食品盒上的标签，其内容受到联邦贸易委员会、食品与药品安全委员会的严格管制……这位工人驾驶一辆日本产小轿车去上班，由于国家公路交通委员会的严格交通安全管制，他在上下班途中的安全性比以前大大提高了，汽车用的燃油对环境污染的程度也大大降低了。这得益于美国交通部的汽油节约标准和环境保护部的汽油指导标准。一旦开始工作，这位工人由于职业安全和健康管制条例的规定而免受工作中许多危险因素的威胁。同时，对最低工资的管制确保他能取得一份体面的工资。即使这位工人下班后进行放松和娱乐，许多活动还会受到管制。例如，他在餐馆吃晚餐时，很可能会被禁止抽烟或限定在抽烟区内抽烟。美国消费品安全委员会还对许多运动设施负有管制责任，这些体育设施涵盖了从场地、器械到诸如棒球安全帽的广泛领域。"① 事实上，这些故事并不仅仅发生在美国，在每一个现代社会中情况都大同小异。现代社会中的管制涉及方方面面，从大的方面讲，分为经济管制、社会管制和反垄断管制。具

---

① 王俊豪：《管制经济学原理》，7 页，高等教育出版社，2007。

体来讲，经济管制包括价格管制、进入和退出管制、投资管制、质量管制；社会管制包括涉及健康、卫生领域的质量安全管制，涉及交通领域的安全管制，涉及公共环境领域的安全管制，涉及文化、教育、福利领域的公益性管制。这些管制措施是以条例、法规、政令等各种不同形式颁布，委托政府、司法或自律组织等实施。种类繁多的管制，在不同程度上，从不同侧面、通过不同机制最终影响交易主体的决策。其中，进入和退出管制对于交易决策的影响最为直接。

在交易域上，每一项交易都对应一组约束条件。不同的交易有不同的约束，与交易域相对应的所有约束集条件的集合被称为交易域的约束集。对于建造一栋大楼，约束条件可能主要是资金和土地两个主要方面。对于生产一架飞机，约束条件就可能是资金、技术和准入。同一个交易，在不同交易环境中，会有不同的约束。这与法律法规制度、文化背景、金融环境等有直接的关系。约束条件的本质是对交易行为的制约，每个主体的状况不同，约束条件也就不同。流动性可能构成对交易主体甲的约束，但并不一定构成对交易主体乙的约束。其他类型的约束也是一样。

在约束集中，不同约束之间具有紧密的互动关联。以流动性约束为例：一个家庭，有50万元资金，如果考虑同时购买汽车、家电和外出旅游，在没有负债融资的情况下，这些交易共同分享50万元的流动性。即使考虑负债融资，同样也存在一个总量限制的问题。各项交易的流动性约束之间始终存在一个此消彼长的选择关系。

约束条件并不是绝对的，在一定条件下，约束条件能够被克服。比如技术性约束，企业可以通过自身的技术研发获得所需技术，从而克服技术带来的约束，也可以通过购买专利消除技术性约束；管制性约束可以通过创造条件满足要求；流动性约束可以通过负债或实施逆向组合交易得到所需资金。然而，克服约束条件需要付出一定成本，并承担很大的风险。以技术性约束条件为例，克服技术性约束需要投入大量资金进行研发，却不能保证一定能够实现技术结果。即使企业采用购买技术的方式，同样需要支付很高的转让费用。

四、策略集

策略集是从交易域派生出来的，由满足各种约束条件的交易组成。策略集的大小受约束条件的限制，约束条件越多，约束性越强，策略集就越小。策略集跟随着经济运行周期的改变不断伸缩变化。经济萧条时期，由于风险上升的缘故融资成本提高，资金供应抽紧，许多资产价格下降，资产的流动性减弱，这些都会增强约束条件，导致策略集减小。相反，经济处于繁荣时期，经济环境改善，各种约束有所减弱，会释放出更多的交易可行策略，策略集扩张。

从历史演化过程看，来自政府的管制密度沿着由少到多再由多到少的回归路线发展变化。市场经济是一个自组织系统，通过自身的发展演化，最终实现效率、安全、稳健的目标。但是，经济系统存在自身的不稳定性，市场存在失效的情况。为了减少经济系统运行机制自身缺陷导致的破坏性后果，实施管制不仅最大限度地降低系统缺陷的危害，而且还能够降低交易成本，提高经济运行效率。工业革命是从农业社会中演化而来的，是在缺少管制的历史背景下在欧洲开始的，自从18世纪中期到19世纪后期这段时间，以工业为主导的经济形态在一些先期工业化的国家几乎是在完全放任的状态下自由演化发展。市场缺少规则，产品不存在标准，经济稳定得不到保障，这一切最终在频繁出现的危机、欺诈以及产品质量问题之后得以改变。在美国，自19世纪80年代开始逐步对铁路、电力、电话、管道燃气等行业实施管制。即使如此，按照今天的标准来看，政府所实施的管制仍然是少之又少。"在一个多世纪之后回首遥望19世纪90年代私人企业和华盛顿特区的联邦政府的相对关系，我们会惊奇地发现：联邦政府对私人经济活动的日常运营几乎没有任何控制。现在大量存在的控制机构那时完全不存在。学者很难在当时的美国找到数个对经济有任何控制的永久性联邦机构。那时没有《反托拉斯法》。那时没有联邦收入税。那时也无须获得联邦政府的执照。那时没有联邦政府特许的公司存在。用现在的标准来讲，我们几乎可以认为那时联邦政府对经济完全没有干预。"① 这段时期是政府管制和干预的起步阶段，相对于今天而言，政府的管制密度要低得多。从理论上看，引入管制的目的有两个方面：一方面，限制进入以维持这些行业的规模经济水平，为整个经济提供有效服务和支持；另一方面，避免这些垄断企业利用垄断优势地位，降低服务质量或提高产品价格等侵害消费者的行为。20 世纪 30 年代，美国爆发经济大萧条以后，经济系统自身的脆弱性进一步显现，随之对银行业、证券业、公路运输、管道输送、海洋运输、航空以及广播媒体等进行管制。经济大萧条让美国这样一个以自由经济为基本价值观的国家走上了一条国家全面干预的道路，尽管罗斯福新政对于美国摆脱经济困难的作用仍然存在争论，但全面引入政府对经济的干预，强化政府对经济的管制以及拓展政府在整个社会、经济运行中承担的职责方面，不仅在美国经济发展历史上，乃至在整个西方国家的社会发展史上，都具有里程碑式的意义。新政的制度性创新涉及方方面面，但重点是在金融领域，华尔街既是大萧条的肇始者，也是危机的重灾区。在罗斯福新政以前，金融领域几乎谈不上管制，成立一家银行与登记一家普通企业没有什么两样，常常出现银行春笋般出现，又像一阵风一样消失的现象。1900～1914 年，美国的商业银行数量从 13000 个增加到 28000 个；到 1921 年，银行数量达到 31076 家；而在 1921～1934 年，共有 14820 家银行倒闭。1933 年 3 月 4 日，罗斯福宣布全国银行放假，当银行在联邦部门的监管之下重新开业的时候，就有 4000 多家银行破产和清算。② 随后 1933 年颁布的

① ［美］乔纳森·休斯、路易斯·P. 凯恩：《美国经济史》，第七版，378 页，北京大学出版社，2011。
② ［美］乔纳森·休斯、路易斯·P. 凯恩：《美国经济史》，第七版，515～516 页，北京大学出版社，2011。

上卷 交易行为

《格拉斯—斯蒂格尔法案》、1934 年颁布的《证券交易法》、1935 年颁布的《银行法》对美国的金融业产生了深远影响。这些新法强化了对过去原本自由放任的金融活动的管制，包括限制银行业的进入以及对银行支付存款利率的行为规范等。[①] 20 世纪 50 年代以后，又进一步加强了对能源领域的管制，包括对天然气价格、石油价格、输油管道等实施管制。[②] 欧洲一些经济发达国家在这段时期内的管制情况也大致相似。此后，对经济不断强化管制的趋势一直持续到 20 世纪 70 年代。

管制同样需要支付成本。除了实施管制所支付的行政成本外，管制还需要支付抑制经济活性的效率成本。随着经济发展演化，管制的平衡点也在不断移动。20 世纪 70 年代，美国经济深陷滞胀的困境，释放经济活力成为政府面临的紧迫任务。管制平衡点随即向放松一方移动，放松管制成为 20 世纪 70 年代以后的主流。电信、能源、航空、内陆运输、金融等众多领域内的管制得到放松，甚至完全取消管制。[③] 伴随管制的放松或取消，一大批新的企业进入原本严格管制的领域，竞争促进了效率提高，服务质量改善、服务收费大幅度下降。

在美国，放松管制的趋势一直延续到 21 世纪第一个十年的后期，直到 2008 年金融危机爆发。危机促使对一些可能诱发系统性金融风险的金融活动强化管制。2010 年 7 月 21 日，美国总统奥巴马签署了《多德—弗兰克华尔街改革和金融消费者保护法案》（*Dodd – Frank Wall Street Reform and Consumer Protection Act*，H. R. 4173）。但是，就整个经济而言，放松管制仍然是大势所趋。

放松管制或取消管制，对于交易策略集的扩张作用是显而易见的。放松管制后，原来进入十分困难的领域，可以比较容易进入；取消管制的领

---

① 张健华：《利率市场化的全球经验》，23～25 页，机械工业出版社，2012。
② 王俊豪：《管制经济学原理》，137 页，高等教育出版社，2007。
③ 王俊豪：《管制经济学原理》，137～139 页，高等教育出版社，2007。

域，不再有进入管制障碍，使原本不可行的策略成为可行。

根据策略集的信息和动态特征，可将策略集分为三种类型或者状态，分别是完备信息状态、不完备信息状态和互动状态。完备信息状态的决策是一种静态决策。每一种行动策略的信息是完备的，或者基本完备，预期收益具有较高的确定性。这是一种理想化的情况，现实中很少有这种情况发生，面对迅速变化的世界，很难做到每种情况的全部信息都充分掌握。但是，这种状态提供了最基本的决策模式，其他决策模式可以在此基础上发展出来。

不完备信息状态是指每种可行策略的信息并不完备，对于策略收益的预期具有一定的不确定性。这就引出一个问题，即如何在不确定情形下决策，具体来说就是如何评估各个行动策略的收益，在主观概率的基础上利用期望计算每种交易策略的预期收益，这种决策模式就是贝叶斯决策模式。但在信息严重不足，并且不同策略之间的差别悬殊的情况下，决策者就会放弃期望标准，而采用赌徒策略，直接用极端值进行评估。信息不完备条件下决策模式的选择取决于交易主体的状态——保守状态还是激发状态。

互动状态是指决策者的决策与局势之间存在显著的互动关系，交易者决策会导致局势变化，局势的反应反过来又影响交易策略的收益，形成一个连环嵌套，这时的决策方式便进入博弈模式，即动态决策模式，也可以称为博弈决策模式。在这种情况下，决策者使用博弈均衡结果评估每个策略的收益值。互动状态会在两种情况下出现：一种是市场垄断的格局，交易主体的决策会引起市场的显著反应；另一种情况下则是选择不同的交易对手，会出现不同的交易结果，如企业收购、战略投资等交易便是这种情况。在通常情况下，交易对手的改变并不会对结果产生很大影响。互动状态下的策略集会出现各种各样的情况，不同的博弈局势，会有不同的博弈均衡结果，交易决策者的经验、知识以及决策风格都会影响对结果的预判。交易经济学并没有将理性决策作为前置假设，不同的决策者根据经验、信息、状态以及偏好，会对预期收益函数做一定程度的修正，这就允许决策者采用非均衡结果作为交易的判定标准。博弈论提供了一种策略集与局势具有强黏度情况下的理性决策方法，但现实中的决策受到许多情感因素干扰。

策略集与局势之间的黏度越大，互动性就越强；反之，黏度越小，策略集的选择对于局势的影响越小。黏度为零作为一种退化现象，策略集的互动状态退化为静态状态，即完备信息状态或者不完备状态两种情况中的一种。

从策略评估的角度看，策略集的状态由两个参数描述，即信息完备性和局势的黏度。如果状态不同，决策过程就会选择不同的方法评估策略的预期收益。决策过程中采用的评估方法会直接影响决策结果。

五、交易集

在策略集的基础上，决策者根据掌握的信息对各种可行策略的现状以及未来前景进行分析，形成预期判断。通过对比各种不同的策略，可以依照最大化原理选择出理想的策略，这些策略的集合称为交易集。交易集是交易者的决策结果，是用于付诸实施的策略。

在决策过程中，决策者采用哪种方法评估策略集中各种策略的预期收益，完全取决于策略集的状态或者类型。当然，交易者所处的状态也是很重要的。这一点在策略集处于不完备信息状态情况下尤其重要。决策者是处于保守状态还是激发状态，将会采取完全不同的评估方法。

交易集不能简单地认为是交易域的子集。交易集中的策略来自交易域，并且都是通过约束条件检验的策略。但是，交易集上的策略除了包含交易类别信息外，还包含了交易数量范围信息，即每项交易从最小数量到允许的最大数量区间以及交易方向。

六、交易决策的反馈机制

交易经济学所构建的决策模型，更加强调信息的作用，整个决策是在信息支撑的反馈环路上完成的。交易主体根据自己的信息集建立起具有模糊边界的交易域，在交易域上，通过条件约束检验，选出交易的策略集，然后经过方案的收益评估，选出具有价值的交易策略，放进交易集中。交易主体根据交易集进行交易，交易过程产生的信息返回到信息集中，进一步加强信息，并为下一次交易决策做好准备。交易流程如图 6－1 所示，空心箭头代表选择和评估的过程，实心箭头代表信息的流动路径。

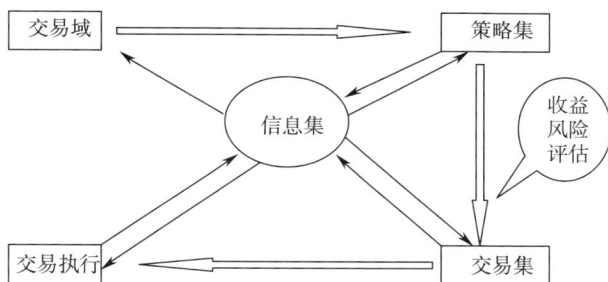

图 6－1　交易流程

现实中，交易决策需要经过收集信息、筛选、对比、斟酌等反复的过程。以购买电视机为例，当一个家庭决定购买电视机的时候，已经通过了交易域、约束性检验、策略集等环节，进入到策略集上的评估环节。评估过程是一个反复的过程，一般消费者会花一些时间到不同的商场看看，对比不同商场的价格和款式，经过反复的对比和斟酌，最后决定在某个商场购买某个品牌、某一型号的电视机，到这时，交易决策才进入了交易集环节，最后实施交易。逛商场、对比型号和价格实际上是信息增强过程，为最后的决策做准备。

交易决策过程通过信息关联形成一个完整的反馈环。这个性质决定了企业和家庭交易行为的演进存在路径依赖性。但是，每一个信息、每一次

263

上卷　交易行为

决策对于交易序列的演进都可能产生根本性的改变，这是演化过程中的突变。现实中，经常会因为突发的一个事件，导致交易主体后期情况的重大改变。在这方面，可以举出很多例子：一家小的私营企业主，原来在国营屠宰场做推销员，后来这家国营屠宰厂倒闭了，就自己开办一家小公司，继续经营肉品，但经营十分惨淡。突然有一天，家里的电话铃响了，这部电话的号码是从原来工厂供销科转移过来的，而这通电话是从一家大的超市打来的，需要订购一批牛肉。这家私人公司的一切就从这个电话开始发生了迅速的转变，后来成为一家在当地很有影响力的食品企业。

在任何决策中，决策者在事前和事后都处于不同的信息位置。在事前，由于事件没有展开，对于事件的发展结果只能根据不完备的信息以及过去的经验进行推断，做出决策。事后的情况就完全不一样了，事件已经完全展开，其他可能性被排除，只留下一种情况，就是已经发生的情况。事前、事后信息状态的变化，令事后的评估具有信息上的优势。人们经常会出现后悔的事情，就是由于事前、事后信息状态的变化造成的，这在股票市场上表现得更为突出。事后评估为决策者提供了学习和适应性调整的机会，在决策实践中不断强化成功的经验，避免重复已有的失败。

评估主要是核对结果与预期的符合程度，如果结果达到预期目标，评估的结果满意，这个信息就会被反馈到信息集中，进一步强化上一次的决策模式。反之，如果执行结果达不到决策预期的目标，就会得出不满意的评价，同样反馈到信息集中，并对决策模型做相应的修正。当一种决策得到若干次强化，就会形成很强的习惯，并产生路径依赖的效果。再次出现类似情况时，就会根据习惯进行决策。每一次决策都不是孤立的行为，交易主体由于历史路径不同，决策选择也会不一样。每一次决策都是历史路径的有机组成部分，持续不断的决策构成一个动态、连续的历史过程。

人们在先验价值判断及情绪的影响下，对于获得的信息进行选择性利用，导致相同境遇中的不同认知，这是预期收益函数多样性的基础。每一

264

个交易主体的决策和评估函数都带有自己的特征，这些特征包含了历史、文化以及交易主体内部权益结构的信息。

人们的决策支持系统是由大量的不完备论证和从经验中获得的结论构成的，这些结论在经历反复验证并经过时间的沉淀后最终成为个人的信念，在决策中发挥十分重要的作用。信息集中所包含的信念，一部分来自亲身经历，还有一些来自周围人的影响和文化的信息。

决策者的信息和信念，最终转化成为决策者分析和判断的逻辑。每个主体拥有不同的信息集，持有不同的信念，从而形成了不同的决策选择。一个人认为十分有道理的决定，或许在另一个人看来十分荒谬。正是这种决策构造机制，才导致新古典经济理论所设计的标准化决策无法实现。对于人类大脑的研究越来越多地表明，不同的生活经历和训练对于人类大脑神经网络构造产生不容忽视的影响，并由此派生出行为和思维习惯的差异。一个典型的例子是对巴西著名足球运动员内马尔大脑的研究。足球场上内马尔做出同样的踢球动作，大脑中负责脚步区域的活动还不到业余运动员大脑同区域活动量的10%，这就是说内马尔在足球场上可以比业余运动选手快出10倍的速度做出反应。神经科学家对此做出解释："正常机制下所有的信号都是从脑后部传递到脑前部，信号必须穿过保留长期记忆的海马区，在海马区根据先前积累的学识进行调整。也就是说，面对同样的刺激，大脑会根据个人学识的不同做出不同的反应。"[1]

决策错误的修正是决策评估的一种形式。决策错误是指结果向负面偏离预期超过一定程度的情况。尽管在理论上可以假设经济主体的决策都是经过深思熟虑的，但人们永远无法避免错误，无论技术多么先进，也无论经济主体在各方面的修养多么深厚，结果都是一样。错误决策不仅直接影响决策结果，而且还影响着随后的一系列决策，甚至对交易主体的整个行

---

[1] 《想得很少，做得很好——训练令内马尔大脑异于常人》，载《参考消息》，2014－12－11（B9）。

为链路产生系统性改变。这也就是人们常说的"一步走错,全盘皆输""祸不单行、福无双至"等。

导致决策错误的原因可以是多方面的,既可以是决策者自身的原因,也可以是外部条件发生改变的结果。由于决策者信息不充分、决策过程推断失误等原因造成的决策错误,称为内因致错;由于外部条件改变导致的错误,称为外因致错。两种决策错误对于主体后续决策的影响程度不一样。行为经济学证明了人类的认知习惯存在天然缺陷,这种缺陷被称为启发式认知偏差。[①] 研究表明,人类在利用信息以及过往经验的时候,常常因受到习惯的影响而导致错误。比如,对于先验概率不敏感;容易受到非主要信息的干扰,不恰当地赋予更大权重;习惯于以小样本量推测全体;在信息利用方面,重视自己理解的内容,而忽视自己不能理解的信息,容易在可得性幻觉的支配下做出判断;以及不合理的锚定行为;等等。这些都是容易导致错误判断和决策的常见习惯。此外,由于人类的认知能力是有限的,这就导致交易主体的"衡量能力"不足,[②] 这也是出现决策性错误的一个重要原因。不仅如此,事实上,决策错误的深层根源可能来自人类认知过程存在着"认知失调"现象。当你面对多种选择时,常常会发现每一种策略都有可取之处,但每一种策略又很难尽善尽美,在这种情况下,更加容易出现所谓的"认知失调"症,即一旦确定"选择",原来被放弃的策略的优点就会立即显现,于是人们就会为自己的选择感到后悔。[③]

此外,决策过程常常需要在有限的时间内完成,这就形成了人们对信息利用的固化模式,而这些固化模式存在一定的合理性,但也带来了认知偏差和决策风险。

---

① 薛求知、黄佩燕、鲁直、张晓蓉:《行为经济学——理论与应用》,79~85页,复旦大学出版社,2003。

② 薛求知、黄佩燕、鲁直、张晓蓉:《行为经济学——理论与应用》,111~116页,复旦大学出版社,2003。

③ [德]乔齐姆·高德伯格、卢狄格·冯·尼采:《行为金融》,77~108页,中国人民大学出版社,2004。

锚定效应是决策失误的常见原因。由于先入为主的概念导致的判断偏差，包括以下情况：第一，事件发生概率的印象冲击偏差。对于能够形成深刻印象的信息相关联事件，人们通常会过高估计其发生概率。第二，信息的选择性误导。由于受到情绪、信念以及前期信息滞留的干扰，会对信息流进行主观性选择，从而失去客观全面利用信息的能力。

纠正内因致错常常会引起主体对决策方式的修正，而外因致错则会引起决策者趋向谨慎，在决策时对外部条件的判断和假设更为慎重。在面对决策错误导致损失方面，决策主体在出现内因致错时会表现出懊悔，而在出现外因致错时，则会表现出无奈。

错误一旦出现，常常会连续出现。空降兵知道，在跳出飞机舱口的瞬间，如果身子碰到机舱门的一侧，一定还会碰到另一侧。再比如，我们在马路上散步，迎面走来一个人，当两个人同时向相同一边避让时，紧接着还会犯同样的错误，两个人再次同时向另一边避让，常常要经过多次之后，两个人才会把节奏岔开。出现这种现象的原因是当出现错误时，修正错误的行为或策略不是预先考虑好的，而是依靠第一直觉的本能反应。

经济运行中，一旦大量出现交易主体因决策错误引起过度矫正现象，经济将面临一定程度的困难或危机。经验表明，经济周期进入上升阶段以后，演进的速度远远快于经济进入衰退期的速度，经济下跌的幅度越大，走出萧条的时间就越长，复苏的速度就越慢，一个重要的原因就是过度矫正。当经济开始下行后，很多投资者会蒙受损失，决策者通过结果评估，修正决策模型。由于经济周期震荡的幅度一般要大于市场的正常盘整，投资者的损失也就比较大，会有许多主体陷入矫正过度状态。

交易主体的决策过程不是孤立进行的，而是在交易网络的联系中进行的。无论是策略集的构建还是交易集的确定，都需要通过交易网络获得信息，通过参照身边的成功案例，评估自身条件，确定策略的可行性；为保证交易集中的策略尽可能优化，决策者不仅要在自身掌握的情况中对比，还会与别的交易主体进行对比，对比不仅在确定交易集的过程中发生，还会在执行后的评估中进行。这种决策机制将每一个交易主体牢牢地编织到交易网络之中，为交易网络的协同效应奠定基础。

第三节　状态参数

交易状态对于主体的决策会产生重大影响。在经济系统内部，交易主体会有情形各异的交易状态，系统的交易状态分布对于整个系统运行同样产生重要影响。

建立描述决策规律的交易条件方程，必须引入交易主体的状态参数。交易主体的状态体现在三个方面，包括交易意愿、风险偏好、最低收益水平等。这些方面相互联系，但又相互独立，不能替代。为了细致描述状态的三个侧面，需要采用以下三个相应的参数：交易意愿——刻画交易意愿的强烈程度；最小信度——反映风险偏好；最低收益——显示交易主体对于整体交易收益预期的情况，同时也体现交易主体进行资源配置时的基本策略。

一、交易意愿

交易意愿反映了交易者实施交易的意愿。在交易双方博弈的过程中，交易意愿是有关博弈对手的重要信息。如果一方的交易意愿高于对方，并且在博弈过程中将这一信息流露给对方，交易对手就会利用对方的交易意愿高的特点，争取到更为有利的交易条件。在决策过程中，交易意愿还会提高交易者的风险承受意愿，降低对于交易收益的标准。由此可见，交易意愿在交易的各个环节中都扮演着重要角色，是一个系统性交易状态参数。

影响交易意愿强弱的因素是多方面的。第一，交易者的财务状况直接影响交易意愿。当企业面临亏损压力时，通常会采取降低成本或者出售资产等手段，企业为了尽快摆脱亏损状态，会有较强的交易意愿。对于家庭，当出现财务紧张时，如需要一项必需的支出，但没有足够的存款时，会考虑以各种各样的方式减缓财务压力，走出困境。如果存在帮助摆脱困境的交易，即使有一定的风险，也会愿意尝试。第二，存在引致性交易。一个交易可以引致出更多的交易。比如，购买房子，就会引致出装修、购买家具等方面的交易。主导交易一旦完成，交易者就处于引致交易状态，这时的交易意愿也会比较强烈。第三，主体的预期收益。涉及的交易产生的收益预期越高，驱动交易者交易的愿望就越强烈。在交易博弈中，双方都会捕捉对方交易意愿信息，由此推测目前的价格以及条件距离对方接受的底线还有多远。离对方底线越远，交易一方就越有动力挤压对方的空间。在预期收益的构成中，当前价格与预期价格之间的价差是重要的组成部分。常见的现象是价格低于购买方心理价位越多，购买方的交易愿望就越强烈，交易意愿参数值就越大。第四，影响交易意愿的长期因素是交易者的生命周期，这主要是对家庭而言的。归根到底，经济活动是愿望和目标驱使下的人类活动，自然受到生命周期的影响和限制。处于不同生命阶段的主体会有不同的目标追求和预期。一般来讲，年轻家庭处于生命的扩张阶段，愿意尝试各种交易，对于收益最大化的追求也比较强烈，交易意愿比较高；老年家庭不同，需求开始减少，对于财富追求的意愿已经不像年轻时那样强烈。交易意愿要弱于年轻家庭。理论上讲，企业作为民事法人主体，具有不灭的生命，但就发展过程而言，同样存在生命周期，存在创设、成长、成熟和衰落等阶段。对于不同生命周期的企业，交易意愿同样存在差异。

交易环境的不确定性是影响交易意愿的重要因素。交易主体对于不确定性有一定的耐受程度，不确定性在耐受范围以内不会对交易意愿产生影响，超过了限度以后，不确定性便会显著地抑制交易意愿。用 $\bar{u}_0$ 表示交易主体能够承受的最大不确定性，用 w 表示交易意愿。状态参数 w 是时间 t 和环境不确定性的 $\bar{u}$ 的函数，即 $w(\bar{u},t)$，函数取值区间为（0，$+\infty$），取值越大，表示交易意愿越强；反之，取值越小，表示交易意愿越低。通常情况下，交易意愿围绕在 1 附近取值。

根据前面的分析，交易意愿满足以下导数关系：

$$\frac{\partial w}{\partial \bar{u}} < 0, \quad \text{if} \quad \bar{u} \geqslant \bar{u}_0$$

$$\frac{\partial w}{\partial \bar{u}} = 0 \quad \text{if} \quad \bar{u} < \bar{u}_0$$

二、最小信度

决策建立在对结果的预期之上，预期是对未来演化走势的概率判断。对于一项交易决策，主体在自己的信息集上建立对结果的预测，这些信息包括有关交易本身的相关信息以及决策者的亲身经验、周围人的交易等方面。对于不同的交易，其结果的预期具有不同的把握或信心，这种把握或信心称为决策信度。决策信度的高低，与信息集有密切的联系。相关信息越充分，信息的一致性越强，决策的信度就越高。相反，信息越是不完备，信息内部的一致性越差，决策的信度就越低。

预期的信度是指人们对于自己形成的预期的肯定程度，可以用概率描述。一个交易者认为，下个月某种商品的价格比这个月上涨 5%，对此他有 80% 的把握。若用 π_0 表示价格上涨 5% 的预期，则 80%（0.8）就是这个预期的信度，即

$$P(\pi_0) = 0.8$$

交易必须建立在一定的预期信度基础上，如果交易者关于某项交易的预期信度达不到一定的程度，无论这项交易看上去多么诱人，都是不可能实施的。

决策者面对一项交易时，对于信度的要求受到两个重要因素的影响：一个是预期收益；另一个是最大损失风险。

首先考察预期收益与预期信度的关系。两者之间存在平衡关系，即

$$P(h) \times h > \hbar$$

其中，h 代表一项交易的预期收益率，P 代表预期的信度。

交易的信度条件实际上表达了交易中收益率诱惑与风险控制之间的平衡关系。收益率诱惑越高，交易者愿意承担的不确定风险也就越大。在上式中，$\hbar$ 是一个预设常数，反映交易者的决策特点。风险偏好越强烈的人，风险控制预设值 $\hbar$ 就越小；反之，$\hbar$ 就越高。

信度要求与最大损失风险之间的关系正好相反，最大损失风险越大，决策者对信度要求就越高，这个关系表述为信度约束定律。

信度约束定律：一项交易的可能损失越大，决策中要求对预期的信度越高；交易意愿越高，信度要求越低。

根据信度约束定律，每一项交易，都有自己的预期信度基本条件，只有满足了该条件，交易才能进入实施阶段。信度约束条件由以下不等式表示：

$$P(H(p_i, q_i)) \times w(t) \geqslant \eta L(p_i, q_i)$$

其中，H 代表预期收益函数；p、q 分别代表被考察的交易价格和交易量；L 代表最大损失风险；w 表示交易意愿；η 代表调整系数；P 代表主观概率，是一种基于信息的主观判断。

对于策略集上的不同交易，根据每个交易的最大损失风险以及交易金额的大小不等，其最小信度的设置也不相同。它们中最小的信度标准，称为该交易者的最小信度忍受值，用 λ 表示。所有可行交易，均满足不等式：

$$P\left(H(p_1, p_2, \cdots, p_n; q_1, q_2, \cdots, q_n) \right) \times w(u, t) \geqslant \lambda$$

λ 反映了一个交易者的交易风格，对于风险的承受特点，λ 越大，交易者越是谨慎，风险厌恶越是强烈；反之，λ 越小，交易者越是激进，风险偏好程度越强。

对于交易主体而言，虽然最小信度 λ 反映了交易主体的行为特征，但在特定情势下，λ仍会出现很大的跳跃。这就是所谓的决策模式反转。

最小信度以及信度的一些规则都是建立在交易主体对事件概率的确定性判断基础上的，然而人们对于事件概率的判断能力十分有限，并且常常会受到主观愿望的影响。人们在受到愿望干扰的情况下，往往会夸大所期望事件发生的概率，而压低不好事件发生的可能性。在事件发生概率度量上，人们常常采用近似处理方法，即"端点化"倾向，对处于 0 ~ 100% 中间地带的概率水平反应不敏感，而且重视不足，对于不确定性很大的事件常常做确定化处理，要么是接近 0 的水平，要么是接近 100% 的水平。[①] 事实上，人们很难精确地区分 45% 与 43% 的真实差别。在对概率水平认知方面，表现出很大的相对性特点，主要是通过对比，对于各种事件发生的概率进行粗略判断。

需要指出的是，这里使用的决策信度概念不同于奈特所使用的信度概念。奈特的信度概念是："他对自己正确估计机会的估计。"[②] 奈特的信度是决策者对自己的主观概率的确信水平。而这里所使用的信度概念是决策者对于收益预期的确信水平。尽管两者存在联系，但差别仍是明显的。

三、最低收益

从全局来看，每个交易者都设定有交易的最低收益标准。这是实现跨时域资源利用最大化的必然策略。在一组可选择的交易中，除了存在时限要求的交易外，如果各项交易对于会计矩阵的优化作用微小，处于交易主体近似忽略的范围，决策者就会选择放弃交易。交易者在决策时，遵守最低收益标准原则，如果低于这个最低标准，即使该项交易与其他交易相比处于优势地位，同样不会被采用。

---

① ［德］乔齐姆·高德伯格、卢狄格·冯·尼采：《行为金融》，71 ~ 74 页，中国人民大学出版社，2004。

② ［美］杰克·赫什莱佛、约翰·G. 赖利：《不确定性与信息分析》，11 页，中国社会科学出版社，2000。

最低收益原则：在众多策略中，被执行的策略不仅是相对最优的，还必须达到决策者设定的最低收益率标准。

最低收益条件要求，每一项非时限交易，只有在预期收益达到一定标准后，才有可能进入交易集中。用公式表示如下：

$$\frac{H(p_1,p_2\cdots p_n,q_1\cdots q_n)}{\sum_i |p_iq_i|} \geqslant h_0$$

其中，h_0为最低收益率条件。

这里需要说明两点：一是最低收益率条件只是用来约束非时限交易的，对于有时限要求的交易，其交易意图已经不能完全用收益来衡量，也就不接受最低收益率的限制。即使达不到最低收益率标准，在其交易时限到来之前，同样需要执行交易。二是最低收益率条件具有显著的主体特征，不同的交易主体有不同的最低收益率条件。一般来讲，资产规模和近期交易实现收益状况决定了h_0值的大小。资产规模越大，近期交易实现的收益率越高，h_0就越大。反之，h_0值就越小。

最低收益标准受交易意愿的影响。一般来讲，交易意愿越强，最低收益标准就会越低；反之，交易意愿越弱，最低收益标准就越高。利用交易意愿与交易环境不确定性的反比关系，最低收益标准条件又可以表述为

$$\frac{H(p_1,p_2\cdots p_n,q_1\cdots q_n)}{\sum_i |p_iq_i|} \geqslant h_0\bar{u}$$

上述条件不等式表明，交易环境的不确定性提升了交易条件，从而产生抑制交易的作用。

交易者的最低收益标准总是处于不断变化中，在确定最低收益标准时受到参照点的影响。参照点的来源多种多样，既可以来自近期的交易经验，也可以源自对周围其他人收益情况的参考，也可以来自对其他类型交易的收益情况的借鉴等。在最低收益标准变化的背后，是收益相对性原理发挥着支配作用。收益相对性原理指出：决策中对于收益大小的判定取决于决

策者所选择的参照点。参照点不同，对于收益的评价结果也不同。

由于收益相对性原理的作用，交易主体在进行交易决策时，要经常受到来自周围环境的干扰或者影响。其他交易者的收益情况都会影响交易主体参照点的选择，从而影响到最低收益标准的设立。股市投资者在上一期投资中获得很高的收益之后，常常会放弃股价小幅波动带来的投资机会。

收益相对性原理不仅在经济领域中发挥作用，而且在整个人类社会活动的方方面面都发挥着重要作用。在社会心理学中，一个著名的现象就是"不患寡而患不均"。人们在判断自己的状况时，不仅仅是看绝对的一面，还会看自己与周围人的相对关系。尽管自己的状况得到很大改善，但如果与周围人相比，改善幅度不如别人，仍然无法让自己满足。

参照点具有多变性。我们在考察股票投资行为时发现，人们在股票价格持续上涨的时候，往往不会卖出股票。这是因为在市场上弥漫着乐观情绪的时候，持有股票的价格还没有达到卖出参照点（预期价位）；但随后股票价格一路下跌，这时投资者反而会卖掉持有的股票，其中的原因是在市场环境发生改变的情况下，投资者的参照点也随之下调[1]。

第四节　交易决策原理

对于人类行为的研究越是深入，越能清楚地认识到，要建立一个涵盖各种情况的行为模式十分困难，甚至是不可能的[2]。在为各种目的设计的行为测试中，几乎没有受试者完全一致的结果，总是一部分人选择这个策略，而另一些人选择那个策略。最好的情况也不过是大部分选择一致的策略[3]。

---

[1]　[德]乔齐姆·高德伯格、卢狄格·冯.尼采：《行为金融》，70～72页，中国人民大学出版社，2004。

[2]　[美]罗杰·B.迈尔森：《博弈论——矛盾冲突分析》，17～20页，中国经济出版社，2001。

[3]　薛求知、黄佩燕、鲁直、张晓蓉：《行为经济学——理论与应用》，5页、62页、86页，复旦大学出版社，2003。

人们一旦面对具体的情势，策略的选择就会变得五花八门。但是，在这些纷繁复杂的人类行为现象背后，仍然能够找到人们所遵循的基本原则。而具体情势下的多样化选择可以看作是不同行为参数和约束导致的结果。沿着这样的路径，经济学才能完成归纳表面上杂乱无章的经济行为的任务。显然，通过归纳经济行为遵守的基本准则，构建经济行为模型成为实现理论简约的有效途径。

理性是人类在既定目标下使用逻辑分析的一种能力，大量的事实和研究已经证明人类的决策过程存在非理性成分，这种情况被称为有限理性。导致有限理性的原因主要有两个：一是决策过程中掺入情绪因素，像赌气、争胜、报复等带有强烈情绪色彩，会严重扭曲决策的合理性，使决策偏离收益最大化方向。二是决策受到潜意识情结干扰。一些沉淀在内心深处的情结会成为人们的夙愿，为了实现这种愿望，甚至达到不计成本、不问收益的地步。人类的行为归根到底是由生物性和社会性共同决定的。生物性强调生存的物质方面，表现在行为上就是对利益的追求；而社会性强调生存的心理需求，在行为上表现为得到他人认可的追求，包括别人的赞美、羡慕等。两者既有统一性，又会有一定的偏离。统一是主流，偏离则是暂时的、偶然的。当出现两者偏离时，人们的行为就表现出无法从经济法则理解的现象。

导致人类有限理性的结果还来自有限的自控能力。尽管人类在漫长的进化过程中，进化出了远远高出一般动物的自控能力，能够预见到衰老和死亡，能够未雨绸缪，很早就为未来的生存进行准备，但令人遗憾的是，人类的自控能力十分有限，在日常生活中的大部分时间，自我控制力都处于十分脆弱的状态，有一项调查是问人们在一天的时间内会做多少次与食物有关的决定，问卷显示人们问答的结果平均是 14 次。然而，追踪人们的实际行为发现，真实的答案应当是 227 次。[①] 两者之间巨大的差距表明，人

---

① ［美］凯利·麦格尼格尔：《自控力》，13 页，印刷工业出版社，2012。

上卷　交易行为

们在很多时候的决定竟然是在不自觉中做出的，而这样做出的决定是不可能遵从理性原则的。决策过程中更多是本能和习惯在发挥作用。即使是在有意识的状态下，当选择需要用到耐心等待的控制力去获得更大回报的情况下，人类的自控能力会受到挑战。美国哈佛大学与德国莱比锡大学于2007年联合做了一项实验，40位来自两个大学的学生与19只来自德国莱比锡沃尔夫冈·科勒灵长类动物研究中心的黑猩猩进行对抗比赛。比赛的内容是暂时忍住不吃零食，以此赢得更多的食物。比赛中，给黑猩猩的奖励是葡萄，给人类的奖励是葡萄干、花生、M&M巧克力、金鱼饼干和爆米花。参赛者的选择是立即吃掉两份食物，或者等两分钟而有机会获得6份食物。结果完全出人意料，比例是72:19，72%的黑猩猩选择了等待并获取6份食物，而人类只有19%选择等待。[①]

　　人类的理性还面临来自另外一个方面的挑战——行为传染。这是人类选择社会性演化必然要付出的代价。在漫长的演化过程中，为了实现社会协作的一致性，人们需要理解其他个体，需要拥有推测他人下一步行为的能力，这种需求使人类大脑演化出"镜像神经元"的细胞，分布于整个大脑，实现理解他人行为的功能。"镜像神经元"的进化，在提升人类社会性能力的同时，也支付了丧失部分"独立决策"的成本。"研究发现，我们很容易感染别人的目标，从而改变自己的行为。比如，在一项研究中，同学们得知另一位同学在春假里打工的事，大家就都把赚钱视为自己的目标。然后，这些同学就会在实验中更加努力、更勤快，以便赚更多的钱……如果和你共进午餐的人点了甜点，她'即时满足'的目标便会和你'即时满足'的目标狼狈为奸，一起打倒你减肥的目标。看到别人在买节日礼物时大手大脚，你的欲望也会增加，你希望圣诞节早上给自己孩子更多快乐。"[②]

　　每一个人都生活在由家人、同事和朋友构成的狭小圈子里，整个社会

①　［美］凯利·麦格尼格尔：《自控力》，160页，印刷工业出版社，2012。
②　［美］凯利·麦格尼格尔：《自控力》，196页，印刷工业出版社，2012。

是由无数这样的圈子连接而成的巨大网络。研究发现，从朋友那里可以获得推断你下一步行为的信息。"利用一些算法，我们可以根据自动生成的数据，推断出朋友的动向……如果我知道你的朋友正在做什么，对于你不久以后的行动，我可以有八九不离十的猜测。"①

　　心理学实验证明，通过长时间的社会实践所形成的价值观和基于众多判断参数所构建的内部模型是多么脆弱。一个有趣的实验曾经在斯坦福大学心理系的地下室里进行。实验将一群"心智正常、发育成熟、情绪稳定、知识丰富"的年轻人随机地分成两组，在随后的一周时间里，一组充当犯人，另一组充当看守。一周的实验结果令人震惊："到了第六天末，我们不得不关闭这所模拟监狱了，因为所见情景令人害怕。对我们或大多数被实验人来说，已经不能确定他们在什么时候结束了自我而开始进入角色。大多数被实验人确实成了'犯人'或者'看守'，已不能分清自我和所扮演的角色。其行为、思想和情感各方面都有显著的变化。不到一周，关押监禁的经验就（暂时）抹杀了一生的学习。人的价值观瓦解了，自我概念面临挑战。人类本性中病态的、最丑陋的、最恶劣的方面显露出来了。我们之所以感到恐惧，是因为看到了有些年轻人（'看守'）把另一些年轻人（'犯人'）当作最可恶的动物看待，以对别人施加残暴为乐。另一些年轻人（'犯人'）变成了奴隶般的、失去人性的'机器人'，他们所想的只有逃跑、幸存及对看守的加倍痛恨。"② 实验证明了人类心理结构的不稳定性。而稳定性假设恰恰是"理性人"的基础。如此实验结果是对"理性人"假设的又一次打击。

　　事实上，在人们的决策过程中，不仅面临着有限理性困境，还会存在犹豫不决、对称性难以打破的困难。在这种情况下，常常要求助于十分偶

---

　　① ［美］尼古拉斯·克里斯塔基斯、詹姆斯·富勒：《大连接——社会网络是如何形成以及对人类现实行为的影响》，297 页，中国人民大学出版社，2012。
　　② ［美］埃利奥特·阿伦森：《社会性动物》，10～11 页，新华出版社，2001。

然的因素才能打破对称性僵局。"一个年轻女郎，好像天缘巧合，她一连碰上了两个很好的男子。两个人都很想娶她。她觉得两人对她都有魅力，都不舍得回绝。她在二者之间左右为难。最后，一名竞争者说的一句话打翻了天平，青年女郎自愿委身于他。用协同学的话讲，一个'涨落'——一句话就分出了高低。"① 很多时候，决策的天平就像房屋尖顶上放置的一块石头，一阵风可以决定倒向房脊的哪边。这时决策的脆弱稳定性如图 6－2所示。

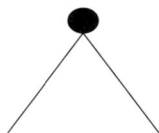

图 6－2　决策稳定的脆弱性

有时候，犹豫不决还会导致决策僵局，以致迟迟不会采取行动，最终丧失机会。这种情况如图 6－3 所示。②

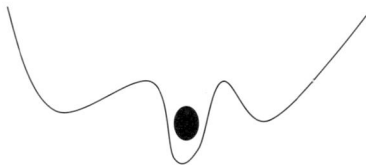

图 6－3　犹豫不决带来的决策僵局

经济决策中同样存在此类现象。两难问题的决策中随机因素会发挥关键作用。然而，这些发挥作用的随机因素，即使决策者本人也无法事前明

---

　　① ［德］赫尔曼·哈肯：《协同学——大自然构成的奥秘》，84 页，上海世纪出版集团、上海译文出版社，2005。

　　② ［德］赫尔曼·哈肯：《协同学——大自然构成的奥秘》，84 页，上海世纪出版集团、上海译文出版社，2005。哈肯形象化地比喻：假定球是钢球，放在软材料做成的碗中。球在碗的中央"犹豫不决"地停留过久，它在碗中就会陷得越来越深，直到最后不能自拔，形成新的稳定点。很多时候，人们的决策就是这种情形。

确地预见到。这就为经济决策过程增加了随机因素。

分析表明，严格意义上的理性决策是不存在的。在概括人类交易行为的基本规律中，必须包含非理性的内容。而且，规律必须是粗线条的，只有这样，才能将人类形形色色的经济行为包括其中。

一、预期收益最大化原理[①]

现实中，交易决策是随时间持续不断发生的序列。交易主体在每一天、每一周、每一个月，任何一个时间段上，都必须根据各种渠道获得的信息在各种各样可能的策略中进行选择，决定实施能够实现最大限度增加净资产的交易组合。在每个时间段上，所选择的交易可以有两种类型：一类交易是为了满足各种生理、社会需求的交易，如每天的衣食住行类交易或者子女上学、就医等。这类交易虽然在增加净资产方面没有直接的作用，但在维持交易主体的正常运行方面必不可少。另一类交易的主要作用在于直接增加净资产。投资和生产属于这类交易。

每一个主体，无论家庭还是企业，在任何一个时间点上都拥有自己的会计矩阵。市场和外部世界总是处于不断的变化中。资产价格变化、时尚的改变、市场需求的变迁等因素，最终都反映在会计矩阵上。决策者根据当时的情况，选择尽可能理想的交易组合，阻止会计矩阵净资产的下跌，最大限度地提升矩阵的净资产。这是一个随时间持续进行的过程。尽管在预期收益函数中并不包含时间，但时间变量贯穿于决策、交易的全过程。

根据上述分析，决策者在决策时遵循以下规则：交易者总是希望通过交易尽可能地改善财务现状。除交易主体作为近似处理的随机性交易外，在没有受到非经济因素干扰的情况下，决策者总是在交易时限允许的范围

---

① 交易主体的最大化行为模式假定，在两类交易主体中，行为模式都采用了最大化的模式。事实上，最大化模式是一种数学方法，其本身并不包含对行为的规范限制因素。从数学上讲，任何变化过程的规律都可以表述为某一函数的最大化。对于变化起到约束作用的是函数本身。对于交易主体的行为模式，关键不是最大化，而是最大化的对象——目标函数。

内，在策略集上选择交易组合，以期实现估值时域上的最大预期收益。

上述规则称为交易最大化原理。最大化原理将交易看作一个连续的过程。交易者持续不断地努力，目标只有一个，就是尽可能地改善现状。交易者希望踏上不断上升的阶梯，提升经济实力。在两个相邻时点上的交易不是彼此孤立的，它们之间有密切联系。这表现出决策的整体性和决策的连续性。在交易组合中，不同交易之间相互联系，形成相互支撑的关系。

在交易最大化原理中，排除了随机性交易。所谓随机性交易，是指交易额相对较小的交易，属于决策者对交易效果在会计矩阵优化方面忽略不计的数量范围。

交易最大化原理有以下几个关键点：一是对于交易时限的限定。交易时限约束越强，选择的余地就越少，对于时点性交易，几乎没有选择的空间。相反，交易时限约束越小，可供决策者选择的空间就越大。尽管如此，交易最大化原理仍然将所有的交易统一到最大化的模式上来。二是交易决策是在交易者的策略集上进行选择的，策略集的大小、结构取决于交易者拥有的信息集和约束条件。信息集的大小支撑着交易域，而约束条件对交易域剪裁、筛选后产生策略集。三是交易最大化原理采用的度量——预期收益——是具有特殊性质的函数，其函数值与时间点之间存在松弛对应关系，交易的选择时点与产生会计矩阵最优或者函数值最大的位置并不形成即时对应，这说明决策者并不是仅仅考虑交易发生的那个时点上所产生的结果，整个估值时域都是要考虑的范围。这种决策方式，给予决策者更大的选择余地，使其决策更具有长远目光。

在交易最大化原理之下，允许决策者选择一些不能立即实现增值的交易组合，甚至可以忍受暂时的损失，只要在估值时域内得到满意的收益。在实践中，企业愿意忍受一时的亏损继续经营，或者放弃当前利润丰厚的投资，转而投向短时间内完全没有收益的项目，都是交易最大化原理的例证。

第六章　交易决策

交易最大化原理规范了交易者的行为模式，是建立交易条件方程的基础，也是分析经济行为的逻辑起点。与新古典经济学的收益最大化原理相比，预期收益最大化是一个决策者基于自身掌握的信息进行主观判断的结果，而不是客观的交易结果。对于不同的决策者而言，会有完全不同的选择结果。交易最大化原理中的"最大"具有相对性，是主体在约束条件下，基于所拥有的信息集，在对比各种可行策略的基础上确定的最大预期收益策略。对于不同的主体，由于面对的约束条件不同，占有的信息存在差异，利用信息和处理信息能力也不同，主体的交易状态存在差别——激进或者保守等，所选最大化策略各不相同。

根据交易最大化原理，会出现这样的情况：在当前的策略集中，无法找到一组能够显著提升和改善会计矩阵的交易。如果出现这种情况，交易行为便会主要集中在具有较强交易时限类型的交易上。

这里的预期函数不同于冯·诺伊曼的期望效用。冯·诺伊曼的期望效用是预期效用值与主观概率的乘积①，而预期函数则是满足于最小信度的预期收益值。对比两种不同的构造，根据预期函数做出的决策，包含了一定的不确定性。决策者在不能完全确定的情况下，直接根据收益的大小，进行策略选择。而冯·诺伊曼期望效用是通过对比收益与确定性概率大小的乘积进行交易选择。

在交易最大化原理中，接受了有限认知能力以及主体间的差异。对于外部观察者而言，每一个决策者的认知特点是一个黑箱，交易主体的决策完全是随意的。这就产生出另一个问题，那就是交易最大化原理到底告诉我们什么？是否完全丧失了对于交易行为的预见力？是否用"事后诸葛"

---

① 1944 年，冯·诺伊曼（Von. Neumann）和摩根斯坦（Morgenstern）提出期望效用最大化原理，其后在 1953 年由 Savage 加以发展。该理论认为，对于决策者，存在着实函数 u，如果行动 a 导致结果 x 发生的概率为 P，行动 b 导致的结果为 y，如果 $pu(x) > qu(y)$，那么，决策者选择行动 a。参见薛求知、黄佩燕、鲁直、张晓蓉：《行为经济学——理论与应用》，52 页，复旦大学出版社，2003。

的方法，将已经发生的事情归由决策者的认知能力和特点，并以此给予附和性解释？应当承认，建立在认知差异化基础上的行为最大化模式弱化了对于交易者行为的约束，但是，仍然为分析者提供了交易主体面对众多策略时选择的逻辑，通过对交易者状态的分类和经济系统的结构性分析，进而能够有限预测经济系统的运行趋势。

交易最大化原理所强调的是主体在决策时遵守的一般原则，在多种备选策略中，根据自己的预期选择最优策略。在对经典理论的批评中，人们经常会用现实中企业难以达到最优的结果来质疑最大化行为模式[①]。显然，他们所指的最优是一种客观现实中的最优。这一点与这里的最优是两个不同的概念。交易经济学的最优是基于决策主体认知能力和约束条件下的最优，具有一定的主观性和个体差异。而新古典理论的最优则是不包含个体差异的最优，具有唯一存在性。在具有唯一性的客观最优决策下，市场存在均衡状态，即供求双方都能接受的最佳平衡点；但在个体差异的主观最优情况下，由于主观最优处于不断变化之中，这样的开放系统根本就不存在博弈的终结——均衡点。

客观最优策略的问题不仅是忽略了信息不完备和有限理性的障碍，而且在现实中可能根本就不存在，即使存在也常常需要花费很长时间才能找到。1985 年，微软公司推出 Windows1.0，没有得到市场多少好评，《纽约时报》将产品批评得一无是处，将 Windows 产品比作是向北冰洋冰冷的海水里倾倒一罐蜂蜜，既毫无用处，又不知所云。一些知名的专家更是直言不讳地说该产品完全无用。在微软公司内部，将 Windows 开发团队做了大幅压缩，仅保留了 3 个人，而把大量的人用在与 IBM 公司联合开发另一个 PC 操作系统 OS/2 上面。微软公司决策层也将希望放在 OS/2 上，微软公司二

---

① 经济学家 Leibenstein. H 认为，由于 X—低效率的存在，企业不会达到新古典理论所给出的最大化目标。参见薛求知、黄佩燕、鲁直、张晓蓉：《行为经济学——理论与应用》，5 页、27 页，复旦大学出版社，2003。

号人物史蒂夫·鲍尔默肯定地说："我们要的就是它，它问世以后，我们不再有其他的 Windows 了。今后用的都是 OS/2。"幸运的是，尽管公司不再看好 Windows 产品，但并没有完全终止产品研发，只是投入很少的研发力量艰难地维持着。这种情况一直持续到 1990 年 Windows3.0 上市，半年时间里销售达 200 万套，才证明了产品的市场生命力。后面的事实证明，正是 Windows 系统成就了微软公司。但公司一开始并没有能够认清这一点。在这个过程中，确定开发 Windows 显然是最优决策，是客观上的最优，但这个结论经过长达 7 年的艰难煎熬之后才得了出来。①

　　从本质上讲，最大化原则只是效率原则的不同表述形式而已，两者在内容上是完全统一的。用通俗的语言讲，效率就是用尽可能少的支付达到尽可能多的收获。最大效率原则支配着宇宙的一切活动。无论是微观世界还是宏观世界，也无论是精神活动还是物质运动，都遵守这一基本法则。对于人类心灵世界，同样是在最大效率法则的支配下运行的。后面讨论的近似原理以及最小收益原理，都包含着有限心智资源的有效使用原则。人类的活动即使看上去是随意的一件事，实际上也渗透着效率法则。这个法则在众多的理论和学科中以不同的方式和概念体系表现出来。进化选择论认为："在一个无序性渐增成为自然规律的体系中，复杂的有机体（包括人类，更广泛地说包括社会组织）只有依照能增大其生存和自我繁衍的概率方式行动才能持久地存在。因此，进化—选择论提出个体倾向于最大化某个度量其生存和繁衍的适应性或成功率的变量的期望值。"②

　　最大化原理是人类心理活动的基本法则，在这一原则下进行的选择和决策，表现在政治上就是正义，表现在社会中就是道德，表现在经济领域就是收益最大化原理。因此，经济领域的最优化原理实际上是心理最优化

---

①　［英］保罗·奥默罗德：《达尔文经济学——企业的兴衰与经济危机的蔓延》，123～125 页，中信出版社，2009。

②　［美］罗杰·B. 迈尔森：《博弈论——矛盾冲突分析》，2 页，中国经济出版社，2001。

原则的具体化。

收益对于生活在不同环境下的人有不同的理解。对生活在现代社会中的人，收益是可以用货币计量的财富，但对于生活在原始部落的人，收益可以是部落成员的尊重，也可以是一种社会关系。英国人类学家雷蒙德·弗思在考察澳大利亚的土著部落时发现，在部落之间开展的交易，并不是单单以财富为目的，他们把得到一个交易对手看作是社会地位的提升，是对能力和地位的认可，即便是交易换回来的物品一时找不到用处也是如此。即使在原始部落的交易中，远期交易形式已经出现，而且交易双方对交易的约定十分重视，如果随后交货一方不能履约，就会发生决斗或者招致对方使用巫术的惩罚。[①]

交易是在预期引导下进行的，但社会的复杂性以及信息的不完备性，总是让人们难以形成清晰、确定、精确的预期，通常情况下，形成的预期仅仅是方向性的。出于防御性考虑，资产多样化选择可避免预期出现偏差而导致沉重的损失。资产多样化选择，对于交易主体而言，尤其是对于家庭主体，多样化本身能够带来更多的便利和享受，符合预期收益最大化所确定的目标。

二、近似决策原理

人类面对大量的信息与复杂的评估和测算，要保证决策的正确和高效，必须进行近似处理。行为经济学的实验发现，人们在决策过程中经常采用类比方法，人们会在过去经验或者身边例子中寻找相似案例，并根据经验进行判断和决策。这是一种近似决策的方法。交易决策中的约化处理，使任何交易决策中的最优化不再具有绝对意义。

近似决策表现在两个层面：一是为了提高决策效率，在面对复杂的情况时采用简化的替代方法，即决策方法的近似。比如采用类比方法或者以

---

① ［英］雷蒙德·弗思：《人文类型》，79 页，商务印书馆，1991。

小样本推断全体等。二是决策过程中，在不同策略的比对中，对一定数量级以下的差异给予忽略，即决策数量级近似。

理论上讲，主体在交易中追求最大化收益，但事实上很难做到这一点，这是由于主体面临以下几个方面的制约：一是信息不完备制约。现实中大多数情况下的交易决策都是在信息不完备的情况下进行的，不完备的信息必然导致交易的不确定性，因此也就无法判定哪一个交易具有最大收益，只能在一定近似的范围内对交易收益进行估算。二是时间制约。现实中的很多交易机会都有时间约束，不能容我们无限制地进行信息增强、精细计算和评估。就拿购买家电这样极为普通的交易为例，购买者可以将不同的家电进行大致对比，由于电器辅助功能很多，如价格、性能、品牌、售后服务等，细致研究需要花费很长时间。三是成本约束。收益的评估需要收集大量信息，并花费大量时间，这些都是成本。很难想象，对一个计较评估收益细微差别的人，会忽略评估过程中产生的成本。基于上述几个方面的原因，主体在交易决策时，必须采用近似原则。

在实际决策中，决策人的经验和身边人的经验发挥着重要的作用。为了提高决策效率，人们并不是采用各种可能的计算，而是借鉴经验中近似的案例。案例决策是最常用的近似决策方法[1]。

行为经济学家希勒在研究人们投资股票市场的行为时发现，在投资人的决策过程中，人们并不是使用可能性或者概率在思考，而是用讲故事、找原因的方法[2]。这是人们近似决策的典型例证。事实上，行为金融学中的"拇指法则"表述的是与近似决策法则一样的意思。

近似起到了提高决策效率的作用，但近似必须遵从一定的法则。简单地讲，近似是在数量差别低于交易金额的一定比例时才会使用。

---

[1] 薛求知、黄佩燕、鲁直、张晓蓉：《行为经济学——理论与应用》，149 页，复旦大学出版社，2003。

[2] ［美］罗伯特·J. 希勒：《非理性繁荣》，135 页，中国人民大学出版社，2001。

上卷　交易行为

数量近似法则：每一项交易决策允许交易预期价值按照一定比例范围做近似处理，在允许范围内的差异被交易主体所忽略，不会改变交易决策。

行为经济学常用来责难主流经济学的例子是，人们愿意为买一件便宜5元的衣服走上一公里路，却不愿意为便宜2000元到另一个城市购买轿车[①]。在这个例子中，近似决策的交易量法则发挥了作用。如果不考虑售后服务等众多可能影响买车人成本的因素外，还要考虑便宜的价值量与总价之间的比例。看上去2000元比5元多，如果一件衣服的价格为100元，5元所占比例为5%，如果一辆汽车的价格是200000元，2000元仅占车价的1%。

行为经济学中的所谓"肝肠效应"同样是描述近似决策现象。"肝肠效应"所举的例子是说一个需要同时购买厨房用的灶具和午餐用的四盎司肝肠的情况，买主对比了A和B两家商店的价格后发现，同样品牌的灶具，商店A的价格是2480美元，比商店B便宜10美元。通常买主不会因为便宜10美元而从商店B回到商店A店购买灶具。但是，如果商店A和商店B的灶具价格相同，而肝肠价格分别是2美元和6美元，在这种情况下，大多数人却会回到A店购买。[②] 仅从节约的钱数来看，两次决策好像存在矛盾的地方，实际上正是近似决策法则在发挥作用。

数量近似法则的行为经济学基础是敏感性递减效应。行为研究已经证实敏感性递减效应的存在。敏感性递减的表现是，距离参照点越近，决策主体的敏感性就越强；随着距离参照点距离的增加，主体对单位数量的敏感性不断降低。在上述灶具和肝肠案例中，尽管两个商店在灶具上的价差是10美元，但对于参照点2480美元而言，两者相差甚远；虽然肝肠的价差是4美元，但距离参照点6美元而言，两者的距离十分接近，仍然保持较高的敏感性。这就是决策主体出现反应差异的原因。

---

① 薛求知、黄佩燕、鲁直、张晓蓉：《行为经济学——理论与应用》，5页，复旦大学出版社，2003。

② ［德］乔齐姆·高德伯格、鲁狄格·冯·尼采：《行为金融》，67页，中国人民大学出版社，2004。

敏感性递减效应在经济活动中广泛存在，不仅表现在交易决策过程中，还表现在对于收益以及亏损的心理感受方面。无论是收益还是亏损，其心理感受都会逐渐表现出麻木趋势。这就引导出另一个近似决策的命题——近似决策的资产总量法则。

近似决策的资产总量法则：总体上讲，主体在所有交易决策中能够容忍的平均近似度与主体所持有的资产总量成正比。资产总量越大，交易主体在决策时所能够承受的近似值就越大。

三、网络关联原理

每一个人都生活在一个社会网络里，这张社会网络定义了人们之间相互影响的途径和方式。家庭成员之间的相互影响，一个机构内部成员之间的相互影响，一个人的社交圈内朋友之间的相互影响，家庭之间的相互影响，企业之间的相互影响和相互模仿，都在决策过程中产生一定的作用。一个人的穿着风格与他的家人和朋友有密切关系，如果一个人有非常时尚的朋友，这个人的着装就有可能也会趋向前卫。对于一个企业来说，如果有惯于创新的同行，同样也会激发它的创新欲望。即使像总统选举这样的事情，选民对候选人的选择以及是否到投票站投票，都会受到所处社会网络的重大影响。"大量证据表明，一个人的投票决定会增加其他人也投票的可能性。众所周知，当你决定投票时，也增加了你的朋友、家人和同事投票的可能性。"[1] 这些现象表现在交易主体之间的相互作用关系上，这就是网络关联原理所陈述的内容。

网络关联原理：主体的交易决策受到所在网络环境的影响，网络距离越近的主体，对其决策产生的影响就越大。

网络关联原理揭示了交易主体彼此关联的结构特征，同时埋下了决策

---

① ［美］尼古拉斯·克里斯塔基斯、詹姆斯·富勒：《大连接——社会网络是如何形成的以及对人类现实行为的影响》，201 页，中国人民大学出版社，2012。

带有一定程度随机性的伏笔。在交易网络上，每个人的影响范围是有限的，但是通过网络传递作用，在特定的网络结构和较高紧致度的情况下，可以引发整个网络的震荡，就像雪崩一样，整个雪山的崩塌可能起始于一小团雪块。金融危机爆发的情况就是这样，一家机构的危机引燃了整个市场的交易势震荡，诱发一场危机。

攀比与嫉妒在交易决策中经常发挥作用，无论是关于自己财务状态的评价，还是决定是否购买汽车，都会受到周围人态度的干扰。如果你的邻居最近买了新车，对于你做出是否购买新车的决定会产生很大影响；如果你的邻居买了新房子，也会促使你考虑更换住所。社会网络，尤其是局域网络为我们提供了决策的参照系。"美国讽刺作家亨利·路易斯·门肯（H. L. Mencken）通过观察说出了一段妙语：富足就是'年收入上至少比你妻子的妹妹的丈夫多 100 美元'。基于这一论述，他提出了一个大多数人熟悉但在正规经济理论中很少被引用的观点：'人们通常更关心自己在现实世界中的相对地位，而不是绝对地位。人的嫉妒心太重，别人有的，想要；别人想要的，也想要……人们评价自己做得好不好，不是根据自己赚了多少钱，或是自己雇用了多少员工，而是根据与自己认识的人相比，自己赚了多少钱，或雇用了多少员工。'"①

每个人都生活在自己的社会网络中，外部世界对他（她）的影响只有通过网络所规定的社会关系对他（她）产生作用。这个社会网络是他（她）决策过程中的参照系。现实生活中每个人的真正竞争对手都生活在他自己的社会网络关系中。

四、决策模式选择原理

行为经济学认为，人们在面对收益或损失的可能性时表现出完全不同

---

① ［美］尼古拉斯·克里斯塔基斯、詹姆斯·富勒：《大连接——社会网络是如何形成的以及对人类现实行为的影响》，89 页，中国人民大学出版社，2012。

的决策状态，面临"获得"时，人们倾向于保守；面对"损失"时，则倾向于"追求风险"。这在股票市场上表现得十分明显。当股价上涨时，投资人获利，由于担心失去已经到手的获利，常常在股票价格到达拐点之前卖出；而当股价下跌时，投资人已经遭受损失，这时候反而表现淡定，即使价格进一步下跌，也不愿卖出，而是愿意冒险等待价格反弹。这表明，在"获得"与"损失"的情形变化中，交易者的风险偏好会发生偏转。

成本、收益的对比关系影响着交易主体的风险偏好，进而影响着对交易最小信度的设定。一般情况下，交易主体会充分考虑预期收益的风险或者可能实现的概率，并将概率大小与收益联系起来考虑，这就是贝叶斯决策模式。这种决策模式的特点是在规避风险与追逐收益的动机之间形成一种平衡。但是，这种平衡只有在成本与收益维持在一定比例范围内才能有效，一旦成本与收益的关系超出通常的范围，交易主体就会进入另一种决策模式，这就是赌徒决策模式。赌徒模式的关键特点是对于风险的忽略，侥幸心理在决策中占据主导地位。

每一个交易主体的决策模式发生改变的阈值各不相同。对于具有较强风险偏好的主体，收益率阈值比较低。这类主体比较容易从平衡决策模式转向赌徒决策模式。相反，对于风险厌恶型的主体，收益率阈值较高，只有在可能收益率相当高的时候，才会转变决策模式。

上述两种情况归纳到一起，可以得到决策模式转换定律：在一般情况下，决策者面对收益局势时，表现出谨慎态度，采用贝叶斯平衡决策模式；但在面对损失局面时，采用非平衡决策模式，即赌徒模式，显示出更大的风险偏好。在特殊情况下，当投入成本以及机会成本与可能产生的预期收益超出通常比例关系，预期收益率超过合理水平的时候，交易主体就会由平衡决策模式（贝叶斯模式）转向非平衡模式（赌徒模式），即不再将可能收益的概率性作为决策考虑的因素，即使实现概率很低，也会尝试这种风险交易。预期收益率越高，尝试风险的冲动就越强烈。

经济运行中，交易主体在大部分时间里，都是采用平衡决策模式，即贝叶斯决策模式，充分考虑收益的概率和交易风险。只有在少数情况下，才会采用赌徒决策模式。

上述四项交易法则相互配合、相互制约，形成交易主体的决策框架，它们共同被称为交易四项原理。在实际的决策过程中，决策者需要兼顾四项原理，实现一种优化决策结果。

第五节　流动性平衡法则

交易主体必须在支付能力允许的范围内安排交易，支付能力也就形成了交易的约束，称为流动性约束。要合理规划使用流动性，最大限度地利用流动约束，则需要细致地测算。交易主体无论在何时何地交易，都必须遵守流动性平衡法则，也就是将银行存款和手持现金以及融资能力考虑在内，各种交易必须实现一种平衡，这是交易活动中所要求的权利让渡原则的体现，交易者必须遵守，否则就会导致破产。

流动性是指货币的支付能力，包括交易主体持有的现金和可以用于即期支付的银行活期存款。交易主体的流动性状态反映了支付能力以及现金流的结构性特点，在某一时点上的流动性状态取决于所进行的正向交易与逆向交易的比例结构，也受制于延时完成交易与即时完成交易的比例结构。正向交易能够带来现金流，而逆向交易需要消耗现金；即时完成交易立即产生流动性状态的变化，而延时完成交易则推迟其流动性影响。考虑到延时完成交易使现金流变得复杂，为了反映每项交易在不同时间点上的支付状况，我们引入交易流动性状态函数，记作 $l_i(t)$，用于表示一项交易 i 在时点 t 所产生的现金流情况，数值大小表示现金流的规模，符号表示现金流的方向，正号表示现金流入，负号表示现金流出。很显然，交易流动性状态函数 $l_i(t)$ 既是时间的函数，也是交易的价格 p 和交易数量 q 的函数。因此，流动性状态函数又可以写为 $l_i(p_i,q_i,t)$。

如果将各种金融交易考虑在内的话，将银行存款视为存款人的逆向交易，则交易主体在任何一个时点上的交易必须遵守以下关系：

$$\sum_1^n l_i(p_i,q_i,t) = l_t^c \qquad l_t^c \geqslant 0$$

其中，l_t^c 代表交易主体持有的现金数量。

由于 l_t^c 是交易安排后的流动性剩余残值，具有一定的被动性，现金数量 l_t^c 始终处于不断变化之中，用时间角码表示随时变化的特点。平衡式中脚码 1 表示银行存款类的交易。平衡式左侧的交易包括金融交易和商品交易，也包括即时完成交易和延时完成交易。其中，延时完成交易的现金流状态随时间而变化，比如贷款是一项金融交易，也是一项延时完成交易，在还款期到来以前，该项交易所带来的是正向现金流；进入还款期后，该项交易的现金流向由正转负，这些都在平衡式中得到反映。

融资性交易的预期收益是融资本身所支持的交易可能产生的收益。一般来讲，融资交易的预期收益与融资成本成反比，与所支持的交易预期收益成正比。当融资交易的预期收益大于 0 时，交易主体就会倾向于融资交易。融资成本包含两个方面内容：一是需要为融资支付的利息；二是融资的相关费用，比如债券和股票融资中的委托费用，广告路演费用，抵押、质押、担保产生的成本等。

货币供应的充裕程度是影响经济流动性环境的关键要素。流动性环境包括银行借贷的便利程度及借贷成本、金融资产转换的便利程度及实现成本等，通过流动性环境的变动，货币供应量 M 的大小最终能够影响每一个交易主体的流动性安排，从而影响交易者的交易策略集的大小和结构，由此影响到交易集的执行情况。

第六节　交易条件方程

严格来讲，在经济学领域以数学方程形式所表达的内容，并没有给人

上卷　交易行为

们提供超越定性分析的思想，但通过将定性表述的各种结论以量化形式组合而成的数学等式，不仅仅是完成一次形式简洁、表述精确的数学构造，而且为进一步严密推演、揭示更为隐蔽的经济规律提供了精细的逻辑基础。

一、条件方程

在交易决策中，条件方程的作用是完成从策略集到交易集的过渡，从策略集中选出满足最大化原理和各种约束条件的策略进入交易集中。条件方程是对交易决策的简洁表述。

根据最大化原理，交易者的决策应当满足在交易时限允许的条件下，选择各类交易组合——交易品种、交易方向、交易数量、交易时机——以实现在估值时域上的预期收益函数最大值。

在每一个时点上，有许多策略集上的交易进入到交易时限的范围。要建立的条件方程就是要给出数量化的条件，通过条件方程从策略集中选择满足交易最大化原理的策略进入交易集中。

设 $(p_1, p_2 \cdots p_n, q_1, q_2 \cdots q_n)$ 是交易相空间上的任意一点，对应的预期收益函数为

$$H = H(p_1, p_2 \cdots p_n, q_1, q_2 \cdots q_n)$$

条件方程所体现的是约束条件下的交易最大化原理，因此必须将约束条件和最大化原理结合在一起。拉格朗日极值[①]恰恰能够满足这个要求。

引入拉格朗日函数：

$$L = H(p_1, p_2 \cdots p_n, q_1, q_2 \cdots q_n) + \lambda \Big[\sum_i l_i(t) - l_t^c \Big]$$

根据拉格朗日条件极值的计算方法，拉氏函数满足：

$$\frac{\partial L}{\partial p_i} = 0; \quad \frac{\partial L}{\partial q_i} = 0 \qquad i = 1 \cdots n$$

---

① ［俄］Г. М. 菲赫金哥尔茨：《微积分学教程》，第一卷，406～407 页，高等教育出版社，2006。

292

展开上述方程分别得到

$$\frac{\partial H}{\partial p_i} + \lambda \left[\sum_1^n \frac{\partial l_j}{\partial p_i} - \frac{\partial l^c{}_t}{\partial p_i} \right] = 0 \qquad i = 1 \cdots n$$

$$\frac{\partial H}{\partial q_i} + \lambda \left[\sum_1^n \frac{\partial l_j}{\partial q_i} - \frac{\partial l^c{}_t}{\partial q_i} \right] = 0 \qquad i = 1 \cdots n$$

当持有的现金规模不大时，上式可以简化为

$$\frac{\partial H}{\partial p_i} + \lambda \sum_1^n \frac{\partial l_j}{\partial p_i} = 0 \qquad i = 1 \cdots n$$

$$\frac{\partial H}{\partial q_i} + \lambda \sum_1^n \frac{\partial l_j}{\partial q_i} = 0 \qquad i = 1 \cdots n$$

一项交易的流动性状态函数 $l_i(t)$，在各时点上的支付状态与交易双方就该项交易所达成的支付协议有关，其中包含价格、交易数量等，但与其他交易的情况无关。根据这一判断，上述方程可以进一步简化为

$$\frac{\partial H}{\partial p_i} + \lambda \frac{\partial l_i}{\partial p_i} = 0 \qquad i = 1 \cdots n$$

$$\frac{\partial H}{\partial q_i} + \lambda \frac{\partial l_i}{\partial q_i} = 0 \qquad i = 1 \cdots n$$

这是决策中选择策略的必要条件。被选为执行的交易，除了满足上述条件外，还必须满足最小信度和最低收益两项条件，才能真正称为合格的交易。这两个条件来自交易状态参数，随着交易状态的改变而改变。

交易状态的两个限制条件分别为

$$P(H(p_1, p_2 \cdots p_n, q_1, q_2 \cdots q_n)) \times w(u, t) \geqslant \lambda$$

$$\frac{H(p_1, p_2 \cdots p_n, q_1 \cdots q_n)}{\sum_i |p_i q_i|} \geqslant h_0 \bar{u}$$

除了流动性约束外，交易决策的另一个重要约束是信息，为了显示信息的重要性，方程中应当标示出信息集。用 $H \wedge \Omega$ 表示预期收益函数建立在信息集 Ω 上的对应关系。

由此得到完整的条件方程组：

$$\frac{\partial H}{\partial p_i} + \lambda \, \frac{\partial l_i}{\partial p_i} = 0 \qquad i = 1 \cdots n$$

$$\frac{\partial H}{\partial q_i} + \lambda \, \frac{\partial l_i}{\partial q_i} = 0 \qquad i = 1 \cdots n$$

$$P(H(p_1, p_2 \cdots p_n, q_1, q_2 \cdots q_n)) \times w(u, t) \geqslant \lambda$$

$$\frac{H(p_1, p_2 \cdots p_n, q_1 \cdots q_n)}{\sum_i |p_i q_i|} \geqslant h_0 \bar{u}$$

$$\sum_1^n l_i(p_i, q_i, t) = l_t^c \qquad l_t^c \geqslant 0$$

$$H \wedge \Omega$$

条件方程组包含 $2n+1$ 个方程，对应着 $2n+1$ 个待定变量，从形式上看，具有唯一确定解的可能性。两个不等式进一步增强了对解的要求，由此可以出现无解的情况。对于交易决策而言，无解同样是一个有意义的结果，其含义是不进行交易。

在一般条件方程中，零交易是一个解。当所有交易量都取零值时，由于不再有任何现金流，无论流动性储备的增量，还是融资项增量，同时为零，从而保持流动性约束方程的平衡。对于条件方程，这同样是成立的。由于不存在交易，流动性约束不再起作用，在这种情况下，拉格朗日系数为零。对于一般条件方程，如果只有一组零解，就表明最佳的交易决策应当是停止交易。尽管这种情况极少出现，在理论上仍具有一定意义。

条件方程式用简洁的数学方程形式将交易预期收益函数、流动性平衡法则以及交易状态参数三个方面有机地结合在一起，用凝练的语言表达了交易决策机制。在条件方程中，预期收益函数和流动性状态函数是已知的，最优交易策略安排可以通过条件方程得到答案。从方程的结构看，交易预期收益函数以及交易状态函数是交易决策中的决定因素，预期收益函数尤其关键，如果预期收益函数形式复杂，具有非线性特征，条件方程通常也会是非线性的；反之，如果预期收益函数是交易变量的线性函数，或者二次多项式函数，则条件方程也将是线性方程。流动性状态函数通常比较简单，线性函数的情况居多。

　　需要说明的是，条件方程是根据条件极值的方法建立的，方程的解都是极值，但不一定是最大值。而进入交易集的解必须是策略集上的最大值解，因此，在条件方程的解集中，还要将不同的解向量代回到预期收益函数，使预期收益函数取最大值的解向量，就是进入交易集的解。

　　条件方程体现出交易决策的整体性，反映了现实中人们决策的真实情况。无论交易环境稳定还是不稳定，无论交易者采用何种方法测算交易预期收益函数，决策评估的过程和确定交易的规则不会因为这些变化而改变，前面讨论的决策规则对于任何模式下的交易决策都是适用的。

　　条件方程的运算过程需要体现近似决策原理。根据不同交易额度以及不同交易主体的资产状况，可以确定近似水平。也就是说，条件方程具有一定的松弛度，它的解只要在近似水平上达到最优程度就可以了。

二、不同状态下条件方程的转换

　　交易状态发生改变时，决策模式随之在平衡与非平衡之间发生转换，在条件方程中，通过最小信度条件实现状态的转换：

$$P(H(p_1, p_2 \cdots p_n, q_1, q_2 \cdots q_n)) \times w(u, t) \geqslant \lambda$$

　　赌徒心态的本质是降低对外部信息的依赖，主观概率建立在较少外部信息基础上，在决策中表现出坚定的主观信念。面对高度不确定的情况，赌徒不是通过收集大量有效信息并进行理性分析，而是通过盲目的信念，夸大某种情况出现的概率，希望出现自己所期望的结果。随着决策者从平衡态转向非平衡态，决策中对最小信度水平 λ 的要求大幅度下降。在平衡决策状态下不可能通过的策略，由于最小信度水平的降低，就可以顺利通过信度约束检验。低信度水平的策略往往有一个特点，就是具有获得高收益的可能性。这些策略一旦通过了信度检验，与其他策略相比就有很强的比较优势，能够击败其他比较稳妥的策略，进入执行环节。

在决策模式转换过程中，最小信度 λ 是关键性参数。决策者越是慎重，λ 的取值就越大；反之，交易状态越是激进，λ 值就越小。当进入赌徒心态后，λ 值就接近于 0，交易行为也就不再理性。

在经济系统中，两种不同的决策状态总是以一定比例存在于交易群体中。通常情况下，处于平衡决策状态的交易主体处于绝对优势地位，赌徒总是少数。但是，这并不排除在有些时候会出现非平衡决策状态的比例大幅提升的局面。一旦赌徒交易者数量大量增加，就会对整个经济系统的运行产生强有力的影响，进而改变常态下的运行规律和特点。事实上，赌徒状态的比例会随着经济周期性的波动不断变化，尤其是在经济泡沫时期，赌徒状态的比例会大幅增加。

另一种决策模式转换发生在局势黏性系数增大的情况下，当局势黏性系数越过一定阈值时，决策者就进入博弈模式，这时的预期收益函数转换成为支付函数，根据对方可能的反应对交易方案的预期收益进行评估。局势黏性增加后，要实现预期收益的设想，通常需要实施组合交易，需要多个交易相互配合，增强策略集内的交易方案关联性。但总的来讲，局势黏性系数的改变，并不改变条件方程的形式。

三、条件方程的诠释

从条件方程的形式上看，方程属于非线性；从方程构成上看，方程中的关键项——预期收益函数——包含了交易者的交易时限信息以及决策者基于信息集形成的预期。由于上述两个方面的原因，条件方程的精确解很难求出。即便如此，仍然不能否认条件方程的意义和作用。方程清晰、精确地表达了各关键经济参量之间的相互关系，这为经济行为和经济现象的分析提供了有用的工具。

条件方程所表达的一个中心思想是交易决策中的综合关联思想。不同交易之间的关联以及存量与增量之间的关联，集中体现在交易预期函数中，最终以反映主观预期与客观约束相互作用的方程形式体现出来。以消费为例，市场对某种商品的需求量是所有存量商品所形成的结构性反映。对电力的需求是由家庭拥有的家用电器、企业使用的设备多少以及耗电量大小决定的；电器需求量的多少，取决于其他商品的需求和使用。以电冰箱为例，对电冰箱的需求，取决于生活方式的安排，取决于购买蔬菜、奶制品、肉品的频度和数量，如果每天购买即时消费品，对于电冰箱的需求就会下降。当然，同样不能忽视的是一种新商品对于现有生活方式的重新塑造，也就是商品在增量与存量结构之间的互动关系。

条件方程反映了交易主体之间的相互影响，体现了网络关联原理的思想。一方面，交易主体之间存在信息的传播。每一个交易主体总是处在特定的交易环境中，环境所包含的信息密度和信息内容对于交易主体的决策产生十分重要的影响；决策结果的模仿现象十分普遍，在相似的交易环境中，模仿降低了决策中的不确定性，提高了决策成功的概率。另一方面，对于具有密切关系的一组交易主体，彼此之间更会产生直接或间接的影响。当竞争对手、合作伙伴中的一个首先采取一个举措，这一行为一定会对相关交易主体的决策、收益、风险等各方面产生影响。这些因素最终通过信息集和预期收益函数得以体现。

引入近似决策的概念使条件方程具有多组解的可能。也就是说，条件方程的解并不像新古典经济学中的绝对收益最大解，而是一个近似最大的解，或者称为满意解。这是交易经济学区别于新古典经济学的另一个关键所在。

预期收益函数构成了交易者决策的基础。无论是家庭还是企业，它们的预期收益函数有一个共同的特点，就是根据外部环境的改变而改变。价格变化、市场前景变化甚至时尚趋势的变化，都会影响预期收益函数。这一特点表明，交易主体始终处于对外部环境变化的调整状态中，而不是一成不变的。

在新古典经济学中，均衡价格是指在一个价格水平上，愿意卖出的商品数量与愿意买入的商品数量恰好相等。在环境条件没有很大变化的情况下，价格总是向着均衡价格水平逼近。如果价格低于均衡价格，这时愿意买入的商品数量大于愿意卖出的数量，价格将会上涨，直到双方的意愿对等为止。这是新古典经济学所描述的市场动态图像。现实情况并非如此，当一种商品的价格上涨的时候，尤其是对于便于储藏或持有的商品或资产，如粮食、房地产、股票等，交易者的第一反应不是减少购买增加卖出，恰恰相反，卖出的人会因对未来价格进一步上涨的预期而减少，而购买的人会因价格预期上涨进一步增多，从而加剧供求关系的紧张态势。这表明，在市场运行过程中，并不总是存在向均衡价格靠拢的自然趋势，市场的演化不是像新古典经济学所预言的那样是一个收敛的过程。条件方程告诉了我们一个完全不同的故事：一旦形成价格进一步上涨的预期，就会有更多的交易者涌入到买入一方，从价格上涨中获益；而原来处于卖出一方的交易者会采取两种策略，或者进一步提高价格，或者干脆暂时退出卖出队列，继续持有处于涨价过程中的商品或资产。这些都在预期收益函数中得到反映。由此可见，条件方程所描述的市场动态不是趋向均衡的过程，而是均衡破坏的过程。当然，并不是所有的市场都会出现均衡破坏。比如蔬菜市场，由于储藏周期短，在这个市场上仍然能够产生均衡趋势。因此，在蔬菜市场上，新古典经济理论的基本结论仍然成立。

条件方程表明，付款方式的多样化选择和商业票据的广泛使用能够降低流动性约束对于交易的制约作用也能够起到扩大交易的作用。

预期信度条件表明，增加信息的透明度，增强宏观经济运行的稳定性，提高经济活动的结果可预见性，将会有利于提高交易意愿。

最低收益率标准 h_0 是一个多变的参数。在一个经济体中，不同层次、不同领域的交易者，对于交易的最低收益率要求各不相同。然而，如果能够从整体上降低交易者的最低收益率标准，无疑能够起到扩大交易规模的效果。在这方面，债券市场的长期利率水平十分重要。债券市场具有流动性、投资便利的特点，在交易决策中具有重要的参考价值。由此可以得出结论：维持相对较低的长期利率水平，能够促进交易开展，引导经济增长。

第七章 交易定价

价格是交易的重要参数，对交易预期收益有很大影响，在不同定价机制下，价格的决定因素各有不同。本章的主要任务是在微观层面上讨论价格的形成机制。

第一节 古典价格理论

在经济学的发展历史上，古典经济学和新古典经济学都对交易价格的形成机理给予很大的关注。其中，古典经济学从成本一侧进行解释，主要思想集中体现为价值理论；新古典经济学从需求侧寻找答案，其观点表述为边际效用理论。然而，交易是由买、卖双方达成的，希望仅仅在供求的某一侧找到决定交易价格成因的想法很难令人满意。

古典经济学希望通过价值理论在一切经济现象的背后找到一个最终的决定因素，从而彻底揭示主导经济现象的一般规律。不幸的是，古典经济学选择了一条错误的路径，原因在于劳动幻象。价值理论关于劳动创造价值的预设决定了它必然将人们引向伦理的范畴。从根本上讲，价值是一种权利的体现，而价格则是价值的度量。权利的大小取决于对权利竞争的激烈程度。竞争越激烈，权利就越重要，价值就越大，价格也就越高。换句话讲，权利总是相对于稀缺性产生的，没有稀缺性，就不会出现竞争，也就不会产生权利。有用性是稀缺性的基础，竞争的激烈程度体现了稀缺性的强弱。

第七章　交易定价

对于经济系统，稀缺性是由相互关联的供给与需求产生的。影响需求的因素，不单是价格变动的预期，还有其他众多因素，甚至包括突发事件、灾难等。稀缺性随时随地在变化，严重依赖于局域环境。因此，价格的根源是稀缺性和竞争性，生产只是创造出了一种有用的商品，实际上就是创造了一种稀缺性。商品的价值量与生产成本高低并没有直接的决定关系。生产成本也好，供求关系也罢，货币多少也罢，实际上都只是影响稀缺性众多因素的一部分。以生产成本为例，从一般的情况看，生产成本越高，表明组织生产的难度就越大，实施生产的约束条件就越多，也就越容易产生稀缺性。但是，一旦交易环境发生大的变化，这种关系也将随之改变。最典型的例子是灾难降临的时候，价格结构将会做大幅度调整。有一则流传广泛的故事说，一个地方发生洪灾，整个村庄被冲毁了，财主和农民爬到同一棵树上逃生，财主随身带了很多金条，而农民只带了几个馒头，财主饿了要买农民的馒头，农民要价是一个馒头换一根金条，财主是一个吝啬鬼，不舍得他的金条，不接受这个价格，洪水迟迟不肯退去，最终身上带着金条的财主饿死了，农民活了下来，从死去的财主身上拿走了全部金条。这个故事表明，价值具有相对性，在斯密时代，水没有价值，但在今天，水的交易构成了一个巨大市场，甚至是国际市场。当然，古典主义的价值论注意到价格变化的事实，采用区分长期趋势与短期波动的变通方法来解决现实与理论的冲突。这个看似合理的解决方案，不过是一种摆脱矛盾的技巧而已。始终处于动态波动中的价格，何时才会回归到体现内在价值的长期趋势上呢？永远也不会有确定的答案。

权利是一种群体内部的秩序安排。只要存在群体，群体内部就存在竞争，竞争必然产生权利。权利是一种排他性，这是权利的外部属性；内部属性则包含使用权、收益权、处置权等。社会群体内部的秩序涵盖了极其广泛的内容，而经济学所处理的秩序是人与资源的关系，而人与人的关系则属于政治、伦理的范畴。归根到底，一切经济活动都是权利的竞争，是参与稀缺性分配的过程。企业的创新活动本质是通过新产品创造出新的稀缺性，从而获得更多的收益。

工资作为劳动力的价格同样是由技能的稀缺性决定的。当然，技能的稀缺性不单单是指具备该项技能的人有多少，还包括在整个产业分工当中，岗位角色的稀缺性。银行行长的高工资并不表明具备行长资质的人少，而是由于角色的稀缺性导致能够进入这个岗位的人很少。从这个角度来讲，劳动力是一个多层次市场，具有复杂的结构性，不能简单地用总量供求关系来解释。[①]

只要存在排他性权利，就会产生价格，即便是水和空气这样的原本没有价格的资源也是如此。价格的决定因素有两个方面：一是供应数量；二是参与排他性竞争的群体数量、竞争能力、结构等因素。在这个过程中，货币是重要的影响因素。参与的货币越多，通过竞争得到的价格就越高。

约翰·A. 霍布斯在分析要素价格的决定因素时，批评正统理论包含了各要素之间具有相同讨价还价能力的隐含假设。他认为，劳动者的讨价还价能力相对较弱，正是这个原因导致了要素分配中的不公平。[②] 这一点固然很重要，但又不全面。资本的可积累性是它在要素分配中最终占优的关键。而劳动者存在时间上限，一天的时间不可能超过 24 小时。资本通过长期积累，规模越来越大，而劳动者群体不可能通过自身的劳动进行自我复制，不具有可积累性优势。

从古典经济学对价格本质研究的脉络可以看出，古典经济学家希望在价格背后找到支撑价格的真实价值。但实际上，价格的本质是一种关系，是一种反映交易的网络关系。每个价格的形成都必须放置在交易网络的环境中，每个价格都不是孤立的现象，不存在由绝对价值所决定的价格。通

---

① ［美］哈里·兰德雷斯、大卫·柯南德尔：《经济思想史》，第四版，491 页，人民邮电出版社，2014。

② ［美］哈里·兰德雷斯、大卫·柯南德尔：《经济思想史》，第四版，371 页，人民邮电出版社，2014。

过大量交易在交易网络上形成一个相互参照、相互制约的体系，这便是支撑经济体运行的价格体系。

对于交易价格是如何形成的以及价格的本质是什么，古典经济学家充分发挥哲学思辨的能力，为价格提出了一套玄妙的理论，给价格罩上了一层神秘的外衣。新古典经济学，认为供给与需求是决定价格的主要因素，甚至是唯一因素。价格问题在新古典经济学那里得到了简化。然而，真实的情况既不像古典经济学家给出的答案那样神秘，也不像新古典经济学家的答案那样简单。为了探寻价格成因以及变动规律，需要对定价机制进行研究，发现每种不同定价机制下的价格构成要素，最终发现价格规律。

第二节　影响定价的非供求因素

对价格的研究必须深入到交易的每个环节，只有这样才能真正揭示价格形成的秘密。然而，作为交易的关键环节——定价机制、市场规则以及市场结构等非供给因素——却一直受到忽视。事实上，影响价格的众多因素都必须通过特定的价格形成机制发挥作用。即使在同样的供求关系下，不同的定价机制和不同的市场结构最终导致不同的价格结果。价格形成机制决定着每个因素对价格形成的作用点以及作用方式，决定着各个因素影响力的大小和价格行为特征。因此，对价格研究的正确途径应当是在特定的价格形成机制架构下，考察不同影响因素在价格形成过程中的作用。

价格形成的非供求因素包含三个方面的内容，分别是定价机制、交易规则和市场结构。三个方面从不同侧面对价格形成发挥作用。

一、定价机制

主流经济学总是简单地把价格理解为由供求所决定，实际的情况要复杂得多。为什么石油价格在供求关系没有发生根本变化的情况下会不断上涨？为什么蔬菜价格的变化相对温和，而股票价格会有如此巨大的波动？在这些价格现象的背后，定价机制是一个关键因素。

所谓定价机制，是指交易双方在定价过程中的地位关系，推而广之，是指在整个市场上的各类主体所扮演的定价角色以及关系，同类交易角色之间的竞争方式、各自所面临的约束等。定价机制可以分解为两个方面：定价过程由谁主导？博弈结构如何？

按照交易主体在定价过程中参与的方式，定价机制可以划分为三种类型：单边定价机制、双边定价机制和多边定价机制。单边定价机制一般是由供给方定价，如商场、超市都是典型的单边定价机制。双边定价机制是由交易双方协商定价，集贸市场通常采用这种定价机制。此外，部分大宗交易，也采用双边定价机制，通过谈判达成协议。多边定价机制经常发生在拍卖会上，拍方确定一个起拍价，然后由所有参加竞标的主体共同参与定价。撮合竞价也是多边定价的一种常见方式。

在新古典价格理论中，决定价格变动的唯一因素是供求关系。事实上，供求关系也像其他众多的因素一样，在对价格产生影响的过程中，必须通过定价机制发挥作用。定价机制决定了价格如何对影响因素做出反应，也就是说，定价机制决定了价格行为特点。传统的价格理论，跳过定价机制，直接将供求关系与价格变化之间连接起来，使价格行为过于简化。

工资是劳动力的价格。在企业分配过程中，工资是否伴随着企业的利润增长，关键因素是劳动力的定价机制。在缺少强有力的工会组织参与的情况下，劳动力定价属于单边定价模式，定价者是企业而不是工人。如果工人工资由企业单方决定，结果必然是尽可能压低工人工资以增大企业利润。当然，在决定工资方案时，企业需要了解劳动力市场行情，否则很难招募到足够的劳动力。劳动力的供求关系是通过这样的管道将其信息导入工资定价过程。

信息在定价过程中扮演着极为重要的作用。在讨价还价中，各方接受多大让步，取决于对市场交易机会多寡的判断，而这种判断严重依赖于信息供给。作为买方，即使有很多卖家，如果信息供给不足，他就会认为实现交易的机会很少，当遇到一个卖家时，就会做出较大的让步。供求关系常常是事后信息，处于交易当中的人们缺少这类信息供给。

定价是一个连续过程，实现交易的定价并非总是十分容易的事情，经常会出现定价困难的情况。当市场价格信息短缺或者原有定价基础遭到破坏时，定价困难的情况就会出现。一旦出现定价困难，市场效率就会严重下降，交易秩序混乱。在市场刚刚起步的时候，也容易出现定价困难。当然，这种情况相对温和，不会产生大的破坏性，需要交易者缓慢积累信息，逐步形成公允价格。

二、交易规则

价格是交易主体在既定的交易规则下，依照特定的定价机制进行交易产生的。这就决定了交易规则必然对价格形成产生影响。

在现有的各类市场中，交易规则的宽严程度差异很大，有些市场的交易是在严格的规则和监督之下进行的，如劳动力市场和金融市场；也有一些市场的交易规则相对宽松，在这些市场上投机性交易活动能够极大地影响价格走势，甚至左右价格的涨跌，如石油期货市场和大宗商品期货市场，在这些市场中，对于交易者持仓结构、交割比例等涉及市场稳定和市场功能发挥的重要因素，没有给予严格限制。事实上，一个经济体乃至世界经济中完善的价格体系的形成，最终需要根据每个市场在经济中的功能及定价机制的特点来确定相应的交易规则并给予适当的监督，只有这样才能保证经济尽可能地稳定运行。

施加于交易过程的规则和制度能够对交易行为和交易价格产生一定的影响。这一结论将引导我们对现有世界经济的价格体系进行深入思考。众所周知，石油价格和大宗商品价格是决定世界通货膨胀水平的基本因素。

上卷　交易行为

石油价格大幅波动，快速上涨或者急速下跌，都会对世界经济注入巨大的不稳定因素。石油价格，这个现代经济系统中最为重要的参数，之所以跌宕起伏，首先是期货交易这种定价机制的原因，多边定价机制加上杠杆交易的放大特点是价格不稳定的重要成因；其次，交易规则的宽松也是重要原因之一。

表 7 - 1　　　　世界主要期货交易所对于石油期货交易的制度规定

	纽约商品交易所	伦敦国际石油交易所	东京工业品交易所
合约单位	1000 美式桶	1000 桶	100 千升
合约月份	30 个连续月	12 个连续月	连续 6 个月
报价方式	美元及美分/桶	美元及美分/桶	日元/千升
最小价格波动	0.01 美元/桶	0.01 美元/桶	10 日元/千升
合约最小变动档	每张合约 10 美元	每张合约 10 美元	每张合约 1000 日元
每日价格限制	设立多阶递推涨跌停板，幅度为 10 美元/桶	无限制	500~900 日元/千升
最后交易日	交割月份前一个月 25 日的倒数第三个交易日	交割月第一天的前 15 日	当前月份最后营业日前的第三个营业日
交割期限	整个交割月份均可	可实物交割、现金交割	现金交割
持仓限制	各个合约总量不得超过 2000 个净头寸。单个合约持仓量同样不得超过 20000 个	无限制	每个月份合约 1200 张

在一个高度杠杆化的市场上，交易规则甚至直接决定了市场稳定性特征。在市场结构和流动性充裕程度相同的条件下，交易规则对交易的限制越多，市场的活跃度就越低；相反，规则越宽松，市场的活跃度就越高。与此相对应，规则严格的市场与规则宽松的市场相比，价格可能表现得相对稳定一些。对比三个交易所石油期货交易的规则，国际商品交易所的规

则最为宽松，在持仓方面没有限制，在交易方式上，既可以实物交割，也可以现金交割。三个市场在交易规则上的差异必然表现在各自的价格波动上。

三、市场结构

市场结构中最为重要的方面是市场集中度。市场集中度能够表明市场的竞争程度，是影响价格挤出系数和价格挤出风险的重要因素。由于单边定价在现代经济中发挥着主导作用，所以我们将对市场结构的讨论集中在单边定价机制上。

市场集中度是指一个市场是按照怎样的比例在不同的交易者中间分配的。市场总是由交易双方构成的，所以市场集中度同样可以对供求双边分别进行描述，即卖方集中度和买方集中度。

描述集中度有一个很好的指标是赫芬达尔指数，用每一个交易主体所占市场份额的平方和表示，即

$$h = \sum_n x_i^2$$

其中，x_i 表示交易主体所占市场份额，如果一个市场有 n 个主体，则市场的集中度 h 就是所有主体市场份额的平方和。

赫芬达尔指数 h 的最大值是 10000，市场份额越平均，市场主体越多，其指数值就越小。显然，对于一个市场，赫芬达尔指数越高，表示市场结构越是不均匀，市场的垄断性就越强。从交易网络的角度看，赫芬达尔系数 h 反映了交易网络的相位结构，某个相位上的交易主体越多，赫芬达尔系数 h 就越小；反之，h 值就越大。

市场结构的另一方面是供求双方在主体数量上的对比关系。如果交易双边的主体数量严重失衡，对于价格形成会产生显著的影响，价格变动就会出现某种倾向性。具体来说，如果一个市场的供给方交易主体数量大大少于需求方的主体数量，卖方就会处于优势地位，市场价格具有上涨的倾

向。这并不是说市场价格总是处于上涨态势，而是说在同等力量的作用下，价格上涨的倾向将会大于下跌的倾向。这种在交易主体数量上不对称的市场结构，称为结构错位市场。事实上，结构错位的市场很多，比如房地产市场是一个典型的结构错位的市场，中国的电信市场是一个结构错位市场，世界石油市场也是一个结构错位市场，世界的军火市场同样是一个结构错位市场。结构错位市场在价格行为上完全不同于结构对称市场，在价格上具有很大的不稳定性和上涨趋势。

第三节　单边定价机制

一、单边定价机制

当经济超越手工作坊和自由市场的发展阶段以后，价格的决定机制随之发生了根本改变。首先是买卖双方的信息不对称性扩大。现代的销售网络体制使供应商与需求之间的距离拉大了，通过国际销售网络，美洲大陆的厂家可以在亚洲的一个小国销售，供求双方失去了像在自由市场上面对面交流的机会。其次是在商品价格的确定问题上，供应商与消费者之间的对等地位被打破，企业在商品定价中起着决定作用，而消费者只能通过市场需求的调整间接地影响着物价的变动和走势。在现代经济中，单边定价机制占据日益重要的地位。

所谓单边定价机制是由交易的某一方确定价格，而另一方只有市场的选择权而没有定价权的机制。在现代经济中，通常是市场供给方的企业拥有定价权。单边定价机制也是现代经济中的主导定价机制。

二、定价行为

定价是企业经销策略工具箱中的一种工具。通常在不同季节、不同地区，甚至对不同客户会采用不同的价格。在促销季节，企业会采取降价策略，然后再恢复价格。通过价格的周期性调整，解决库存积压问题，快速收回资金。在不同地区之间采用价格差别策略是跨国公司十分常用的定价手段。通常在主要市场地区制定对顾客具有吸引力的价格，较大的市场销量与较低的价格保证了企业收益；而在非主要市场地区，由于销量较低，则制定较高价格，采用这种策略以确保在非主要市场上同样能够获利。对于不同购买量的客户，企业按照同样的原则差别定价，既保证了企业的盈利，同时也稳定了主要客户关系，为企业长期发展奠定基础。厂家通常不会仅有一种产品，对不同种类的产品，在企业的经营策略中扮演的角色也会不同。有些产品作为利润的主要来源，有一些产品的任务则是为了配合主打产品，作为改善市场关系的投入。对于主打产品和辅助产品，企业定价策略肯定不同。

尽管在实际操作中企业的定价策略远比经济理论中所讨论的模型要复杂得多，但在复杂定价操作背后，企业所使用的基本原理却十分简单，这个简单的原理也正是经济学需要提炼的规律。决定企业在所有定价行为中的关键因素是企业对市场价格挤出风险的判断，如果企业认为提价完全没有被市场挤出的风险，就会毫无顾忌地涨价；相反，如果企业认为市场的价格挤出风险很高，那就会谨慎行事。现实中企业采用的种种定价策略，从本质上是为了规避市场挤出风险，在兼顾了长期发展利益的前提下，尽可能多地实现当期收益。

处于激烈市场竞争中的企业，在确定经营策略的时候，始终处在失去竞争优势的恐惧意识包围之中。定价对于企业来说，既是赢得市场、获取收益的重要手段，同时又可能是失去竞争优势的环节。作为定价一方的商家，在价格调整的决策中需要考虑两个方面：一方面是客户对调价可能做出的反应；另一方面是竞争对手可能做出的反应。这两个方面的反应直接关系到调价产生的后果。在一个市场中，如果一个供应商的价格高出同类商品供应者的价格，就会产生市场挤出效应，其他供应商会将价格高的供应商挤出市场。市场挤出效应通过优胜劣汰保证资源配置的效率。一般情况下，每种商品的市场都有众多商家竞争，每个供应商占有一定的市场份额。商家每次将产品卖到市场都面临同样的问题：保持价格不变还是调整价格？上涨还是下调？众多竞争对手的存在，使企业必须要同时考虑竞争对手的反应和客户需求的变化，商家总是希望获得尽可能大的市场份额，至少能够保住自己已有的份额。决定市场份额的因素是多方面的，包括习惯因素，比如美国的轻饮料市场百事可乐与可口可乐公司之间的市场份额，人群中已经形成了比较稳定的消费偏好，一部分人偏爱百事可乐的口味，另一部分人偏爱可口可乐的口味。这两种不同口味偏好的人群就形成了两家饮料公司的基本市场份额格局。广告是影响市场份额的重要因素，通过广告手段可以提高产品的知名度，增加商标的无形资产价值。在假定上述因素不变的情况下，并且忽略产品在品质和质量上的细小差别，决定企业产品份额的主要因素是价格。当企业调整产品的价格时，由于其他企业会对此做出反应，必然引起市场份额的重新分配。

市场挤出效应的强弱受到市场结构的影响。一个强垄断性质的市场，市场挤出效应表现得比较弱；竞争充分的市场，市场挤出效应比较显著。如果一个社区附近，只有一个或几个菜商，菜价通常较高；如果附近有很多菜商，价格通常比较便宜。即使菜商是从同一个批发市场上购进的蔬菜，情况仍是如此。这种定价行为上的差别在于挤出效应的不同。对于只有一个菜商的社区，形成了局部垄断的小气候，市场挤出效应受到限制。此外，挤出效应的高低还与市场的个性化特征有密切联系。如果产品的个性化特征在市场交易中扮演十分关键的角色，价格必须与个性化特征共同分享市场份额的决定因素，挤出效应就会比较弱，如高档服装市场。相反，如果市场的个性化特征比较弱，价格在市场份额的形成中就会发挥更大的作用，这时的挤出效应也就会比较强，如手机市场等。

　　挤出风险是每个企业、每个行业、每个市场在价格调整的时候必须认真考虑的因素。在一个竞争激烈的行业内，由于一个企业偶然调整价格，引起整个行业价格战并最终将整个行业引向崩溃边缘的例子并不罕见。1991年，在亏损压力下的美国航空公司希望通过对机票重新定价策略提高上座率，以改变企业的亏损局面。公司采用四种票价，头等舱票价、普通舱票价、7天预定折扣票价和21天预定折扣票价，希望通过新的票价体系，吸引更多的乘客预定公司的折扣票。美国航空公司的降价行为很快引起其他航空公司的反击。这些公司一方面诅咒这是疯狂和愚蠢的举动，另一方面随即降价。环球航空公司宣布了低于美国航空公司10% ~ 20%的票价方案。接下来，全美航空公司、大陆航空公司、美西航空公司紧跟着降价。这时，美国航空公司再度降价，对几条航线上的机票实施更大幅度的降价措施。于是，西南航空公司宣布了"成人免费飞行计划"——夏季全家旅行，两个人中一人免票。针对这个计划，美国航空公司再度做出反应，宣布夏季的某些票价直接降价50%。在这种相互厮杀的价格战背后，正是市场挤出风险在发挥着作用。而1991年，美国整个航空业为价格战付出了全行业亏损18.7亿美元、股价下跌超过20%的高昂代价。最终，美国航空公司被迫放弃价格战，为了让由其引起的价格战在整个行业内停息，美国航空公司董事长在报纸上撰文指出："我们试图在价格上有所领先，但却没能成功。我们不得不一再降价，直至最后被逼入死角。"[①]

　　无论处于哪个市场，也无论市场对价格的敏感度如何，企业每次调价，都必须经过精心策划才能避免市场挤出效应落到自己头上。1985年1月，德国香烟市场由政府定价转为市场定价。放开价格以后，各大烟草公司并没有随意地涨价，从1985年1月到1990年1月，香烟价格总共上涨了5次，上涨幅度为15%。价格第一次上涨是由英美烟草公司发起的，为了得到消费者的认可，促成其他公司能够跟随其涨价以避免出现挤出效

---

　　① 　［美］罗伯特·J. 多兰、赫尔曼·西蒙：《定价圣经》，93页，中信出版社，2004。

应，公司利用新闻媒体精心策划了公关活动。1988 年 6 月 15 日，公司在一家大型报纸上声明，由于政府提高烟草税，公司不得不涨价，但并没有具体说涨价的幅度和时间，公司释放涨价信息后等待市场反应。大约 10 天后，德国香烟制造商协会对政府增税举措表示谴责。协会对政府的谴责等于给英美烟草公司涨价提供了间接支持，将涨价原因归结到政府头上。一个月后，公司通过新闻媒体公布了具体涨价方案，宣布三个月后，涨价 15 芬尼。三个月的时间，既是给消费者一个消化反应过程，也是给其他公司做出反应决策的时间。在经过这些铺垫之后，市场按照英美烟草公司预期的方向发展，其他公司纷纷宣布涨价，涨价幅度与英美公司价格调基本保持一致。德国烟草市场酝酿这次涨价的全过程在表 7 - 2 中详细展现。①

表 7 - 2　　　　　德国 20 世纪 80 年代烟草市场涨价的案例

日期 （1988 年）	公司名称	刊登媒体	宣布事项	预计实施日期
6 月 15 日	英美烟草公司	FAZ	烟草税提高	
6 月 26 日	VdC	FAZ	对烟草税提高的抗议	
7 月 22 日	飞利浦—莫里斯	DTZ/FAZ	涨价 15 芬尼	第 43 周
7 月 22 日	利是美 雷诺 英美烟草公司	FAZ FAZ FAZ	涨价 15 芬尼 涨幅未定 涨幅未定	10 月最后一周
7 月 29 日	英美烟草公司 Brinkmann 雷诺	DTZ DTZ DTZ	涨幅 15 芬尼 涨幅 15 芬尼 涨幅未定	10 月底 10 月底
9 月 23 日	飞利浦—莫里斯	NRZ	进一步涨价是为了对烟草税的提高做出反应	
10 月 14 日	利是美	LZ	涨价 15 芬尼	几天之内
10 月 24 日	涨价 5～15 芬尼			

资料来源：［美］罗伯特·J. 多兰、赫尔曼·西蒙：《定价圣经》，102 页，中信出版社，2004。

　　应当说这是一次成功的调价案例。同时也表明，要避开市场挤出风险，

---

① ［美］罗伯特·J. 多兰、赫尔曼·西蒙：《定价圣经》，101～103 页，中信出版社，2004。

调价企业需要冒很大的风险，需要做很多前期的准备工作。

市场挤出效应的释放过程需要时间，这个过程建立在市场反应速度基础上。首先，一家供应商价格发生变化后，市场寻找替代商品的便利程度高低是影响挤出效应释放速度的因素。很显然，市场上寻找替代品越是便利，价格挤出效应的释放速度就越快，市场反应就越迅速。反之，如果寻找替代产品比较困难，市场释放挤出效应的速度也就比较缓慢。其次，挤出效应还与市场供应商调节供给能力有密切关系。当一家供应商提高价格后，市场减少了对该供应商的商品需求，但其他供应商又没有能力及时填补上这个供给缺口，无论市场是否情愿，都无法很快释放挤出效应，只有等待一段时间后才能做出反应。上述两个方面说明，挤出效应是一个与时间有关的市场参数。除此之外，挤出效应还与价格水平有关，同样的价格变动量，发生在不同价位水平上，市场反应的情况肯定也不一样。同样的调整幅度，价位水平越高，市场反应就越小。这表明，挤出效应是对价格变动率做出反应，而不单单是对价格变动绝对幅度做出反应。

挤出效应通过市场竞争和客户选择共同产生作用。一方面，竞争企业利用市场对价格的反应，采取有利于自身发展的定价策略，获得有利的竞争结果。另一方面，价格变动导致总体需求变动，也就是存在价格的需求弹性。价格挤出效应越明显，对于企业调价的约束力越强。

市场挤出效应是供应商基于市场供应结构、市场属性以及历史经验等方面的信息形成的一种预期。在单边定价机制下，挤出效应是供应商定价策略以及调价决策考虑的核心。挤出效应越强，提高价格时就越慎重；反之，在争夺市场份额过程中，越倾向于使用降价策略战胜对手。

无论是竞争对手的作用导致市场份额下降，还是需求一方对价格的反应，最终都会表现在商家的销售上。根据这一特点，可用单位价格调整比率所引起的销量变化率度量挤出效应的大小，并称这个比值为挤出风险系数：

$$\theta = - \frac{\frac{\Delta q^e}{q}}{\frac{\Delta p}{p}}$$

其中，Δp 表示价格调整幅度；Δq^e 表示预期价格变动可能引起的销量变化。

由于不同供应商在市场中所处的地位差异，价格挤出效应的大小不一样。

通常情况下，挤出系数总是保持正值。在出现价格刚性时，挤出系数取 0 值。尽管在宏观层面，当出现较高的通胀预期或持续的通货紧缩预期时，物价的上涨或下降，在一段时期内会引起需求同向变化，但就单个供应商相对于市场的平均价格而言，无论什么情况下，价格变动与需求之间总是保持相反方向，挤出风险系数永远满足：

$$\theta \geqslant 0$$

现实中并不乏这样的情况，价格上涨不但没有减少销售量，反而增加销售量，而在价格下跌时销量没有扩大反而萎缩，这是一种市场对价格的滞后反应，或者说是长期反应，必须建立在对价格走势的长期预期基础上。在这种情况下，企业不会担心提高价格会被市场挤出的风险，此时的挤出风险系数规定为 0，即：

$$\theta = 0$$

即使在高通胀的环境下，企业涨价仍然需要考虑挤出风险。企业并不能随意涨价，只是这时候的挤出风险相对较小。即使风险很小，仍然对企业的定价行为是一种约束。

挤出风险系数在形式上与价格弹性完全一样，但包含的内涵有很大差别。首先，价格弹性系数是对市场总体价格反应特征的描述，而挤出风险系数是对单个企业面对的市场价格反应强度的衡量；其次，价格弹性系数测度的是需求方对价格的反应，而价格挤出风险不仅包含了需求方的反应，而且还包含了竞争企业间的反应。对于价格弹性很小的商品市场，挤出风险并不一定很小。食品市场是一个典型的刚需市场，消费者对于价格的反应并不敏感。食品市场的价格弹性曲线如图 7 - 1 所示。

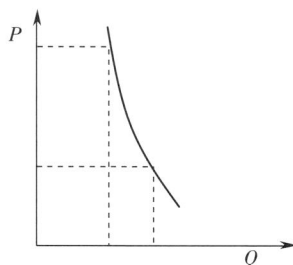

图 7 - 1　价格弹性曲线

　　但在竞争激烈的市场结构下，食品供应企业仍面临很大的挤出风险，挤出风险曲线如图 7 - 2 所示。

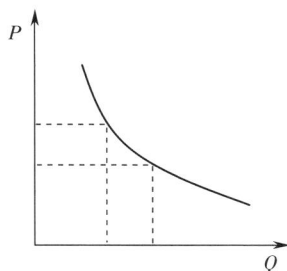

图 7 - 2　挤出风险曲线

　　之所以会出现这样大的差别，就在于价格挤出风险系数包含了市场竞争的因素。

　　企业对于挤出系数的判断，既参考过去的经验，还要观察宏观环境——包括物价动态、进货成本、货币宽松程度等方面的情况。企业综合利用各种可以得到的信息形成对挤出系数的判断。

　　除了通过宏观经济形势的有关信息形成挤出系数的判断外，企业还可以通过观察自己产品的销售情况，了解市场需求的变动方向。当企业观察到市场对其他产品的需求正在增加，在其他条件没有太大变化的情况下，企业必然会把市场需求增加的结论推广到生产同类产品的企业身上。当市场扩大时，企业对涨价后失掉市场份额的担心自然会相应减弱，随之向上调价的意向增强。

其他企业的价格行为也是判断挤出风险系数的重要信息。当其他企业上调产品价格时，为准备调价企业提供了一个良好的观察机会。企业 A 能够看到别的企业跟进的情况，如果很多企业跟进，那么它自己涨价的挤出风险系数就会很小。价格调整越靠后的企业，承受的挤出风险就越小，跟随涨价的意愿就越强烈。当然，在涨价过程中得到的好处与先涨价的企业相比也要小一些。

挤出风险系数 θ 的大小体现了相互竞争的企业之间的博弈局势。除了上述三类信息外，企业还会使用相关行业的信息，比如上游企业的产品普遍涨价，作为下游企业会直接感受到。企业为了保持原来的利润水平，必然出现跟随涨价的动机，企业 A 会从自身的感受推断企业 B，形成自己对挤出风险系数 θ 的估值。

挤出风险系数 θ 也是企业与消费者之间的博弈结果。在其他企业没有跟进的情况下，定价企业涨价后，挤出效应的大小取决于消费者（这里的消费者泛指交易的买方）的搜寻成本。如果市场竞争很充分，消费者的搜寻成本很低，消费者就会很便利地找到便宜的同类商品，对涨价企业形成很强的价格挤出效应。如果处于竞争不充分的市场，消费者搜寻成本很高，价格挤出效应就会相对较弱。对于一个市场，局部结构十分重要。即使一个竞争很充分的市场，每一个供应商所处的地理位置不同，挤出效应也会有很大差异。此外，现实中即使同类竞争企业之间，其产品也会存在某些方面的差异。比如，服装的不同品牌、不同款式、不同质地等，都会造成认同方面的差异，差异越大，价格挤出效应越弱。对于质量好、品牌影响力大的企业，其价格挤出效应相对较小。可见，价格挤出系数是个体化很强的指标，任意两家企业的价格挤出风险系数都会有一定差别。

市场占有份额对企业挤出风险系数有很大影响，市场份额越大的企业，占据的定价地位就越优越。可以设想一个垄断企业的情况，如果它占据着一种产品市场 100% 的份额，或者几乎是全部占有，它的涨价风险几乎为零，因为没有其他企业能够在它涨价的时候抢占它的市场，它唯一需要考虑的是产品的预期价格弹性和替代价格弹性，这就大大减少了提高产品价格的挤出风险。

挤出风险系数的高低除了与市场供求格局有联系外，还与具有同相位企业个数，即交易主体数量有密切的关系。一般来讲，同相位主体数量越多，价格挤出风险就越大，挤出风险系数就越高。因此，对于一个市场，定价主体越多，市场对于定价者的约束就越强。我们将定价者数量与定价者约束之间的关系称为定价优势定律：在交易定价过程中，同相位群体数量与定价优势成反比。

在单边定价机制下，企业通过扩大市场占有率提高自己在定价环节的优势，降低价格调整风险。在这方面，石油市场提供了一个十分典型的例子。20 世纪 60 年代以前，石油价格主要是由跨国大型石油公司来定价，它们可以通过压低原油购买价格、提高精炼油的销售价格获得利润。20 世纪 60 年代初期以后，为了反对石油公司对于石油市场的垄断，石油输出国组织（OPEC）成立。20 世纪 60 年代末，OPEC 已经成为左右市场的强大力量，20 世纪 70 年代初的那场石油危机就是一次对 OPEC 组织力量的验证。1972 年，虽然石油需求处于疲软状态，但 OPEC 单方面定价能力已经不容置疑。随着"阿以"战争爆发，OPEC 于 1973 年 10 月开始行动，在短短 3 个月内，石油价格翻了 4 倍。到了 1975 年，世界经济进入严重的萧条，石油需求减少，但油价依然保持坚挺，1977～1978 年，油价稍微有所下降。随着由 OPEC 定价逐步转向期货市场定价，价格波动背后的力量也随之发生了改变。

定价优势定律的另一个例子是前一段时间兴起的网络团购现象。大量消费者通过网络结盟，合并成为一个巨量需求者，改变了交易双方群体数量的对比关系。原来的大量同质购买群体现在缩减成一个购买者。

挤出风险系数具有非线性特征。一般来讲，挤出风险系数的变化曲线如图 7 - 3 所示。

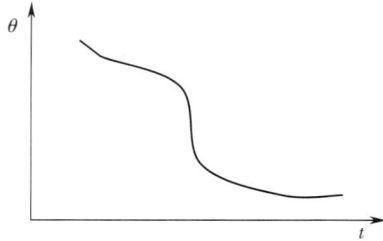

图 7 - 3　挤出风险系数的演化曲线

经济系统的紧致性对于定价过程的挤出效应具有放大作用。随着系统紧致性增强，挤出效应会随之迅速上升；相反，紧致性减弱，挤出效应会迅速下降。

将挤出风险系数 θ 的影响因素写成函数形式，有如下结果：

$$\theta = \theta(\omega, \mathrm{d}, \pi, Mv, t)$$

其中，ω 代表企业的市场份额，数值越大，表示垄断性越强；π 表示上一期的价格变动比率；M 表示货币供应量；v 代表货币流通速度；d 是经济系统的紧致度。

企业是无法直接感受到货币供应量的，但能够感受到市场由于货币供应支持的交易活跃程度。其中道理很简单，即使市场上有很多货币，由于交易意愿很低，交易量也会很少，企业感受的市场与货币紧缺导致的交易冷清没有两样。交易活跃程度的高低，是由两个变量共同决定的，即货币供应量和货币流通速度。各个影响因素对风险系数的作用方向用导数表述为

$$\frac{\partial \theta}{\partial \omega} \leqslant 0; \frac{\partial \theta}{\partial Mv} \leqslant 0; \frac{\partial \theta}{\partial \pi} < 0; \frac{\partial \theta}{\partial \mathrm{d}} > 0$$

对于一个市场，可以使用挤出风险系数描述市场的价格变动的反应特征。挤出风险系数越大的市场，涨价的概率越低；相反，挤出风险系数越

小，价格上涨的可能性也就越大。

一个市场的挤出风险系数是一个多元函数，是建立在市场上众多商家的挤出风险系数基础上的一个市场参数，即

$$\Theta = \Theta(h, d, \pi, Mv, t)$$

市场的挤出风险系数与单个企业的挤出风险系数相比，只有一个地方的差别，单个企业挤出风险系数的自变量中包含了市场份额参数 ω，而市场挤出风险系数中包含了衡量市场集中度的赫芬达尔指数 h，其他变量相同。对比两个挤出风险系数可知，单个企业面对的挤出风险与整个市场的格局高度相关，而且是同方向变化的。

一般来讲，市场集中度越高，占有市场优势地位的企业在提高产品价格时，就会有较大的号召力和示范作用，其他企业跟进的概率就大，市场挤出风险比较低；反之，如果所有企业在市场上具有近似相等的地位，通常情况下，每个企业的挤出系数比较大，整个市场的挤出风险系数也比较大。

三、价格方程

企业的定价行为是在逐利动机驱使下进行的，希望通过价格的调整为企业带来更大的预期收益。假设一个企业的产品价格在 p 上的销量是 q，其预期的价格挤出风险系数为 θ，企业的固定成本为 C_0，单位可变成本为 c。单位可变成本主要是原材料、劳动力成本以及煤、电、水、气等可变投入。在外部市场稳定的条件下，可变投入的价格不会因为企业生产规模的变化发生显著改变，在合理的范围内可以预期单位可变成本保持不变。

如果企业准备在原有价格基础上调整价格的幅度为 Δp，那么这次价格调整为其带来的收益为

$$H = (p + \Delta p)(q + \Delta q) - c(q + \Delta q) - C_0 - (pq - cq - C_0)$$

其中，Δq 表示价格调整后销量的变化。对应不同的调价方案，Δq 既可以是

正数，也可以是负数。

对上式进行整理后得到

$$H = p\Delta q + \Delta pq + \Delta p\Delta q - c\Delta q$$

在上述式子中引入挤出风险系数 θ，得到

$$H = pq\left[-\theta \frac{\Delta p}{p} + \frac{\Delta p}{p} - \theta \left(\frac{\Delta p}{p}\right)^2 + \theta \frac{c}{p}\frac{\Delta p}{p}\right]$$

令

$$\pi = \frac{\Delta p}{p}$$

代入上式后得到

$$H = pq\left(-\theta\pi + \pi - \theta\pi^2 + \theta\pi \frac{c}{p}\right)$$

如果企业希望通过这次价格调整获得尽可能多的收益，必须满足极值的条件 $\frac{\partial H}{\partial \pi} = 0$，由此得到结果：

$$-2\theta\pi + 1 - \theta + c\theta \frac{1}{p} = 0$$

$$H > 0$$

解上述方程，得到结果：

$$\pi = \frac{1}{2\theta} + \frac{c}{2p} - \frac{1}{2}$$

如果 $\pi > 0$，企业决定涨价；$\pi < 0$，企业决定降价；$\pi = 0$，保持价格不变。上式决定了企业的价格行为，称为单边价格方程。

价格方程中，挤出风险系数和成本两个参量扮演着关键角色。挤出风险系数越小，π 就越大，企业上调价格的愿望越强烈。当挤出风险系数接近于 0 时，π 趋于无穷大，表示企业对价格拥有无限的操控力。反之，挤出风险系数越大，企业越倾向于保持价格不变或调低价格。成本的情况正好相反，成本越高，企业上调价格的冲动就越强。如果成本较低，企业的调价压力就比较小。

考虑到挤出风险系数是时间的函数，根据价格方程可以推导出物价变

动的速度公式：

$$\frac{\mathrm{d}\pi}{\mathrm{d}t} = -\frac{1}{4\theta^2}\frac{\mathrm{d}\theta}{\mathrm{d}t} + \frac{1}{2p}\frac{\mathrm{d}c}{\mathrm{d}t} - \frac{c}{2p}\frac{\mathrm{d}\pi}{\mathrm{d}t}$$

整理后得到通胀变速方程：

$$\frac{\mathrm{d}\pi}{\mathrm{d}t} = \frac{2p}{2p+c}\Big[-\frac{1}{4\theta^2}\frac{\mathrm{d}\theta}{\mathrm{d}t} + \frac{1}{2p}\frac{\mathrm{d}c}{\mathrm{d}t}\Big]$$

通胀变速方程显示了一个十分有趣的结果，方程显示通货膨胀可以通过两种管道生成，一个是通过降低挤出风险的管道，也就是需求扩张引发，由此引发的通胀称为需求拉动型通胀；另一个管道是通过成本上升，称为成本推动型通胀。此外，方程右端的价格系数在价格水平较低的时候，对提高价格起着一个缓冲削减作用，随着价格水平的提高，这种缓冲作用逐渐消失，这显示了通胀的惯性特征。价格升得越高，进一步提高价格的阻力就越小，企业也就越倾向于进一步提高价格。

企业对技术创新、开发新产品的动力包含在对市场优势地位的追求和对挤出风险的规避中。新的产品面对的竞争者较少，拥有新产品的商家在市场份额上占有绝对优势，在定价上面对的挤出风险很小。这也是新产品的价格比较高的主要原因。新产品中包含的技术含量越高，新技术越多，形成的市场优势就越明显，企业拥有的定价权就越大，企业也就能够利用市场优势获得越多的利润。

为了获得更高的利润，企业希望在产品定价中尽可能减少来自其他企业的羁绊。这一目标推动了企业不断进行技术创新。在一个行业，企业之间竞争越激烈，企业创新的动力就会越强。

与创新一样，为了获得更大的定价优势，企业存在规模扩张的冲动。规模越大，市场占有率越高，企业在定价方面的优势就越明显。对于需要与用户之间建立长期联系的企业，市场占有率具有更重要的意义。市场占有率越高，越有利于降低研发单位成本。比如，汽车和飞机制造行业就是这样，产品用户与厂家之间是一种长期合约关系，客户越多，越能够承担技术投入的费用。当企业的规模效应增长大于内部管理成本因规模增大而提升的速度时，企业就会不断地实施规模扩张。

在单边定价机制下，货币从两个层面影响企业定价行为，分别是流动性层面和收入效应层面。货币供应的增加，能够减少交易主体的流动性约束。增加货币供应量并不能直接增加交易需求，只有通过释放被流动性约束限制的交易需求。对于供给一方，流动性增加后，供给方迫于流动性压力压价销售的情况减少了。上述两种情况在流动性供应已经充裕的条件下，如果再进一步增加货币供应量，对交易需求的扩张作用将会迅速衰减。另外，货币供应的增加，在经历一段时滞后，扩张效应传递到企业和家庭的收入层面，这个过程的作用强度随着货币对交易活动的渗透逐渐增加，并在保持一段时间后开始衰减。对于定价企业，当感受到市场需求增加以后，在成本不变、供给能力有保障的情况下，商家仍会维持价格不变。如若贸然上调价格，就会面临较大的市场挤出风险。

由上述分析可见，货币在单边定价机制下的作用特点是间接性的，货币通过影响商家对挤出风险大小的判断间接影响价格的走势。

第四节　双边定价机制

一、双边定价机制

新古典经济学认为供求关系决定商品价格，商品价格又决定供给量和需求量，价格成为经济理论的核心概念。在供求关系决定价格的过程中，新古典经济学认为供给与需求双方对于价格的影响是对称的，即需求的增加对价格产生的影响等价于供给减少的效应，正如图 7-4 的供求关系图所示。

在图 7-4 中，原均衡价格 p_1 是由需求 D_1 和供给 S_1 决定的；对于新的均

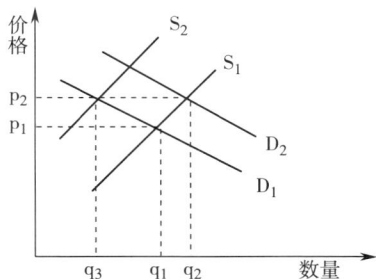

图 7-4　供求关系图

衡价格 p_2，可以由两种等价的途径得到，一种是需求由 D_1 增加到 D_2，供给关系不变；另一种是供给线由 S_1 移动到 S_2，供给减少，需求关系不变。在新古典经济理论中，无论是商品价格、利率还是工资，都始终保持着供应与需求的对称关系。在市场经济初期，价格决定机制中的供求对称性具有一定的客观基础。不妨设想自由市场的交易过程，价格由卖方和买方共同决定。卖土豆的商贩开始要价 2 元 1 公斤，而买方发现市场中还有很多卖土豆的，就对 2 元 1 公斤的价格进行压价，于是出了一个试探价格，1.5 元 1公斤；卖方认为这个价格太低，不能接受，提出一个妥协价格 1.7 元 1 公斤，买方接受了这个价格，于是交易价格正式形成。这个过程有三个要点：一是买方知道市场上同类商品供应商的数量和供应规模；二是卖方通过前来询问价格的人数同样知道市场上大致有多少买家；三是商品价格是在买卖双方都了解对方信息的基础上，由双方共同制定的。定价过程中，无论是买卖双方的信息，还是在定价中参与的程度，供求双方都处于对称的位置，没有哪一方占有明显的优势。我们将这种定价模式称为双边定价。

双边定价机制是一种原始的定价方式。在漫长的农业文明时期，交易是通过集贸市场进行的，著名的中东大巴扎，实际上就是集贸市场，从远东和欧洲运来的货物，都在大巴扎进行交易。双边定价机制在人类的交易文明中占据着大部分时间，在时间上具有绝对的优势。只是到了近代，新的定价机制通过庞大的营销网络以及新技术支持下的交易所等途径被创造出来，双边定价机制才逐步退出部分地盘，影响力有所下降。

二、定价行为

与单边和多边定价机制相比，双边定价机制的一个重要特点是交易双方在交易定价时部分知道对方的有关交易信息。双方具有平等的地位，没有哪一方占有比对方多的优势。双边定价与单边定价的不同之处是，单边定价主要是与竞争企业博弈，虽然在制定定价策略时要考虑市场的价格弹性，但这种考虑不是通过博弈的方式实现的，而是通过对过去已经发生的市场行为进行分析得到的。双边定价主要是与交易对手方进行博弈，与此同时，还要与其他竞争者博弈，是一个多边博弈过程。

在双边定价过程中，卖方总是希望价格尽可能地高，而买方则希望交易价格尽可能地低。因此，双边定价的博弈过程具有零和博弈性质，这决定了双边定价机制的价格行为特点。

无论双边定价机制具体的实施过程如何，都可以用轮流出价模型来描述。所谓轮流出价，就是先有一方（A）给出一个价格，对方（B）如果同意，交易定价成功；如果不同意，对方在第一个价格的基础上给出一个修正价。如果 A 同意这个修正价，交易的定价完成；如果不同意，A 再次给出一个价格。接下来仍是 B 同意，则定价完成；不同意，B 就再给出一个价格。最后结果有两个：要么是最终达成双方一致接受的价格，完成定价任务，A、B 之间进行交易；要么不能达成一致意见，没有完成定价任务，A、B 之间不进行交易。

双边定价的过程，是一个交易双方 A、B 进行博弈的过程，通过博弈，获得对方心理价位的真实信息。博弈产生了两个价格序列，分别是 A 和 B 所给出的价格序列。如果这两个序列分别向对方收敛，就能够最终完成定价任务；如果两个序列不存在收敛趋势，或者收敛趋势在中间停顿下来了，定价将不会达成彼此接受的结果，交易就会终止。

上述双边定价的博弈过程可以用展开式表示，如图 7 - 5 所示。

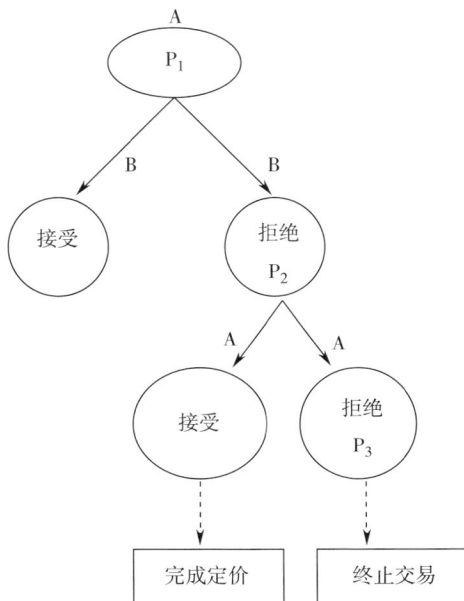

图 7 - 5 博弈过程展开图

交易双方在交易定价过程中，各自都有期望价格区间。买方事先确定一个能够接受的最高价格，记为 p_b。这个价格规定了买方能够接受的上限，超过这个上限，买方就拒绝交易。买方希望实际的交易价格越低越好，当然，理性的交易者也并不期望卖方不要钱，将商品赠送给他，实际上的交易价格落在 p_b 和 0 之间，买方的期望价格区间是 $(0, p_b]$。

同样，卖方也有一个期望价格区间，只是方向刚好相反。对于卖方，存在一个交易价格下限，即如果低于这个底线，卖方就会拒绝交易，可以记为 p_s。对于卖方来讲，交易价格必须落在价格下限之上，而且价格越高越好。因此，卖方的期望价格区间是 $[p_s, \infty)$。

显然，如果交易成功，必须满足一个基本条件，就是交易双方的期望价格区间存在非空的交集。我们将这个交集或者区间称为交易价格区间，即［p_s，p_b］，这是交易双方共同构造的一个交易价格区间。如果该交集是空集，交易就不能达成，该交易的博弈过程即告结束。在交易博弈中，实际价格一定落在交易价格区间上。我们假定，实际价格在该区间上呈现正态分布，即通过双方讨价还价，在大多的情况下能够实现公平交易，实际价格刚好处于两个价格底线的中间。当然，这种情况并不是每次都能实现，而是随机性地偏离中间点。具体情况如何，需要根据双方价格博弈的情况。在此，我们不去深入博弈的细节，仅仅把实现价格作为价格区间上的概率分布。

三、价格方程

从统计的角度看，由于交易价格区间呈正态分布的假定，交易价格的统计值是交易价格区间的中间点，即两个端点的算术平均值。现在，我们的兴趣点并不放在交易双方价格博弈的具体过程方面，而是重点研究决定交易区间端点位置的因素上面。

无论是买方还是卖方，价格底线都在一次又一次的讨价还价中不断修正。以卖方为例，在做第一个交易时，卖方总是先了解市场行情，市场行情是一个很粗糙的价格区间，卖方会根据自己卖出商品的心情是否急切、根据自己的商品货色与同类商品的就对比情况，初步确定一个价格底线。如果第一个买家没有接受卖方的出价走了，接下来可能会等待很长时间，第二个买家才会出现。因此，卖方就会害怕再次失去买家，否则可能要等待更长的时间，而且还不知道他的出价能否为买方所接受，于是，卖方就会适当调低价格下限。同样，如果第一个交易很快完成，对方接受了卖方的出价，而且随后的买家源源不断地来，卖方就会意识到，自己的商品很抢手，于是就会提高价格底线。

对于买方的情况也一样。买方首先要了解市场行情，根据市场行情，买方总是希望交易价格是市场行情中最低的。如果开始确定的价格上限很低，买方的出价被第一个卖家拒绝了，在接下来的交易中，又被第二家拒绝，那么，买方就会调高自己出价的上限。买方调整自己价格上限的速度与找到下一个卖家的时间成反比。在遭到拒绝后，找到下一个卖家的时间越长，买方调整的速度就会越快。如果出现独此一家的情况，卖方就处于垄断地位，当然，买方就必须向卖方妥协，否则就必须退出该交易市场。

在上述分析中，有一个很重要的概念，就是既定价位上的等待时间。所谓既定价位，就是在原有的价格底线下，根据已经获得的信息，交易者能够对于两次成功交易之间需要等待的时间进行估测。这个被估测出来的等待时间称为既定价位的等待时间。以集贸市场买菜为例，卖菜人根据前来询问价格的人数以及拒绝卖菜人提出价格时走开的态度，能够敏感地判断出等待时间。同样，对于买家，既定价位上的等待时间是找到下一个卖家所用的时间。等待时间包含有很多市场信息，是交易者在各种信息基础上的预期值。

如果我们把交易价格区间的两个端点都看作是寻找交易对象的时间函数，那么，根据上面的分析，我们可以得到如下两个方程：

$$\frac{\mathrm{d}p_s}{\mathrm{d}t} = \alpha(\tau_s^0 - \tau_s) \qquad \alpha \geqslant 0$$

$$\frac{\mathrm{d}p_b}{\mathrm{d}t} = \beta(\tau_b - \tau_b^0) \qquad \beta \geqslant 0$$

其中，τ 表示在既定价位上的等待时间，τ^0 表示意愿等待时间。

解上述方程组，得到：

$$p_s = p_s^0 + \alpha(\tau_s^0 - \tau_s)t$$

$$p_b = p_b^0 + \beta(\tau_b - \tau_b^0)t$$

在上述公式中，p^0 表示交易双方初始价格底线值，一般情况下，由市场行情决定。在两个公式中，α、β 分别表示交易双方的交易迫切系数，交易意愿越强烈，取值越大；相反，交易意愿越低，取值越小。很显然，交易越是迫切，交易者调整价格底线的幅度越大，调整速度越快。

上卷　交易行为

现在我们来分别讨论交易双方价格底线的变化。首先讨论卖方价格。当等待时间超过意愿等待时间，卖方倾向于降低价格底线；相反，如果等待时间短于意愿等待时间，这种情况就意味着卖方处于主动的位置，销售情况已经供不应求，在这种情况下，卖方倾向于提高价格底线。对于交易价格底线的调整，最终还需要经过交易迫切系数的矫正，对于不急于出售的卖方，虽然等待很长时间，并不意味着一定降低价格底线。

对于买方价格函数，随着等待时间超过意愿等待时间越长，买方上调价格上限的幅度就越大。反之，如果等待时间大大短于意愿等待时间，买方就会处于交易的有利地位，就会压低价格，降低交易价格的上限。

根据交易价格区间正态分布假设，交易的统计价格取交易价格区间的算术平均值，买卖双方任何一方的价格底线的变化，最终都会影响统计价格。卖方的价格底线上升，则统计价格上涨；同样，卖方的价格底线下降，则统计价格下降。买方的价格上限变动，统计价格也做同样的升降。只有一种特殊情况，就是交易价格区间的两个端点向两个相反的方向等距离地运动，统计价格不变。这种情况在现实中是不会发生的，这是由于买卖双方总是处于相反的位置上，如果买方价格上限下降，那一定是在买方处于交易的有利位置，这个时候，卖方处于不利的地位，交易等待时间一定处于增加的态势。在这种情况下，卖方应当采取的措施是降低价格底线，不会出现反方向变动的情况。

价格方程表明，市场结构十分重要。在集贸市场上，在不同的城区之间，蔬菜价格之所以会存在很大差异，一个重要的原因是市场结构不一样。如果在一个城区的市场上，卖菜的人少，而买菜的人多，交易双方的等待时间就会产生差异，最后导致不同城区市场之间的总体价格差别。

应当注意到，买方收入水平与意愿等待时间之间存在密切关系。收入比较高的人，不愿意花很多时间讨价还价，常常是卖方出一个价格，买方就会接受。相反，对于低收入的人群，就会花很长时间耐心地进行讨价还价，直到达成一个比较低的价格为止。这就说明，买方的收入水平与意愿等待时间呈负相关关系。收入越高，意愿等待时间就越短。这一规律可以解释为什么在一个城市中，富人城区的物价一般要比穷人城区的价格贵出许多的现象。

市场价格的变化不完全取决于交易双方数量上的对比关系。以下雨天蔬菜价格的变化为例。按照交易双方数量的对比关系，在下雨天，卖菜的人不会发生很大的变化，他们绝大多数会冒雨进菜，而买菜的人却会少许多，只要家里还储备一点菜，就尽量不去买菜，只有家里没有蔬菜了，才会选择冒雨去买菜。在交易双方的数量对比上，买方比平时少了许多，按道理，雨天的菜价应当下降。但实际情况是雨天价格比平时贵。这是由于下雨天运输成本提高以及卖菜进货付出的辛苦更多，使市场上所有卖菜人很容易达成一个共识或者心照不宣的协议——上涨菜价。在这种情况下，尽管买菜的人比平时少了，如果买菜人坚持昨天的价格，在整个菜市场里就难以买到蔬菜。在这种情况下，买方要想买到蔬菜，就必须提高自己的上限价格。由此可见，市场结构中不仅包含供求结构，还包含供给或需求各自一方受到成本因素影响所产生的行为一致性。在菜市场例子中，卖方达成了一种隐性协议，产生了一种结构；而买方却没有这种结构，所以交易价格必然是买方向卖方妥协。

第五节　多边定价机制

一、多边定价机制

多边定价机制在现代经济中发挥着重要的作用。金融市场大多采用撮合定价或询价方式，这些是典型的多边定价机制。所谓多边定价机制，是指在交易价格形成过程中，买卖双边有众多的交易主体参与的定价机制。

上卷　交易行为

拍卖属于一类特殊多边定价机制，尽管拍卖价格形成过程中有众多的拍卖参与者，但无论哪种形式的拍卖，都是一个卖家与众多潜在买家的对应结构，这种特定的对应结构要求将拍卖机制限制在一个相对狭小的交易领域内。作为特殊的多边定价机制，拍卖与其他多边定价机制相比，有以下几个特点：一是适用于交易标的较少，大多数情况下只有一个交易标的物的交易。二是适用于不连续交易、一次性交易或者具有确定时间间隔的交易，比如拍卖行的拍卖会、国债定期拍卖等。三是适用于价格相对较高的交易。组织一次拍卖会，从发出通知，到组织拍卖（工程招标拍卖还需要参与竞标者准备标书），耗费的组织成本和时间成本比普通交易要高出很多，低价值标的交易根本无法覆盖这些成本。[①] 尽管如此，从发展的势头来看，使用拍卖机制进行定价的交易领域越来越多，从比较经典的艺术收藏品拍卖，到土地拍卖和国债拍卖，再到项目工程招标等，使用拍卖的领域越来越多。拍卖交易从线下也开始向线上转移，网络上的拍卖活动也越来越活跃。但放置在国民经济的价格体系中来看，拍卖这种独特的多边定价机制与撮合、做市商询价相比，其重要性仍要低一个等级。金融市场大多采用撮合交易方式，包括股票交易、场内债券交易、大宗商品的期货交易等。在撮合交易过程中，交易双边都有大量的参与者，每一个参与者都对价格的形成产生一定的影响。从这个意义上讲，撮合交易是最典型的多边定价。

金融市场在现代经济中发挥着十分重要的作用，是金融资源配置的场所，也是金融资产定价的地方。研究多边定价机制，对于深入了解金融市场价格运动的规律和特点很有帮助。不仅如此，像石油、粮食等涉及经济安全和物价稳定的重要资源，也越来越多地通过期货交易方式进行，这就进一步增强了多边定价机制的重要性。

---

① 拍卖是一种十分古老的交易形式，根据记载，早在公元前500年，古巴比伦就出现了拍卖。拍卖共有四种形式，分别是英式拍卖，荷式拍卖、第一价格密封拍卖和第二价格密封拍卖。事实上，在现实应用中，拍卖还有数不清的变种形式。关于拍卖的类型以及拍卖的价格形成规律可以参阅〔美〕维佳·克里斯纳：《拍卖理论》，中国人民大学出版社，2010。

二、定价行为

多边定价的具体形式有很多种，像前面已经提到的拍卖方式、金融市场的撮合竞价方式等，都是多边定价。此外，即使撮合竞价交易方式，在具体的撮合规则设置上，也有很多不同的地方。为了研究多边定价机制下的价格变动规律，需要选择一种具有代表性的、对经济影响较为重要的交易作为研究多边定价机制的原型，以便剖析多边定价的每个环节，并将定价过程模型化，最后得出一般性的结论。

假设在一个时刻，同时到达的交易指令中，有一组买入指令、有一组卖出指令。分别用 B 表示买入指令的集合，S 表示卖出指令的集合，其中，$B = \{b_1, b_2, \cdots, b_m\}$，$b$ 表示投资者报出的买入价格；$S = \{s_1, s_2, \cdots, s_n\}$，$s$ 表示投资者报出的卖出价格。

撮合交易就是要在两个报价集之间建立一种联系机制，通过这种机制确定一个交易价格。这就需要制定一系列的规则，实现报价集到交易价格之间的对应。首先要解决的是如何在两个报价集上建立撮合顺序。一般采用时间优先、价格优先的原则：先到的报价首先参加撮合；在同时报出的两个价格之间，对交易对方最优的价格首先参加撮合。

对于同一时刻的两个报价集，首先参加撮合的卖出指令是 $Min(S)$；首先参加撮合的买入指令是 $Max(B)$。如果在已有的两个价格集中，最大的买入价格低于卖出集上的最小价，两个指令集就没有成交。只有两个价格集满足如下的交易判定式，交易才能达成：

$$Max(B) \geq Min(S)$$

如果两个价格完全相等，两个交易就直接采用双方的价格进行。如果两个价格不相等，一般会有多种解决方案，最简单的方案是采用两个价格的中间价，即

$$P = \frac{Max(B) + Min(S)}{2}$$

这样，对于交易双方，买入方以更低价买入；卖出方则实现了以更高价卖出。

在第一次撮合的两个交易指令之间，如果双方的交易数量相等，撮合按照相同的程序对两个交易集再次进行。如果在撮合的两个指令之间，交易数量不相等，多余的一方按照相同的程序继续在对方指令集中寻找交易对手，如果没有能够找到满足交易条件的价格，交易停止。

在撮合竞价过程，虽然最终进行匹配的交易价格只是两个，一个来自买方、一个来自卖方，但是其他交易指令同样发挥着重要作用，对最终撮合的价格产生影响。以买入指令集为例，第一个被选出来进行撮合的价格必须是通过在整个买方价格集上进行比较后才能产生，因此，每一个价格都对最高价格的形成做出了贡献。同样，在卖出价格集上，每一个价格也都对最低价格的形成产生影响。

现在，我们来考察撮合竞价所产生的价格如何随着买入、卖出两个价格集的扩张和收缩运动而变化。在两个价格集上，极值价格遵守如下关系：

设 B_1、B_2 是两个买入价格集，而且有包含关系，即

$$B_1 \subseteq B_2$$

则有

$$Max(B_1) \leqslant Max(B_2)$$

设 S_1、S_2 是两个卖出价格集，且有关系：

$$S_1 \subseteq S_2$$

则有

$$Min(S_1) \geqslant Min(S_2)$$

根据极值价格的这种特性和撮合价格的形成关系，可以推断，当卖出价格集不变时，买入集的扩大会导致撮合价格上涨；相反，买入集的收缩会导致价格的下降。同理，在买入价格集不变的前提下，卖出价格集的扩张，导致交易价格下降，反之，卖出价格集收缩，交易价格上涨。

金融市场是以投资获利为主要目的的交易场所。在市场上，每一个交易主体既可以是卖方也可以是买方，关键是哪一方更能带来投资收益。这样，由于撮合竞价机制的性质以及金融市场上交易主体的逐利天性，共同铸就了金融市场的自强化机制——上涨推动上涨，下跌导致下跌，这是金融市场的天然不稳定属性。为了更清楚地了解这一点，我们对此进行细致分析。

作为分析的起点，假定在一个市场的某一时刻，买卖双方具有均衡的格局，即

$$B = \{b_1, b_2, \cdots, b_m\}, \quad S = \{s_1, s_2, \cdots, s_n\}$$

这里，两个价格集的数量相等，即 $n = m$。

现在，由于某种原因，市场的均衡格局被打破，假定有 k 个投资者从原来的卖方转向买方（也可以是投资者数量格局不变，但交易数量格局发生变化，分析的方法完全一样，这里用投资者数量代表市场供求关系变化仅是为了直观罢了），即

$$n - m = k$$

由于撮合竞价的性质可知，这一变化可能导致交易价格 P 上涨，即

$$P_1 \leqslant P_2$$

如果交易价格上涨幅度较大，在上涨势头持续一段时间后，市场就会形成一个预期，价格还会进一步上涨，于是原来处于卖出方的投资者就会转向买入方，这种变化会继续推动价格上涨，进一步强化价格上涨预期，然后吸引更多交易者加入到买入行列，推动交易价格大幅度、长时间上涨。相反，当均衡局势被打破，向着相反的方向运动时，即更多的交易者加入到卖出队列中，市场价格会经历持续、大幅度的下跌。

上述分析表明，以撮合竞价为代表的多边定价机制具有一个显著的特征：容易产生蝴蝶效应，存在较大的混沌区域，由此构建的市场具有内在的不稳定性。影响市场稳定的外部因素经过多边定价机制的作用，信号容

易被放大。因此，在一个国家的价格体系中，采用多边定价的成分越多，价格系统就越不稳定。不幸的是，多边定价在现代经济中正发挥着越来越重要的基础定价功能，由此导致现代经济在技术创新引领下显示出日益强大的同时，也表现出越来越多的脆弱性。期货市场是一个典型的多边定价市场，石油期货市场越来越多地扮演着石油定价角色，而期货市场的杠杆交易性质，又进一步加大了原本不稳定的多边定价市场的不稳定性。石油价格从 2005 年 30 美元一桶，到 2008 年上半年，价格上涨到 140 美元一桶。石油价格的数倍上涨并非供求发生根本性的改变，关键是在美元泛滥的大背景下，投资资金巨大，这些资金进入到大宗商品期货市场上兴风作浪，炒高石油价格获取暴利。美国政府在压力之下对于石油期货市场进行查处，发现投资盘在石油市场上占有的比重竟然高达 81%，而真正反映实际需求的期货交易还不到 20%。随着对投机性交易的查处，期货价格也开始快速回落。

三、价格方程

多边定价具有反应灵敏、不稳定的特点。大起大落是多边定价市场的显著特征。在这类市场上，细小的因素会被放大，形成蝴蝶效应。各类金融市场、大宗商品市场都具有这个特点。在这类市场上，货币因素和其他影响供求预期的因素都会被放大后作用于价格。

在多边定价市场上，交易主体的相位可以分为三类，分别是买入、卖出和观望。其中任何一种状态的交易者增加，都表现在价格的相应变化上。随着一种相位的交易者不断增加，价格变动与相应相位的交易者数量之间呈现相互加强的正反馈关系，形成一轮交易势，也就是投资者通常说的一轮行情。

在多边定价市场上处于某一相位上的交易者数量决定了价格的走向。而在确定的时间点上，交易者选择哪种相位是一个概率事件。从研究交易者处于某种相位的概率入手，能够获得市场价格变动规律的全貌。这里以买入相位作为切入点。

用 w_b 表示所考察的交易者在价格为 x 的位置上处于买入状态的概率。影响概率 w_b 的因素有以下几个方面：

首先，影响买入概率的重要因素是投资者持有的流动性。投资者持有的资金越充裕，投资者越容易实现交易愿望。在交易量方面，可能购入量就越大。相反，如果资金不足，融资困难或者融资成本很高，入场购买的概率就会下降。即使购买，购买量也会受到限制。m 表示交易者持有的流动性，与 w_b 呈正相关关系：

$$w_b \propto m$$

多边定价市场上，参加交易的主体并不全是投资者，还有相当数量的实际需求者。比如，在钢铁市场上，除了投机交易者外，还有一些生产需求者，包括汽车生产商、设备制造商、建筑公司等。显然，对商品的实际需求是影响交易者购入概率的另一个重要因素。需求越多、越急迫，购入概率就越大；反之则反是。用 d 表示需求，则有

$$w_b \propto d$$

上述两个参变量具有一定的客观性。持仓比例、可用资金和实际需求反映了交易者的实际情况，对交易决策形成硬性约束。除此之外，交易者对市场价格走势的预期也在交易决策中扮演着十分重要的角色。尤其是对于投机性交易主体来说，价格走势几乎是其唯一关心的因素。对于这类交易者，在价格看涨的时候，就会买进；在价格看跌的时候，就会卖出。在频繁交易的市场上，交易者预期具有多变的特点。交易者根据过往的经验形成价格趋势判定的经验模型。在不同的主体间存在认知和经验上的差异，形成各自经验模型不同的侧重点和结构特色。在经验模型基础上，交易者根据掌握的信息，形成价格预期。尽管模型各具特色，由于交易者对市场的基本认知的共识，交易者构建经验价格模型的主要参量以及价格与参量

之间的关系，存在一定的共性。这些主要变量包括近期价格走势，对商品的实际供求关系产生影响的宏观政策、法律法规调整、宏观形势以及其他因素、市场氛围等。用 e 表示价格预期，e 的数值表示预期价格水平。与买入概率 w_b 有如下关系：

$$w_b \propto e$$

归纳购入概率与上述三个主要变量的关系，概率函数构造如下：

$$w_b(x) = w(d, m, e)$$

其中，概率函数满足如下关系：

$$\frac{\partial w_b}{\partial d} > 0 \qquad \frac{\partial w_b}{\partial m} \geq 0, \qquad \frac{\partial w_b}{\partial e} > 0$$

在实际操作中，交易者当前的持仓情况对于购入概率也会产生重要影响。如果交易者已经处于满仓状态，并且没有进一步增加投资规模的打算，即使认为下一个阶段市场行情看涨，也很难再继续买入。在这种情况下，通常会采取的策略是保持现有仓位，等待价格上涨，在适当时机卖出获利。也就是说，如果交易者处于满仓状态，即使行情看涨，也不会买进。相反，如果仓位很低，或者空仓，如果出现看涨行情，在资金允许的情况下，交易者买入的概率很大。持仓比例与买入概率之间，呈负相关关系，即持仓比例越高，进一步买入的概率就越低。但是，从持仓比的计算中可以看出，在这个关系中，核心仍然是交易者的资金数量。持仓比是持有的交易标的总价值与交易者在市场上的总资产之比。总资产是标的物市值与现金之和，持仓比是交易标的市值与用于市场交易的现金资产之比。影响持仓比的主要因素也是资金。资金进入市场越多，持仓比就越低；反之，资金流出市场越多，持仓比就越高。基于上述分析，没有将持仓比纳入到买入概率函数中。

在影响购入概率的三个变量中，价格预期作为交易者的主观判断，最具综合性和不确定性。这是市场不确定的重要根源之一。但是，在价格预期的形成中，过往价格 p 与预期价格 e 之间，容易形成正反馈的交易环。价格的上涨影响交易者的未来价格预期，价格上涨时间越长，下一阶段价格上涨预期就越被强化；反过来，持有价格上涨预期的交易者越多，预期的自我实现概率就越高，从而进一步巩固了原有的价格预期。

与买入概率的情况基本相同，卖出概率（w_s）同样受到流动性约束和市场预期等变量的影响。不同的是，在市场交易者中，生产供给者是重要的组成部分。它们常常迫于库存压力，或回收资金的压力等，需要将产品卖掉。在上述几个因素中，持有资金量与卖出概率呈现负相关关系，持仓比例越高，卖出概率就越大。对于价格预期，预期价格上涨，卖出概率减小；预期价格下跌，则卖出概率增加。与买入概率相同的地方是，在价格预期与卖出概率之间同样能够形成正反馈的交易环，导致交易势的出现。

用 w_s 代表卖出概率，在 x 价位上愿意卖出的概率函数有如下形式：

$$w_s(x) = w(m,s,e)$$

其中，s 代表生产供应商愿意卖出的量。其他变量与买入概率函数相同。

前面是对所考察的交易主体针对买入或卖出的概率进行分析。事实上，交易概率的概念可以直接推广到整个市场。买入概率表示在所有交易者中愿意买入的比例；卖出概率表示在交易者中愿意卖出的比例。

概念推广到整个市场后，两个概率函数的构造形式仍然维持不变，实际需求、实际供给、持有资金等变量的口径很容易推广到整个市场。市场的价格预期可以通过每个交易者的价格预期，以交易规模为权重计算加权平均。为了区分起见，推广到全市场上的变量，分别用大写字母表示，即 S，D，M，E。

结合买入和卖出概率双方形成机制，可以得出市场处于 x 价格水平上的概率函数为

$$p(x) = p(w_b,w_s)$$

上式表达了一个十分简单的意思，即市场价格决定于交易者买入和卖出意愿的对比。买入意愿强于卖出意愿，价格上涨；反之，卖出意愿强于买入意愿，价格下跌。假设价格函数服从正态分布，用 x_0 表示价格正态分

布的均值，则有如下关系：

$$\frac{\partial x_0}{\partial w_b} > 0 \qquad \frac{\partial x_0}{\partial w_s} < 0$$

根据两个交易概率函数的构造，将价格概率函数进一步展开，得到如下关系：

$$p(x) = p(S, D, M, E)$$

排除不同交易主体在经验模型方面的差异后，决定市场走势预期的关键因素是市场供求关系和资金充裕程度。市场预期与供求变化和市场流动性始终保持一致的动态关系。根据这一分析，多边市场的价格概率函数可以简化为

$$p(x) = p(S, D, M)$$

为了区分整个经济体内的货币供应量与特定市场上的货币流动性，用 M' 替代 M。即

$$p(x) = p(S, D, M')$$

价格均值 x_0 与各变量有如下关系：

$$\frac{\partial x_0}{\partial S} < 0, \quad \frac{\partial x_0}{\partial D} > 0, \quad \frac{\partial x_0}{\partial M'} \geqslant 0$$

需要说明的是，这里的 D 不包含由于投机所产生的需求，而是实际生产、消费所产生的需求，反映了实体经济的真实需求或刚性需求。

多边定价市场的价格采用概率函数表明，在自变量与因变量之间并非一对一的确定关系，只能作为诱发因素。这是多边定价市场的一个重要特点。在价格形成过程中，货币所发挥的作用同样是以概率的方式表现出来的。

第六节　定价机制比较

在单边定价机制下，约束企业定价行为的因素主要是两个：一个是同行竞争企业；另一个是市场价格弹性。其他因素需要通过上述两个基本要

素实现对价格的作用。一般来讲，需求增加和成本上升是企业调整价格的常见原因，但是这两个因素并不是决定因素，还必须转化为两个决策变量后才能发挥作用。以需求增加为例，在一个时期，企业 A 收到的订单增加了，于是企业主会得出判断，市场需求在扩大，在这种情况下企业不一定会提高价格，如果提高价格，就会面临失去部分客户、压缩市场份额的风险。面对成本上升，企业同样不一定提高价格，需要考虑的重要因素包括是否存在剩余产能以及成本是否可以消化等问题。在整个行业没有产能剩余的情况下，成本的上升很有可能导致企业提高价格。这时整个产业对市场份额争夺的矛盾并不突出，一个企业涨价，其他企业跟进的概率很高。但是，如果行业剩余产能很多，市场份额争夺处于竞争的中心位置，即使希望涨价的企业也会考虑到其他企业跟进的概率相对较低，可能导致市场份额减少的后果。不但没有从涨价中受益，还会失去原有的市场，这是一种得不偿失的行为。只有在成本上升到大部分同行无法承受的程度，企业才会在客观的逼迫下，选择集体行动——涨价。

由此可见，由于受到同行竞争的制约和市场需求的约束，以及调价面临的众多不确定因素所带来的风险，尽管单边定价机制把定价的权利交由供应方决定，但却具有较强的稳定性。

在单边定价机制中，从产出到最终需求的交易环节的多寡也会影响到最终价格水平。一般来讲，交易环节越多，最终的价格就越高。由于在单边定价机制中，增加交易环节对上游交易者几乎没有影响，交易系统自身不会产生对交易环节增加的自我约束机制，非常容易出现交易环节的疯狂繁殖。中国煤炭市场、钢材市场都曾经出现过交易环节增生的现象。20 世纪 90 年代中期，由于固定资产投资快速增长，钢材供应紧张，一些投机者就迅速进入钢材市场。一般来讲，交易环节增生会出现在供求关系紧张、价格处于上涨的阶段。交易环节的增生，会使紧张的供求关系进一步加剧，上涨的价格会进一步上涨。交易环节增生后，原本相对简单的市场结构开始变得复杂，原本由供应商、批发商、零售商组成的三级市场，由于交易环节的增生可能会演化为四级、五级甚至六级的市场结构。一旦出现这种情况，市场交易效率就会较大幅度地下降。

与单边定价相比，双边定价的稳定性较差。主要原因是双边定价机制中价格调整的风险很小，充其量失去一个交易对象；而单边定价机制中价格调整的风险将失去一个市场。这种调价结果的巨大差异，是其稳定性不同的根本。在双边定价过程中，交易价格是在一个区间内随机实现的，在自由蔬菜市场上，即使同一家蔬菜商，对不同的买家会有不同的价格，不同的时段也会有不同的价格。因此，与单边定价相比，双边定价的稳定性差了许多。但是，双边定价主要是价格振颤，即在一个大致稳定的范围内随机颤动。由于受双边讨价还价的制约，买卖双方的期望价格被对方限制了底部，被封闭在交易价格区间内。因此，这种不稳定不至于产生蝴蝶效应——价格运动的自强化效应。这也是区别于多边定价机制的关键。

在多边定价机制中，容易出现价格的大起大落现象。其机制是：在正常的交易秩序下，交易双方的力量基本均衡，价格保持相对平稳；如果出现一股投机因素加入进来，就会使买入方的力量突然增加，推动价格上涨。价格上涨达到一定幅度后就会激活潜在需求者涌入买入行列，进一步加剧交易双方力量的失衡，推动价格持续上涨。持有不是投机者的目的，他（她）们最终要回到卖出队列，一旦投机者集中进入卖出队列，就会再次打破现有的供求格局，迫使价格回落。由于实际需求相对平稳，当潜在需求提前透支，投机者从买方转向卖方后，买入队列就会急剧收缩，结果必然是价格大幅回落。

三种定价机制各自存在自己的特点：单边定价的稳定性机制在形成市场垄断格局的时候就会失效；双边定价机制虽然具有较高的稳定性，但定价效率较低；多边定价机制的弱点是经常出现过度投机现象，容易形成非理性的大起大落。

第八章　交易随机方程

主体的交易行为是一个典型的随机过程，交易过程的波动以及漂移受到众多因素的影响，既有宏观环境的因素，也有交易主体自身的因素，形成了一个内外交织的因素网络。交易方程的任务是要揭示出看似毫无规则的一堆数据背后隐蔽的规律。

第一节　交易向量

一、随机过程

事物之间的关系可以概括为两种类型：一种是因果关系；另一种是随机关系。因果关系是指当事件 A 发生，事件 B 一定发生。在这种关系中，事件 A 发生包含了事件 B 发生的全部信息。随机关系则是指在 A 发生的情况下，B 可能发生，也可能不发生。这时 A 只包含 B 发生的部分信息。现实中，由于信息的不完备性，随机关系具有更为普遍的意义，因果关系只是以随机关系的一种特例存在。

如果我们从外部观察主体的交易，在不了解主体情况时，仅知道主体在交易决策中所使用的原则，无法判断下一个时间段内主体是否进行交易，要交易的类型是什么，交易量有多大。主体从一个交易转向另一个交易，既存在一定的联系，又有一定的随机性。

随机过程是一组与时间相对应的随机变量。作为一种数学工具，现实

上卷 交易行为

生活中许许多多在时间上展开的过程，都可以用随机过程来描述。天气是一个随机变量，天气与时间之间可以建立起严格的对应关系。无论是以天为单位的离散时间序列，还是连续的时间变量，都有一个相应的天气变量与之对应。市场行情也是一个随机过程，每个时刻都对应一个市场行情。已知一个时刻的行情，可以在一定程度上预测下一个时刻的行情走势，但又不能完全确定，这就是随机过程的典型特征。

与上面例子相似，如果沿着时间坐标轴连续观察一个主体的交易情况就会发现，主体在时间变量上展开的交易构成了一个典型的随机过程。事实上，主体的交易不仅对于观察者具有随机性，即使对于交易主体自己，也不能完全确定下一步的交易。比如一个人为公司工作，从交易经济学的角度看是一种交易，是将人力资本与公司进行交易。如果以天或者以月为单位观察，在每一个时间单位上，员工的工作可以看作是与公司进行一次劳动力交易。交易是按双方约定的合同进行的，无论员工一方，还是公司一方，都无法肯定下一个时间段内双方能否进行交易；公司裁员或者员工辞职，都会终结交易。对于时限性强的交易更是如此，比如一个人生病到医院看病，可以看作是病人购买医院的医疗服务，包括诊断、手术和药物等，显然我们每个人都无法确定什么时间生病、什么时间看医生。从交易量上看，即使主体决定进行某项交易，但是以什么样的价格进行，在很多情况下交易一方是难以单独决定的。交易是在信息流的支持下进行的，而信息流具有很大的随机性。在股票市场上，股市行情与信息流之间存在敏感的互动关系，投资者无法确切知道下一个时间会发生什么，有哪些信息会对股市产生作用。虽然投资者的交易原则是确定的，而决策条件却是随机变化的。由此可见，主体在时间坐标上的交易行为，不仅从外部观察者的角度看存在随机性，即使从交易者自身来看，同样具有一定的随机性。随机性是交易的重要属性。

342

二、交易向量

对于一个交易主体，在一个时点上可以进行多种交易，为了对交易状态进行全面、完整的描述，引入交易随机向量 Z：

$$Z = \begin{pmatrix} z_0 \\ z_1 \\ z_2 \\ \vdots \\ z_m \end{pmatrix}$$

其中，Z_i 代表具有不同交易内容的交易变量。

事实上，交易向量是动态化的交易矩阵，只不过是在时间坐标上连续不断观察交易的结果。在没有交易的情况下，交易向量取 0 值；每项交易都按照不同商品之间的关联关系表现在交易向量上。在交易向量中，z_0 代表银行账户的货币存款。

交易向量由于受到资产负债表的约束，其内部各变量之间存在着联动关系。比如，每项交易与银行账户之间的联动，组合交易内部各项交易的联动等。

作为随机向量，交易向量 Z 是时间的随机向量函数，时间单位可以根据研究需要，既可以用连续的变量 t，也可以用离散的日、周、月、季、年等。

交易向量是建立在交易主体策略集上的随机向量，向量中的每一项都是随时间变化的随机变量，因此，在时间坐标上研究交易主体的交易演化，就转化为对交易向量包含的一簇随机过程的研究。

如果将交易随机过程当作一个日历时间刻度下的离散过程，可以通过转移概率来研究交易随机过程的演化情况；对于连续时间变量下的交易随机过程，随机微分方程是便利的工具。

为了技术上的简便，这里所研究的交易行为重点放在外联性交易，暂不考虑内联性交易，即企业生产性交易。

三、转移概率

转移概率是指随机过程已知随机向量 Z 在第 n 步的状态取值为 X 的情况下，随机变量第 $n+1$ 步状态取值为 Y 的条件概率，主要用来描述随机向量已知当前状态的情况下，下一步变量取值的可能性。用公式表达，转移概率的定义如下：

$$P_{XY} = P\{Z_{n+1} = Y \mid Z_n = X\}$$

上述转移概率是单步转移概率。n 步转移概率定义如下：

$$P_{XY}^n = P\{Z_{k+n} = Y \mid Z_k = X\}$$

转移概率是研究随机过程的重要工具。在已知随机过程的初始值和转移概率的情况下，随机过程被唯一地确定。具体到交易向量这样的随机过程，转移概率就是在已经观察到交易主体实施交易的情况下，下一时间段内实施某种交易的概率。

第二节　状态空间

交易向量的值域称为状态空间。状态空间是对交易的可能性描述，状态空间上的每个点代表一种交易组合，数值的意义是交易金额，单位是货币单位。状态空间上正值代表正向交易，负值代表逆向交易。

用 J 表示交易随机过程中的状态空间，用 x，y 等表示状态空间的元素。用 t 表示交易过程的时间变量。

一、相通状态

设 x，y 是交易随机过程 $\zeta(t)$ 的两个不同状态，在有限时间 Δt 内，如

果转移概率 $P_{xy}^{\Delta t} > 0, P_{yx}^{\Delta t} > 0$，称状态 x、y 为相通的，并记为 $x \leftrightarrow y$。

状态之间的相通关系是一种等价关系：

（1）$x \leftrightarrow y$ 则有 $y \leftrightarrow x$

（2）$x \leftrightarrow y$，$y \leftrightarrow z$，则有 $x \leftrightarrow z$

状态空间中的状态值相通的实际含义是两个状态值同为交易主体可能实现的交易范围。状态值的关系是由主体的交易行为特征规定的，不同交易主体，其状态空间具有不同的内在结构。

一般情况下，主体交易行为具有比较稳定的规律，无论是交易内容还是交易金额，都有一个大致范围。有了状态相通的概念以后，对于特定主体的交易情况，所有可能交易必须在相通的范围内选择。对于收入较低的家庭，主要交易限制在生活必需品和必要服务范围内，奢侈品消费显然与其交易状态是不相通的。企业也是一样，对于一家生产服装的公司，轮船交易与公司的交易状态同样是不相通的。当然，企业可能转换行业，家庭的财务状况也可能发生改变，但都需要较长的时间。对于状态是否相通的判定，前提是在一段较短的时间内，否则便失去了判定标准。在较长时间跨度内，社会可能发生巨大变化，交易主体的经济状况可能有很大变迁。一个弱小的企业经过不足十年的发展，可能成为一个有相当实力的大企业，更别说再长一点的时间了。这种例子在今天屡见不鲜，苹果公司是当今美国市值最大的科技公司，但在创立之初不过是几个人的小微企业。

即使在较短时间内考察，任何两个交易向量之间的转移概念都很难判定为零。毕竟现实世界是复杂的，小概率事件时有发生。在股票市场上，这类小概率事件被人们称为"黑天鹅"事件，事实证明，"黑天鹅"事件在投资风险管理中是不能忽略的一个方面。在实际操作中，只有在转移概率大于某个临界值时，才会称它们之间是相通的，即满足不等式条件：

$$P_{xy}^{\Delta t} > \lambda > 0$$

其中，λ 代表判定标准，大小需要根据具体的研究确定。

二、状态闭集

根据转移概率的时间限制，状态闭集概念可以分为相对闭集和绝对闭集两种。

定义 1：如果状态集 K 中的任一状态在限定时间 τ 内到补集 $J-K$ 上状态的转移概率为零，则状态集 K 称为在时限 τ 内的闭集，又称状态空间上的相对闭集。

定义 2：如果状态集 K 中的任一状态到补集状态的转移概率在任意长时间内都是零，则状态集 K 称为状态空间上的绝对闭集。

相对闭集和绝对闭集，统称为状态空间的闭集。当状态空间上存在两个或两个以上的闭集，称状态空间为可分解或可约，否则状态空间称为不可约。显然，如果状态空间 J 上的所有状态都是相通的，则 J 为不可约状态空间。就交易者的行为规律而言，在有限时间内，可能实现的交易范围总是有限的，不仅受制于流动性和资产负债表规模的限制，也受到交易习惯的限制。但是，如果将时间放置在无限长的区间里考察，任何规模、任何类别以及任何方向的交易都是可能的，因此，在短期内，交易状态空间总是可约的，但在长期来看，状态是不可约的。换句话说，交易状态空间是相对可约的。

根据闭集的性质，一个交易过程一旦漫游进入闭集中，至少在一段时间内就不可能从闭集中逃逸出去。闭集对交易过程的这种性质称为捕获性。在现实经济活动中，确实存在捕获现象。一家企业一旦进入破产临界状态后，一般情况下就难以逃脱最终破产的命运。即将面临破产的企业由于现金流不断萎缩，这就对企业的交易产生极大的限制。

在现实中，更多情况是交易过程进入某种状态若干次数以后，才最终被这个状态集捕获，这种情况属于渐进闭集的范畴。

定义：如果一个状态集 K 的任意状态 x 到补集状态 y 的转移概率满足极

限条件：$\dfrac{\lim}{\tau \to \infty} P_{xy}^{\tau} = 0$ ，则状态集 K 称为状态空间的渐进闭集。

相对于前面提出的几种闭集概念，还需要引入弱闭集的概念。所谓弱闭集，是指状态集 K 中的任意状态 x 到内部状态 y 的转移概率与到外部状态 z 的转移概率之间总是满足如下不等式关系：

$$P_{xy} > P_{xz}$$

弱闭集的情况在现实中更为普遍。交易主体的交易会在大致稳定的范围内进行。对于既定的交易类型，比如购进原材料的交易，企业的生产能力相对稳定，在一段时期内，通常的购进规模也相对稳定。家庭的情况也大致一样。虽然在交易规模上，会因节假日和家庭庆典等活动发生变化，但总体上还是存在大致稳定的规模。在现实世界中，相对闭集，尤其是绝对闭集的情况相对较少，毕竟现代社会为企业和家庭提供了各种可能的发展机会。

如果交易状态空间存在两个或两个以上的弱闭集，则称状态空间为弱可约。显然，交易状态空间具有弱可约性。与弱闭集相对应的概念是强闭集，相对闭集、绝对闭集和渐进闭集统称为强闭集。

三、吸收概率

定义：从一个状态出发到达特定的闭集的概率，称为该闭集对于该状态的吸收概率。

这是一个十分有用的概念。无论对是经济运行周期的研究，还是研究单个交易主体的行为，或是对区域经济的研究，吸收概率都有很大的用场。在经济周期分析中，宏观经济从繁荣到萧条、从复苏再到繁荣的状态切换，实际上是数量众多的交易者在自己的状态空间里处在什么样闭集的问题，是一个交易额扩张的闭集还是交易额萎缩的闭集决定了经济处于繁荣状态还是萧条状态，决定了经济是增长还是衰退。在这时候，就可以分析各个不同类型闭集的吸收概率。吸收概率最大的闭集所代表的就是未来经济最有可能的走势。

对于交易主体的考察，同样可以通过吸收概率进行发展趋势分析。根据一段时间的观察，可以对交易主体的状态演化走向给出判断，可以设定几个可能的状态闭集，分析它们各自的吸收概率，比较概率的大小，既能够定量化地分析各种发展的可能性，又能够发现最有可能的发展趋势。

在贫困化分析方面，贫困集作为状态空间上的一个闭集，分析坠入贫困的可能性同样是一种有效的方法。

四、闭集收缩

闭集半径是指闭集中所有状态中的最大模，即 $\rho = Max \mid x \mid$，$x \in K$，即闭集上的最大交易金额。闭集收缩运动是闭集半径 ρ 不断减小的过程。理解闭集收缩应当将其放置在交易主体的位置上，从走向衰落的企业和走向贫困的家庭案例看，闭集会出现不断收缩的趋势。这些交易主体一旦被贫困集所捕获，融资就会遇到困难，同时又面临很大的偿债压力。在两方面的挤压之下，资产负债表进入到快速萎缩的进程，与之相对应的是交易量持续萎缩。

五、状态周期

有些状态会在交易过程中不断出现，而有一些状态出现的频率则比较少。比如，食品消费在交易过程中不断出现，服装消费也是如此；但与之相比，购买房地产或汽车的交易频率要小得多。在一个家庭的交易中，购买房产的机会还是很少的，除非是进行房地产投机。为了刻画交易过程对不同状态访问的特点，需要引入状态周期的概念。

定义：对于状态 x，使不等式 $P_{xx}^{\tau} > 0$ 成立的最小时间 τ 称为状态 x 的周期。

显然，每一个状态都有自己独特的周期，周期的长短决定于主体对该类交易的需求。像前面提到的食品类交易，状态周期很短，短则不足一天，长则也不超过一周，而汽车交易和房产交易的周期通常要长得多。

如果某种状态的周期比较短，就称这种状态对应的交易为高频交易。而对于周期比较长的状态，称其对应的交易为低频交易。

第三节　转移概率计算

转移概率是考察主体交易演化路径十分有用的工具。通过对转移概率的分析，可以很好地预见交易的发展方向。转移概率受到两个方面的因素影响，分别是历史因素和新生因素。下面分别进行讨论。

一、历史因素的影响

每一项交易都会对后续的交易产生一定的影响。反过来，每一项交易又都被许许多多已经完成的交易影响着。每一个主体的交易决策在很大程度上受制于交易过程所产生的路径，要考察交易在下一时刻状态的概率分布，该项交易的影响集包含了十分重要的信息。

交易被嵌入到相互关联的交易序列中。面对开放的时间，某项交易发生的概率受到来自交易主体已经完成的交易在两个方向的影响，这些因素可以归类为加强因素和抑制因素。其中，加强因素使转移概率增大，抑制因素使转移概率减小。

加强因素集是由与考察交易之间存在关联关系的交易构成的，比如购买汽车，就需要购买汽车财产保险和第三者责任险。汽车交易就是保险交易的关联交易。如果观察到交易主体实施了汽车交易，就可以从这些交易中推断出下一步保险交易的概率。需要注意的是，A 交易是 B 交易的关联交易，不能推断 B 交易是 A 交易的关联交易。也就是说，交易之间的关联关系是单向关系。

在加强因素中，关联关系不仅仅由两个交易在功能上的关联所产生，还会通过交易主体的流动性约束产生。由于逆向交易的增加导致流动性压力，会迫使主体实施增加流动性的正向交易，流动性缺口越大，这种交易压力就会越大。比如，购买房产，会占用大量流动性，就需要从银行贷款。企业进行一项投资，增加一条新的生产线，会增加流动性压力，需要从银行贷款，或者发行债券，或者增发股票，或者出售一条旧的生产线等。

综合上述情况，加强因素集中包含两类交易：一类是与被考察交易在功能上具有关联关系；另一类是与被考察交易在资金上具有关联关系。

抑制因素主要包含已经发生的与考察交易之间具有替代关系的交易，比如空调和电风扇之间具有替代关系，如果观察到交易者购买了空调，购买电风扇的概率就会下降。同样，汽车与自行车之间也有一定的替代关系，尤其是在中国，自行车仍然属于交通工具，而不像西方发达国家那样作为锻炼身体的工具。交易之间的关系要具体分析，在不同的交易环境下，交易关系会发生变化。与关联关系不同的是，替代关系具有对称性。比如，汽车交易是自行车交易的替代交易，反过来这种关系也一定成立。这是替代关系的基本性质，替代关系来源于功能上的相同或近似。

与关联关系一样，替代关系既可以是功能上的关联，也可以是流动约束产生的结果。在硬性约束下，在两个逆向交易之间也会产生替代关系。无论是家庭生活还是企业生产安排，都会遇到由于资金紧张，在两项交易中只能先选择实施一个，另一个交易需要等一段时间才能进行的情况。比如，一个家庭刚买过一套住房，在流动性约束下，紧接着购买汽车的可能性就会下降。一个企业刚刚进行一项较大的投资，在短时间内不大可能进行新的投资。功能替代关系可以有两种表现形式：一种替代关系源自功能相近，但商品不同，就像微波炉和电烤箱之间的关系；还有一种是商品相同，时间不同，比如，上半年购买了一辆汽车，一般情况下，下半年就不大可能再买一辆汽车。两种替代关系，前一种表现在不同商品之间的替代；

后一种替代关系则是时间前后之间的替代。交易行为在时间上产生的替代关系随时间的推移而迅速衰减。上半年购买的汽车，经过几年后，替代能力就衰减殆尽了。时间上的替代关系源自商品的使用功能，每一种商品都有自己的生命周期，在生命周期内能够提供相应的使用功能。当一次交易所带来的商品在一定时间长度内满足交易者对功能的需求时，交易者就不再会进行同类的交易，这是时间替代关系产生的原因。时间上的替代关系普遍存在，尤其是当出现提前交易的情况时，替代关系更为明显。

二、新生因素的影响

交易变量的演化过程不仅仅受到过去已经完成交易的影响，否则作为随机变量的交易只能在一个封闭的状态闭集内打转。恰恰相反，交易是一个十分敏感的变量，会对外部信息及时做出反应。交易环境的任何变化都会在变量上得到迅速响应，这些变化包括流动性约束、预期变化、政策以及制度激励上的调整等方面。这些因素相对交易变量的历史因素，既是外部的，又是新生的。

对于转移概率，流动性约束越是宽松，各项交易量增加的转移概率就会越大；相反，流动性约束越紧张，交易量增加的转移概率就越小。在预期改变方面，预期越是转向乐观，转移概率就越大；相反，则转移概率变小。政策和制度的概念可以从成本、收益、流动性约束等各个方面对于转移概率产生作用，比如降低交易成本，会促使转移概率提升，对于收益预期的改变同样起到提升转移概率的作用。

交易环境中的制度性调整会对交易主体的行为产生影响，比如税收制度的调整、养老制度的改变会显著地改变交易行为。是否征收房产物业税以及税率的高低，会影响到交易者购买房地产的行为。物业税税率越高，房屋持有成本就越大，人们就会尽量减少房屋拥有量。在同样的流动性条件下，交易者购买房产的概率将会下降。宏观经济形势的变化也会反映到转移概率上。在经济处于繁荣时期，交易者多处于激发交易状态，承受风险的能力增强，这时候的转移概率有增大倾向；经济进入萧条期后，交易者风险承受力下降，转移概率受到限制。

三、转移概率的计算

上述对转移概率影响因素的分析表明，转移概率的变化有一定的规律性，由此可以判定，转移概率大致沿着一条曲线运行变化。转移概率演化轨迹的存在，使我们能够通过某种方法找出这条曲线。从现有的技术条件来看，采用大数据挖掘方法是一个可行的途径。大数据方法基于两个基本条件，一是大量的样本数据；二是强大的计算能力。这些条件在今天已经完全具备，几乎所有的交易都会留下记录，包括银行交易记录、商品交易记录等。不仅如此，在网络发达的今天，每个交易主体的行为信息被大量记录下来，包括消费信息、投资信息甚至社会交往信息。在这些数据的基础上，每个交易主体的行为特征很容易归纳出来，包括交易偏好、价值估计以及交易节奏等。利用大数据计算转移概率，将是可行性很高的手段。同样，大数据追踪也将会成为一种分析市场行为、预测市场走势的有效手段。

第四节 交易随机方程

利用交易随机向量构建交易方程，需要首先考察交易随机向量的统计性质。为了使问题简化，通过考察交易向量中的单个随机变量，可以获得对交易向量性质的判定。同样，交易随机向量的变化规律，可以使用单个交易随机方程所构成的方程组来描述。

无论是一个自然人还是一个机构，其交易模式具有相对的稳定性。一个人的消费行为、消费偏好等都比较稳定，包括饮食风格决定的食品消费

类型、审美风格决定的服装消费类型，以及生活习惯决定的运动方式以及
旅游、看电影、听音乐会等娱乐类消费，从消费的品类到消费的档次，都
比较稳定。一个人每周几次去健身房，去几次超市购物等，都有比较稳定
的节奏。企业的情况也是一样，从员工招聘到原材料采购，再到商品出库，
从银行贷款到与客户结算等，都有比较稳定的时间表。但是，这些交易安
排又不是完全固定不变的，偶尔的变化是经常发生的事情，这两个方面决
定了交易向量作为随机过程，具备高斯过程的属性，即构成交易向量的每
个随机变量具有正态分布，即对于具体的交易主体，在每个类型的交易上
进行的交易存在一个比较稳定的均值，交易量的上下浮动量越小，发生的
可能性就越大，反之，越是大的波幅，发生的概率就越小，这符合正态分
布的特征。而且，每类交易的期望均值以及反映波动幅度的均方差都是可
以预期的，也就是说，每项交易随机变量的期望值、均方差都是有界的。
数字特征有界的随机过程称为二阶矩过程。由此可以得出结论，交易随机
过程是一个二阶矩过程。

　　二阶矩过程具有很多优良的性质，可以定义伊藤（Ito）积分和微分，
从而可以构建随机微分方程。考察策略集上的任意一项可行交易 z_i，其变
化有两个方向，一个是漂移变化，即趋势性变化；另一个是扩散性变化，
即随机性变化。交易在规模上的变化取决于对该项交易的收益预期，预期
收益越高，为了实现收益的最大化，就会投入更多的流动性，实施更大规
模的交易；相反，如果收益预期很小，甚至是预期亏损的，交易主体的交
易安排就会减小，甚至完全取消该项交易。一项交易的稳定性取决于预期
收益的稳定性，预期收益稳定越高，交易的跳跃性就越小。

　　根据上述分析，策略集上任意一项交易的变动情况满足如下随机微分
方程：

$$dz_i(t) = \mu_i\left(\frac{\partial H(t,Z)}{\partial z_i}, \frac{\partial H(t,Z)}{\partial z_{-i}}\right)dt + \sigma_i\left(D\left(\frac{\partial H(t,Z)}{\partial z_i}\right), D\left(\frac{\partial H(t,Z)}{\partial z_{-i}}\right)\right)dB_t$$

$$i = 0,1\cdots m$$

其中，$H(Z)$ 是交易向量 Z 的收益预期函数，D 表示均方差函数。μ、σ 分别代表趋势参数和扩散参数。$-i$ 表示除 i 之外的所有其他交易。B 代表布朗随机运动。

上述方程是一个随机微分方程，其边界条件是 $z_i(t_0) = z_i^0$。

利用上述单个随机变量方程构建交易随机方程组，并考虑同一个交易随机向量内的各变量必须遵守的约束条件，得到描述交易随机向量变化规律的方程。

将其整合后得到一组完整的描述交易向量随机变化的方程——交易方程：

$$\mathrm{d}z_i(t) = \mu_i\left(\frac{\partial H(t,Z)}{\partial z_i}, \frac{\partial H(t,Z)}{\partial z_{-i}}\right)\mathrm{d}t + \sigma_i\left(D\left(\frac{\partial H(t,Z)}{\partial z_i}\right), D\left(\frac{\partial H(t,Z)}{\partial z_{-i}}\right)\right)\mathrm{d}B_t$$

$$z_i(t_0) = z_i^0 \qquad i = 0,1\cdots m$$

上述方程的解需要受到流动性的约束，必须满足流动性约束方程：

$$\sum_0^m l_t(t) = l_t^c \qquad l_t^c \geqslant 0$$

根据微分方程存在定理[①]，上述随机方程解的存在性取决于漂移系数和扩散系数的性质。如果两个系数有界且平稳，方程存在唯一的解。从交易随机变量的变动特点看，在一定的时间长度内并且外部环境没有剧烈变化的前提下，换句话说，交易预期没有发生系统性改变的条件下，漂移系数和扩散系数将保持有界和平稳的特性，因此，在正常情况下该方程的解是唯一存在的。

为了简化交易方程的形式，这里做几个形式变换，令

$$\frac{\partial(H(t,Z))}{\partial z_i} = v_i \qquad i = 0,1\cdots m$$

$$D\left(\frac{\partial H(t,Z)}{\partial z_t}\right) = D_i \qquad i = 0,1\cdots m$$

---

① 张波、张景肖：《应用随机过程》，192 页，清华大学出版社，2004。

代入方程后简化为

$$\mathrm{d}z_i(t) = \mu_i(v_i, v_{-i})\,\mathrm{d}t + \sigma_i(D_i, D_{-i})\,\mathrm{d}B_t$$

$$z_i(t_0) = z_i^0 \qquad i = 0,1\cdots m$$

$$\sum_0^m l_t(t) = l_t^c \qquad l_t^c \geqslant 0$$

下面讨论漂移系数和扩散系数的性质。首先讨论漂移系数 μ。在不同的交易随机过程之间，由于受到流动性约束的限制，不同的交易随机过程存在流动性关联关系，这些关系通过对漂移系数的贡献表现出来。根据交易最大化原则，交易的预期收益率越高，决策者在流动性安排上就会将其放在越重要的位置上；对于其他的交易，漂移系数中的贡献度取决于包括考察交易在内的各个交易的方向。当考察交易属于逆向交易，与其他交易的关系则是分成两种情况，正向交易提供了流动性，因此对于所考察交易 i 漂移系数的贡献度大于 0，而其他逆向交易由于存在竞争关系，对于考察交易漂移系数的贡献度是负值。

当考察交易的方向为正时，要对两种不同的情况分别加以考察。首先，在流动性总体宽松的情况下，交易安排不会受到其他交易的影响，仅仅取决于该交易的预期收益率，其他交易对其漂移系数的贡献度是 0；其次，如果总体流动性比较紧张，其他高收益的逆向交易就会将流动性压力传导过来，形成对考察交易的推动，这就使其他交易的预期收益率对漂移系数的贡献度为正数。

综合上述情况，对于逆向交易 $z_i(t) < 0$，有如下关系：

$$\frac{\partial \mu_i}{\partial v_i} > 0$$

$$\frac{\partial \mu_i}{\partial v_{-i}} < 0 \qquad \text{if} \qquad z_{-i} < 0$$

$$\frac{\partial \mu_i}{\partial v_{-i}} \geqslant 0 \qquad \text{if} \qquad z_{-i} > 0$$

355

对于正向交易 $z_i(t) > 0$ ，分为两种情况：

流动性紧张情况：

$$\frac{\partial \mu_i}{\partial v_{-i}} \geqslant 0 \quad \text{if} \quad z_{-i} < 0$$

$$\frac{\partial \mu_i}{\partial v_{-i}} \leqslant 0 \quad \text{if} \quad z_{-i} > 0$$

流动性宽松的情况：

$$\frac{\partial \mu_i}{\partial v_{-i}} = 0$$

与漂移系数相比，扩散系数的情况相对简单。不仅考察交易的波动幅度与扩散系数呈正相关关系，其他通过流动性通道传导以及心理预期通道的传导，同样与扩散系数呈正相关关系。在这方面，考察交易与其他交易的差别仅仅在于相关度的大小。很显然，考察交易的预期收益波动幅度与扩散系数的正相关系数要远远大于其他交易的相关系数。因此，有如下不等式成立：

$$\frac{\partial \sigma_i}{\partial D_i} > \frac{\partial \sigma_i}{\partial D_{-i}} \geqslant 0$$

交易方程很好地描述了交易随机演化的规律特征，将收益变动率、收益预期函数的稳定性等重要的因素涵盖在方程中。简单地讲，一项交易所带来的收益预期越高，该交易的随机变量向增大方向漂移的幅度越大；反之，漂移幅度就越小。如果交易预期不能带来收益，甚至可能是亏损，该项交易漂移系数也将是负值，交易随之萎缩，甚至是0。在交易随机变量的稳定性方面，与预期收益函数的稳定性密切相关。预期函数越稳定，交易随机变量的波动性就越小。

交易方程表明，交易主体的行为特征取决于它如何定义交易的收益函数以及如何判断收益的预期。处于不同交易环境下的交易主体必然在收益预期函数的构建上表现出一定的差异，这是市场区域性差异或国家间差异存在的原因。

交易方程的另一个等价形式是 Ito 积分方程：

$$z_i(t) = z_i(t_0) + \int_{t_0}^{t} \mu_i(s)\,ds + \int_{t_0}^{t} \sigma_i(s)\,dB_s$$

积分方程更为直观地表明影响交易变量演化趋势以及波动的因素，在定量分析时使用起来更为方便。

第五节 交易随机过程的特性

前面分别从转移概率以及连续时间的交易方程探讨了交易变量的变化规律，现在应用前面讨论的成果进一步挖掘交易变量的演化特点。

一、路径依赖

交易方程的积分形式清楚地表明，交易变量的演化取决于漂移和扩散两个系数，而两个系数进一步是由预期收益函数的特性决定的。其中，预期收益函数的收益率 $\frac{\partial H}{\partial z_i}$ 决定了漂移系数的大小，收益率的稳定性 $D(\frac{\partial H}{\partial z_i})$ 决定了扩散系数的大小。在宏观经济环境基本稳定的形势下，预期收益函数一般保持基本稳定，不会出现快速跳跃性变化，这个判断通过交易方程能够得出交易变量演化存在路径依赖的结论。

交易向量在两个方面会产生路径依赖：一是交易量；二是交易内容。在交易量上，交易量大的主体倾向于继续保持大的交易量，交易方程的基本内核也正是这一点。在交易内容上，更多表现为交易主体的某种偏好。一旦形成某种偏好，交易者就会继续保持。这种依赖性通过大量主体的交易行为，最终表现为一个市场的特点。一个典型的例子是两种移动电话网络制式在中国市场上的竞争格局。目前存在两种网络制式，一种是 GMS 制式；另一种是 CDMN 制式。前一种制式是由欧洲研制的技术；后一种是由美国研制的技术。从纯技术的角度看，CDMN 更加优良，但是由于 GMS 技术进入中国早一点，中国的移动通讯的主干网采用了 GMS，后来 CDMN 也进入了中国市场，由于网络建设的巨大重置成本以及手机用户的习惯，尽管 GMS 不是最好的技术，但在中国市场一直保持绝对的优势。

交易的路径依赖是相对的，存在突然跳跃的可能性。技术的演变存在从量变到质变的过程，在新技术出现的初期，对于市场的影响可能很小，经过一段时间的市场检验以及配套技术准备工作的就绪，对于市场原有技术格局会产生毁灭性冲击，形成熊彼得所说的"创新性毁灭"效应。这时交易变量便会产生跳跃，老旧产品市场会迅速萎缩，新产品快速占领市场。在这方面，传统的感光材料相机与数码相机之间的市场角色转换便是如此，迅速的替代关系甚至导致世界上最大的影像产品供应商，业务遍布世界 150 多个国家、全球员工超过 8 万人，纽约股票交易所上市公司——柯达公司于 2012 年 4 月 20 日宣布破产，正式进入资产评估和拍卖程序。

二、贫困的黏滞现象

贫困是任何经济体在各个发展时期都存在的现象，贫困不仅仅是一种分配的结果，还应当将其看作是一种状态，是交易网络上的极点现象。对于单个交易主体，贫困意味着收入低，财富储备少，能够参与的交易，无论在规模上还是在类别上，都低于平均水平。对于一个区域，贫困意味着交易网络的稀薄，交易机会少，基础设施差，交易成本高。这些特点，会进一步限制交易主体参与交易，与主流社会的差距越来越大。

考察交易方程不难发现，处于贫困状态的交易主体，其交易状态空间上的活动区域十分狭小，而且这个状态集会随着时间不断收缩，贫困状态集就像一个具有强吸附力的黑洞，一旦进入其中，就会被牢牢吸附，很难逃脱。贫困的这一特点，称为黏滞现象。

贫困的黏滞现象证明了一个社会必须从外部救助那些陷入贫困的家庭和地区，仅靠陷入贫困的人们自救是不可能摆脱贫困的。

参 考 文 献

［1］约翰·H. 霍兰：《隐秩序——适应性造就复杂性》，上海，上海科技教育出版社，2000。

［2］尼古拉斯·克里斯塔基斯、詹姆斯·富勒：《大连接——社会网络是如何形成以及对人类现实行为的影响》，北京，中国人民大学出版社，2012。

［3］加里·S. 贝克尔：《家庭经济分析》，北京，华夏出版社，1987。

［4］中共中央马克思恩格斯列宁斯大林著作编译局：《马克思恩格斯选集》，第二卷，《政治经济学批判导言》，北京，人民出版社，1995。

［5］雷蒙德·弗思：《人文类型》，北京，商务印书馆，1991。

［6］中共中央马克思恩格斯列宁斯大林著作编译局：《马克思恩格斯选集》，第四卷，北京，人民出版社，1995。

［7］王跃生：《当代中国社会家庭结构变动分析》，载《中国社会科学》，2006（1）。

［8］J. E. 利普斯：《事物的起源——简明人类文化史》，贵阳，贵州教育出版社，2010。

［9］范文澜：《中国通史简编》，修订本，第四版，北京，人民出版社，1964。

［10］斯塔夫里阿诺斯：《全球通史——从史前史到21世纪》，北京，北京大学出版社，2006。

［11］罗兹·墨菲：　《亚洲史》，海口，海南出版社、三环出版

社，2004。

　　[12] 龙多·卡梅伦、拉里·尼尔：《世界经济简史——从旧石器时代到 20 世纪末》，第四版，上海，上海社会科学院出版社，2012。

　　[13] M. M. 波斯坦、D. C. 科尔曼、彼得·马赛厄斯：《剑桥欧洲经济史》，第五卷，北京，经济科学出版社，2002。

　　[14] 查尔斯·P. 金德尔伯格：《西欧金融史》，北京，中国金融出版社，2007。

　　[15] 蔡立东：《公司制度生长的历史逻辑》，载《当代法学》，2005（6）。

　　[16] 张乃和：《近代英国法人观念的起源》，载《世界历史》，2005（5）。

　　[17] 袁春兰：《英国公司的历史及其资本制度论略》，载《经济师》，2005（10）。

　　[18] 丹尼尔·J. 布尔斯廷：《美国人——南北战争以来的经历》，上海，上海译文出版社，1988。

　　[19] 小艾尔弗雷德·D. 钱德勒：《企业规模经济与范围经济——工业资本主义的原动力》，北京，中国社会科学出版社，1999。

　　[20] 路易斯·普特曼、兰德尔·克罗茨纳：《企业的经济性质》，上海，上海财经大学出版社，2000。

　　[21] 迈克尔·波特：《竞争论》，北京，中信出版社，2003。

　　[22] 丹尼尔·豪斯曼：《经济学的哲学》，上海，世纪出版集团、上海人民出版社，2007。

　　[23] 丹尼斯·卡尔顿、杰弗里·佩洛夫：《现代产业组织》，北京，中国人民大学出版社，2009。

　　[24] 亚德里安·J. 斯莱沃斯基、大卫·J. 莫里森、特德·莫泽、凯文·A. 蒙特、詹姆斯·A. 奎拉：《利润模式》，北京，中信出版社，2002。

［25］约翰·S. 戈登：《伟大的博弈——华尔街金融帝国的崛起（1653～2004）》，北京，中信出版社，2005。

［26］盛昭瀚、蒋德鹏：《演化经济学》，上海，上海三联书店，2002。

［27］彭聃龄、张必隐：《认知心理学》，杭州，浙江教育出版社，2004。

［28］沃西里·里昂惕夫：《1919～1939年美国经济结构——均衡分析的经验应用》，北京，商务印书馆，1993。

［29］Roger H. Hermanson，James Don Edwards，L. Gayle Rayburn，Financial Accounting，BPI IRWIN Fourth Edition.

［30］财政部会计司：《企业会计制度讲解》，北京，中国财政经济出版社，2001。

［31］张光平：《人民币衍生产品》，第三版，北京，中国金融出版社，2012。

［32］亚当·斯密：《国富论》，北京，人民日报出版社，2009。

［33］西奥多·W. 舒尔茨：《论人力资本投资》，北京，北京经济学院出版社，1990。

［34］杰拉尔德·I. 怀特、阿什温保罗·C. 桑迪海、德夫·弗里德：《财务报表分析与运用》，第三版，北京，中信出版社，2003。

［35］Kenneth E. Boulding，A Reconstruction of Economics，Department of Economics University of Michigan Science Edition，INC，New York，1962.

［36］罗伯特·赖特：《非零和时代——人类命运的逻辑》，北京，中信出版社，2014。

［37］马克思：《资本论》，第一卷，北京，经济科学出版社，1987。

［38］埃里克·弗鲁博顿、鲁道夫·芮切特：《新制度经济学——一个交易费用分析范式》，上海，上海三联书店、上海人民出版社，2006。

［39］薛求知、黄佩燕、鲁直、张晓蓉：《行为经济学——理论与应用》，上海，复旦大学出版社，2003。

[40] 乔齐姆·高德伯格、卢狄格·冯·尼采：《行为金融》，北京，中国人民大学出版社，2004。

[41] 周小川：《国际金融危机：观察、分析与应对》，北京，中国金融出版社，2012。

[42] 古斯塔夫·勒庞：《乌合之众——大众心理研究》，武汉，武汉出版社，2012。

[43] W. W. 罗斯托：《从起飞进入持续增长的经济学》，成都，四川人民出版社，2000。

[44] 保罗·哈里森：《第三世界——苦难·曲折·希望》，北京，新华出版社，1984。

[45] 仰沐：《产业政策研究》，上海，上海三联书店，1989。

[46] 查默斯·约翰逊：《通产省与日本奇迹——产业政策的成长（1925～1975）》，长春，吉林出版集团有限责任公司，2010。

[47] 赫尔南多·德·索托：《另一条道路——一位经济学家对法学家、立法者和政府的明智忠告》，北京，华夏出版社，2007。

[48] 谭崇台：《发达国家发展初期与当今发展中国家经济发展比较研究》，武汉，武汉大学出版社，2008。

[49] 迈克尔·迪屈奇：《交易成本经济学——关于公司的新的经济意义》，北京，经济科学出版社，2000。

[50] 乔纳森·休斯、路易斯·P. 凯恩：《美国经济史》，第七版，北京，北京大学出版社，2011。

[51] 胡家勇：《政府干预理论研究》，大连，东北财经大学出版社，1996。

[52] 琳达·维斯、约翰·M. 霍布森：《国家与经济发展——一个比较及历史性的分析》，长春，吉林出版集团有限责任公司，2009。

[53] W. 费希尔：《德国的政府活动和工业化（1815～1870 年）》。

[54] 森岛通夫：《日本为什么成功——西方的技术和日本的民族精

神》，成都，四川人民出版社，1986。

[55] 金琦：《全球划时代的经济改革——二十国集团国别案例研究论文集》，北京，中国金融出版社，2015。

[56] 斯蒂芬·茨威格：《人类的群星闪耀时》，北京，三联书店，1986。

[57] 郭庆光：《传播学教程》，第二版，北京，中国人民大学出版社，2011。

[58] 汪小帆、李翔、陈关荣：《网络科学导论》，北京，高等教育出版社，2012。

[59] 雅克·巴尔赞：《从黎明到衰落——西方文化生活五百年，1500年至今》，北京，中信出版社，2013。

[60] 张雷：《注意力经济学》，杭州，浙江大学出版社，2002。

[61] 岳超源：《决策理论与方法》，北京，科学出版社，2004。

[62] 罗杰·B. 迈尔森：《博弈论——矛盾冲突分析》，北京，中国经济出版社，2001。

[63] 王俊豪：《管制经济学原理》，北京，高等教育出版社，2007。

[64] 张健华：《利率市场化的全球经验》，北京，机械工业出版社，2012。

[65] 杰克·赫什莱佛、约翰·G. 赖利：《不确定性与信息分析》，北京，中国社会科学出版社，2000。

[66] 凯利·麦格尼格尔：《自控力》，北京，印刷工业出版社，2012。

[67] 埃利奥特·阿伦森：《社会性动物》，北京，新华出版社，2000。

[68] 赫尔曼·哈肯：《协同学——大自然构成的奥秘》，上海，上海世纪出版集团，2005。

[69] 保罗·奥默罗德：《达尔文经济学——企业的兴衰与经济危机的蔓延》，北京，中信出版社，2009。

［70］Г. М. 菲赫金哥尔茨：《微积分学教程》，第八版，第一卷，北京，高等教育出版社，2006。

［71］哈里·兰德雷斯、大卫·柯南德尔：《经济思想史》，第四版，北京，人民邮电出版社，2014。

［72］布朗：《当代西方通货膨胀》，北京，东方出版社，1996。

［73］威廉·曼彻斯特：《光荣与梦想：1932～1972 年美国社会实录》，海口，海南出版社、三环出版社，2006。

［74］老大中：《变分法基础》，北京，国防工业出版社，2004。

［75］叶敏、肖龙翔：《分析力学》，天津，天津大学出版社，2001。

［76］郭开仲、张式强：《错误集论》，长沙，中南大学出版社，2001。

［77］邓聚龙：《灰理论基础》，武汉，华中科技大学出版社，2002。

［78］龚光鲁：《随机微分方程引论》，第二版，北京，北京大学出版社，1995。

［79］A. 帕普里斯、S. U. 佩莱：《概率、随机变量与随机过程》，第四版，西安，西安交通大学出版社，2004。

［80］Sheldon M. Ross：《数理金融初步》，原版第 3 版，北京，机械工业出版社，2013。

［81］张波、张景肖：《应用随机过程》，北京，清华大学出版社，2004。

［82］Bernt Øksendal：《随机微分方程导论与应用》，第 6 版，北京，科学出版社，2012。

［83］刘嘉焜、王公恕：《应用随机过程》，第二版，北京，科学出版社，2004。

［84］刘建明：《基础舆论学》，北京，中国人民大学出版社，1988。